新时代精神文明建设研究丛书
主任：杜新山　执行主编：曾伟玉

新时代精神文明建设过程论

Process Theory of Spiritual Civilization
Construction in the New Era

关　锋　著

社会科学文献出版社
SOCIAL SCIENCES ACADEMIC PRESS (CHINA)

《新时代精神文明建设研究丛书》编委会

主　　任：杜新山

执行主编：曾伟玉

编　　委：（按姓氏笔画排序）

刘焕章　关　锋　李　钧　李　辉

陆　璐　罗明星　郭德焱　梁兴华

程京武　谢艺杰　谢迪斌　詹小美

鲍　炜　解丽霞　谭晓红　戴卫春

编　　务：刘旭晖

"新时代精神文明建设研究丛书"
总序

改革开放初期,我国就明确了推动社会主义精神文明和物质文明协调发展、"两个文明一起抓"的战略方向。社会主义精神文明是中国特色社会主义的重要特征,是坚持和发展中国特色社会主义的必然要求,是全面建成小康社会的应有之义,是实现中华民族伟大复兴的必由之路,同时也是迎接人类文明发展新阶段的报晓之声。在这一旗帜鲜明的战略方针指引下,40多年来,全党和全国人民经过锲而不舍、一以贯之的探索和努力,在多方面的具体实践中创造了不少新鲜的成果,也积累了不少深刻的经验和认识。

怎样把这些经验和认识及时提升到理论和方法的高度,为今后的发展提供更加强大的动力资源,显然是建设中国特色社会主义现代化强国这一宏伟事业不可或缺的组成部分,也是党的理论建设工作的重大历史使命之一。基于对这一使命的自觉担当,广州市委宣传部、市文明办、市社科联牵头,集本地各高校的精干力量,合作研究编写了这套"新时代精神文明建设研究丛书",并在中国共产党成立100周年之际,将其呈现于世。应该说,这本身就是一项既宝贵又及时的精神文明建设工程。

按照我们的理解,文明是文化之树的花果:"文化"与"自然、天然"相对,是人类将世界"人化"并用以"化人"的方式和过程;"文明"则与"蒙昧、野蛮"相对,是人类文化发展各个阶段积极成果的显现。因此,要充分理解我国社会主义精神文明建设的内容实质和历史意义,就必须站在历史和时代的高度,充分理解中国特色社会主义事业在中国历史和人类历史上的特殊地位与意义。而这个高度,不诉诸马克思主义哲学的理论和方法，是达不到的。所以我觉得，这套丛书的主要特点，正是超出了把精神文明建设仅仅局限于道德和文化政策宣传教育的层面，不是就道德说道德、就规范说规范、就政策说政策、就工作谈工作，而是着眼于新中国的发展史、社会主义的发展史、人类文明的发展史的大局和背景，力求站在新时代的高度，进一步深刻理解精神文明的内涵，充分阐发社会主义精神文明体系的理论逻辑；深入总结中国特色社会主义精神文明建设的创造性历程，准确描绘它的实现路径和未来前景。

一般说来，理论的高度反映出实践的深度。该丛书选题和内容的特色，是与多年来的生活实践有密切联系的。广州市作为我国改革开放的一线城市，当然也负有中国特色社会主义现代文明建设前沿探索的历史重任。多年来，广州市的党政部门和各界群众，为此倾注了极大的热情，在习近平新时代中国特色社会主义思想，特别是习近平关于精神文明建设的重要论述的指导下，作出了坚持不懈的努力。他们采取多项措施，踏踏实实地注重理论武装，努力以深学笃行筑牢信念之基，自觉强化价值引领；他们紧盯问题短板，通过全员参与、全域覆盖，去赢得共建共享的常态长效，不断提升新时代公民道德建设的精细化水平，使追求新文明成为广州最深层的底色、最优雅的气质、最美丽的风景，持续深化文明城市创建工作，着力建设崇德向善、文化厚重、和谐宜居、人民满意的文明城市，取得了可喜的成绩。这些切实努力的经验和成果，为写好这套丛书提供了坚实的基础。

该丛书以七本专著的书名排列，清晰地透露了这个思路的独特创意。它们是《新时代精神文明建设基础论》《新时代精神文明建设主体论》《新时代精神文明建设过程论》《新时代精神文明建设系统论》《新时代精神文明建设机制论》《新时代精神文明建设方法论》《新时代精神文明建设价值论》等，是从基础、主体、过程、系统、机制、方法和价值七个角度切入现实，每一个角度都既有对理论全面性的追求，又有对实践过程完整性的观照；既讲"应然"，也讲"实然"，更讲应然与实然的相互统一和过渡。也正因为如此，每个环节上所需要回答的问题，肯定比已经作出的回答要多得多。这样的研究和写作，应该说既是心怀壮志、出手不凡的，也是山高路远、成功不易的。当然，唯其如此，它们也更值得期待。

期待这项研究工作在新的基础和高度上，能够持久深化，不断提升，为中华文明的历史性再次勃兴，也为人类文明新境界的开拓，树起新的丰碑！

李德顺
2022 年 5 月于北京

前　言

1978年12月18日到22日，我党召开了具有重大历史意义的十一届三中全会，全会强调全党把工作重点转移到社会主义现代化建设上来，拨乱反正，开启了改革开放新时期。在次年9月召开的党的十一届四中全会上，全会讨论通过了叶剑英代表中共中央、全国人大常委会和国务院在庆祝中华人民共和国成立三十周年大会上的讲话稿，该讲话稿首次明确提出我们在努力建设高度物质文明的同时，还要建设高度的社会主义精神文明，两者的共同建设和同步发展，既是我们社会主义现代化的重要目标，也是实现我国"四个现代化"的必要条件。邓小平同志在1980年12月召开的中共中央工作会议上，提出"我们要建设的社会主义国家，不但要有高度的物质文明，而且要有高度的精神文明"[①]，并就精神文明建设的主要内容指向作了明确解释。

显然，改革开放伊始，中国特色社会主义形成之初，我们党就非常重视精神文明建设，重视精神文明、物质文明两个文明的协调发展，这构成了中国特色社会主义发展的一条主线和不断深化的重要驱动力。邓小平同志为此提出了"两手抓、两手都要硬"的著名论断。党的十二大报告提出把建设高度的社会主义精神文明作为"建设社会主义的一个战略方针问题"来抓。1986年9月召开的党的十二届六中全会，专门出台了《中共中央关于社会主义精神文明建设指导方针的决议》，强调社会主义精神文明建设，其根本任务就是培养"四有公民"，提高整个民族的科学文化素质和思想道德素质，以适应社会主义现代化建设的需要。这是党的全会历史

[①] 《邓小平文选》第2卷，人民出版社，1994，第367页。

上首次专门出台相关文件，足见对精神文明建设的重视和加快加强精神文明建设的紧迫性。此后，历次党的代表大会主题报告，都把加强社会主义精神文明建设作为重要内容，社会主义精神文明建设的重要性日益广泛地深入人心。

在此期间，我们不断出台专门性的文件来推进精神文明建设。1996年10月，党的十四届六中全会专门出台了《中共中央关于加强社会主义精神文明建设若干重要问题的决议》，更为具体地规定了搞好社会主义精神文明建设的举措。2001年10月，中共中央印发《公民道德建设实施纲要》。2002年，党的十六大提出为了进一步推进社会主义精神文明建设，要加快推进我国文化体制改革；2004年2月，中共中央、国务院就社会主义精神文明建设的特定人群即未成年人，专门印发了《关于进一步加强和改进未成年人思想道德建设的若干意见》；2006年先后出台了《关于深化文化体制改革的若干意见》《国家"十一五"时期文化发展规划纲要》，特别凸显了文化建设在精神文明建设中日益重要的地位；2009年，国务院进一步推出《文化产业振兴规划》；2011年，党的十七届六中全会制定、出台了《中共中央关于深化文化体制改革、推动社会文化大发展大繁荣若干重大问题的决定》，希望通过体制改革，整合社会主义文化建设的各个方面，形成文化建设的合力。

直到2011年底，30多年间，我们出台各种文件、制定各种政策、推出各种举措，社会主义精神文明建设取得了巨大成就和丰硕成果。

首先，社会主义精神文明建设为我国的改革开放、中国特色社会主义事业提供了坚强的理论支撑、思想引领、精神支柱、智力支持和共识基础，既凝魂聚力、凝聚共识又释放活力推动创新，还助力于稳定社会秩序、提升国民素养。改革开放的行稳致远、中国特色社会主义的健康前行，社会主义精神文明建设功不可没。

其次，社会主义精神文明建设的一些具体事项、单项指标都有重大跨越和突破。如高等教育到2012年毛入学率达30%，总规模达到3325万人，位居世界第一；提出了社会主义核心价值体系、先进文化等一系列新思想和新观点；公益性文化事业和文化产业得到突飞猛进的发展；思想道德建设，形成了一批有效的建设制度，青年大学生和中小学生总体思想教育水平显著提高，整个社会风气不断改善，社会公德、职业道德、家庭美德、个人品德等方面的道德建设都有越来越好的表现，马克思主义及其中国化的理论研究和宣传教育都迎来了喜人的局面；以"中华文化走出去"为代表的对外传播、交流明显增强；等等。

最后，社会主义精神文明建设领域、内容、形式得到显著拓展。比如现代志愿者服务、社会公益等早期精神文明建设相对薄弱之处成为社会主义精神文明建设日益重要的内容；大学生思想政治教育日益注重和现代媒体技术、教育技术的紧密结合；群众性文明创建活动范围不断扩展、日益下沉且形式更为活泼多样；网络空间的精神文明创建活动日益重要，"文明办网、文明上网"日益成为社会共识，早在2000年全国人大常委会就出台了《关于维护互联网安全的决定》；等等。

党的十八大以来，坚持全面深化改革，进一步取得了全方位的、开创性的成就，发生了深层次、根本性变革，中国特色社会主义步入新时代，意味着近代以来久经磨难的中华民族迎来了从站起来、富起来到强起来的伟大飞跃，迎来了实现中华民族伟大复兴的光明前景。社会主义精神文明建设踏上了新的征程，也因之具有新的历史使命和历史地位；因为新时代更为注重发展的全面性、均衡性和高质量，我们为此提出全面深化改革，提出"四个全面"和"五位一体"的发展战略，提出"全面建设社会主义现代化国家"，精神文明建设在其中占据着举足轻重的地位，具有不可或缺的意义。

中国共产党作为执政党、使命型政党，对此有清醒的自觉。党的十八大召开后不久，2013年5月4日，习近平总书记于中国航天科技集团公司中国空间技术研究院会见各界优秀青年代表时明确说："中国特色社会主义是物质文明和精神文明全面发展的社会主义。"① 在3个月后召开的全国宣传思想工作会议上，习近平总书记进一步强调，"只有物质文明建设和精神文明建设都搞好，国家物质力量和精神力量都增强，全国各族人民物

---

① 习近平：《在同各界优秀青年代表座谈时的讲话》，《人民日报》2013年5月5日，第2版。

质生活和精神生活都改善,中国特色社会主义事业才能顺利向前推进"①。2014年3月,习近平主席在联合国教科文组织总部进行了主题演讲,向世界明确阐释了"中国梦",专门强调:实现中国梦,是物质文明和精神文明均衡发展、相互促进的结果②;实现中国梦,是物质文明和精神文明比翼双飞的发展过程。2015年2月,习近平总书记在会见第四届全国文明城市、文明村镇、文明单位和未成年人思想道德建设工作先进代表时,再次明确地说:"人民有信仰,民族有希望,国家有力量。实现中华民族伟大复兴的中国梦,物质财富要极大丰富,精神财富也要极大丰富。我们要继续锲而不舍、一以贯之抓好社会主义精神文明建设,为全国各族人民不断前进提供坚强的思想保证、强大的精神力量、丰润的道德滋养。"③

中国特色社会主义新时代,党和国家之所以这么高度重视精神文明建设,除了认识到精神文明建设具有新的历史使命和历史重任,实际上也清醒地认识到新时代精神文明建设既迎来了新的重大机遇,也面临着新的重大时代问题所带来的新的重大挑战。

具体言之,择其要者有:一是信念迷失和精神"缺钙"问题。对共产主义的信仰、社会主义的信念、中国道路的信心存在一定程度的弱化,尤其是部分党员干部受各种错误思潮的影响,"三信"受到严重冲击。二是价值多元和思想共识问题。改革开放以来,一方面是国门打开,西方和国外各种思潮涌入;另一方面是利益日益分化和社会阶层分化,人们的价值观念、思想观念日趋多元化,造成对主流价值观念的明显冲击,改革开放中形成的思想共识受到越来越大的冲击。三是文明失衡和软实力不彰问题。这一方面表现为物质文明和精神文明之间的不平衡,改革开放40多年,我国经济取得了快速发展和巨大成就,国内生产总值跃居世界第二,但精神文明建设与之相较明显处于偏弱状态,"一手硬一手软"没有得到根本改变。另一方面表现为中华文明与西方文明相比,在世界文明版图上

---

① 《胸怀大局把握大势着眼大事　努力把宣传思想工作做得更好》,《人民日报》2013年8月21日,第1版。
② 习近平:《在联合国教科文组织总部的演讲》,《人民日报》2014年3月28日,第3版。
③ 《人民有信仰民族有希望国家有力量　锲而不舍抓好社会主义精神文明建设》,《人民日报》2015年3月1日,第1版。

的地位，与综合国力不相称、不匹配。背后就是精神文明建设存在明显短板，"软实力"与诸如经济实力、科技实力等"硬实力"相比，明显不强，导致我国国际美誉度、国家形象与综合国力也不相称。四是世界大国与文化自信问题。这个问题与上述问题相关。经过改革开放 40 多年的努力，我国经济不断发展，社会生产力水平得到了显著提高，在国内生产总值跃居世界第二的同时，成为世界第一制造大国、第一货物出口大国、第二大对外投资国，对世界经济增长贡献率连续多年超过 30%，排在世界第一位，是公认的世界经济"引擎"。习近平总书记也正是在这个意义上强调，中国特色社会主义新时代，是我国日益走近世界舞台中央、不断为人类作出更大贡献的时代。中国已经成为世界公认的大国，它的成功，肯定有自己的独特经验和制度优势，深层次上肯定有自己的文化基因、文化密码。但正因为我国精神文明建设的相对失衡，在很多方面做得不够，文化优势、制度优势彰显得不充分，文化自信没有很好地建立起来。而正如习近平总书记强调的，文化自信是更基本、更深沉、更持久的力量，文化自信不能很好地建立起来，极大地影响到道路自信、理论自信、制度自信，从而使得文化虚无主义和历史虚无主义很有市场和影响力。五是网络时代与意识形态安全问题。正如习近平总书记指出的，"当今世界，信息技术革命日新月异，对国际政治、经济、文化、社会、军事等领域发展产生了深刻影响。信息化和经济全球化相互促进，互联网已经融入社会生活方方面面，深刻改变了人们的生产和生活方式"[①]。但因为其传播广、速度快以及平台多样化、主体匿名化、交往世界化、网络信息海量化且质量参差不齐，监管难度很大，再加上境内外敌对势力、异议分子的有意利用，网络意识形态安全问题极为突出，比如和主流价值观相悖的言论经常可见；历史虚无主义、文化虚无主义经常改头换面地出现，一些热点话题非常容易引起广泛争议；网络"黄赌毒"现象更是屡禁不止、难以根绝。

正是基于这种清醒的问题意识，党的十八大以来，我们立足于新的时代坐标以及"两个大局"的时空方位，结合变化了的中国实际，围绕着弘

---

① 《总体布局统筹各方创新发展　努力把我国建设成为网络强国》，《人民日报》2014 年 2 月 28 日，第 1 版。

扬中国精神、彰显中国价值、铸就中国力量、巩固和完善中国道路这个总目标,以理想信念维度、价值观维度、文化维度、思想道德维度和参与方式维度等多种维度为重点,全面推进、多方发力、持之以恒、久久为功,全面开启了新时代社会主义精神文明建设的新征程。为此,习近平总书记先后主持召开了文艺工作座谈会、新闻舆论工作座谈会、网络安全和信息化工作座谈会、哲学社会科学工作座谈会等一系列重要会议并发表了重要讲话。

在此过程中,先后出台了诸如《中国共产党宣传工作条例》《新时代爱国主义教育实施纲要》《新时代公民道德建设实施纲要》《关于推进志愿服务制度化的意见》《社会信用体系建设规划纲要(2014—2020年)》《关于分类推进人才评价机制改革的指导意见》《关于进一步加强科研诚信建设的若干意见》等文件和政策,推出一系列创新性的举措,诸如以志愿服务制度化来健全志愿服务体系,遵守旅游文明行为规范法制化,以时代楷模、道德模范、最美人物、身边好人等人格化价值观为榜样,以文明城市、文明村镇、文明单位、文明家庭、文明校园建设以及诚信制度化建设、志愿服务制度化建设等为抓手和平台,着力提高人民思想觉悟、道德水准、文明素养,提高全社会文明程度;开展了诸如群众性精神文明创建,学习党的十八大、十九大报告精神等一系列活动,大力鼓励、扶植、支持基层精神文明建设的创新探索,整个精神文明建设过程呈现全面性、层次性、立体化、全方位的和谐统一。也正因如此,从党的十八大以来,新时代社会主义精神文明建设历程虽然不长,但已取得了多方面的优异成绩。党的理论创新成果深入人心,新闻舆论的传播力、影响力、引导力、公信力显著增强,社会主义核心价值观入法入规、广泛弘扬,文艺创作持续繁荣、国家文化软实力大幅提升。正如《人民日报》2017年9月30日第3版发表的《以习近平同志为核心的党中央关心精神文明建设纪实》一文总结的,从党的十八大到2017年国庆前,我们在坚持"两手抓、两手都要硬"、以坚定理想信念挺起不屈的中国脊梁、以社会主义核心价值观激发持久的中国力量、以群众性精神文明创建活动引领新时代的中国风尚等方面,都取得了很大成绩;发表于2020年11月19日《解放日报》的《凝聚奋进新时代的精神力量——党的十九大以来精神文明建设成就综述》

一文，指出自党的十九大以来，新时代精神文明建设在坚定理想信念、培育时代新人；厚植道德沃土、发挥榜样力量；提升文明素养、弘扬时代新风；推进文明创建、擦亮百姓幸福底色等大的方面，都交出了令人满意的答卷。中国特色社会主义新时代的精神文明建设，可谓"文明花开香满园，同心掬得满庭芳"。

这些成就的背后，同时意味着中国特色社会主义新时代的精神文明建设已经形成了很多宝贵的经验，整个过程具有很强的阶段性特征和鲜明的独特性，有内在的逻辑和稳定的趋向。因此，非常有必要以习近平新时代中国特色社会主义思想为指导，对新时代精神文明建设过程何以开启，其目标定位、现实境况等基本内容，以及它的特质地位、内在逻辑等进行深入、系统的研究，总结出基本经验、基本规律和基本逻辑，并在此基础上探究它的未来如何深化、优化，推动中国特色社会主义健康前行、行稳致远。

目 录
CONTENTS

第一章　新时代精神文明建设过程何以开启 …………………… 1
　第一节　新时代精神文明建设过程开启的基础和前提 ………… 2
　第二节　新时代精神文明建设面临的重大问题与呼唤 ………… 19
　第三节　新时代精神文明建设过程的时空坐标 ………………… 40
　第四节　新时代精神文明建设过程的双重时代境遇 …………… 53

第二章　新时代精神文明建设过程的目标定位 ………………… 68
　第一节　新时代精神文明建设过程的总体目标定位 …………… 69
　第二节　新时代精神文明建设过程的主体目标定位 …………… 84
　第三节　新时代精神文明建设过程的多重价值目标 …………… 102

第三章　新时代精神文明建设过程的现实境况 ………………… 120
　第一节　新时代精神文明建设过程的多维展开 ………………… 121
　第二节　新时代精神文明建设过程的多元主体 ………………… 146
　第三节　新时代精神文明建设过程的支撑体系 ………………… 163

第四章　新时代精神文明建设过程的特质地位 ………………… 178
　第一节　新时代精神文明建设过程的显著特征 ………………… 178
　第二节　新时代精神文明建设过程的内在基质 ………………… 206
　第三节　新时代精神文明建设过程的独特地位 ………………… 222

第五章　新时代精神文明建设过程的逻辑和规律 ……………… 238
　第一节　新时代精神文明建设过程的发生逻辑 ………………… 239

第二节　新时代精神文明建设过程的统摄逻辑 …………… 259
　　第三节　新时代精神文明建设过程的演进逻辑 …………… 275
　　第四节　新时代精神文明建设过程的基本规律 …………… 289

第六章　新时代精神文明建设过程的深化优化 ………………… 306
　　第一节　新时代精神文明建设过程深化、优化的基本理路 ……… 307
　　第二节　新时代精神文明建设过程深化、优化的具体思路 ……… 325

结　语 …………………………………………………………………… 342

参考文献 ………………………………………………………………… 348

后　记 …………………………………………………………………… 363

第一章　新时代精神文明建设过程何以开启

　　社会主义精神文明建设是社会主义国家建设的重要标志和有力的思想保障，是社会主义现代化建设的强大精神动力，地位非常重要。新时代精神文明建设，既是新时代中国特色社会主义建设的重要内容和主要向度，也是新时代中国特色社会主义的突出标志和显要表征。党的十八大开启的新时代中国特色社会主义精神文明建设，是精神文明建设逐步积累新成果、形成新局面、走向新阶段的过程，背后也是新时代中国特色社会主义不断取得重大发展成就的过程。显然，对新时代精神文明建设进行深入细致和全面的研究，不论对我们把握新时代精神文明建设本身，还是对我们更好地把握整个新时代中国特色社会主义建设，都大有裨益。不过，这里有一个前提——新时代精神文明建设过程何以开启？众所周知，新时代精神文明建设和新时代中国特色社会主义建设一样，都与中国特色社会主义新时代直接相关，的确有其独特的时代方位，但同时有其历史继承性，是以一定历史条件、历史成就为基础和前提的。这是我们把握新时代精神文明建设过程两个最基本的层面。

　　精神文明作为人类历史发展凝结成的精神文化层面的精华，既是精神文化本身发展的结果，也是人类社会历史综合发展、整体发展的成果。这意味着把握新时代中国特色社会主义精神文明建设过程的历史前提和基础，视野要开阔一些。新时代精神文明建设本质上是中国特色社会主义精神文明建设在新时代的发展，本身既是新时代特点的反映，又是对新时代要求的回应，有独特的时空坐标和历史境遇。这是我们把握新时代中国特色社会主义精神文明建设过程何以开启不可或缺的维度。

第一节　新时代精神文明建设过程开启的基础和前提

党的十八大以来，在以习近平同志为核心的党中央的领导下，我国社会主义精神文明建设开启了新的篇章，进入了新的发展阶段。新时代精神文明建设是建立在中国特色社会主义总体发展成就之上的硕果，精神文明自身的建设过程又为社会主义总体事业提供精神动力与智力支持。社会主义精神文明建设既是在中国特色社会主义建设总体发展中前进的，又是在不断形成自身独特发展脉络、发展逻辑中前进的。

把握新时代精神文明建设过程何以开启的前提和基础，既要注意到新中国成立以来，特别是改革开放以来，我国社会主义建设包括经济、政治、文化、社会、生态、党建等方面在内的综合成就，也要注意到精神文明建设本身的突出成就。从基本层面说，新时代精神文明建设过程的开启，既是两种成就相互促进、交互作用的结果，也是两种成就延续到新时代的提升和深化。它们构成把握新时代精神文明建设过程何以开启的两个基本要素。

一　新中国成立60多年来发展的综合成就（1949～2012）

中国特色社会主义进入新时代，新时代面临的百年未有之大变局给我们提出了新问题：如何在社会主义发展新阶段，推动"五位一体"的总体布局？如何在全面深化改革的过程中，为社会主义事业建设提供思想保证？如何在深度全球化的新时代，面对资本主义国家的前所未有的激烈竞争，进一步发挥中华民族精神动力？

从新中国成立到党的十八大60多年来，我们一直在不断探索，寻找一条适合中国国情的道路，追求又快又好的发展。新时代开启了一个新的宽广视域，即在中国特色社会主义发展进入新时代，在积极融入深度全球化过程中，促进中国综合国力走向历史新阶段，需要继续坚定社会主义信念，坚定走中国特色社会主义道路的信念。

当我们想要回答上述问题时，精神文明建设成为我们不能忽视的重要部分。我们越来越意识到，在新时代中国特色社会主义发展进程中，在物质文明建设成就显著的同时（全面建成小康社会是一个明显的突出标志），对精神文明建设过程提出了新要求，推进社会主义精神文明建设过程是我们面对新时代发展新阶段、新特征的必然选择。而这种必然选择虽然说是对以往历史的超越，但更根本的是以往的历史实践即新中国成立以来社会主义建设所取得的历史成就，使这种选择成为必然选择。

新中国成立以来，党带领全国人民，紧紧依靠群众，创造性地取得了社会主义建设的伟大成就。而且，社会主义不仅要有发达的物质文明，也要有先进的精神文明。新中国在促进经济发展的同时，没有将经济发展作为唯一的发展路径，随着社会主义建设过程中经验的积累，社会主义文明建设的内容、维度、路径不断拓新。新中国成立以来，尤其是1978年党的十一届三中全会以来，在中国共产党关于中国特色社会主义精神文明建设的一系列方针政策的正确指导下，社会主义精神文明建设领域呈现出前所未有的繁荣局面，为我国新时代精神文明的建设发展奠定了良好的基础。在社会主义建设过程中，逐渐构建了中国特色社会主义文明建设总体性体系，关涉物质文明建设、精神文明建设、社会文明建设及生态文明建设等，具体表现为：在中国确立了社会主义基本制度，并同时对社会主义制度进行了建设；引领人民开展了轰轰烈烈的社会主义经济建设，沿着社会主义道路，向着社会主义美好未来齐心奋进，在实现中华民族伟大复兴的征程上迈出坚定的步伐；始终将人民的利益放在第一位，果断带领全国人民坚决展开脱贫攻坚战役，稳步推进社会主义社会建设事业；在全面提高人民物质生活水平的同时，遵循自然规律，走出了一条人与自然和谐共生的发展道路；等等。这些伟大成就构成了新时代精神文明建设的总体性基础，精神文明建设过程不是孤立的，而是建立在国家综合发展水平的基础之上的精神动力提升过程。如果说精神、文化作为经济、政治、社会、生态的照映，那么体现社会主义制度优势的精神文明则是建立在强大的国家复合发展基础之上的，因此，政治、经济、社会以及生态的不断发展为社会主义精神文明的发展奠定了基石。为了更好地肩负起新时代精神文明建设的历史任务，回溯新时代之前新中国发展的综合成就，是我们认识新时代精神文明建设过程的重要前提。

新中国成立70多年的物质文明建设成就——开辟社会主义经济建设新

道路，人民生活总体上达到小康水平，为社会主义精神文明建设过程打下了坚实的物质基础。具体如下。

首先，国民经济综合实力得到极大增长。1949年，中华人民共和国宣告成立，中国从此摆脱了半殖民地半封建社会的境地，屹立于世界民族之林。毛泽东指出："中国的历史，从此开辟了一个新的时代。"① 社会主义经济的高速增长就此开启，中国经济的变化翻天覆地，较为成功地完成了社会主义市场经济结构的构建、设置、发展和完善等转型，中国人民的生活有了根本的改善。从衡量国家经济发展水平的标志性指标——人均GDP来看，在新中国成立不久的1950年，当时中国的人均GDP只有美国的6%、德国的9%、英国的11%，而到1992年新中国成立40多年时，中国的人均GDP就达到了美国的14%、德国的16%、英国的20%。② 新中国成立以来，经济一直处于高速发展的态势。在改革开放的过程中，中国共产党坚持以经济建设为中心、将执政兴国作为党的第一要务，牢牢抓住物质文明建设，并将发展作为解决中国所有问题的关键，大力发展社会生产力，极大地激发了广大人民群众参与社会主义现代化建设事业的积极性。这种促进经济发展过程的综合实践具体展现为改革开放以来，我国经济总体上保持稳定并向增长目标迈进，据国家统计局的相关数据，1952年到2012年长达60年的时间跨度中，中国国内生产总值（GDP）由679亿元快速增长到51.82万亿元。③ 这种增长不仅是速度的持续、稳定增加，同时也是整个经济发展体量的大跨越，中国经济总量也在2010年后超过日本，稳居世界第二位。中国为什么能在短短的60多年里，既没有陷入中等收入陷阱，又保持了经济长期的高速增长，取得人类历史上瞩目的经济发展成就？很多国外学者对此发表了看法，他们尝试沿用西方经济理论来解析中国取得巨大成就的原因，例如罗斯托的经济腾飞理论等。然而，他们均无法全面地解释中国经济何以能在物质文明建设上取得如此巨大的飞

---

① 《毛泽东文集》第5卷，人民出版社，1996，第348页。
② 〔英〕麦迪森：《世界经济二百年回顾》，李德伟、盖建玲译，改革出版社，1997，第134~144页。
③ 国家统计局国民经济综合统计司编《新中国六十年统计资料汇编》，中国统计出版社，2010，第9页。

跃，究竟这一过程是如何成功实现的。实际上，中国经济发展的成就并非一蹴而就，而是经历了若干探索、实践阶段。每一个历史发展阶段，党中央都带领人民群众奋勇前行，不断探索前进的道路，将切实改善人民生活作为指导各项经济建设的指导精神。

其次，经济体系结构不断完善，市场经济体制实现历史性的大发展。新中国成立以来到党的十八大是中国经济建设过程中极其不平凡的60多年，面对国内外复杂环境和一系列国际重大变局与诸多风险挑战，中国经济建设取得举世瞩目的成就。随着我国经济的体量、结构、发展速率的变化，社会主义市场经济制度本身也面临着一个调整以适应发展需要的过程。通过转变经济发展方式，打造现代化经济体系，改革全面深化，由新中国成立初期的低收入发展阶段迈入中等收入发展阶段，经济发展呈现新常态。从促进社会主义经济建设的角度来说，新时代精神文明建设过程的开启也是响应社会主义市场经济、经济体制全面深化改革的深切呼唤。新时代经济建设应当符合我国经济发展矛盾变化的时代特征，"使市场在资源配置中起决定性作用和更好发挥政府作用"①，以高质量发展为目标，探寻经济创新发展的新基点，完善社会主义经济建设。在这个过程中，也为社会主义精神文明建设奠定了坚实的物质基础。推进社会主义精神文明建设离不开强大的物质力量，全国人民的物质生活的改善是中国特色社会主义精神文明建设过程向实现"两个一百年"奋斗目标不断推进的基础动力。

最后，人民群众的物质生活得到极大改善。马克思、恩格斯曾指出："人们首先必须吃、喝、住、穿，就是说首先必须劳动，然后才能争取统治，从事政治、宗教和哲学等等。"② 新中国成立后，以公有制为主体、多种所有制并存，以按劳分配为主体、多种分配方式并存的社会主义经济与制度确立的激励下，党鼓励广大人民群众解放思想、求真务实，充分调动了广大人民群众的精神力量，激发了广大人民群众的主人翁精神、首创精

---

① 中共中央文献研究室编《十八大以来重要文献选编》（上），中央文献出版社，2014，第513页。
② 《马克思恩格斯选集》第3卷，人民出版社，2012，第723页。

神，人民群众积极投入社会主义经济建设事业创造了一个又一个发展奇迹。新时代以来，以习近平同志为核心的党中央继续坚持在经济发展中物质文明与精神文明相结合，充分尊重基层和群众的首创精神，在全面深化改革发展的过程中，人民群众成为美好生活的创造者、改革开放的主体、全面深化改革的受益者，在社会主义经济建设的过程中，人民群众的精神力量不断增强，正如习近平同志所说："我们要建设的社会主义现代化强国，不仅要在物质上强，更要在精神上强。"① 从这个维度来说，社会主义文明建设过程不是孤立的，不是想象的，更不是随心所欲的，而是在经济建设物质基础之上的发展过程。新时代精神文明建设过程的开启，是在新中国成立60多年丰硕的经济建设成果的基础上，反映了人民在全面建成小康社会之后，对美好生活产生的新诉求以及对于提升自身文明素养、涵养高尚情操，进而在全社会形成良好的道德氛围的精神发展需要。随着经济的快速发展和国民经济结构的优化升级，当今社会主义市场经济已经不仅包含传统的以工业为基础的制造业，还包括教育、金融、旅游等以精神文化发展为着眼点的行业，涉及范围非常广泛，精神文化产业的不断发展成为新的经济增长点，同时也成为国民经济可持续发展的重要力量。

新中国成立70多年来的政治文明建设成就——人民当家作主的社会主义民主政治建设和政治体制改革取得巨大成就，社会主义政治制度优势日益凸显。所谓政治文明包括政治理论文明、政治制度文明以及政治行为文明。政治文明为精神文明提供了正确的方向，为精神文明建设始终保持在社会主义的道路上前进提供了保证，同时也为精神文明建设提供了平稳有序的政治环境。一是新中国成立以来，我国在经济体制改革的同时，积极稳妥地推进政治体制改革，不断健全社会主义法制，党的先进性以及执政能力不断增强，新中国60多年的政治文明建设的过程是社会主义民主政治制度优势彰显的过程。社会主义政治文明建设是党带领人民在建设、改造、变革社会过程中取得的总体性政治成果，也是社会主义精神文明建设过程推进的内在要求。建设社会主义政治文明是党追求的政治理想和战略

---

① 习近平：《在纪念五四运动100周年大会上的讲话》，《人民日报》2019年5月1日，第2版。

任务，坚持党的领导、人民当家作主、依法治国的有机统一是中国共产党的最鲜明政治主张。

二是中国特色社会主义政治文明形态逐步完善。党的十一届三中全会以后，中国共产党就把社会主义民主和法制建设作为社会主义现代化建设的一个重要任务。1982年通过的宪法进一步明确规定了中国特色社会主义民主的主要内容和基本框架，明确赋予全体人民享有广泛的政治权利。党的十六大报告明确提出了社会主义政治文明建设的重要目标，明确将发展社会主义民主政治、建设社会主义政治文明确定为我国社会主义现代化建设和全面建设小康社会的重要目标。党的十七大报告进一步指出要依法保证全体社会成员平等参与、平等发展的权利，这就更广泛地动员和组织人民依法管理国家事务和社会事务，让人民监督权力，肯定人民群众既是国家管理的主体，也是权力监督的主体，中国人民的政治权利在社会主义政治文明过程中得到进一步彰显。60多年的新中国的政治建设实践，使我们更深切地认识到民主是社会主义的本质和生命，没有民主就没有社会主义，就没有社会主义的现代化，人民民主是中国共产党人始终不渝的奋斗目标，不追求民主就不是真正的中国共产党人，发展民主是中华民族伟大复兴的必由之路。中国的政治文明发展是一个探索和坚持中国特色社会主义道路的政治文明增量过程，我们不搞那种颠覆式的突变性改革，而是顺应社会主义政治文明发展的规律，不断进行具有创新性的全面而深化的改革，最大限度地增加了人民群众的政治权益，这是切实的不断发展和不断积累的政治文明成果。正如习近平总书记指出的："中国社会主义民主政治具有强大生命力，中国特色社会主义政治发展道路是符合中国国情、保证人民当家作主的正确道路。"① 总体来看，新中国成立60多年来，在中国共产党的正确领导和大力倡导下，我国政治文明建设取得了卓著的成就，政治文明建设取得的每一个进步都反映着中国特色社会主义现代化建设的不断胜利。

三是中国特色社会主义政治治理体系不断趋向现代化，国家治理效能

---

① 中共中央文献研究室编《十八大以来重要文献选编》（中），中央文献出版社，2016，第62页。

不断提升。中国共产党作为中国的执政党，带领中国人民不断前进，引领中国人民取得了改革开放以及社会主义现代化建设的伟大成就。治理效能如果没有明确的政治价值，方向再高都是没有意义的。而中国共产党基于人民民主，协调引领社会主义政治发展方向，国家治理绩效不断增长。党的十七大报告深刻阐明了政治体制改革与全面改革的内在关系，分析了当前推进政治体制改革的实践要求和社会基础，为我们正确处理政治体制改革与其他方面机制改革的关系、正确把握政治体制改革进程提供了重要的理论和政策指导，对我们继续稳妥地推进政治体制改革、发展中国特色社会主义民主政治具有十分重大的意义。新中国成立60多年来，我国政治治理取得了巨大成就，国家实现了经济社会稳步发展，为社会主义精神文明建设打下了稳定的基石。

新中国成立60多年来社会文明建设取得了多方面的成就。新中国成立60多年来的社会主义建设，社会生活、社会关系、社会管理、社会环境不断发展，背后则是社会文明建设水平的不断提升。2017年党的十九大首次提出社会文明的概念，但是，社会文明建设作为社会主义现代化建设的一部分，是社会生活领域所有进步成就的综合体现，因此，社会文明建设的内容——教育、就业、医疗、民生、社会治理早就出现在新中国社会主义建设过程中。当然，改革开放以来的中国特色社会主义建设表现更为突出。所以，关于新中国成立60多年来的社会文明建设的成就，应当综合社会主义和谐社会建设、社会主义社会治理效能提升、社会主义社会体制进一步深化改革等成就来探讨。广义上的社会文明是物质文明等进步样态的综合展现，是联结整个文明系统的网络。而狭义上说，社会文明则是社会关系和谐程度的展现，具体包括人与自然、人与人之间的关系。社会文明的发展不能离开经济、政治、精神文明的发展，社会文明不断密切人与人、人与自然之间的关系。以民生改善为中心的社会文明建设，扭转了社会主义物质文明与精神文明不协调的状况。新中国成立60多年来，党和政府坚持"以人民为中心"推动社会文明建设过程，人民生活水平提升，社会面貌欣欣向荣。这一时期党带领全国人民全面建设小康社会，加快推进现代化发展新阶段。所谓小康社会，邓小平认为是"不穷不富，日子比较好过的水平"①。换言之，小康社会是人民生活水平普遍提高的社会。而生活水平的提高正是实现好、维护好、发展好最广大人民的根本利益。邓小平指出："真正到了小康的时候，人的精神面貌就不同了。物质是基础，人民的物质生活好起来，文化水平提高了，精神面貌会有大变化。"②

新中国成立60多年来的生态文明建设取得显著成效，社会可持续发展、协调发展不断推进。生态文明建设是每个国家经济、政治、社会、文化发展的前提，也是解决国家发展方式必须要回答的问题。随着党对于生态文明建设认识的不断深入，国家生态治理思路也在不断发展。

1978年全国人大审议通过的《环境保护法（试行）》，建立起三级环境保护行政机构。2007年，党的十七大报告首次提出建设生态文明，这不仅标志着我国生态发展战略的确立，也标志着中共中央以宽广的、人类历史发展的角度来审视和推进生态文明建设。以转变经济发展方式为路径，推动经济发展方式优化，推动环境保护、可持续性的经济发展。公民环保节能意识普遍提高，公民生态保护意识增强，截至2012年底，全国参加义务植树人数累计达139亿人次，义务植树640亿株。2012年中国国土绿化状况公报显示，2012年，全年中央林业建设投资达1400亿元，全年完成造林面积601万公顷③。

根据马克思主义唯物历史观，社会存在决定社会意识，作为具有社会意识属性的精神文明表征国家发展水平的整体精神、人文、教育、文化面貌。新中国成立至党的十八大这60多年，随着社会主义事业的发展以及党中央对社会主义发展规律的深刻洞悉，新中国聚焦的发展方向由1979年党中央提出的要抓"两个文明"建设，"我们要在建设高度物质文明的同时……发展高尚的丰富多彩的文化生活，建设高度的社会主义精神文明"④；2002年，党中央审时度势提出"发展社会主义民主政治，建设社会主义政治文明，是全面建设小康社会的重要目标"⑤，由此，"三个文明"

---

① 《邓小平文选》第3卷，人民出版社，1993，第109页。
② 《邓小平文选》第3卷，人民出版社，1993，第89页。
③ 《义务植树累计139亿人次》，《人民日报》2013年3月23日，第9版。
④ 《邓小平文选》第2卷，人民出版社，1994，第208页。
⑤ 《江泽民文选》第3卷，人民出版社，2006，第553页。

增加为社会主义物质文明和精神文明保驾护航、举旗定向的政治文明；2007年，党的十七大指出"建设生态文明，基本形成节约能源资源和保护生态环境的产业结构、增长方式、消费模式"①，突出生态文明建设是社会主义文明发展的自然、资源与环境前提；再到党的十八大以来，党的建设的新路向"五个文明"——物质文明、精神文明、政治文明、生态文明、社会文明的确立，形成社会主义文明建设体系"五位一体"的总体布局。这体现了新中国成立以来，党中央一贯重视精神文明建设的重要作用，而随着文明建设的内容逐渐丰富，精神文明建设的地位非但没有降低，反而得到了全面提升。表明了中国共产党在社会主义建设过程中，始终在探究中国应该建设什么样的文明、怎样建设这种文明。新中国60多年的文明建设成就无疑从根基处，为社会主义精神文明建设过程提供了一系列的物质基础、政治优势、社会动力、资源环境支撑。

二 社会主义精神文明建设的突出成就

精神文明建设过程的落脚点是为人民创造良好的精神生活环境，是迈向新时代精神文明建设新阶段。精神文明建设的专有成就，部分是建立在物质文明发展基础之上，受物质文明发展影响深刻，而还有一部分是超越物质文明发展水平，朝向更具先进性、更美好的精神文明建设成就，这些成就无疑体现了精神文明作为人民群众的文化实践形式，具有明显的创造性、引领性和超越性，区别于短浅、狭隘的精神文化类型。精神文明建设这一概念正式被写入党的文献当中可以追溯到1979年9月29日，彼时正值新中国成立30周年前夕，叶剑英同志代表党中央发表讲话，在这份历史性、纲领性的文件中明确写道："我们要在建设高度物质文明的同时，提高全民族的教育科学文化水平和健康水平，树立崇高的革命理想和革命道德风尚，发展高尚的丰富多彩的文化生活，建设高度的社会主义精神文明。这些都是我们社会主义现代化的重要目标，也是实现四个现代化的必

---

① 胡锦涛：《高举中国特色社会主义伟大旗帜为夺取全面建设小康社会新胜利而奋斗——在中国共产党第十七次全国代表大会上的报告》，人民出版社，2007，第20页。

要条件。"① 面对社会主义精神文明建设与我国经济发展不相适应的问题，党的十四届五中全会进一步将社会主义精神文明建设放到了突出位置，"能否搞好社会主义精神文明建设，关系到我国社会主义的兴衰成败，关系到把一个什么样的中国带入二十一世纪"②。

要正确理解精神文明建设的专有成就，关键在于正确对待精神文明建设与物质文明、政治文明、生态文明、社会文明之间的辩证关系。精神文明相对于物质文明而言，社会主义精神文明建设包括思想道德建设和科学教育文化建设。③ 社会主义精神文明建设是以经济建设为中心、坚持四项基本原则和改革开放的精神文明建设，是继承发扬优良传统而又充分体现时代精神、立足本国而又面向世界的精神文明建设。在马克思主义理论视域中，精神文明是人类以实践改造世界的积极成果，也是指导人们改善改造实践方式的目标和导向。因此，社会主义精神文明是社会主义社会的重要特征，贯穿经济、政治、社会、生态各个方面，是社会主义现代化建设的重要目标和重要保证。新中国成立以来，中国共产党积极领导中国文化的建设事业，在继承和弘扬中华优秀传统文化中，在社会主义文化建设实践中，中国共产党提出了社会主义核心价值体系、先进文化等一系列新思想和新观点，在这些关乎精神文明建设的思想的指引下，在思想道德建设和教育科学文化建设等方面取得了精神文明建设的重大实践成就。从这个意义上讲，我国的精神文明建设过程展现出与其他文明建设相区别的突出成就。

第一，以先进的社会主义文明为指引，社会主义精神文明建设为社会主义建设发展提供思想保证。社会主义精神文明建设过程的意义不能停留在一般的社会工程建设维度，应当从战略性的高度认知社会主义精神文明建设的重要地位，才能真正发挥社会主义精神文明的重要作用。这是因为

---

① 中共中央文献研究室编《十一届三中全会以来重要文献选读》（上），人民出版社，1987，第80页。
② 《中共中央关于制定国民经济和社会发展"九五"计划和2010年远景目标的建议》，《人民日报》1995年10月5日，第1版。
③ 中共中央文献研究室：《中共中央关于加强社会主义精神文明建设若干重要问题的决议》，人民出版社，1996，第8页。

"我们进行的精神文明建设,是以经济建设为中心、坚持四项基本原则和坚持改革开放的精神文明建设,是继承发扬优良传统而又充分体现时代精神、立足本国而又面向世界的精神文明建设"①。精神文明建设是一项着眼于长远的、全局的系统工程,其建设过程是否顺畅、建设过程是否满足人民群众的精神生活需要,对整个国家民族都有深远的影响。"建设有中国特色的社会主义,把我国建设成为高度文明、高度民主的社会主义现代化国家,这就是现阶段我国各族人民的共同理想",这个共同理想"是保证全体人民在政治上、道义上和精神上团结一致,克服任何困难,争取胜利的强大的精神武器"②。同时,社会主义精神文明建设与社会主义物质文明建设存在内在的深刻联系,中国特色社会主义社会不仅要有高度的物质文明,也要有高度的精神文明,两者都是社会主义建设事业当中不可或缺的部分。没有精神文明的进步,社会主义物质文明就会失去内在动力,这种内在动力是社会主义先进性发挥作用的过程。邓小平同志曾将精神文明对物质文明建设的重要性表述为:"近三十年来,经过几次波折,始终没有把我们的工作着重点转到社会主义建设这方面来,所以,社会主义优越性发挥得太少,社会生产力的发展不快、不稳、不协调。"③ 作为一个更高社会形态的精神文明,是比前一社会形态更高、更先进的精神文明,社会主义精神文明建设是在时代精华——马克思主义理论指导下建设的文明形态,反映社会主义制度的本质,反映为无产阶级服务的价值观、利益观、发展观,能够铸魂育人,引领无产阶级实践的历史方向。社会主义的一大重要特征,就是以共产主义思想为核心的社会主义精神文明,如果没有这种以共产主义思想为核心的精神文明,何谈建设社会主义。社会主义精神文明建设过程不是一蹴而就的过程,而是一个长期的过程,需要经过若干代人的奋进。可以说,社会主义精神文明建设为社会主义事业建设增添了活力,有利于抵制各种与社会主义相背离的消极精神因素的侵蚀,防止纷繁复杂的文化思潮对社会主义国家的不良影响。

---

① 中共中央文献研究室编《十四大以来重要文献选编》(下),人民出版社,1999,第2052页。
② 中共中央文献研究室编《十二大以来重要文献选编》(下),中央文献出版社,2011,第125页。
③ 《邓小平文选》第2卷,人民出版社,1994,第249页。

第二，精神文明建设繁荣发展，让人民群众共享精神文明建设成果，为社会主义现代化建设提供精神动力。这种精神动力根据作用的对象，可以分为主体性建设与系统性建设两个维度。一是社会主义精神文明建设是一种致力于提升社会主体素质的系统工程，是一种主体性建设。社会主义文明建设是依靠人去进行的，如果没有人的精神文化素质的提升，没有掌握现代科学技术、现代思维方法的人，人的劳动就不会转化为社会主义文明建设的现实成果。全国财政性教育经费总量由1980年的114亿元增长到2006年的6348.36亿元。2012年，国内教育总投入达到了国内生产总值的4%，①且每年持续增长。基础教育水平明显提升，义务教育普及率显著提高，根据"十二五"规划纲要，2010年九年义务教育巩固率达到89.7%，高中阶段教育毛入学率达到82.5%。②教育公平显著改善，农村基础教育和城市职业技术教育水平显著提升，2012年中央财政根据《关于扩大中等教育职业教育免学费政策范围 进一步完善国家助学金制度的意见》安排专项经费129.2亿元，全国约1244万学生享受免学费政策，约534万学生得到助学资金资助。③在高等教育方面，自1977年恢复高考起，通过35年的大力发展，2012年我国已经建立起了学科门类齐全、教育质量与创新能力均在世界前列的现代化高等教育体系，为创建世界一流大学和高水平大学奠定了坚实的基础。2012年，高等教育毛入学率达30%，在校学生总规模达到3325.21万人，位居世界第一。④

二是社会主义文明建设是一个总体性概念，社会主义精神文明为整个社会文明系统凝神聚气，汇聚精神发展力量，因此，社会主义精神文明提供的精神动力和文化条件具有重要的战略地位。改革开放以后，党的十一届四中全会首次提出"社会主义精神文明"以来，随着社会主义伟大事业的顺利展开，党中央不断拓展和深化对社会主义精神文明建设的认识。党的十一届六中全会进一步将社会主义精神文明建设的地位提升至"社会主

---

① 何杰平：《中国财政年鉴 2013》（总第 22 卷），中国财政杂志社，2013，第 142 页。
② 《中华人民共和国国民经济和社会发展第十二个五年规划纲要》，《人民日报》2011 年 3 月 17 日，第 1 版。
③ 何杰平：《中国财政年鉴 2013》（总第 22 卷），中国财政杂志社，2013，第 142 页。
④ 《2012 年中国人权事业的进展》，《人民日报》2013 年 5 月 15 日，第 19 版。

义的重要特征与社会主义制度优越性的重要体现"。这是一项长期的任务，是依靠精神文明建设过程稳步推进的任务。党的十二大报告指出，努力建设高度的社会主义精神文明是"建设社会主义的一个战略方针问题"，并且将这一建设过程作为关系社会主义的未来的关键战略，"社会主义的历史经验和我国当前的现实情况都告诉我们，是否坚持这样的方针，将关系到社会主义的兴衰和成败"①。精神文明是人们精神生活进步的积极成果的积累与发展，是相对于不文明的精神而言的概念。社会主义精神文明之所以能够成为社会主义的重要特征，正是由于社会主义精神文明是社会主义优越性的彰显。社会主义精神文明建设之所以能够产生巨大的精神动力，在于他们始终将坚持社会主义、实现社会主义美好生活作为工作、学习等实践的最终方向。社会主义精神文明建设过程中，60多年来对马克思主义理论、科学社会主义的宣传和教育，有利于培育富有精神动力的社会主义新人，帮助社会主义新人树立起科学的世界观、人生观、价值观、道德、理想信念等。从这个意义上说，社会主义精神文明建设过程与社会主义建设实现具体的、生动的目标的过程是同一的。

第三，社会主义先进文化大繁荣大发展。文化建设是社会主义精神文明建设过程的重要内容。"精神文明建设包括思想道德建设和科学文化建设两个方面，渗透在物质文明建设和社会生活的各个领域。"② 新中国成立以来，尤其是改革开放以来，中国共产党一贯重视文化的建设，同时不是就"文化"谈文化，而是从社会文明建设总体的视域来看待文化。将文化的发展与满足人民群众精神发展新需要、新期待相结合，从更为宽广、系统化的视角推动文化产业、文化事业的繁荣发展，推动文化越来越成为民族凝聚力和创造力的重要源泉，成为经济社会发展的重要支撑。例如党的十四届五中全会和八届全国人大四次会议明确指出，要把精神文明建设提高到更加突出的地位；党的十四届六中全会将社会主义精神文明建设的重要内容思想道德文化建设作为主要议题；2002年，党的十六大提出根据社

---

① 中共中央文献研究室编《十二大以来重要文献选编》（上），人民出版社，1986，第25页。
② 《中共中央关于社会主义精神文明建设指导方针的决议》，《人民日报》1986年9月29日，第1版。

会主义精神文明建设的特点，推进文化体制改革；2006 年，《关于深化文化体制改革的若干意见》的提出和《国家"十一五"时期文化发展规划纲要》的出台；2009 年，国务院发布《文化产业振兴规划》；2011 年，党的十七届六中全会通过《中共中央关于深化文化体制改革、推动社会文化大发展大繁荣若干重大问题的决定》；等等。"建设社会主义文化强国，就是要着力推进社会主义先进文化更加深入人心，推动社会主义精神文明和物质文明全面发展"，不断开创"人民思想道德素质和科学文化素质全面提高的新局面，建设中华民族共有精神家园，为人类文明进步作出更大贡献"。[①] 党中央对于精神文明建设中的文化建设尤为重视，这首先出于对中华民族的文化自觉，其次出于新中国成立 60 多年来社会主义文化事业的蓬勃发展、创新发展带来的文化自信的底气。"要增强文化自信，在传承中华优秀传统文化基础上发展社会主义先进文化，加快建设社会主义文化强国。"[②]

新中国精神文明建设过程蕴含着文化建设这一重要内容，文化自觉、文化自信、文化自强是塑造高尚人格、提升民族精神素质的重要内容。文化自信不是无本之木，而是源于深厚的文化底蕴，源于丰富的文化资源，源于雄厚的文化实力，源于源源不断的文化创新。第一，公益性文化事业不断发展，人民基本文化利益得到保障。2012 年中央财政安排公共文化服务体系建设资金 155.3 亿元。[③] 城乡文化一体化显著增强，文化科技卫生"三下乡""送欢乐下基层"，支持基层文化发展，保证中央、省、市三级基层文化建设专项资金。

第二，文化对外影响力不断增强。中国文化具有深厚的文化底蕴，中华文化具有强大生命力。在全球化趋势中，中国文化不断扩大国际影响力，各种文化在中华文明的包容性中，积极进行文化碰撞与交融。通过各种国家文化交流平台、渠道，具有中国特质的文化产品行销到世界各地，深受世界人民的喜爱。成立中国的文化传播和科研机构，构建其"中华文

[①] 《中共中央关于深化文化体制改革推动社会主义文化大发展大繁荣若干重大问题的决定》，《人民日报》2011 年 10 月 26 日，第 6 版。
[②] 《扎实推动经济社会持续健康发展 以优异成绩迎接党的十九大胜利召开》，《人民日报》2017 年 4 月 22 日，第 1 版。
[③] 何杰平：《中国财政年鉴 2013》（总第 22 卷），中国财政杂志社，2013，第 143 页。

化走出去"的传统体系。截至2012年7月底,中国世界范围内建立起了孔子学院387所,中小学孔子学堂509所。①

第三,文化生产力不断增强,进一步推进建立健全文化产业体系。2002年,党的十六大报告提出要根据社会主义精神文明建设的特点和规律,适应社会主义市场经济发展的要求,推进文化体制改革。随着文化体制的深化改革,我国文化产业蓬勃发展,2011年,文化产业增加值达13479亿元,占GDP的比重接近3%。随着文化产业的不断发展,有利于对人民越来越多样化、精细化的精神文化需求进行满足。

第四,社会主义道德建设取得丰硕成果。根据党的十二届六中全会的精神,"社会主义精神文明建设的根本任务,是适应社会主义现代化建设的需要,培育有理想、有道德、有文化、有纪律的社会主义公民,提高整个中华民族的思想道德素质和科学文化素质"②。邓小平指出:"国际主义、爱国主义都属于精神文明的范畴。"③ 作为社会主义建设的主体,人民群众构成了社会主义建设成果和发展的实际内容。社会主义建设事业的全面发展与社会主义文明建设主体的综合性精神文明素质的提升具有密切的内在关联。社会主义精神文明过程的总体包含建设主体的发展,人是开发、创造、推进社会主义精神文明建设的主导力量。社会主义精神文明建设是包含人的发展的过程,离开了人的综合素质的提升去谈精神文明建设,这是一种忽视实践主体的形而上学观点。70多年来,社会主义精神文明建设主体的素质和文明意识得到显著提升,体现为人民的道德意识、理想信念不断提升,社会主义劳动者的综合精神文化素质得到显著增强。

一是个人层面的道德建设。社会主义精神文明建设的关键在于作为社会主义建设主体——人的发展,其中精神文明综合素质是一个重要方面。根据马克思主义唯物史观,在精神文明建设过程的实践中,社会主义建设主体淬炼出新的品质,形成新的力量和新的观念,产生新的交往方式。

---

① 吴兢:《为不同国家、不同肤色的人们提供交流、互鉴、合作新平台——孔子学院:中国文化拥抱世界》,《人民日报》2012年8月10日,第1版。
② 《中共中央关于社会主义精神文明建设指导方针的决议》,《人民日报》1986年9月29日,第1版。
③ 《邓小平文选》第3卷,人民出版社,1993,第28页。

二是社会层面的道德建设。精神文明建设过程是直接面对社会主义建设主体的伟大实践，社会主义精神文明建设过程通过形式丰富的实践，提高了人民的思想情操和精神境界。社会主义精神文明建设的核心，就是使人民成为"四有"（有理想、有道德、有纪律、有文化）新人。正如习近平总书记指出："全国各族人民一定要弘扬伟大的民族精神和时代精神，不断增强团结一心的精神纽带、自强不息的精神动力，永远朝气蓬勃迈向未来。"①"全国道德模范""感动中国十大人物评选""公民道德宣传日"等一系列社会主义道德建设活动，在上至中央、下至基层社会组织得到了系统的开展，先进的社会主义道德得到了有力的倡导，一大批先进的道德模范在全国范围涌现。公民道德建设是一项激发群众先进性的系统性社会工程，有其自身发展规律，其中先进模范人物示范引领是重要环节。在社会主义改革发展的生动实践中涌现了来自各行各业、各个地区的先进模范人物，他们的高尚道德和感人事迹更加贴近群众、贴近生活，使得倡导的道德价值观念更为生动形象，为全社会进一步形成讲诚信、讲正气、促和谐的良好风尚提供了示范作用，有效地推进了社会主义精神文明建设过程，公民道德建设工程为社会主义建设事业提供了总体化的强而有力的道德保障。新中国成立以来，中国共产党领导人民开展了以为人民服务等内容为核心的道德建设，先后树立了雷锋、王进喜等道德模范，这种以为人民服务为主要内容的道德建设激励了一代又一代社会主义建设者。

三是制度层面的道德建设。精神文明建设是推动我国社会主义现代化事业的强大动力，是我国现代化建设的重要精神支柱。2001年，中共中央颁布《公民道德建设实施纲要》，明确要求：在全民族牢固树立建设有中国特色社会主义的共同理想和正确的世界观、人生观、价值观，在全社会大力倡导"爱国守法、明礼诚信、团结友善、勤俭自强、敬业奉献"的基本道德规范②。2006年，党中央提出了"八荣八耻"的社会主义荣辱观，将社会主义道德具体化为具有代表性的八对道德范畴。党的十一届三中全会以来，公民道德迈出了新的步伐，社会道德风尚发生了可喜的变化。为

---

① 《习近平谈治国理政》（第一卷），外文出版社，2018，第40页。
② 《公民道德建设实施纲要》，《人民日报》2001年10月25日，第1版。

促进经济发展推动社会和谐提供了强大的思想道德保障。

　　不断拓展精神文明建设新领域，社会主义精神文明创建活动成效斐然。社会主义精神文明是标志着人类社会发展进入了新阶段，从这个意义上讲，社会主义精神文明是社会进入进步状态的描摹，正是在创造精神文化的活动中，社会主义精神文明不断被创造出来。精神文明创建并非局限于同质文化的绵延，而是人类新精神文明、新文化的创造。在精神文明创建活动的过程中，人民创造出社会主义新文化、展现出百花齐放的社会主义新质精神。科学社会主义所提供的发展标准，决定了精神文明积累的方向与路径。60多年来，中国共产党所提供的理论原则、方针政策，是推动中国特色社会主义精神文明创建活动顺利开展的基本条件。中国精神文明建设过程是社会主义精神文明观念、理念的外化，精神文明的建设过程必须经过一定的实践和实物中介，才能真正将精神文明的精髓、特征展现出来。

　　第一，倡导文明礼貌的教育活动。1981年全国总工会等九大机构发出《关于开展文明礼貌的倡议》，精神文明创建活动拉开序幕，这一倡议中提出后来影响广泛的"五讲""四美"文明礼貌活动。精神文明建设的领域是随着社会生活的发展而不断发展的领域，社会的精神生产和精神生活发展的成果就是精神文明，体现为人们的思想、道德、科学文化水平总体提高。党的十二届六中全会指出要在广大城乡积极开展移风易俗的活动，提倡文明健康科学的生活方式，同时普及教育科学文化①，这份文件为社会主义精神文明建设实践指引了新的方向。精神文明建设过程也是精神文明载体多样性的体现，精神文明过程物质化为形式丰富的载体，群众参与到多种途径的精神文明创建活动之中，密切了精神文明与群众切身利益的关系，例如文化下乡活动、"讲文明树新风"活动、"五好家庭"，以及各级文明公约的制定，等等。

　　第二，牢牢抓住爱国主义教育。社会主义精神文明建设还包括生动开展广泛的爱国主义教育，社会主义精神文明建设始终贯穿爱国主义教育。1994年中共中央宣传部发布《爱国主义教育实施纲要》，提出爱国主义是

---

① 《中共中央关于社会主义精神文明建设指导方针的决议》，《人民日报》1986年9月29日，第1版。

社会主义精神文明建设主旋律的重要组成部分，也是培育"四有"新人的基本要求。遍布全国的红色教育、爱国教育基地，形式多样注重实效的爱国主义教育活动，有利于铸牢爱国主义教育精神阵地，创造出丰富多彩的实践载体，引导人们自我教育、自我提高。

第三，在网络等空间开展精神文明创建活动，不断拓展精神文明建设新领域。随着社会实践的不断发展，人的活动空间不断扩大，对于空间的界划也愈加精细化，对于这些领域，如果先进的精神、先进的思想、先进的文化不去占领，那么非科学的思潮就会去占据。因此，2000 年以来，全国人大常委会先后颁布了《关于维护互联网安全的决定》等法律规定。2006 年，在互联网领域开启了"大型网络文明之风""文明办网、文明上网"等精神文明创建活动。

第二节　新时代精神文明建设面临的重大问题与呼唤

党的十九大之所以作出中国特色社会主义进入新时代的判断，是基于党的十八大以来党中央带领全国人民建设中国特色社会主义事业所取得的全方位、开创性的发展成就。十九大报告指出中国进入社会主义新时代，我国社会主要矛盾已经发生了变化，从党的十一届六中全会提出的"人民日益增长的物质文化需要同落后的社会生产之间的矛盾"变为"人民日益增长的美好生活需要和不平衡不充分的发展之间的矛盾"。在经历了新中国成立以来60多年的奋斗，改革开放40多年的今天，中国社会的物质文明发展水平已经有了大跨越的进步。十九大报告指出当前我国"社会文明水平尚需提高"，因此，需要在全面建成小康社会后，开启两个阶段的全面建设社会主义现代化国家新征程，第一阶段"社会文明程度达到新的高度，国家文化软实力显著增强，中华文化影响更加广泛深入"，第二个阶段"我国物质文明、政治文明、精神文明、社会文明、生态文明将全面提升"[1]。

---

[1]　习近平：《决胜全面建成小康社会　夺取新时代中国特色社会主义伟大胜利——在中国共产党第十九次全国代表大会上的报告（2017年10月18日）》，人民出版社，2017，第9、28、29页。

因此，社会主义文明的现状和有未来目标有待继续发展的方面，对人民对美好生活的追求和向往产生了一定程度的制约。也就是说，在新时代，社会主义精神文明要达到新的高度，要得到全面提升，其关键就是要继续推进社会主义精神文明建设。

新时代是一个前所未有的世界大变局中展开的时代，党的历史使命转变为统揽伟大斗争、伟大工程、伟大事业、伟大梦想，决胜全面建成小康社会、夺取新时代中国特色社会主义伟大胜利。在中华民族伟大复兴和世界正经历百年未有之大变局的关键时刻，在西方资本主义文明向何处去陷入焦虑的关键时刻，中国和平发展的步伐显著加快，这改变了世界社会主义运动的当代境遇，也改变了历史终结论的资本主义文明观等于现代化文明的思维惯性。那么，在新时代，中国如何继续弘扬中华优秀传统文化、吸收借鉴人类社会创造的一切文明成果，如何继续走好中国道路成为摆在中国共产党和全国人民面前的问题。面对这个新时代提出的新要求，作为社会主义文明建设系统工程的关键部分——社会主义精神文明建设应当直面这个问题，同时紧密结合新的时代条件和实践要求，对新时代社会主义精神文明建设的任务、目标、体制机制等进行调适，并且将这种新举措、新特征贯穿社会主义精神文明建设全过程，以回应新时代对社会主义精神文明建设提出的新要求。

新时代精神文明建设过程是紧密结合当前国内外发展的境遇展开的，因此，是直面新时代发展过程中的现实问题而开展的具体实践。这些现实问题，部分是精神文明建设要解决的基础问题，在新时代当中，这些基础问题发生了新的变化，而部分是新时代面对新形势产生的新问题。随着社会主义市场经济的发展，一方面为社会主义精神文明建设奠定了物质基础；但是另一方面，这个过程也是社会主义社会重大转型的过程。这个过程不仅是单一维度的社会经济，也是社会发生巨大变化的过程。在这个过程中也存在一些重大问题，主要体现为信念迷失和精神"缺钙"、价值多元和思想共识、文明失衡和软实力不彰、世界大国与文化自信、网络时代与意识形态安全等问题。

一 信念迷失和精神"缺钙"问题

党的十九大报告指出,"要把坚定理想信念作为党的思想建设的首要任务,教育引导全党牢记党的宗旨,挺起共产党人的精神脊梁,解决好世界观、人生观、价值观这个'总开关'问题,自觉做共产主义远大理想和中国特色社会主义共同理想的坚定信仰者和忠实实践者"①。就个人层面来说,信念是一个人思想行动的源头,是一个人的精神支柱。一个国家、民族如果没有信念,就会失去共同奋斗的目标,最终走向没落,甚至是四分五裂。信仰对一个政党而言,更是一个政党实现政治目标、凝聚集体智慧力量的凭靠,如果一个政党失去了信仰,那就失去了活力。中国共产党正是以马克思主义真理信仰、共产主义远大理想和中国特色社会主义共同理想为其自身坚定的理想信念。习近平同志指出:"对马克思主义的信仰,对社会主义和共产主义的信念,是共产党人的政治灵魂,是共产党人经受住任何考验的精神支柱。"② 一个社会之所以能够形成一个有机体,共同理想信念是使社会有机体不断发展、积极向上的精神动力。坚定理想信念要求将立足眼前与放眼长远相结合,不能离开发展中国特色社会主义事业、实现中华民族的伟大复兴而空谈理想,也应该不断提升思想觉悟和理论水平,才能更好地理解信仰,对远大理想和奋斗目标保持清醒的认知。

应当看到,随着经济全球化的深度展开,现代社会发展中暗藏着精神生活平庸化、信念迷失的问题。在百年未有之大变局的时代,我国经济从高速增长阶段进入中高速增长的、更注重质量的新常态。面对这样复杂的局面,一些对人类社会发展的前景产生了疑惑,甚至出现了方向上的迷惘,对社会主义的未来信念逐渐迷失,主体实践出现意义感缺失,甚至方向感迷惘。具体而言,信念迷失的问题具有复杂的原因,主要关涉以下几个方面。

第一,理想信念与社会主义建设具体实践的张力需要进一步弥合。当今中国进入新时代,新时代的历史方位不仅代表新的发展时空,也代表当

---

① 习近平:《决胜全面建成小康社会 夺取新时代中国特色社会主义伟大胜利——在中国共产党第十九次全国代表大会上的报告(2017年10月18日)》,人民出版社,2017,第63页。
② 《习近平谈治国理政》(第一卷),外文出版社,2018,第15页。

今国内外经济发展环境发生深刻变化，贸易保护主义抬头，经济全球化从深化转向逆全球化，孤立主义、民粹主义在西方资本主义社会影响日益扩大。新时代中国进入社会主义发展的新阶段，那么这个阶段往何处去，一些人产生了社会主义发展信心不足，对中国特色社会主义理论、道路、制度的自信消弭，甚至产生了信念上的动摇，这成为新时代精神文明建设过程面对的突出问题。虽然社会主义、共产主义信念的迷失问题是当前社会主义精神文明建设过程中面对的突出问题，但是世界社会主义运动发展史、新中国发展史、改革开放史证明了社会主义是社会发展的方向。中国道路正是中国特色与社会主义有机结合的产物，这是一条坚持有中国特色的社会主义方向的道路，而不是随意改弦更张的道路，是马克思主义与中国实际相结合的具有强大生命力的新发展之路。中国道路为世界人民带来的新治理体系、新理念体系、新价值体系等新的发展样态，不同于西方资本主义国家探索出的资本主义文明，而是在探索共产主义道路上走出的社会主义文明，这是一条新的文明探索道路。如果将精神文明建设的具体实践与中华民族伟大复兴割裂，那么就会萌生信念的迷惘。

第二，理想信念亟待更高层次的知行合一。社会主义信念是一种知行合一的理想信念，信仰迷失其症结在于将理想信念悬置于宏大叙事、抽象化的理想空间之后，将对当下现实生活的感性追求作为全部生活，忽视了高尚理想信念的超越性。在社会主义精神文明建设的过程中，应当重视以科学的理论武装人，坚定社会主义信念。社会主义信念是经受任何考验的精神支柱，在社会主义建设迈入新时代，没有坚韧不拔的信念，在具体工作和实践中就会出现一些问题。在新时代社会主义建设过程中，是否能坚守社会主义信仰决定精神"钙质"的含量，体现在具体工作中，就成为在各项工作抉择中的价值考量。共产主义理想信念绝不是纯粹的抽象化、宏大叙事，而是具体化为现实工作中的价值选择。人有了高尚的理想信念，人的奋斗才有精神维度的安放。习近平总书记指出："辩证唯物主义虽然强调世界的统一性在于它的物质性，但并不否认意识对物质的反作用，而是认为这种反作用有时是十分巨大的。"[①] 这种理想信念就是共产党人精神

[①] 习近平：《辩证唯物主义是中国共产党人的世界观和方法论》，《求是》2019年第1期。

上的"钙",而理想信念在实践中鼓舞人。要抓牢理想信念教育、思想道德建设、意识形态工作,同时大力培育和弘扬社会主义核心价值观,用富有时代气息的中国精神进一步地凝聚中国力量。① 共产主义信仰,更是拒腐防变、抵御诱惑的强大精神力量。要坚定理想信念,在大是大非面前守住底线、辨明方向,才能在各种社会思潮面前抵御住风险和考验。共产主义的理想绝不是遥不可及的乌托邦,而是马克思在探寻人类历史发展规律的可能性。新时代中国特色社会主义就是坚定共产主义信念,向共产主义社会迈进的重要阶段。共产主义理想信念在新时代体现为中华民族伟大复兴的中国梦这一具体理想,这一理想的实现综合体现为走中国特色社会主义道路。

第三,经济发展场景新转换对理想信念的冲击。新时代中国特色社会主义改革进入全面深化的新阶段,对理想信念产生了新的冲击。社会主义社会进入大转型的关键阶段,市场经济体制的全面深化改革,为社会主义精神文明发展提出了新的挑战。新旧体制转轨,人民的精神塑造也会受到冲击。因为"理想指引人生方向,信念决定事业成败","中国梦是全国各族人民的共同理想","中国特色社会主义是我们党带领人民历经千辛万苦找到的实现中国梦的正确道路",也是应该"牢固确立的人生信念"②。社会主义理想信念是推进社会主义物质文明建设背后的力量,通过对人的行为的引导对经济建设的发展起到促进作用。如果缺乏这种理想信念,人们在利益的角逐中就不再受到公正等精神文化的牵引,面对市场大潮的冲击,就会迷失方向。习近平总书记指出:"改革开放以来,我国经济发展很快,人民生活水平提高也很快。同时,我国社会正处在思想大活跃、观念大碰撞、文化大交融的时代,出现了不少问题。其中比较突出的一个问题就是一些人价值观缺失,观念没有善恶,行为没有底线","现在社会上出现的种种问题病根都在这里"③,如果得不到有效解决,全面深化改革以

---

① 《坚持运用辩证唯物主义世界观方法论 提高解决我国改革发展基本问题本领》,《人民日报》2015年1月25日,第1版。
② 《习近平谈治国理政》(第一卷),外文出版社,2018,第50页。
③ 中共中央文献研究室编《十八大以来重要文献选编》(中),中央文献出版社,2016,第133~134页。

及新时代社会主义现代化建设就难以顺利推进。

第四，个体思想认识定力面临新挑战。对于整体社会而言，信念缺失意味着社会感召力会下降，而对于个体而言，信念的迷失意味着个人安身立命的精神之本会受到影响。这种迷失体现在面对多元多样多变的客观实际中，社会主义信念迷失的个人无法破除抵制利己主义、拜金主义的影响。信念是在社会实践中经过主客观相互作用，反复进行价值评价积淀形成的对某类价值的坚定信念。① 信念对人的行为具有调控作用，不仅影响人在实践中的具体选择，也能够使人明确为什么采取这种选择。而没有信仰的人，在遭遇困难和挫折时，就会茫然不知所措。信仰具有方向性，只有科学的、崇高的信仰才能引导人们战胜困难，拥有正确的奋斗目标并为之付出巨大的热情。在新时代，什么是我们应该共同坚守的理想信念呢？习近平总书记指出："经过几千年的沧桑岁月，把我国56个民族、13亿多人紧紧凝聚在一起的，是我们共同经历的非凡奋斗，是我们共同创造的美好家园，是我们共同培育的民族精神，而贯穿其中的、更重要的是我们共同坚守的理想信念。"② 精神文明的发展与人的发展是同步的，信念迷失会导致精神上的摇摆不定，信念迷失的具体表现就是精神"缺钙"。正如习近平同志指出的："理想信念是共产党人精神上的'钙'，理想信念坚定，骨头就硬，没有理想信念，或理想信念不坚定，精神上就会'缺钙'，就会得'软骨病'。"③ 在现实生活中，精神的"钙"的流失归根结底是因为信仰迷失，一旦信仰迷失，人就仿佛得了软骨病，扑倒在利益面前。新时代，在全面建成小康社会的决胜阶段，广大党员要用行动坚定信念，用学习马克思主义理论对马克思主义信仰保持清醒，保证信念不动摇，才能在面对各种重大风险考验时拒腐防变，才能以更坚定的步伐向中华民族伟大复兴迈进。精神"补钙"不是一蹴而就的行为，而是一个长期坚持的过程，要将理想信念之根深深扎进世界观、人生观、价值观，久久为功。

对于精神"缺钙"不能一味消极应对，而应该主动为人民群众的精神

---

① 黄枬森：《马克思主义哲学体系的当代构建》（下册），人民出版社，2011，第968页。
② 习近平：《在第十二届全国人民代表大会第一次会议上的讲话》，《人民日报》2013年3月18日，第1、3版。
③ 《习近平谈治国理政》（第一卷），外文出版社，2018，第414页。

"骨质补钙",这种"补钙"离不开激发人民奋发有为的社会主义精神文明建设。通过精神文明建设,帮助人民群众坚定马克思主义信仰、共产主义信仰,为踏实实现"为人民谋幸福"不断奋进,将共产主义远大理想与新时代社会主义建设具体目标相结合,才能为新时代中国不断迈向共产主义社会打下坚实的精神基石。社会主义精神文明建设过程通过各项实践活动,提升人民的精神境界、丰富人民的精神世界,建设社会主义文化强国,不断增强文化软实力。

二 价值多元和思想共识问题

引领社会思潮、凝聚思想共识是新时代我国经济社会深刻变革,社会价值多元、多样、多变的艰巨任务。社会价值取向关系社会走什么道路,甚至会关系以什么样的精神状态实现社会共同奋斗目标。新时代中国处于深度转型期和深度全球化的双重挑战叠加期,社会价值呈现多元化的趋势。

价值多元的哲学解读。价值多元不同于价值多样化,是一个综合型的价值探讨指标,从价值的性质而言,价值具有主观性、方向性的取向。价值是主客体相互作用之后产生的功能关系,因此,价值有正负方向之分。价值具有积极和消极的区别,不同的价值在道德境界和意义层面是具有区别的,因此,价值呈现出差异性和多样性的特征;但是价值还有一个更为根本的决定因素,就是价值是对现实生活、对实践的反映,如果否定了这一点,就不符合唯物史观的本质规定。价值具有多元性,同一个客体在不同时空、不同条件下,其对不同主体以及同一主体的不同方面,具有不同的价值。价值多元性与价值多样性既有联系,又有区别:联系在于价值多样性指涉不同客体呈现的不同价值判断,是包含价值多元性的;区别在于价值多元性指不同主体对同一客体的不同价值判断。[①] 价值的多样性是价值的客观存在的内在属性,体现客体内部不同的物质属性,呈现客观世界的丰富多彩。而价值的多元性体现的是社会生活中,多个主体由于价值观不同,对同一客观事物判断呈现复杂性,甚至相互背离的判断,这些对于同一客体相互冲突的价值判断,对主体的精神形成不同程度的影响。

---

① 王玉樑:《当代中国价值哲学》,人民出版社,2004,第12页。

价值多元的社会影响。新时代中国进入社会主义现代化新阶段，最先遇到的就是更深度的现代化、全球化对人们价值观、人文精神的冲击，大量的所谓"亚文化""后文化"思潮也随之对社会主义精神文明建设产生冲击。目前，新媒体、互联网等新媒介、新舆论空间已经成为各种社会思潮层出不穷的主要场域，这些社会思潮蕴含的价值观念参差不齐，导致多重社会意识形态的影响并存。而人类历史发展的经验证明，一个国家如果失去共同的价值目标，就会分散人民群众对于共同理想、共同价值的追求，会削弱这个民族的总体精神凝聚力。随着全球化进程的纵深展开，价值观念的传播已经跨出单一民族、某一具体时空疆界，价值的多元化呈现出价值冲突的趋势，具体表现为本土价值与外来价值、现代价值与传统价值、先进价值与落后价值、不同领域价值、不同主体价值的交锋、碰撞等。作为社会主义国家，当前的中国处于社会主义建设进入新时代的这样一个历史新阶段中，中国的社会、经济等多种社会结构面临深层次变革，这是一个多元价值并存的阶段。在这个新时代，社会生产方式呈现结构性变化，经济基础的变化在一定程度上形成了群众价值诉求的多样化，主体利益的多样化也带来了价值观念的多元化。从单纯的文化繁荣的视域来看，价值多样化是文化繁荣的重要体现，但文化的可持续繁荣与价值多元化是相违背的。价值多元化是深度全球化与中国推进全面深化改革的时代特征所决定的，但并不意味着对这种价值多元采取放任的态度。如果放任价值多元，必然冲击社会主义的主流意识形态，甚至会对"两个一百年"的社会共同目标产生影响，以至于动摇中国特色社会主义总体事业的精神根基。对此，我们要保持清醒认识，不能被多元价值分散了对社会主义共同价值的认同。

随着全面深化改革的推进，以及经济从高速增长转向高质量发展阶段，人们的生产方式、生活方式呈现新的特点，人们对于精神文化的追求呈现新的需要。社会主义精神文明建设面对这种多元、复杂的价值观的过程，采取的方式是在多元中树立主导，在多样中寻找共识，以社会主义核心价值观引领多元价值观，以此彰显社会主义先进文化、社会主义核心价值观的主流价值取向在多元价值中的主导地位，以此引领多元价值观。正如习近平总书记指出的："实现'两个一百年'奋斗目标，需要全社会方方面面同心干，需要全国各族人民心往一处想、劲往一处使。如果一个社会没有共同理想，没有共同目标，没有共同价值观，整天乱哄哄的，那就什么事也办不成。"①

价值作为人类进行有序的社会交往的精神基础，是社会关系调适的基本遵循，缺乏价值共识的社会，将难以持续有序运行。思想共识不是消灭价值差异，不是所有社会价值形式达成完全同一，而是以价值本身的多样性、丰富性为达成共识的前提。思想共识本质上是一种求同存异的价值主张，是在多元化的价值取向中，通过协商、协调找到价值的共同性。其存在思想共识的构建过程实质上是多样化的社会价值在碰撞、冲突中，彼此吸收新的要素形成新融合的过程，这个过程也是凝聚普遍的思想共识的过程。然而，西方资本主义国家却借着经济全球化大力推动文化全球化，赋予资本主义文化以价值普适性，用资本主义精神文化商品试图将资本主义价值推行到全世界。这种试图依托资本主义精神文化产品将资本主义价值直接传导给商品消费者，借经济全球化来达到资本主义文化的全球化，由此引发了民族国家的本土价值与外来价值的冲突，甚至激烈对抗。西方用经济上的优势传播西方资本主义文明的文化霸权，对广大发展中国家对本民族文化的传承与延续形成了障碍，这种资本主义价值普适性的价值碰撞是无法达成符合发展中国家、民族利益的思想共识的。因此，价值多元并不是推动社会主义文明得到总体性、持续性发展的良方，反而会对社会主义国家凝聚思想共识造成阻滞。

虽然在经济全球化的今天，价值多元化是中国价值生态当中的一种趋势，但并不意味我们要否定社会主义核心价值观的主导地位，更不能全盘接受西方资本主义文明。对于多元价值也不应夸大不同主体之间的差异，更不应该将这种差异推向绝对的对立维度，完全割裂多元价值之间通过社会交往实践实现价值意义相互理解，继而找到"最大公约数"的可能，这实质上也否定了多元价值主体之间相互理解、相互交流的可能性。新时代，要将我国的社会主义现代化推向新高度，满足人民群众对美好生活的向往，任务更艰巨、境遇更复杂，更需要以社会主义核心价值引领多元价

---

① 习近平：《在网络安全和信息化工作座谈会上的讲话》，《人民日报》2016年4月26日，第2版。

值，形成强大的思想共识，增强整个中华民族的凝聚力。正如习近平总书记指出的："培育和弘扬核心价值观，有效整合社会意识，是社会系统得以正常运转、社会秩序得以有效维护的重要途径，也是国家治理体系和治理能力的重要方面。"[①] 如何汇聚社会主义核心价值观之于多元价值的整合引领作用，使社会主义核心价值观更好地表达其包容性、开放性，从而更好地凝聚全国人民的思想共识，是社会主义精神文明建设中需要积极探索解决之道的新时代命题。

中国特色社会主义精神文明是一种要求先进和发展的具有中国特色的现代化社会主义精神文明。其关键在于围绕社会主义中国发展的前景，吸收现代人类文明的一切先进成果，赋予社会主义现代化建设、社会主义总体文明发展以生机与活力。中国特色社会主义精神文明建设过程彰显出开放性、包容性及共享性的广阔胸怀，提供了应对价值多元的中国方案。而在多元价值、观念发生碰撞的世界大变局中，在利益多元、观点多样化的背景下，人民群众如何保持基本的理性标准和文明底线，成为社会主义精神文明建设要应对的重要问题。

三 文明失衡和软实力不彰问题

习近平总书记曾做出相关批示，希望《人民日报·海外版》在成立30周年的新起点上总结经验、发挥优势、锐意创新，搭建传播平台，展示中国文化，传播中国立场，弘扬中国文化，并用海外读者易于理解的方式讲述好中国故事，用读者乐于接受的方式传播中国声音。[②] 习近平总书记的重要指示既是对我国主流媒体的国际传播力的肯定，同时也体现了党中央对世界软实力发展局势的深刻把握。软实力（Soft Power，汉译为软力量、软权力、软国力）是由美国政治学者约瑟夫·奈作为学术性概念提出的。在约瑟夫·S.奈那里，软实力是一个国家通过文化共通性维护和实现国家利益，进行国际治理的基本能力，主要关涉基于国家文化综合力量产生的

---

① 《把培育和弘扬社会主义核心价值观作为凝魂聚气强基固本的基础工程》，《人民日报》2014年2月26日，第1版。
② 《用海外乐于接受方式易于理解语言 努力做增信释疑凝心聚力桥梁纽带》，《人民日报》2015年5月22日，第1版。

亲和力、吸引力、凝聚力和影响力。① 1993年，王沪宁从国家实力的高度对文化作用进行了界定，他提出："政治体系、民族士气、经济体制、科学技术、意识形态等因素的发散性力量表现为一种软实力。"② 根据党的十七大报告相关文献的论述，国家文化软实力主要关涉四个层面的精神文明建设：一是"建设社会主义核心价值体系，增强社会主义意识形态的吸引力和凝聚力"；二是"建设和谐文化，培育文明风尚"；三是"弘扬中华文化，建设中华民族共有精神家园"；四是"推进文化创新，增强文化发展活力"。这四个层次不仅关乎价值体系、文化风尚，还包括文化传播、文化传承、文化产业发展等。随着全球化时代的到来，文化软实力显现出强大的全球治理能力，文化的政治影响力能够以较低的社会代价赢得国际竞争中的优势地位。构建人类命运共同体，推进全球治理体系的进一步完善，需要用文化软实力消解文化质疑，促进文化沟通，增强文化互信，最后推动文化互鉴。但是中国的文化软实力没有体现出应有的文化影响力，是由于精神文明建设过程的不平衡不充分所致。新时代，中国特色社会主义发展进入新阶段，精神文明建设应当进一步发挥其作用，打牢精神文明建设基础，进一步彰显国家文化软实力。

文化发展与经济社会发展还不适应，精神文明建设总体化体制构建面临挑战。社会主义文明建设是一个总体化的系统工程，改革开放以来，中国共产党将精神文明作为社会主义制度优势进行建设。邓小平同志指出："不加强精神文明的建设，物质文明的建设也要受破坏，走弯路。光靠物质条件，我们的革命和建设都不可能胜利。"③ "十五"规划中明确提出："坚持经济和社会协调发展。要把物质文明建设和精神文明建设作为统一的奋斗目标，把依法治国与以德治国结合起来，始终坚持两手抓、两手都要硬，切实加强社会主义精神文明和民主法制建设。"④ 长期以来，我国物

---

① Joseph S. Nye. Bound to Lead. The Changing Nature of American Power. New York: Basic Books. 1990. pp. 32 – 33.
② 王沪宁：《作为国家实力的文化：软权力》，《复旦学报》（社会科学版）1993年第3期。
③ 《邓小平文选》第3卷，人民出版社，1993，第144页。
④ 《中华人民共和国国民经济和社会发展第十个五年计划纲要》，《人民日报》2001年3月18日，第1版。

质文明建设突飞猛进，而精神文明建设则相对不平衡不充分，甚至出现"一手硬，一手软"的现象。精神文明发展的失衡对国家软实力的彰显起到阻碍作用，具体关涉多个维度：缺乏总体化的精神文明建设机制；缺乏对精神文明建设的国际视野，对中国文化软实力彰显形成掣肘；缺乏对精神文明建设的深度把握，精神文明建设缺乏广度；缺乏对社会主义意识形态传播形式的创新，传播话语体系有待进一步创新。这些问题迫切需要围绕精神文明建设提出新举措，以创造中华文明新的辉煌，推进中国特色社会主义文化发展，彰显社会主义文化强国的大国形象。出于经济发展的强烈需要的驱动，我国社会主义建设将"经济"作为发展的重中之重，改革开放以来的40多年，中国经济总量、交通基础建设增长很快，但是文化软实力却没有同步发展。习近平强调统一思想的重要性："磨刀不误砍柴工，思想是行动的先导。在思想认识上的收获，比我们在发展上的收获更有长远意义。"① 这不仅强调了抓好精神文明建设、思想建设的重要性和长远意义，更凸显了他对意识形态工作的深刻认识和高度重视。习近平指出："文化的力量"，即"构成综合竞争力的文化软实力"，总是"润物细无声"地融入经济力量、政治力量、社会力量之中，成为经济发展的"助推器"、政治文明的"导航灯"、社会和谐的"黏合剂"。②

精神文明建设和人民日益增长的精神文化需要还不适应，面临发展不平衡和不充分的挑战。新时代，中国的发展必然是软实力和硬实力的平衡发展。精神文明建设作为一项持续推进的社会工程，在推进"五位一体"总体布局和"四个全面"战略布局的实践中，对精神文明建设提出了与物质文明建设发展相平衡的新要求。"五位一体"总体布局，要求在新时代继续统筹推进政治建设、文化建设、社会建设和生态文明建设，以总体化推进整个社会全面进步。"四个全面"战略布局是中国进入新的发展阶段的行动指南，"四个全面"促进社会主义精神文明建设进入新阶段，社会主义精神文明建设描绘的是当代中国人民在改造主客观世界的实践中取得的积极成果。所以，只从局部的、部分的方面着眼于精神文明建设，已经

---

① 习近平：《之江新语》，浙江人民出版社，2007，第83页。
② 习近平：《之江新语》，浙江人民出版社，2007，第149页。

不能满足从宏观、总体性、战略性高度来认识精神文明建设的新要求。党的十九大报告指出我国当前的发展处于"不平衡不充分"的状况，这种发展的不平衡不充分体现了"人民对美好生活的向往"，而满足"人民对美好生活的向往"，是一个贯穿社会文明建设全过程的奋斗目标。十九大报告中还指出在新时代，人民对美好生活的需要的日益增长，首先，意味着人民群众需要的范畴以及内涵大大扩展。美好生活的需要不仅意味着对物质文明的发展提出了新的要求，同时对政治、生态、社会文明的需要也日益增长。换言之，人民群众的需要从物质文明领域向精神文明、政治文明、社会文明、生态文明的全面拓展。其次，人民群众对文明发展的层次也大幅度提升。美好生活需求，意味着物质文明、精神文明、政治文明、社会文明、生态文明等建设要向更高层次迈进。

我国文化的国际传播能力、竞争力与中国日益提高的国际地位还不适应，社会主义意识形态的传播形式创新面临挑战。1978年开启的改革开放，中国以包容、开放的姿态积极参与到全球化的浪潮中，从参与全球化、融入全球化，到现在习近平总书记提出构建人类命运共同体，中国经过持续40多年的高速发展，创造了人类历史的发展奇迹。我国文化软实力的彰显，要善于汲取世界文明的优秀成果，借鉴其他文明的建设成果，以促进本国精神文明的健康发展。而在当今中国精神文明发展的实际工作当中，缺乏将精神文明与物质文明发展相协调，社会主义精神文明建设的软实力有待提高。文化软实力既是讲文化的外部吸引力，更是讲文化的内部凝聚力，是文化的外部吸引力和内部凝聚力的统一。

精神文明建设与中华文明深厚的文化资源还不适应。社会主义精神文明扎根中华文化，中华文化既具有历史性，也富有现代性，既有民族特性，也符合世界进步潮流。"在五千多年文明发展中孕育的中华优秀传统文化，在党和人民伟大斗争中孕育的革命文化和社会主义先进文化，积淀着中华民族最深层的精神追求，代表着中华民族独特的精神标识。"① 正如习近平总书记对中华文明的生机与活力的论述："推动中华文明创造性转

---

① 习近平：《在中国文联十大、中国作协九大开幕式上的讲话》，人民出版社，2016，第4~5页。

化和创新性发展,激活其生命力,把跨越时空、超越国度、富有永恒魅力、具有当代价值的文化精神弘扬起来,让收藏在博物馆里的文物、陈列在广阔大地上的遗产、书写在古籍里的文字都活起来,让中华文明同世界各国人民创造的丰富多彩的文明一道,为人类提供正确的精神指引和强大的精神动力。"①

四 世界大国与文化自信问题

党的十八大以来,习近平总书记多次强调包括文化自信在内的"四个自信"。他将文化自信作为"最根本的"自信之一;将增强文化自信作为其他三个自信的"题中应有之义";"文化自信是更基本、更深沉、更持久的力量";将我国国家制度和国家治理体系显著优势作为文化自信的"基本依据"。随着我国经济大国形象的不断提升,综合国力不断加强,硬实力的提升呼唤为文化强国建设提供物质支撑。在灿烂的中华文明的发展历程中,中华民族文化从未像今天这般呈现如此高的繁荣程度,也从未出现过对多样化、精细化、丰富化的精神文明的需求。建设社会主义文化强国,增强中华民族的文化自信,已经成为新时代中国实现与大国地位相匹配的文化发展目标。中华民族实现伟大复兴,需要坚定地树立起强大的中华文明自信、社会主义先进文化自信,这是应对百年未有之大变局,应对国内外复杂局势、应对重大风险挑战的精神根基。

以高度的文化自信推动新时代中国文化走向繁荣,这是新时代百年未有之大变局的时代际遇。全球范围内,国与国之间的竞争激烈程度前所未有,作为世界大国的中国,遇到的竞争和挑战也日趋激烈。站在新的历史起点,在全面建成小康社会完成之际,物质文明的坚实发展也为我国文化发展到新的繁荣奠定了基础,人民群众对于符合美好生活的精神需要的期待也日益提高,这对于社会主义精神文明的发展、社会主义先进文化的发展提出了新的发展要求。正如 2014 年,习近平总书记在联合国总部发表演讲时指出的"没有中华文化繁荣兴盛,就没有中华民族伟大复兴。"② 党的

---

① 习近平:《在联合国教科文组织总部的演讲》,《人民日报》2014 年 3 月 28 日,第 3 版。
② 习近平:《在联合国教科文组织总部的演讲》,《人民日报》2014 年 3 月 28 日,第 3 版。

十八大以来，以习近平同志为核心的党中央团结带领全国各族人民，砥砺前行，中华民族伟大复兴展现出前所未有的图景，中国的国家形象也受到高度关注。

加强国际话语权有待文化自信注入新的力量，以展现真实立体的中国。国家的文化形象事关一个国家的国际交往状况，事关一个国家在全球治理当中的影响力。当前，中国作为世界第二大经济体，国家综合国力发展取得了举世瞩目的成就。中国经济实力的增强，特别是"一带一路"倡议的全面实施，在精神文明建设的过程当中，应当注重两者发展的协调，中国的发展已经引起世界的关注，中国已经站在了世界舞台的中央，中国在进行社会主义现代化建设时，要树立大国心态，充分彰显中国优势、中国特色。由此，在世界上发生重大事项时，世界人民总是想听听来自中国的声音、听听来自中国的方案。对中国讲好中国故事、把中国道路以及中国经验概括为系统化的理论说给世界听，这一点我们做得还不够，还没有将中国的思想文化提升到与中国世界大国地位相匹配的位置，中国的思想文化在国际上的影响力还无法与中国世界大国的地位相一致。同时加强对外话语体系建设，创新对外话语表达方式，增强文化传播的亲和力，使世界更好地理解中国。在很长一段时间中，精神文明建设的推进略显乏力，作为彰显中国风采、展现中国亮丽形象的重要手段、重要窗口，社会主义精神文明建设的成果应当更多地走出国门影响世界。

文化创新呼唤坚定创新风尚，中华文化持续创新是展示形象的关键领域。首先，大国形象需要营造良好的舆论氛围，展现良好的国家精神风貌。新中国的成立为中华民族破除陈规陋习提供了社会条件。党的十八大以来，随着经济的进一步发展，文化事业、社会事业的进一步繁荣，中国人民的精神面貌也焕然一新，中国人民为了全面建设、建成小康社会展现出文化发展的新风貌。从古至今，大国的发展是经济总量等综合实力提高的过程，也是文化影响力提升、思想文化发展的过程。没有高度的文化自信，"没有中华文化繁荣兴盛，就没有中华民族伟大复兴"[①]。其次，文化是需要创新的领域，中华文明要发展，不能离开文化的先导作用。社会主

---

① 习近平：《在文艺工作座谈会上的讲话》，人民出版社，2015，第5页。

义先进文化创新是守正创新、不断拓新的社会主义精神文明发展的重要领域，"不日新必日退"。要使社会主义文化勇立时代发展潮头，反映时代精神，应当不断增强在实践中创造文化，在历史进步中不断推进文化体制改革，使文化的发展走在时代发展的先导位置。

建设中国特色社会主义，呼唤进一步加强文化自信。文化自信是一个民族赖以生存和发展的基石。党的十八大以来的全面深化改革带来的发展成就，激励人民群众更好地参与社会主义总体事业。习近平总书记指出："实现我们的发展目标，不仅要在物质上强大起来，而且要在精神上强大起来"[①]；"一项没有文化支撑的事业难以持续长久"[②]。中国文化走向市场，走向世界，就是在国际竞争背景下，在文化的交流中，激发民族文化产业、民族文化企业不断壮大，从而消弭西方资本主义文化霸权，打破其对社会主义先进文化的肆意曲解和打压。中华民族之所以能在历史的长河中面对各种冲击而文明脉络不断延伸、向前发展，其根源在于中华文化基因当中蕴含着包容性，能够学习外来文化的精髓，而不迷失自我，不忘本来，从而不断开拓未来。在沿着中国发展的必由之路、成功之路的中国特色社会主义道路的不断前行中，我们更加真切地感受到，中华民族的文化大繁荣大发展是看得见、摸得着的目标。文化自信熔铸在党领导人民在革命、建设、改革中创造的革命文化和社会主义先进文化中，是中华民族独特的精神标识，是激励全党全国人民奋勇向中华民族伟大复兴宏伟目标前进的强大精神力量。中国特色社会主义文化面向新时代，为面对新时代的新机遇与新挑战构筑中国力量提供了精神指引。增强全国人民对于中国特色社会主义的文化自信，有助于维护国家长治久安。

全球治理体系重塑，需要加强文化自信以应对国际新局势。第一，国际力量发生重大变化。西方一些国家近年来出现的逆全球化，引发中国经济发展方式的纵深变革。要推动全球治理体系向更公正、更合理的方向前行，作为发展中国家的一员，中国面临的机遇，不再是传统意义上的加入国际贸易体系，而是进一步提高经济发展质量，促进内外双循环的经济发

---

① 《习近平谈治国理政》（第一卷），外文出版社，2018，第46页。
② 《习近平谈治国理政》（第一卷），外文出版社，2018，第52页。

展格局的形成。这个新格局的形成，如果没有对中国特色社会主义的文化自信，就很容易为西方发展模式所羁绊，陷入"中等国家收入陷阱"，难以实现新的发展。第二，全球不平等等新问题暗流涌动。2008年国际金融危机以来，西方社会出现了一些新的变化，经济上的增长乏力导致单边主义、民粹主义抬头。国际关系要朝向何处，是坚持多边主义，推进多边贸易体制的发展，还是采取封闭、对立、以邻为壑？中国作为成功实现经济发展的高质量转型国家，成功开启供给侧改革，为世界经济的发展提供了中国智慧，展现了中国方案。如果没有这种文化自信，那么发展中国家的国际话语权就会受到影响。第三，新一轮发展空间带来的新挑战。传统的西方资本主义主导的经济全球化越来越难以为继，这些错误的零和博弈的国际关系观点，例如，把世界分为中心和外围、主宰和依附等，这些观点悬置在资本主义强势推进的国际交往中，导致大国与小国、强国与弱国之间的发展鸿沟进一步加深。随着社会信息化、文化多样化的深入发展，大国治理、大国复兴关键在于一种定力，文化自信就是奠定这种定力的精神根基、思想基点。习近平总书记指出："要跟上时代前进步伐，就不能身体已进入21世纪，而脑袋还停留在过去。"[①] 新时代中国要在纷繁复杂的国际关系中，抓住发展机遇，需要让世界看到构建人类命运共同体的新型世界观，"和实生物，同则不继"，如果没有对中华和合文化的自信，没有对中国特色社会主义的文化自信，那么这种新的发展观将失去深厚的文化根基。

在精神文明建设过程当中，自身积累的经验与外来文明建设经验的弥合、借鉴还需要进一步加强。基于中国本土、本民族历史发展起来的精神文明能够得到中华民族的认可，适合中华民族的需求，但国外由于缺乏对中国传统文化、传统精神的了解，对中国的精神文明建设产生误解，甚至把适合中国的精神文明建设成果当成诋毁中国的武器。所以，在全球化日益深入的过程中，中国的社会主义建设要与中国文明的发展紧密结合，要与世界文明的发展紧密结合。文化存在差异，既有共性又存在很大差异，加强不同文化之间的交流，有利于各国文明之间相互了解，只有各国文化

[①] 《习近平谈治国理政》（第一卷），外文出版社，2018，第273页。

之间相互碰撞，才能增强各自文化的包容力和合力，只有世界不同文化之间加强交流，才能发现彼此的共性，从而建设人类相互包容的精神家园，构建人类相互依存的世界文化共同体。随着中国的经济实力不断增强，中国需要进一步提升世界话语，在世界舞台上发出更有力量的声音。精神文明建设更应当发挥独特的智力支持作用，作为社会变革的先导来指引中国。随着中国国际地位的提高，"面对世界文明时，对于中华文明的自信没有完全显现"，然而实际上，中华传统文化蕴含着丰富的文化资源，具有强大的生命力，是新时代生动的文化力量，"中华民族生生不息绵延发展、饱受挫折又不断浴火重生，都离不开中华文化的有力支撑"，"中华文化独一无二的理念、智慧、气度、神韵，增添了中国人民和中华民族内心深处的自信和自豪"①。然而，在现实的文化产业中，学科话语体系中，还存在对西方一些理论、模式的生搬硬套，在很大程度上削弱了中国特色社会主义的原创根基，文化产业、学科话语体系削弱了中国气派、中国气韵。做不到对中国特色社会主义文化的足够自信，失去了对中华传统文化的根基，那么要创造出具有中国气度的文化产业是难以实现的。

增强中国文化的吸引力，提升中国国际话语权，我们应当抓住历史机遇，在这接近中华民族伟大复兴的历史时刻，将精神文明成果推向世界舞台，在新的历史起点，中华民族应当自信地站立在世界潮头展现中华文明，让我们中华文明展现出更多绚烂的文明之花。

五 网络时代与意识形态安全问题

"当今世界，信息技术革命日新月异，对国际政治、经济、文化、社会、军事等领域发展产生了深刻影响。信息化和经济全球化相互促进，互联网已经融入社会生活方方面面，深刻改变了人们的生产和生活方式"②，这个时代就是媒介更多样、内容更丰富、交往更频繁的网络时代。1994年4月20日，中关村地区教育与科研示范网络通过64千比特每秒（kbps）

---

① 习近平：《在中国文联十大、中国作协九大开幕式上的讲话》，人民出版社，2016，第4页。
② 《总体布局统筹各方创新发展　努力把我国建设成为网络强国》，《人民日报》2014年2月28日，第1版。

国际专线实现了与国际互联网的全功能链接,这标志着中国网络时代的开启。① 随着网络的普及以及网络空间的扩张,网络作为一个公共领域的自发性、自动性缺陷也逐渐显现,网络谣言、网络暴力甚至网络犯罪等问题也逐渐对网络治理提出了更系统化、更精细化的要求。党的十八大以来,以习近平同志为核心的党中央高度重视网络安全和信息化治理工作,做出建设网络强国、完善互联网管理领导体制等一些重要决策。党的十八大报告指出:"加强和改进网络内容建设,唱响网上主旋律。"②

网络空间扩大化,导致阵地意识模糊,给意识形态安全带来挑战。网络安全成为国家安全当中重要的一环,习近平总书记指出:"网络空间是亿万民众共同的精神家园";"依法加强网络空间治理,加强网络内容建设,做强网上正面宣传"。③ 网络空间的扩展导致的治理失灵,呼唤网络治理技术化,以抵御技术风险和技术漏洞,防范网络攻击。随着网络世界疆域的延伸,新兴的自媒体、AI平台等成为网络安全治理的新对象,亟待进一步深化总体化网络治理,这些新兴的网络技术导致传统的网络安全技术和治理机制部分失效,没有网络安全的屏障,信息化速率越高,造成的危害可能越大。但是没有新兴网络媒介的发展,国家总体经济社会发展将迟滞于世界发展,网络安全也得不到全面保障。网络安全是社会主义经济社会全面发展的重要防线,只能在发展的过程中,用与新安全观相结合的发展观推动问题的解决。国家计算机网络应急技术处理协调中心(CNCERT)发布的《2018年我国互联网网络安全态势综述》的数据显示,2018年位于美国的1.4万多台木马或者僵尸网络控制服务器,控制了中国境内334万余台主机,同时位于美国的3325个IP地址向中国境内3607个网站植入木马。④

网络空间舆论主体多元化导致网络信息质量参差不齐,网络意识形态安全问题突出。根据中国互联网信息中心发布的第46次《中国互联网络

---

① 中国网络空间研究院:《中国互联网20年发展报告》,人民出版社,2017,第1页。
② 胡锦涛:《坚定不移沿着中国特色社会主义道路前进为全面建成小康社会而奋斗——在中国共产党第十八次全国代表大会上的报告》,《人民日报》2012年11月18日,第1版。
③ 习近平:《在网络安全和信息化工作座谈会上的讲话》,《人民日报》2016年4月26日,第2版。
④ 《中国遭受的网络攻击主要来自美国》,《人民日报》2019年6月11日,第1版。

发展状况统计报告》，截至2020年6月，中国网民人数达到9.4亿人。网络空间作为网民日常活动的重要空间，理应成为意识形态安全的重要阵地。"必须把意识形态工作的领导权、管理权、话语权牢牢掌握在手中，任何时候都不能旁落，否则就要犯无可挽回的历史性错误。"① 网络不断深入经济、社会、文化生活，在给社会带来巨大的变革的同时，也加剧了意识形态斗争。第一，网络精神雾霾，呼唤网络安全闸的设立。"网络空间乌烟瘴气、生态恶化，不符合人民利益。"② 截至2020年6月，中国网民人均每周上网时长28小时。③ 中国作为世界上最蓬勃的互联网市场，其背后隐藏着颇多网络治理难题，诸如虚假信息等牛皮癣式的网络问题顽疾屡屡造成网络安全隐患。对人们正常的学习、生活造成影响，重塑网络空间的清朗之气，是所有理性网民的现实诉求。第二，网络信息资源的开发利用与网络信息投放精准化的矛盾。一方面，搭建大量网络信息平台，却对网站内容的管理不足，导致信息冗繁，冲淡了主流网络精神文明建设信息的影响力。许多平台不细分受众，忽视受众的文化需求，将各类信息统统上传到服务器，导致网络信息无法真正到达受众。另一方面，网络精神文明信息生动性、互动性和时效性不足。部分社会主义精神文明建设网站缺乏交互性，网站内容更新不及时，缺乏对网民关心的热点、焦点问题的关注。第三，网络信息发布活跃，网络互动频繁对网络治理提出的新挑战。网民掌握了发布信息的主动权，能够借助网络技术、平台频频发声，尤其是在社会重大舆论事件中，网民发出声音的诉求越发强烈，也越发容易实现扩地域，随时随地联系互动。各种舆论主体在网络发布的声音立场各异，形式多样，内容多元，存在泥沙俱下的现象，进一步增大了社会治理难度与维护意识形态安全的难度。以网络语言为例，一些网民为了彰显个性，追求新奇和博人眼球的效果，往往追求情绪化、无厘头的表达，甚至

---

① 中共中央文献研究室编《习近平关于全面深化改革论述摘编》，中央文献出版社，2014，第86页。

② 习近平：《在网络安全和信息化工作座谈会上的讲话》，《人民日报》2016年4月26日，第2版。

③ 第46次《中国互联网络发展状况统计报告》（2020年9月29日发布），http://www.cnnic.net.cn/hlwfzyj/hlwxzbg/hlwtjbg/202009/t20200929_71257.htm。

缺乏对社会共同价值理念的基本尊重。还有一些人将网络作为新的传播工具，大肆散步违法有害的信息。

传播平台多样化，给意识形态安全带来挑战。《中华人民共和国网络安全法》指出："国家倡导诚实守信、健康文明的网络行为，推动传播社会主义核心价值观，采取措施提高全社会的网络安全意识和水平，形成全社会共同参与促进网络安全的良好环境。"[①] 全媒体平台是基于互联网，与社会治理体系高度一体化的传播体系，互联网给我国社会带来深刻的社会影响，亟待打通线上线下对接壁垒，促成网络精神文明建设的双向互动的转变。网络时代，社会治理方式正在从单向管理转向双向互动，更加注重社会协同治理。网络文化建设和管理是着眼于中国特色社会主义事业总体布局的重要内容，是满足人民群众对更先进、更精细、更符合美好生活需求的精神文化需求。截至2020年6月，我国网络视频（含短视频）用户规模达8.88亿人，占网民整体的94.5%，其中短视频已成为新闻报道新选择、电商平台新标配。网络新闻用户规模为7.25亿人，占网民整体的77.1%，网络新闻借助社交、短视频等平台，通过可视化的方式提升传播效能，助力抗疫宣传报道。[②] 同时党员微治理活动，"线上共创"活动等，通过搭建网络政治教育平台，整合网上网下全资源，为中国特色社会主义共同理想教育发挥社会整合功能。然而，由于传播平台多样化，新媒体等新方式层出不穷，相关的网络治理政策往往滞后于现实的网络平台创新境况。网络不是意识形态真空地带，要坚决打赢意识形态领域主动仗。党的十八大以来，以习近平同志为核心的党中央高度重视意识形态工作，推动我国意识形态领域形势发生全局性变革。从国际看，国际思想文化在网络中的频繁交锋，围绕价值观和发展道路等关键问题的思想文化交锋更为深刻。在网络空间中，一些错误观点更为隐秘地潜藏起来，甚至摇身一变成为"普世价值"，这些错误观点的破坏力更为隐蔽，凭靠着网络匿名性甚至更为活跃和复杂。打赢网络空间的意识形态安全保卫战，不仅需要明辨

---

① 《中华人民共和国网络安全法》，人民出版社，2016，第4页。
② 第46次《中国互联网络发展状况统计报告》（2020年9月29日发布），http://www.cnnic.net.cn/hlwfzyj/hlwxzbg/hlwtjbg/202009/t20200929_71257.htm。

是非，对社会主义意识形态坚定的立场，也需要掌握网络技术，有科学预判网络意识形态风险的思维。

舆论交锋复杂化给意识形态安全带来挑战。互联网作为舆论交锋的主战场，这个战场是否能打赢，与我国意识形态安全直接相关。当今世界进入了互联网时代，对于意识形态安全而言，不是选不选择网络平台，而是我们维护意识形态工作能不能适应时代发展新要求。互联网裂变式、指数级的发展形态，正在深刻地塑造舆论传播生态。习近平总书记指出，"网络安全和信息化是一体之两翼、驱动之双轮"。近年来，境外敌对势力将互联网作为对我国渗透破坏的工具与重要渠道，以"网络自由"等名目对我国维护正常网络秩序的社会治理进行攻击，试图以网络为切入点破坏我国国家安全。一些境外非法组织，出资在境外设置反华网站、研发"翻墙工具"。各种反动势力以种种理由，在网络上炒作、制造舆论事端，企图将国外势力引入国内政治问题。以美国为首的一些西方国家利用网络技术传播的优势地位，试图构建新的文化霸权。利用舆论攻势，丑化他国形象，在国际交往中获取特殊利益。这说明在互联网的舆论交流中，应当设置意识形态安全底线。在互联网网络治理时，应当科学谋划、做到分类管理，一方面应激发互联网活力；另一方面对于关乎意识形态安全的核心领域应当设置关键管理环节，以保障我国意识形态安全。

第三节　新时代精神文明建设过程的时空坐标

精神文明建设之所以重要，是因为它跟精神生产、文化建设相关联。马克思主义认为，一个宏观的社会结构应该包括两对基本的关系：个人与社会的关系；物质生产与精神生产的关系。新时代精神文明建设过程属于精神生产过程的范畴。在某种意义上，它又是一种特殊的"精神生产"。因为它有独特的时空坐标。它不仅受一定的社会生产力所影响，而且作为社会结构中的一部分，同时受到时空坐标背景下多种因素的影响。新时代精神文明建设过程的时空坐标，可以从两个方面予以分析：一方面，从世界格局和国际秩序来看，"世界处于百年未有之大变局"；另一方面，从国内的时空坐标来看，党的十八大以来，中国特色社会主义进入新时代。厘清新时代精神文明建设过程的时空坐标，有利于我们更深刻地理解新时代精神文明建设过程。

一 世界百年未有之大变局

同治十一年（1872年）五月，李鸿章在《复议制造轮船未可裁撤折》中写道："臣窃惟欧洲诸国，百十年来，由印度而南洋，由南洋而中国，闯入边界腹地，凡前史所未载，亘古所未通，无不款关而求互市。我皇上如天之度，概与立约通商，以牢笼之，合地球东西南朔九万里之遥，胥聚于中国，此三千余年一大变局也。"清朝末年，腐朽的清王朝封建君主专制统治风雨飘摇，封建统治者自诩"天朝上国"，实行闭关锁国。随着科学技术在西方国家迅速地发展，西方列强在进一步扩大市场、谋求廉价原料产地的刺激下，用坚船利炮打开了中国的国门，中国被迫卷入近代化的进程，从此沦为半殖民地半封建社会。李鸿章在《复议制造轮船未可裁撤折》中对"大变局"的提法，是近代最早出现的"大变局"的提法。第二次世界大战以后，确立了以美苏为主导的雅尔塔体系。20世纪70年代，随着世界上多个力量中心的崛起，世界格局从两极格局演变为多极格局。东欧剧变、苏联解体之后，当时国际社会有一种声音，怀疑中国的社会主义道路能走多久。

20世纪90年代，随着中国政治、经济、文化等方面的发展，季羡林先生认为东方文化和西方文化的关系是"三十年河东，三十年河西"，到了21世纪，"三十年河西"的西方文化就要让位于"三十年河东"的东方文化了。2015年10月12日，习近平总书记在十八届中央政治局第二十七次集体学习会上提出"大变局"的概念，指出全球治理体制正处于数百年以来的大变局之中。同时，习近平总书记2018年6月在中央外事工作会议、2018年7月25日在金砖国家工商论坛、2019年5月21日在《胸怀两个大局，做好自己的事情》中均提及"大变局"。2019年10月28日，习近平总书记在《关于〈中共中央关于坚持和完善中国特色社会主义制度、推进国家治理体系和治理能力现代化若干重大问题的决定〉的说明》中指出："当今世界正经历百年未有之大变局，国际形势复杂多变，改革发展稳定、内政外交国防、治党治国治军各方面任务之繁重前所未有，我们面临的风险挑战之严峻前所未有。"2020年1月8日，习近平总书记在"不忘初心、牢记使命"主题教育总结大会的讲话中指出："当今世界正经历百年未有之大变局，我国正处于实现中华民族伟大复兴关键时期，我们党正带领人民进行具有许多新的历史特点的伟大斗争，形势环境变化之快、改革发展稳定任务之重、矛盾风险挑战之多、对我们党治国理政考验之大前所未有。"①

"世界百年未有之大变局"是党的十八大以来，以习近平同志为核心的党中央对世情、国情、党情的深刻把握，是对国际格局和国际秩序现实考量后的理性判断。"世界百年未有之大变局"中的"百年"是个约数，指出了大致的自然时间范围。"世界百年未有之大变局"中的"未有"指出了其不同于以往的鲜明特征。"世界百年未有之大变局"中的"大"指出了变化的剧烈程度。"世界百年未有之大变局"中的"变局"体现了一种时空转换意识。具体来看，主要有以下表现。

第一，"世界百年未有之大变局"设定了世界变化的时空方位。时间是条单行道，具有一维性或不可逆性，它沿着过去、现在、未来的方向发展。时间分为自然时间和社会时间。"世界百年未有"既表明了自然时间演进的不可逆转性，又表征了以意识形态、经济版图、科技进步等为代表的一系列标志性事件在成就"世界百年未有之大变局"中的社会时间的作用。在时间的长河中，我国既走过了自然时间的刻度，又走过了社会时间表征的独特事件记忆。当前，国际政治经济秩序发生了重要变化，我国成为世界第二大经济体，中国的国际地位呈现从边缘向中心的转化，技术革命重构了人们的生活方式、思维方式、记忆方式，中国的改革进入深水区、亟须破除利益固化的樊篱，反全球化浪潮此起彼伏，民族主义、民粹主义等社会思潮均有所抬头，中国既面临着发展的机遇，也面临着发展的挑战。如何在"世界百年未有之大变局"中找到我们的航向，利用好机遇、化解风险和挑战，成为领导核心思考的问题。从上述我们可以看出，"世界百年未有"具有一定的时间跨度，涵盖了自然时间的流逝、社会时间的记忆，体现了一定的独立思考，具有一定的问题导向意识。"局"是

---

① 《习近平谈治国理政》（第三卷），外文出版社，2020，第112、537页。

一种空间的表述，空间具有广延性，"大变局"说明了空间秩序的变更、权力格局的转变。

第二，"世界百年未有之大变局"表明了国际格局和国际秩序的变化。伴随着工业革命带来的生产力的巨大发展，资本主义社会固有的基本矛盾暴露出来，资本主义国家寻求利益的本性促使它们向外寻求更大的劳动力市场和生产资料市场。"一战"之后，通过巴黎和会和华盛顿会议，帝国主义列强确立了"凡尔赛—华盛顿体系"，确立了帝国主义在欧洲、西亚、非洲、东亚以及太平洋地区的统治秩序。"二战"后，形成了美苏两极争霸的格局。20世纪90年代，东欧剧变、苏联解体，多个力量中心崛起，形成了"一超多强"的格局。近些年来，随着中国成为世界第二大经济体，中国在国际社会中扮演的角色越来越重要，表明了中国在国际社会力量对比中的变化。从"两极争霸"到"一超多强"，再到发展中国家的群体性崛起，各种力量对比引起了国际格局和国际秩序的变化，构筑了"世界百年未有之大变局"的现实版图。

第三，"世界百年未有之大变局"是中国国家力量增强的一种现实折射。中国近代史是一部屈辱史，也是一部奋斗史。1840年的鸦片战争，西方列强以一种强硬的姿态打开了中国的国门，割地、赔款、开放进出口岸……中国开始沦为半殖民地半封建社会。面对中华民族深重的危机，一些有识之士开始寻求救国之道，但是由于这些阶层自身的局限性，均以失败而告终。新文化运动后期，中国传来了马克思主义。1921年，中国共产党成立，在极其艰难的条件下，中国共产党从一个只有几十个人的小党逐步成长起来，先后引导中国人民取得了新民主主义革命、社会主义革命和建设的胜利。今天的中国，已经实现了从"站起来""富起来"到"强起来"，在政治、经济、文化、社会、生态文明建设方面取得了一系列成就，中国站到了国际舞台的中央，不管是在处理国际事务还是国内事务中均显得更为成熟理性。在一些重大灾害面前，中国积极地向其他国家和地区提供力所能及的支援；在国际社会中，中国积极倡导"人类命运共同体"的价值理念，向其他国家努力传递中国声音、讲好中国故事。中国已经成为重塑国际格局和国际秩序的一支不可忽视的力量。

"世界百年未有之大变局"的出现，是国际各种力量重塑世界格局的结果,是伴随国家实力的变化各主体权力变动的表现。国际社会的利益框架,总是基于一定的对抗或协调模式,话语权的此消彼长。"世界百年未有之大变局"的产生因素主要有以下几方面。

首先,生产力的持续发展。人类社会发展的历史,就是一部人类以自身的聪明才智积极进行社会实践推动社会发展的历史。以蒸汽机的发明为主要标志的第一次工业革命从1760年延续至1840年,人类步入了机械生产阶段,大大解放了人力。19世纪70年代,伴随着电力的应用,规模化生产应运而生。20世纪60年代,以计算机应用为标志的第三次工业革命展开,大大提高了生产效率。20世纪末21世纪初,以数字革命为基础的第四次工业革命让人工智能等崭露头角,基因测序、纳米技术、可再生能源、量子计算等都得到发展。生产力尤其是技术的发展,影响着国家与国家的互动、国家与公民的互动、公民与公民的互动。第一次工业革命和第二次工业革命都发生在欧洲,相对而言,中国更多是一种学习先进技术的姿势。第三次工业革命和第四次工业革命中国积极参与这个进程,并且自身也有了很多创新成果,中国自身的实力不断地增强,在国际社会中拥有了更多的话语权,中国成为影响国际秩序和国际格局的一支重要力量。

其次,文明的互学互通互鉴。1840年的鸦片战争,让中国被动卷入近代化的历史进程,西方列强以一种政治入侵、文化扩张的方式向中国积极推行他们践行的价值观,妄图将中国卷入它们的历史进程。正如亨廷顿在《文明的冲突与世界秩序的重建》中所言:"从19世纪开始,非西方文明对西方作出的反应一般来说是从西方引进一系列意识形态。19世纪,非西方精英们吸收了西方自由主义价值观,他们最初采取自由民族主义的形式对西方表示反对。20世纪,俄罗斯、亚洲、阿拉伯、非洲和拉丁美洲的精英引进了社会主义和马克思主义意识形态,并把它们与民族主义相结合,以反对西方资本主义和西方帝国主义。"[①] 伴随着政治多极化、经济全球化的进程,任何一种文明想要发展,都不能退回自我封闭的孤岛,而是要积极融入国际社会。近些年来,中国领导人所倡导的"人类命运共同体"

---

① 〔美〕塞缪尔·亨廷顿:《文明的冲突与世界秩序的重建》,周琪、刘绯、张立平、王圆译,新华出版社,2010,第80页。

第一章　新时代精神文明建设过程何以开启

"一带一路",就是要推动文明的互学互通互鉴。文明的互学互通互鉴,为改变西方意识形态"一家独大"的格局提供了可能,为广大发展中国家融入相互竞争、相互影响、相互适应的不同文明奠定了基础。

最后,大国战略博弈促进国际格局和国际秩序的变化。对于国家而言,以经济和军事力量为基础的"硬实力"和以文化和意识形态为基础的"软实力"同等重要,软实力以硬实力为基础,硬实力以软实力为铺垫。当前,和平和发展成为时代的主题。中国在过去的百余年间发生了天翻地覆的变化,经济实力、科技实力、国防实力进入世界前列,中华民族的面貌焕然一新,屹立于世界的东方,中国前所未有地靠近世界舞台中心,前所未有地接近实现中华民族伟大复兴的目标,前所未有地具有实现这个目标的能力和信心。中国成为现行国际体系的参与者、建设者、贡献者,在一些具体国际事务中展现了大国担当,承担了应有的国际责任。但是,中国的崛起也引起了一些推行霸权主义国家的担忧,在霸权思维的映射下,一些西方国家向我国推行它们的价值观,在某些具体事务上奉行"双重标准、例外原则",从来没有放弃"和平演变"的图谋,在一些具体行为上打压中国,妄图遏制中国的发展。这也让中国在未来世界的发展中充满了不确定性。

"世界百年未有之大变局"在带来大变数的同时,也带来了大机遇。面对"世界百年未有之大变局",我们要努力做到"立""破"并举。正如习近平总书记在推进"一带一路"建设工作五周年座谈会上指出的:"当今世界正处于大发展大变革大调整时期,我们要具备战略眼光,树立全球视野,既要有风险忧患意识,又要有历史机遇意识,努力在这场百年未有之大变局中把握航向。"[①]对"世界百年未有之大变局"的认识,是我们做好一切工作的出发点。马克思、恩格斯曾指出:"一切划时代的体系的真正的内容都是由于产生这些体系的那个时期的需要而形成起来的。"[②]新时代精神文明建设,也要围绕"世界百年未有之大变局"的时空坐标展开。在新时代精神文明建设过程中明确"世界百年未有之大变局"的时空

---

① 《"一带一路"承载和平发展共同心愿》,《人民日报》2018年8月30日,第3版。
② 《马克思恩格斯全集》第3卷,人民出版社,1960,第544页。

坐标，我们不仅要弄清其"是什么""为什么"，还要关注"怎么做"。理论只有通过实践才能转化成现实。具体来讲，在"世界百年未有之大变局"下进行新时代精神文明建设，可以从以下几方面着手。

第一，面对风起云涌的国际局势，需要增强新时代精神文明建设的定力。改革开放以来，人们的物质生活获得了极大的改善，物质文明建设获得极大的改观。反观目前我国的精神文明建设状况，则不太让人满意。在市场经济的条件下，市场经济本身存在自发性、盲目性、滞后性。市场经济是把"双刃剑"，市场经济的发展一方面带来了生产效率的提高，另一方面也造成了两极分化。在市场行为中，也存在一些市场主体为了追求经济利益不顾道德、不顾法治、不讲诚信的行为，极大地败坏了社会风气。同时，西方敌对势力也对我国近些年的崛起虎视眈眈，将自身的政治诉求进行文化重构，将拜金主义、享乐主义、极端个人主义等思想借助一些文化产品的包装传入中国。在美国"三片"（薯片、芯片、大片）文化的影响下，大学生中出现了盲目崇洋媚外的现象。中国作为一个文明古国，拥有深厚的文化底蕴，如何在新时代的背景下推动中华传统文化的创造性转化和创新性发展，如何在新时代推动社会主义核心价值观入脑入心，如何在新时代践行社会公德、职业道德、家庭美德、个人品德的要求，如何在新时代推动爱国主义理念落地生根，如何在新时代让人们有意识地敬畏法律……这些都是形塑人们的行为、规范个体认知的指针，也是新时代精神文明建设的风向标。培养未来社会主义事业的建设者和接班人，我们需要适应新时代发展的要求，培养有理想、有本领、有担当的时代新人，进一步增强时代新人在新时代精神文明建设过程中的定力。

第二，面对文明的融通，需要增强新时代精神文明建设的张力。文明是文化的集合体，无数的文化因素和文化符号聚合成了文明。文明不仅会传达一定的价值理念，而且是文化认同的工具。文明融通在一个国家或民族的文化血脉和文化基因中，对一个国家或民族的人们的思维惯性、行为模式产生潜移默化的影响。在文明的存续中，文明需要不断根据时代的变化、面临的挑战进行自我调整，在与自然灾害、人为灾害的抗争中取得自己生存的空间，否则就会遭到淘汰。在"世界百年未有之大变局"的时空坐标下，任何想借助自身的优势地位想让其他文明臣服于它的文明都会带来文明的冲突。中国作为一个负责任的大国,拥有五千多年文明,中国不仅在历史上一向倡导和平独立,而且一直秉承着不称霸的原则。文明的交流不需要"糖的诱惑"或者"子弹的威胁",需要的是积极吸收其他文明中积极健康的因素,为自身所用。文明承载了一定的需要和利益诉求,需要不断地进行文明间的融通,才能拥有更为持久的生命力。在亨廷顿看来,文明超越了民族国家,是一种更高层次的认同。20 世纪 50 年代,莱斯特·皮尔逊曾警告说:人类正在进入一个不同文明必须学会在和平交往中共同生活的时代,相互学习,研究彼此的历史、理想、技术和文化,丰富彼此的生活。否则,在这个拥挤不堪的窄小世界里,便会出现误解、紧张、冲突和灾难。① 在"世界百年未有之大变局"中,面对文明的融通,我们需要不断吸收其他文明中的优秀元素,增大新时代精神文明建设的张力,不断丰富新时代精神文明建设的内涵。

二 中国特色社会主义新时代

中国特色社会主义新时代对事物的认识扎根于它所产生的时代。时代是一个社会的脉搏,是观照自我的一种方式,是人类发展的历史方位,是一个社会基本矛盾和生产方式的集中体现。从宏观的角度来讲,时代以生产方式和社会经济结构的变化为突出标志;从微观的角度来讲,时代是以重大历史事件、经济状况的变化所划分的某个阶段。"时代"一词囊括了一个社会政治、经济、文化、外交、科技、军事等方面的所有要素,对时代的理解不同,也会造就不同的国家领导人拥有不同的政治观、经济观、外交观等,从而制定不同的方针政策。

人类历史的车轮滚滚向前,随着社会基本矛盾生产力与生产关系、经济基础与上层建筑的变化,人们将不同的历史阶段加以命名,形成了相应的时代的称谓,比如人类社会的"五形态论",马克思、恩格斯认为社会发展经历原始社会、奴隶社会、封建社会、资本主义社会、社会主义社会(共产主义社会)时代。再比如,马克思主义经典作家在很多文章中对

---

① 〔美〕塞缪尔·亨廷顿:《文明的冲突与世界秩序的重建》,新华出版社,2009,第 296~297 页。

"时代"做了精辟的论述。马克思在《〈政治经济学批判〉序言》中写道："亚细亚的、古希腊罗马的、封建的和现代资产阶级的生产方式可以看做是经济的社会形态演进的几个时代。"① 列宁在体察自己所处的时代，分析时代特征后，具有了"战争与革命"的时代观。列宁在《打着别人的旗帜》一文中提到过"大的历史时代"。1934年1月，毛泽东在江西瑞金召开的第二次全国工农兵代表大会上提出，由于土地政策的不同，劳动关系的不同，由此区分出"国民党时代"与共产党的红色区域时代，并明确指出共产党在红色区域引发的中国农村的深刻变革，包括农业发展、土地制度、劳动力状态、社会关系等，"在国民党时代是决然做不到的"②。毛泽东在《新民主主义论》中进一步提到："中国也只有进到社会主义时代才是真正幸福的时代。"③ 毛泽东在《中国人从此站起来了》中把新中国成立后所进入的时代称为"文明的时代"，并声称在这个"文明时代"里，"我们将以一个具有高度文化的民族出现于世界"④。邓小平受到他所生活的社会客观条件的影响，拥有"和平与发展"的时代观。江泽民基于他对现实社会的洞察，提出了"三个代表"重要思想，是对时代需要的一种回应。胡锦涛提出了"科学发展观"的时代观，回答了"实现什么样的发展、怎样发展"。2017年10月18日，习近平总书记在中国共产党第十九次全国代表大会的报告中指出："经过长期努力，中国特色社会主义进入了新时代，这是我国发展新的历史方位""中国特色社会主义进入新时代，意味着近代以来久经磨难的中华民族迎来了从站起来、富起来到强起来的伟大飞跃，迎来了实现中华民族伟大复兴的光明前景；意味着科学社会主义在二十一世纪的中国焕发出强大生机活力，在世界上高高举起了中国特色社会主义伟大旗帜；意味着中国特色社会主义道路、理论、制度、文化不断发展，拓展了发展中国家走向现代化的途径，给世界上那些既希望加快发展又希望保持自身独立性的国家和民族提供了全新选择，为解决人类

---

① 《马克思恩格斯文集》第2卷，人民出版社，2009，第592页。
② 《毛泽东选集》第1卷，人民出版社，1991，第131页。
③ 《毛泽东选集》第2卷，人民出版社，1991，第683页。
④ 《毛泽东文集》第5卷，人民出版社，1996，第345页。

问题贡献了中国智慧和中国方案。"①

新时代的时间起点是党的十八大,"新时代"的提法明确地为十八大以来中国特色社会主义建设划定了时间范围,指出了时代主题、时代特征、时代使命的具体场域。中国特色社会主义新时代,是对以往社会实践经验的深刻总结,是对时代主题的深刻回应,"这个新时代,是承前启后、继往开来、在新的历史条件下继续夺取中国特色社会主义伟大胜利的时代,是决胜全面建成小康社会、进而全面建设社会主义现代化强国的时代,是全国各族人民团结奋斗、不断创造美好生活、逐步实现全体人民共同富裕的时代,是全体中华儿女勠力同心、奋力实现中华民族伟大复兴中国梦的时代,是我国日益走近世界舞台中央、不断为人类作出更大贡献的时代"②。中国特色社会主义新时代的形成,主要是基于以下方面。

从国内来看,首先,我国社会的主要矛盾发生了变化。1956年,党的八大提出,社会的主要矛盾是"人民对于经济文化迅速发展的需要同当前经济文化不能满足人民需要的状况之间的矛盾"。1962年党的八届十中全会提出"无产阶级同资产阶级的矛盾为整个社会主义历史阶段的主要矛盾"。1981年《关于建国以来党的若干历史问题的决议》中指出我国社会的主要矛盾是"人民日益增长的物质文化需要同落后的社会生产之间的矛盾"。2017年,党的十九大报告中明确表述,"中国特色社会主义进入新时代,我国社会主要矛盾已经转变为人民日益增长的美好生活需要同不平衡不充分发展之间的矛盾"。社会主要矛盾的变化表明了社会聚焦点的改变,表明社会生产力和生产关系的变化,这也是区分新时代与以往时代的显著特征。其次,中华民族迎来了从"站起来"、"富起来"到"强起来"的伟大转变,改革开放以来人民的生活发生了翻天覆地的变化,从人们只能基本维持温饱到2020年全面建成小康社会,从1977年高考录取率只有4.79%到现阶段绝大多数高中毕业生可以上大学,从实行计划经济到全面发展社会主义市场经济。现阶段的中国,早已不是那个积贫积弱、任人宰割的中国,现在的中国正在意气风发地走向建设富强民主文明和谐美丽的

---

① 《习近平谈治国理政》(第三卷),外文出版社,2020,第8~9页。
② 《习近平谈治国理政》(第三卷),外文出版社,2020,第9页。

社会主义现代化强国的征途中。最后，中国与世界的关系发生了变化，中国从世界舞台的边缘逐步迈向世界舞台的中央。20世纪70年代末，西方一些发达国家积极向发展中国家推行其价值观以求获得文化认同。由于受到西方社会思潮的影响，再加上国内的经济停滞不前，中国国内一些知识分子甚至提倡全盘西化，"这一趋势在电视系列片《河殇》和竖立在天安门广场的自由女神像上达到了其文化上和流行上的顶峰"①。20世纪80年代末90年代初，东欧剧变、苏联解体，国际社会主义运动陷入低潮。美国学者弗朗西斯·福山断言：历史将终结于自由民主制。面对国际共产主义运动低潮，中国并没有止步不前，而是奋起发展自身的政治、经济、文化、科技等，打破了"历史终结论"的预言，21世纪的科学社会主义在中国焕发出强大的生机活力。中国成为推动世界和平与发展的重要参与者、建设者和引领者。

从国际来看，首先，中国特色社会主义的发展，拓展了发展中国家走向现代化的途径。在马克思、恩格斯、列宁的文本中，并没有对每个国家具体问题进行具体分析，它们提供的只是一种认识世界、改造世界的方法。西方资本主义的发展，大多依靠的是进行殖民扩张，向外掠夺资本、劳动力、原料市场来完成现代化。中国作为一个发展中国家，崇尚"和合"，中国特色社会主义道路的形成，是党和国家领导人根据中国的实际创造性地提出的一条发展道路，它不是本本主义、不是教条主义，没有照抄照搬，而是将中国具体发展的路径与中国的国情结合起来，协调现代化过程中的各种关系，并针对现代化过程中的不同阶段确定不同的发展目标。比如，起始于20世纪70年代的中国改革，曾经经历过计划还是市场的反复争论，"市场经济"曾一度被认为是资本主义的代名词。改革开放的发起人邓小平解放思想，提出"摸着石头过河""白猫黑猫抓住老鼠的就是好猫"，他带领中国人民闯出了一条具有中国特色的社会主义发展道路。在中国特色社会主义道路的指引下，我国的中国特色社会主义建设成就斐然。正如习近平总书记指出的："我们中国共产党人干革命、搞建设、

---

① 〔美〕塞缪尔·亨廷顿：《文明的冲突与世界秩序的重建》，周琪、刘绯、张立平、王圆译，新华出版社，2010，第86页。

抓改革，从来都是为了解决中国的现实问题。可以说，改革是由问题倒逼而产生，又在不断解决问题中得以深化。"① 中国特色社会主义这种本着问题导向创造性地解决实际问题的做法，拓展了发展中国家走向现代化的路径。其次，中国特色社会主义的发展，为解决人类问题贡献了中国智慧和中国方案。中国特色社会主义，不是一种别的什么主义，而是在中国特色社会主义建设的道路中摸索出来的，它具有自身的独特性。比如，在重大的自然灾害面前，中国共产党有集中力量办大事的优势，能够将全心全意为人民服务落到实处，做到一切为了群众、一切依靠群众，从群众中来、到群众中去。也正是在这样的思想指引下，我们取得了诸如1998年抗洪救灾、2003年抗击"非典"、2008年抗震救灾的成功。当前，世界各国人民面临着经济增长动能不足、贫富分化日益严重、地区热点问题此起彼伏，以及恐怖主义、网络安全、重大传染病、气候变化等挑战，中国作为一个负责任的大国，秉持着共商共建共享的全球治理理念，积极参与全球治理，提供了诸如推动"一带一路"建设、构建人类命运共同体等中国方案，为化解世界矛盾和问题贡献了中国智慧。

马克思、恩格斯指出："历史的每一阶段都遇到一定的物质结果，一定的生产力总和，人对自然以及个人之间历史地形成的关系，都遇到前一代传给后一代的大量生产力、资金和环境，尽管一方面这些生产力、资金和环境为新的一代所改变，但另一方面，它们也预先规定新的一代本身的生活条件，使它得到一定的发展和具有特殊的性质。"② 中国特色社会主义新时代是在总结了以往中国特色社会主义建设的理论、实践、经验、教训的基础上发展起来的，是在汲取中国传统文化、革命文化、社会主义先进文化的基础上发展起来的，是在具体分析时代特征、时代主题的背景下发展起来的，既有继承，又有创新。中国特色社会主义新时代"不仅对物质文化生活提出了更高要求，而且在民主、法治、公平、正义、安全、环境等方面的要求日益增长"③。中国特色社会主义新时代为当前进行精神文明

---

① 中共中央文献研究室编《十八大以来重要文献选编》（上），中央文献出版社，2014，第497页。
② 《马克思恩格斯文集》第1卷，人民出版社，2009，第544～545页。
③ 《习近平谈治国理政》（第三卷），外文出版社，2020，第9页。

建设指明了历史方位。在中国特色社会主义新时代，进行社会主义精神文明建设，需要处理好以下几对关系。

第一，不忘本来与吸收外来的关系。在和平与发展成为时代主题的情况下，任何一个国家、任何一个民族都不可能退回自我封闭的状态，而是在政治、经济、文化、教育、科技等方面深度交融。中国特色社会主义进入新时代，为新时代精神文明建设指明了前进的方向。对新时代精神文明建设，中国的历史、文化传统等赋予了它相应的内涵与要求，比如，中国优秀传统文化中的讲仁爱、重民本、守诚信、崇正义、尚和合、求大同理念是人们行动的导向，同时，西方某些国家当中关于思想建设、道德建设、法治建设方面的优秀成果也应该为我们吸收利用。我们要秉承既批判又建设的态度取其精华、弃其糟粕，将精神文明建设本土化的成果与吸收借鉴的西方精神文明建设方面的成果有机结合起来，密切联系实际，将外来的先进文化成果中的理念、方法与中国文化相结合，创造性地解决外来的先进文化成果"水土不服"的问题，进一步丰富新时代精神文明建设的内容。

第二，批判继承与创新发展的关系。新时代精神文明建设，并不是空穴来风，它必然对以往时代的精神文明建设有一个批判继承的问题。以往的精神文明建设是已经凝固的历史，是新时代精神文明建设的母体，社会实践是产生新时代精神文明建设的土壤。以往的精神文明建设，其精神文明成果作为国家软实力的重要组成部分，形塑着人们的社会认知，引领着人们的世界观、人生观、价值观。改革开放以来，我国提出了精神文明建设的任务，确立了物质文明、精神文明"两手都要抓、两手都要硬"的战略，精神文明建设融入我国的社会主义现代化建设中，我国的精神文明建设取得了一系列成果，社会的法治化程度明显提高，道德状况明显改善，人们的精神面貌焕然一新。在这种情况下，进行新时代精神文明建设，必须要一方面批判继承以往精神文明建设中的合理因素，另一方面创新发展新时代精神文明建设中有待改进的方面。比如，中国传统文化博大精深，儒家的"入世"、道家的"出世"等都有其合理的部分，我们一方面要看到其产生的具体社会土壤，另一方面也要学习其中先进合理的因素，让先进合理的因素激发我们行动的正能量，从而发挥其效用。

第四节　新时代精神文明建设过程的双重时代境遇

如上所述，新时代精神文明建设过程的时空坐标，实际上是双重的，一方面是世界维度，世界处于百年未有之大变局；另一方面是中国维度，中国特色社会主义进入新时代。在这种时空坐标下，新时代精神文明建设过程的时空方位、问题挑战和任务，都具有了双重交错的特点，新时代精神文明建设过程因此处于双重境遇中，一方面是中国特色社会主义自身内在吁求美好生活和建设文明大国给我们带来的机遇和挑战，另一方面是世界范围内中国国家软实力提升和人类命运共同体构建带来的机遇和挑战。两者的交互作用，甚至是良性互动的双重奏，使新时代精神文明建设过程具有了复杂的规定和独特的面相，也因之成为我们更好地把握新时代精神文明建设过程不可或缺的切入点。

一　美好生活与文明大国

2012年11月15日，习近平总书记在中共十八届中央政治局常委同中外记者见面时指出："人民对美好生活的向往，就是我们的奋斗目标。"[①] 2012年12月，习近平在广东考察时又强调："老百姓对美好生活的追求，就是我们的努力方向。"[②] 2014年2月7日，习近平在俄罗斯索契接受俄罗斯电视台专访时说："中国共产党坚持执政为民，人民对美好生活的向往就是我们的奋斗目标。"[③] 2017年10月18日，习近平在中共十九大报告中多次提到"美好生活"这个词汇。"美好生活"作为一个词语，内蕴着主流意识形态的话语建构和意义赋予，预设了一定的理想图景，具有一定的价值偏向和目标指向，与人的需要和利益关联，是客观实在和主观感受的统一，是习近平新时代中国特色社会主义思想的重要组成部分。

[①] 中共中央文献研究室编《十八大以来重要文献选编》（上），中央文献出版社，2014，第70页。

[②] 中共中央文献研究室编《习近平关于实现中华民族伟大复兴的中国梦论述摘编》，中央文献出版社，2013，第13页。

[③] 《习近平接受俄罗斯电视台专访》，《人民日报》2014年2月9日，第3版。

首先,美好生活根植于社会现实。对于个体而言,美好生活一定是既能够满足个体的物质生活需要,又能够满足个体的精神生活需要的。只有生产力高度发达,人们的物质生活极度充裕的情况下,美好生活才有实现的物质基础。正如马克思、恩格斯在《德意志意识形态》中提出的:"因此我们首先应当确定一切人类生存的第一个前提,也就是一切历史的第一个前提,这个前提是:人们为了能够'创造历史',必须能够生活。但是为了生活,首先就需要吃喝住穿以及其他一些东西。因此第一个历史活动就是生产满足这些需要的资料,即生产物质生活本身。"[①] 同时,只有在满足了个体基本的吃喝住穿的基础上,进行个体的精神生产才有可能性。依据辩证唯物主义和历史唯物主义的观点,经济基础决定上层建筑,物质生活的丰盈、精神生活的满足,是美好生活的题中应有之义。

从人类社会的发展历程来看,人类社会经历了三个阶段:人的依赖关系阶段、物的依赖关系阶段、人的自由全面发展阶段。正如马克思所说,人的全面发展就是"培养社会的人的一切属性,并且把他作为具有尽可能丰富的属性和联系的人,因而具有尽可能广泛需要的人生产出来——把他作为尽可能完整的和全面的社会产品生产出来"[②]。人的自由全面发展是美好生活的追寻目标,而其实现必须依赖于现实生活。

其次,美好生活来源于人民。美好生活的价值主体并非社会中的特权阶级或少数阶层,美好生活具有数量上的广泛性、体现的是大多数人拥有的生活,是能够克服不均衡不充分发展的一种生活。这种美好生活体现在对个体权利的尊重、保护,主张对社会中公序良俗、良好的氛围与环境的追求。美好生活是人民创造出来的,人民是创造美好生活的深厚伟力。正如马克思主义群众史观中坚持的"人民,只有人民,才是创造世界历史的动力"[③]。只有体现社会中绝大多数人需要的生活,才是美好生活的要义。中国古代的魏征在著名的《谏太宗十思疏》中说:"怨不在大,可畏惟人。载舟覆舟,所宜深慎。"早在封建专制社会时期,我们就认识到了人民的

---

① 《马克思恩格斯文集》第1卷,人民出版社,2009,第531页。
② 《马克思恩格斯文集》第8卷,人民出版社,2009,第90页。
③ 《毛泽东选集》第3卷,人民出版社,1991,第1031页。

力量。人民是创造美好生活的主体力量，亦是推动美好生活的主体力量，同时也是享受美好生活的主体力量。

最后，美好生活是一种设定的理想，处于变动的过程中。从更高境界上看，美好生活与其说是一种既定的事实，不如说是一种指向未来的理想，处在不断的建构过程中。正是因为现实生活中总有各种不如意，所以人们在精神上要设定一个对抗现实不如意的目标，来消解现实的不如意并赋予生活意义。美好生活并不是一个静止不动的具体样态，它伴随着社会政治、经济、文化、科技等条件的改善而赋予其自身更多的新内容。比如，东晋文人陶渊明在《桃花源记》中描绘的美好生活是一派安静祥和的生活，这正好与当时社会大环境中的战乱频仍相对立。托马斯·莫尔的《乌托邦》、康帕内拉的《太阳城》、柏拉图的《理想国》中描绘的是莫尔、康帕内拉、柏拉图梦想的美好生活。美好生活更多反映的是一种精神上对意义的追寻。

美好生活思想作为习近平新时代中国特色社会主义思想的重要组成部分，在习近平总书记的讲话中多有提及。习近平总书记在党的十九大报告中指出："人民美好生活需要日益广泛，不仅对物质文化生活提出了更高要求，而且在民主、法治、公平、正义、安全、环境等方面的要求日益增长。"[①] 习近平总书记的讲话指出，美好生活不仅关涉物质文化生活方面，还指涉诸如"民主、法治、公平、正义"等精神文明建设、生态文明建设方面。美好生活与新时代精神文明建设过程存在双向互动的关系。具体来看，主要包含以下关系：第一，美好生活是具体的目标指向，新时代精神文明建设过程是过程性要素，两者是目标与过程的关系。在党的十九大报告中，习近平总书记指出，为带领人民创造美好生活，在民生领域要优先发展教育事业、提高就业质量和人民收入水平、加强社会保障体系建设、坚决打赢脱贫攻坚战、实施健康中国战略、打造共建共治共享的社会治理格局、有效维护国家安全。努力在这些过程性要素上实现突破，就是为了创造美好生活。第二，新时代精神文明建设过程是美好生活的题中应有之

[①] 中共中央党史和文献研究院编《十九大以来重要文献选编》（上），中央文献出版社，2019，第8页。

义。美好生活不仅意味着在物质方面的充盈、脱离匮乏的样态,而且意味着人们精神风貌的改善,精神状态的改变,社会整体道德、法治水平等的提升。根据马斯洛的需求层次论,精神方面的需求是更高层次的需求。人的存在是生物属性和社会属性的统一。在满足了基本的物质性需求的情况下,精神生活的完善为人们开辟了更为广阔的空间,使人们能够摆脱自身的狭隘性和局限性,从而为发展成自由全面的人奠定根基。

美好生活的实现需要个体来完成,同时美好生活被打上了意识形态的烙印,它是一定统治阶级意志的一种表现,统治阶级会借助各种话语表达、意义赋予、媒介工具来形塑人们对美好生活的认知。在信息技术高速发展的今天,融合了声色光影的信息技术统合了一定统治阶级的意志表达,以一种拟态环境表达美好生活的要义。如果说美好生活设定了新时代精神文明建设过程的目标,那么,文明大国则设定了新时代精神文明建设过程的行为主体。那么,文明大国又与新时代精神文明建设过程存在怎样的关联呢?

在长达五千多年的中华文明中,中华民族的文明薪火绵延不熄。古中国、古印度、古巴比伦、古埃及被称为"四大文明古国"。勤劳勇敢的中国人民创造了辉煌灿烂的中华文明。从甲骨文到小篆、隶书、楷书,从造纸术到指南针、火药、印刷术,从唐诗到宋词、元曲、明清小说,从北京故宫到灵渠、都江堰、万里长城……这些都是中国古代人们在民族融合的过程中运用自己的聪明才智并积极吸取异质文化中的合理因素用辛勤的双手创造出来的。这就是中华文明传承的血脉。

文明的传承是文明大国自治性发展的结果,也是不断面对各种挑战的结果。这些挑战,既有自然环境方面的,也有社会环境方面的;既有内部政治势力演化的结果,又有外部势力介入的影响。随着工业革命的开展,生产力的发展,资本主义国家出于逐利的本质,需要追寻更多的原料和廉价劳动力市场。欲望膨胀了他们的野心,个别国家奉行霸权主义政策,想要寻找对世界的主导地位,而在西方个别具有霸权思维的资本主义国家的眼中,"争夺未来主导权的人,必须运用暴力、财富和知识"①。

---

① 〔美〕阿尔文·托夫勒:《权力的转移》,吴迎春译,中信出版社,2006,第8页。

第一章　新时代精神文明建设过程何以开启

美国政治学者塞缪尔·亨廷顿认为,冷战后的世界,冲突的基本根源不再是意识形态,而是文化方面的差异,主宰全球的将是"文明的冲突"。除了"文明冲突论"的观点,西方也有学者秉持"文明优越论"的观点。与西方这些国家不同,我国"崇尚和合"的传统文化为我国的精神文明建设涂上了鲜明的文化底色。按照中国的传统观点,任何一个文明大国,都没有高低贵贱之分,虽然可能存在人种、肤色、宗教信仰等的差异,但只有和平相处,才能够共同发展。

2014年3月27日,中国国家主席习近平在联合国教科文组织演讲中提出了"文明交流互鉴"的文明观。习近平总书记指出:"第一,文明是多彩的,人类文明因多样才有交流互鉴的价值";"第二,文明是平等的,人类文明因平等才有交流互鉴的前提";"第三,文明是包容的,人类文明因包容才有交流互鉴的动力"。① 2017年1月,习近平主席在联合国日内瓦总部的演讲中指出:"不同历史和国情,不同民族和习俗,孕育了不同文明,使世界更加丰富多彩。"② 2019年习近平主席在亚洲文明对话大会开幕式上的主旨演讲中指出:"认为自己的人种和文明高人一等,执意改造甚至取代其他文明,在认识上是愚蠢的,在做法上是灾难性的!"③

从上述可以看出,不同的国家对于文明有着不同的认知。目前世界上起着重要影响的大国,其文明观对于世界格局、国际秩序产生着重要影响。具体来看,新时代精神文明建设过程与文明大国之间存在如下的关系。

第一,从新时代精神文明建设过程对文明大国的影响来看,首先,新时代精神文明建设是文明大国的要义之一。作为一个文明大国,除了要在物质文明建设方面得到发展外,在精神文明建设、生态文明建设等方面也要得到发展。精神文明建设属于文化建设的范畴,正如亨廷顿在《文明的冲突与世界秩序的重建》中所说的:"历史上,一个文明权力的扩张通常总是同时伴随着其文化的繁荣,而且这一文明几乎总是运用它的这种权力

---

① 《习近平谈治国理政》(第一卷),外文出版社,2018,第258~259页。
② 习近平:《共同构建人类命运共同体》,《人民日报》2017年1月20日,第2版。
③ 习近平:《深化文明交流互鉴　共建亚洲命运共同体》,《人民日报》2019年5月16日,第2版。

向其他社会推行其价值观、实践和体制。"① 新时代精神文明建设成果的辐射力是一个国家"软实力"的表征。新时代精神文明建设服务于国家整体精神文明素养的提升，是国家发展的精神动力和灵魂。新时代精神文明建设的成果体现在一个国家整体文明程度的提升。其次，新时代精神文明建设是一种过程，文明大国是通过新时代精神文明建设达成的目标。新时代精神文明建设的过程，实则是不断促进意识形态建设、促进文化认同，达成民族进步和团结的过程，进行新时代精神文明建设可以不断融合国家文明发展中的异质性因素，影响民众的心理惯性、思维习惯，从而为凸显同一性、达成认同提供保障。在从传统社会向现代社会转型的过程中，国家与国家之间的竞争，不仅是经济、军事实力的竞争，也是文化等精神文明要素的竞争。本着包容借鉴、兼收并蓄的态度，批判性地吸收外来文明中的精华，尊重不同文明的差异性，成为追求和平和发展的大国的共同选择。

第二，从文明大国建设对新时代精神文明建设过程的影响来看，首先，文明大国为新时代精神文明建设过程提供精神滋养。从广义的角度来讲，文明作为一种社会进步的状态，与"野蛮"相对，是指人类创造的物质财富和精神财富的总和；从狭义的角度来看，文明仅指精神财富。新时代精神文明建设是文明的创造，它旨在提升人的精神风貌，塑造人们良好的精神状态。"文明大国"是一个标识过去、着眼现在、指向未来的词汇，它意味着较高的物质生产水平、较好的精神风貌、较为适宜的生态环境。例如，中国传统儒家的"仁者爱人""尚和合""求大同"，墨家的"兼爱""非攻"，道家的"道法自然""无为而治"等对中华民族心理都产生着深远的影响，直到今天，国家领导人在治国理政中仍然会受到传统思想中优秀部分的影响。其次，文明大国为新时代精神文明建设提供主体力量。随着社会生产力的发展，人类从原始混沌进化而来，产生了社会分工。伴随着社会分工，不同的社会阶级因此产生。为了维系在物质上占统治地位的阶级的利益，也为了在精神上更好地服务于在物质上占统治地位

---

① 〔美〕塞缪尔·亨廷顿：《文明的冲突与世界秩序的重建》，周琪、刘绯、张立平、王圆译，新华出版社，2010，第72页。

的阶级的利益，国家应运而生。精神文明建设过程是在国家的管理下实现的。怎样书写以国家为主体的民族的精神文明建设史，取决于公权力；如何读解一个时代的精神文明建设史，取决于社会大众的思维习惯、心理惯性。

总体而言，美好生活作为一种理想目标、作为一种愿景内嵌于中华民族的追求和向往中，而文明大国作为一种主体性力量将进一步推动新时代精神文明建设的过程。美好生活、文明大国与新时代精神文明建设过程存在双向互动的关系，在这种双向互动中，共同推动新时代精神文明建设不断向前发展。

二　国家软实力与人类命运共同体

"Soft Power"被译成"软实力"或者"软力量"。在某种程度上，"软实力"和"软力量"可以对调使用，两者的差异仅在于翻译者翻译习惯的不同。20世纪80年代后期，哈佛大学肯尼迪政府学院院长约瑟夫·奈提出了"软力量"的概念，旨在反驳当时流行一时的"美国衰败论"，同时为美国勾画一种领导世界的方法。在约瑟夫·奈的视野中，他认为，"软力量是通过吸引而非强迫或收买的手段来达己所愿的能力。它源于一个国家的文化、政治观念和政策的吸引力"，"国家的软力量主要来自三种资源：文化（在能对他国产生吸引力的地方起作用）、政治价值观（当它在海内外都能真正实践这些价值时）及外交政策（当政策被视为具有合法性及道德威信时）。"软力量达成它的目的采用的手段常常是吸引而不是排斥，是诱惑而不是"大棒"政策。软力量是一个国家重要的政治手段，它的惯常做法是政治文化化，以一种柔性的手段向客体灌输其影响。虽然不见刀光剑影，却能达到推行其文化、价值观和政策的效果。

在约瑟夫·奈明确提出"软力量"的概念后，"软力量（软实力）"这个概念在世界上流行开来。"软实力"作为一个与"硬实力"相对立的概念，被很多国家提到战略高度。在国家治理或者国际治理中，软力量要发挥作用，必须依靠行为主体的目的和采用的手段，若不依靠经济的诱惑或者政治的威胁，而是依靠文化、价值观、政策等来使统治阶级的利益合法化，这无疑是成本最低的治理方式。软力量通常会对政府宗旨进行回应，对政府推行的政策或目标进行认可或抵制，然后依照它对政府政策或目标的诠释，以一种隐性的方式扩散其影响。

在通信技术和科技飞速发展的时代背景下，软实力的重要性更加凸显。有人形象地比喻，信息技术的发展，让地球变成了一个村落。信息技术的发展压缩了时空距离，让人与人的跨时空交流变成现实，信息传输的即时性、碎片化打碎了人们传统的信息接收方式，媒介与人的无意识迅速关联，媒介成为个体接收信息的黏合剂。信息以比特符的形式展现出来，海量的信息冲击着人们的感官，网络让身处世界不同国家（地区）的人们实现重组，打破了地域限制，"政治因此在一定程度上变成了吸引力、合法性和可信度的竞争。分享信息并使人相信的能力成为吸引力和力量的重要资源"①。软实力的一个重要部分就是行为主体塑造自己的目标，借助互联网和媒体，进行文化、价值观、政策的宣传，进行国家和意识形态积极形象的建构。

在中国古代社会，虽然我们没有提出"软实力"这样的词，但是我们一直高度重视软实力。老子在《道德经》中这样写道："天下之至柔，驰骋天下之至坚。无有入无间。"② 孔子说："君子敬而无失，与人恭而有礼，四海之内，皆兄弟也""君子以文会友，以友辅仁"。③ 在马克思、恩格斯的著作中，也非常重视观念、意识形态、价值观等隐性力量的作用。比如，马克思就曾经指出："如果从观念上来考察，那么一定的意识形式的解体足以使整个时代覆灭。"④ 马克思、恩格斯对于教化的重要性也有论述："以观念形式表现在法律、道德等等中的统治阶级的存在条件（受以前的生产发展所限制的条件），统治阶级的思想家或多或少有意识地从理论上把它们变成某种独立自在的东西，在统治阶级的个人的意识中把它们设想为使命等等；统治阶级为了反对被压迫阶级的个人，把它们提出来作为生活准则，一则是作为对自己统治的粉饰或意识，一则是作为这种统治

---

① 〔美〕约瑟夫·奈：《软力量——世界政坛成功之道》，吴晓辉、钱程译，东方出版社，2005，第2、11、30页。
② 蓝进：《道德经导论》，中国海洋大学出版社，2016，第127页。
③ 龙昭雄：《论语与现代生活》，广西人民出版社，2009，第3、175页。
④ 《马克思恩格斯文集》第8卷，人民出版社，2009，第170页。

的道德手段。"① 毛泽东对软实力也有相关的论述,"自从中国人学会了马克思列宁主义以后,中国人在精神上就由被动转入主动。从这时起,近代世界历史上那种看不起中国人,看不起中国文化的时代应当完结了。伟大的胜利的中国人民解放战争和人民大革命,已经复兴了并正在复兴着伟大的中国人民的文化。这种中国人民的文化,就其精神方面来说,已经超过了整个资本主义的世界"②。进入新时代,习近平总书记也在历次讲话中多次强调"软实力"。

2013年8月,习近平总书记在全国宣传思想工作会议上指出:"中华优秀传统文化是中华民族的突出优势,是我们最深厚的文化软实力。"2013年12月,习近平总书记在主持十八届中央政治局第十二次集体学习讲话时指出,"提高国家文化软实力,关系'两个一百年'奋斗目标和中华民族伟大复兴中国梦的实现""提高国家文化软实力,要努力夯实国家文化软实力的根基。要坚持走中国特色社会主义文化发展道路,深化文化体制改革,深入开展社会主义核心价值体系学习教育,广泛开展理想信念教育,大力弘扬民族精神和时代精神,推动文化事业全面繁荣、文化产业快速发展。"无论是当前中国的思想道德建设、核心价值观建设,还是中华文化传播,都是国家软实力的重要组成部分,都能传播中国话语、讲述中国故事、展现中国形象,都能让中国人民增强做人做事的底气和骨气。2014年2月,习近平总书记在主持十八届中央政治局第十三次集体学习时强调:"核心价值观是文化软实力的灵魂、文化软实力建设的重点。这是决定文化性质和方向的最深层次要素。"2014年2月,习近平总书记在中央网络安全和信息化领导小组第一次会议上讲话时指出:"网络信息是跨国界流动的,信息流引领技术流、资金流、人才流,信息资源日益成为重要生产要素和社会财富,信息掌握的多寡成为国家软实力和竞争力的重要标志。"③ 2014年11月,习近平总书记在中央外事工作会议《中国必须有自己特色的大国外交》中指出:"要提升我国软实力,讲好中国故事,做

---

① 《马克思恩格斯全集》第3卷,人民出版社,1960,第492页。
② 《毛泽东选集》第4卷,人民出版社,1991,第1516页。
③ 《习近平谈治国理政》(第一卷),外文出版社,2018,第155、160、163、198页。

好对外宣传。"① 2017年10月18日，习近平在中共十九大《决胜全面建成小康社会　夺取新时代中国特色社会主义伟大胜利——在中国共产党第十九次全国代表大会上的报告（2017年10月18日）》的报告中肯定了我国近些年在思想文化建设方面取得的进展，指出："主旋律更加响亮，正能量更加强劲，文化自信得到彰显，国家文化软实力和中华文化影响力大幅提升，全党全社会思想上的团结统一更加巩固。"2018年5月，习近平总书记在中国科学院第十九次院士大会、中国工程院第十四次院士大会的讲话中指出，"硬实力、软实力，归根到底要靠人才实力"。2018年8月21日，习近平总书记在《自觉承担起新形势下宣传思想工作的使命任务》中指出："展形象，就是要推进国际传播能力建设，讲好中国故事、传播好中国声音，向世界展现真实、立体、全面的中国，提高国家文化软实力和中华文化影响力。"② 习近平总书记上述提及"软实力"建设的讲话，表明了软实力在支撑中国现代化发展过程中的战略地位，同时也指出了人是深刻影响国家软实力建设的重要因素。

当今的世界处于大发展、大变革、大调整时期，政治多极化、经济全球化、社会信息化、文化多样化深入发展，冷战话语、意识形态划线、选边站思维都会影响世界的整体格局。在霸权思维的映射下，一些西方大国积极向其他发展中国家输出他们的文化理念、价值观、政策，并借助电影、流行音乐、动画等元素进行推广，让他国人民认可其理念，愿意臣服于他们，从而实现其支配性地位。但是在和平和发展的时代主题下，依靠经济的辐射力、军事的强制力来实现其战略目标，也会引发相反的后果，激起人们的抵触和反抗。但借助文化产品等进行价值观、政策等的推广，则有着相对宽泛的自由，可以依靠文化产品的吸引力设定议程，进行话语转换或者潜在目的的渗透，也会在一定时间或程度上达到其目标。精神文明建设属于国家软实力建设的范畴，注重精神风貌的改变、精神状态的提升，在我国进行社会主义核心价值观建设、理想信念教育、爱国主义教育、公民道德建设、弘扬中华优秀传统文化、诚信建设、法治文化建设都

---

① 《习近平谈治国理政》（第二卷），外文出版社，2017，第444页。
② 《习近平谈治国理政》（第三卷），外文出版社，2020，第4、253、312页。

可以增强国家软实力。总体来看，新时代精神文明和国家软实力两者是一种被包含和包含的关系。首先，新时代精神文明建设过程寓于国家软实力建设过程中。新时代精神文明建设具有一定目的指向，通过一定的主体采用一定的手段作用于一定的客体的过程，国家软实力建设过程也大致如此，但国家软实力建设过程涵盖面更广。其次，作用对象的范畴不同。新时代精神文明建设过程作用的对象是精神文明的系列要素，而国家软实力建设的对象包含文化、政治价值观和政策，其对象更为宽泛。最后，作用的目的有所差异。新时代精神文明建设过程旨在提升人们的整体精神风貌和社会的整体风尚，而国家软实力建设除了上述目的之外，还有注重对外形象提升方面的要求。

在国家软实力中，一个非常重要的方面就是政治价值观。政治价值观作为一种资源，对人们的心理建设、意识形态认同发挥着重要作用。人类命运共同体，作为一种政治价值理念是国家软实力的一部分。现今的世界，在经济全球化和信息技术发展的条件下，越来越成为一个整体。有人笑称："华尔街打一个喷嚏，世界就感冒了。"中国作为一个大国，近些年来国际影响力不断增大、社会关注度不断提升。在我国国际地位提升的同时，新时代我国领导人对人类命运共同体也有很多精辟的论述。

2011年国务院发布的《中国和平发展》白皮书中首次有了"命运共同体"的提法，2012年党的十八大报告中首次出现了"倡导人类命运共同体意识"的说法。2013年3月23日，习近平总书记在莫斯科国际关系学院的演讲阐释"中国梦"与世界人民息息相关时指出："这个世界，各国相互联系、相互依存的程度空前加深，人类生活在同一个地球村里，生活在历史和现实交汇的同一个时空里，越来越成为你中有我、我中有你的命运共同体。"2013年10月24日，习近平在周边外交工作座谈会上的讲话中强调，做好周边外交工作，是实现"两个一百年"奋斗目标、实现中华民族伟大复兴的中国梦的需要，中国需要争取良好的周边环境，并让中国的发展惠及周边国家、实现共同发展。2014年3月27日，习近平总书记在联合国教科文组织总部演讲中指出："当今世界，人类生活在不同文化、种族、肤色、宗教和不同社会制度所组成的世界里，各国人民形成了你中有我、我中有你的命运共同体。"① 2015年9月3日，为纪念中国人民抗日战争暨世界反法西斯战争胜利70周年，习近平总书记在讲话中指出："为了和平，我们要牢固树立人类命运共同体意识。"2017年1月17日，习近平在世界经济论坛2017年年会开幕式的主旨演讲中指出："人类已经成为你中有我、我中有你的命运共同体，利益高度融合，彼此相互依存。每个国家都有发展权利，同时都应该在更加广阔的层面考虑自身利益，不能以损害其他国家利益为代价。"2017年1月18日，习近平总书记在联合国日内瓦总部的演讲中提出"世界怎么了、我们怎么办""我们从哪里来、现在在哪里、将到哪里去"的问题。世界面临着政治多极化、经济全球化深入发展，社会信息化、文化多样化持续推进，新一轮科技革命和产业革命正在孕育成长，各国相互联系、相互依存，全球命运与共、休戚相关，和平力量的上升远远超过战争因素的增长。同时，也面临着世界经济增长乏力、金融危机阴云不散、发展鸿沟日益突出，兵戎相见时有发生，冷战思维和强权政治阴魂不散，恐怖主义、难民危机、重大传染性疾病、气候变化等非传统安全威胁持续蔓延的挑战。针对上述情况，习近平总书记提出中国方案是"构建人类命运共同体，实现共赢共享"②。2018年6月10日，习近平总书记在上海合作组织成员国元首理事会第十八次会议的讲话中指出："我们要坚持共商共建共享的全球治理观，不断改革完善全球治理体系，推动各国携手建设人类命运共同体。"2019年10月1日，习近平总书记在《在庆祝中华人民共和国成立七十周年大会上的讲话》中指出："前进征程上，我们要坚持和平发展道路，奉行互利共赢的开放战略，继续同世界各国人民一道推动共建人类命运共同体。"③

在和平和发展成为时代主题的背景下，各国形成了你中有我、我中有你的格局，国强必霸、双重标准、单边主义等影响国际关系的强权逻辑遭到了人们的普遍质疑。面对一些重大国际问题，比如全球变暖、传染病防治等，必须各国齐心协力，才能够取得胜利。这一点已经得到国际社会的

---

① 《习近平谈治国理政》（第一卷），外文出版社，2018，第272、261页。
② 《习近平谈治国理政》（第二卷），外文出版社，2017，第446、481、539页。
③ 《习近平谈治国理政》（第三卷），外文出版社，2020，第79、441页。

共识。关于"共同体"的形成,这一点可以追溯到人类社会发展的更早时期。

人类在发展的早期,鉴于自身自然能力的有限,在强大的自然界面前必须结成一定的共同体才能抵御自然界各种侵袭,满足自己衣食住行的需要,它的最初表现形式是人与人的依赖关系。伴随着人类社会生产力的发展,共同体以一定阶级、国家、团体等形式表现出来,成为更为高级的形式。共同体凝结着一定范围内人们的共同愿望,表征着一定社会的人们在一定利益或者需要的驱动下形成的主体间的相互关系。马克思把他所处的时代概括为"历史转变成世界历史"的时代。在马克思的视域中,他所指的"世界历史"是各民族、各国家相互影响、相互制约、相互渗透、相互依赖,是整个世界一体化以来的历史。在马克思、恩格斯看来,历史向世界历史的转变就是各民族国家摆脱各自孤立发展的状态,进入一种全面相互影响、相互制约、相互渗透、相互依赖的历史阶段;人的存在也变成世界历史性的存在;普遍交往促进了世界历史的形成和发展。"世界历史"的形成,为"人类命运共同体"的建构搭建了桥梁,缩短了国家与国家、民族与民族之间的时空距离。发展到今天,"人类命运共同体"的思想融合了人们对理想社会的追寻,为当前存在的诸多国际社会难题提供了破解之道,建构了理想世界的发展模式,提供了国际社会发展的可行方案。

当前世界上有200多个国家和地区、2500多个民族,为了推动自身的发展,尤其在现在技术为个体赋权的情况下,必然要与世界上的其他国家和地区进行普遍的交往,以怎样的出发点、秉持怎样的立场和方法来进行交往就成为必须考虑的问题。当前,中国在国际社会中秉持的是一种共商共建共治共享的理念。而这些理念或价值观的获取必须从新时代精神文明建设过程中汲取力量。

具体来看,新时代精神文明建设过程对人类命运共同体价值理念有以下影响。首先,新时代精神文明建设过程为构建人类命运共同体做出贡献。在中国走向世界的过程中,中国积极运用法治武器捍卫自己的利益,同时中国也积极倡导他国推行和平共处的理念,主张各国都是利益相关体,各国不称霸、不扩张,理性解决彼此之间的争端。这种从崇尚武力抗争到崇尚外交行动,再到以法治思维解决问题的方式,是社会发展进步的表现，是用文明的力量为妥善解决争端、构建人类命运共同体提供可能。再比如，从精神文明要素中的文化要素来看，中国拥有博大精深的传统文化、优秀的革命文化和社会主义先进文化。中国传统的文化理念中就有"克明俊德，以亲九族，九族既睦，平章百姓，百姓昭明，协和万邦，黎民于变时雍""乾道变化，各正性命，保合太和，乃利贞。首出庶物，万国咸宁"之类的表述，所传达的就是"和合"的价值理念。同时，中华民族是一个追求和平的民族。不论是公元前431年伯罗奔尼撒战争，还是两次世界大战，带来的牺牲都是惨重的，让无数的骨肉分离、老百姓食不果腹。我国人民爱好和平、向往和平，我国的核心价值观告诉我们，不走国强必霸的道路。社会主义先进文化是在新民主主义文化的基础上，植根于中华优秀传统文化，立足于中国实际，吸收国外文化有益成果建立的。当前我国领导人"一带一路"的倡议、"推动建立开放、包容、普惠、平衡、共赢的经济全球化"，都是社会主义先进文化理念的具体体现，这些精神文明建设的要素为构建人类命运共同体做出了独特的贡献。

其次，新时代精神文明建设内容为构建人类命运共同体提供了一种同化力。在约瑟夫·奈看来，"力量"有两种定义，第一种定义是"力量是指对他人的行为施加影响以达到自己所期望结果的能力"，第二种定义是"所拥有的可影响结果的能力和资源"。新时代精神文明建设内容就是一种"力量"，它涵盖了价值观教育、道德、法律、生活方式等，它形塑人们的认知、影响人们的价值理念和改善人们的行为。当新时代精神文明建设内容为人们接受，让众人仰慕其中的价值理念，将其视为自己行动的指引，愿意以其指导自己行为的时候，这就是一种"可知不可即"的力量。在当前，中国推行社会主义核心价值观，倡导人们树立崇高的理想信念，大力加强公民道德建设，提升社会整体的法治水平，大力加强新时代爱国主义教育……中国新时代精神文明建设的上述内容，有利于"以文明交流超越文明隔阂，文明互鉴超越文明冲突，文明共存超越文明优越"[1]，推动人类命运共同体的构建。

---

[1] 〔美〕约瑟夫·奈：《软力量——世界政坛成功之道》，吴晓辉、钱程译，东方出版社，2005，第2~3页。

反过来，人类命运共同体对新时代精神文明建设过程也产生着影响。第一，人类命运共同体价值理念为新时代精神文明建设过程提供价值基石。人类命运共同体理念是人的价值精神世界。它融合了不同文明间的差异和隔阂，反对"文明优越论""文明趋同论"，它力图为解决世界问题提供一种中国方案。人类命运共同体作为一种科学的价值理念，它符合人类社会的发展规律，符合人的依赖阶段、物的依赖阶段、人的自由全面发展阶段的社会形态论，就当前世界各国之间的伙伴关系、安全格局、经济发展、文明交流、生态建设方面都有详细说明，具有严密完整的内容体系。它构建了一种解决世界各国文明差异问题的良好愿景，将世界各国面临的共性问题置于一个共同的框架下来考虑，为文明交流互鉴提供了生长的土壤。

第二，人类命运共同体价值理念为新时代精神文明建设过程提供了方向指引。2017年1月18日，习近平总书记在联合国日内瓦总部的演讲中指出："世界命运应该由各国共同掌握，国际规则应该由各国共同书写，全球事务应该由各国共同治理，发展成果应该由各国共同分享。"[①] 在科技和军事力量迅猛发展的今天，国家与国家的联系非常紧密，任何一个国家贸然挑起争端都有可能导致"一损俱损"的结果。因此，各国要努力冲破意识形态对立的偏见，推进文明交流互鉴。人类命运共同体理念，崇尚"和合""合生万物""万物并育而不相害"，主张按照"己所不欲，勿施于人"的观念来处理争端。当前，人类命运共同体理念已经被我国领导人上升到国家意志的高度，成为处理国际事务的一种价值遵循。新时代精神文明建设过程是在人类命运共同体价值理念之下的，人类命运共同体价值理念是一种力量，能够为新时代精神文明建设过程提供一种方向指引。

---

① 《习近平谈治国理政》（第二卷），外文出版社，2017，第540页。

第二章　新时代精神文明建设过程的目标定位

众所周知，以习近平同志为核心的党中央，非常重视新时代精神文明建设的全面开启、多方展开。党的十八大以来，中央政治局先后专门就精神文明建设领域相关问题多次召开会议，组织专题集体学习，进行全面研究和部署，召开三次中央文明委全体会议，召开全国宣传部长、文明办主任会议，召开全国宣传思想工作会议，召开全国文艺工作座谈会、全国哲学社会科学工作会议，党和政府多次就精神文明建设领域工作出台各类文件、意见、通知，如《关于深化群众性精神文明创建活动的指导意见》《新时代公民道德建设实施纲要》《国家"十三五"时期文化发展改革规划纲要》，推动新时代精神文明建设不断深入进行；习近平总书记于2013年9月会见第四届全国道德模范及提名奖获得者，2015年2月会见第四届全国文明城市、文明村镇、文明单位和未成年人思想道德建设工作先进代表，2017年11月会见参加全国精神文明建设表彰大会的新一届全国文明城市、文明村镇、文明单位、文明校园、未成年人思想道德建设工作先进代表和全国道德模范代表，先后三次亲切会见全国精神文明建设战线的代表同志。

新时代的精神文明建设也因之取得了巨大成就，群众性精神文明创建活动如火如荼，社会主义核心价值观凝魂聚力基础工程不断巩固，学校思想政治课建设和全民思想政治教育明显向好，全国志愿服务蓬勃发展，以理想信念为核心的中华民族共有的精神家园生机勃发，社会风气、社会风尚明显好转，精神文明建设的法治化、制度化明显提升。一方面是精神文明建设过程的全面开启、多维展开，另一方面是不断取得巨大成就，其中一个很重要的原因在于新时代精神文明建设过程的开启和展开有鲜明的目标导向，有明确的目标定位。这构成新时代精神文明建设过程非常突出的特征、特色和特质，也是保障它不断健康发展、行稳致远的重要原因。

这种目标定位大体上可以分为三类，一是总体目标定位，二是主体目标定位，三是价值目标定位和价值取向定位。

第一节 新时代精神文明建设过程的总体目标定位

所谓总体目标定位，主要关涉新时代中国特色社会主义建设基本主题、总任务、奋斗目标，据此把握和界定。这里又可以分为两种维度，因为中国特色社会主义道路是关键，也是最具总体性的概括，所以弘扬中国精神、彰显中国价值、铸就中国力量，巩固和完善中国道路就成了新时代精神文明建设过程总体目标定位之一；而围绕中国特色社会主义道路来实现社会主义现代化和中华民族伟大复兴的总任务，就成为新时代精神文明建设过程总体目标定位之二。

一 弘扬中国精神、铸就中国力量，巩固和完善中国道路

早在2013年初的第十二届全国人民代表大会第一次会议上，习近平主席就明确提出："实现全面建成小康社会、建成富强民主文明和谐的社会主义现代化国家的奋斗目标，实现中华民族伟大复兴的中国梦，就是要实现国家富强、民族振兴、人民幸福，既深深体现了今天中国人的理想，也深深反映了我们先人们不懈追求进步的光荣传统。"① 而实现中国梦必须走中国道路、弘扬中国精神、凝聚中国力量。习近平主席还明确指出，中国道路就是中国特色社会主义道路，"全国各族人民一定要增强对中国特色社会主义的理论自信、道路自信、制度自信，坚定不移沿着正确的中国道路奋勇前进"；而中国精神"就是以爱国主义为核心的民族精神，以改革创新为核心的时代精神。这种精神是凝心聚力的兴国之魂、强国之魂。爱国主义始终是把中华民族坚强团结在一起的精神力量，改革创新始终是鞭

---

① 《习近平谈治国理政》（第一卷），外文出版社，2018，第39~40页。

策我们在改革开放中与时俱进的精神力量。全国各族人民一定要弘扬伟大的民族精神和时代精神，不断增强团结一心的精神纽带、自强不息的精神动力，永远朝气蓬勃迈向未来"；中国力量"就是中国各族人民大团结的力量"，"全国各族人民一定要牢记使命，心往一处想，劲往一处使，用13亿人的智慧和力量汇集起不可战胜的磅礴力量"。① 习近平主席2013年5月在接受哥斯达黎加、墨西哥等拉美三国媒体联合书面采访时再次强调，实现中国梦必须坚持中国道路、弘扬中国精神、凝聚中国力量。

2013年1月5日，习近平总书记在学习贯彻党的十八大精神研讨班开班式上，具体分析说："道路问题是关系党的事业兴衰成败第一位的问题，道路就是党的生命。……我们党在革命、建设、改革各个历史时期，坚持从我国国情出发，探索并形成了符合中国实际的新民主主义革命道路、社会主义改造和社会主义建设道路、中国特色社会主义道路，这种独立自主的探索精神，这种坚持走自己路的坚定决心，是我们党不断从挫折中觉醒、不断从胜利走向胜利的真谛。"② 他还明确指出："中国特色社会主义道路，是实现我国社会主义现代化的必由之路，是创造人民美好生活的必由之路。中国特色社会主义道路，既坚持以经济建设为中心，又全面推进经济建设、政治建设、文化建设、社会建设、生态文明建设以及其他各方面建设；既坚持四项基本原则，又坚持改革开放；既不断解放和发展社会生产力，又逐步实现全体人民共同富裕、促进人的全面发展。"③

可见，中国道路或中国特色社会主义道路是在继承革命道路、建设道路基础上通过不断理论创新和实践创新形成的，是中国共产党全部活动的浓缩和归结，这意味着在中国特色社会主义新时代，党和国家的全部活动、全部任务，都应该致力于使中国特色社会主义道路越走越健康、越走越宽广，进而通过中国特色社会主义道路实现中华民族伟大复兴的中国梦。中国道路、中国精神、中国力量三者中最核心的是中国道路，所谓中

---

① 《习近平谈治国理政》（第一卷），外文出版社，2018，第40页。
② 中共中央文献研究室编《十八大以来重要文献选编》（上），中央文献出版社，2014，第117~118页。
③ 中共中央文献研究室编《十八大以来重要文献选编》（上），中央文献出版社，2014，第75页。

国精神、中国力量都是为中国道路服务的。

在2015年10月第五届全国道德模范座谈会上,习近平总书记强调:"道德模范是道德实践的榜样。要深入开展宣传学习活动,创新形式、注重实效,把道德模范的榜样力量转化为亿万群众的生动实践,在全社会形成崇德向善、见贤思齐、德行天下的浓厚氛围。要持续深化社会主义思想道德建设,弘扬中华传统美德,弘扬时代新风,用社会主义核心价值观凝魂聚力,更好构筑中国精神、中国价值、中国力量,为中国特色社会主义事业提供源源不断的精神动力和道德滋养。"①

党的十九大报告则从文化自信、建设和发展社会主义先进文化的角度强调:"必须坚持马克思主义,牢固树立共产主义远大理想和中国特色社会主义共同理想,培育和践行社会主义核心价值观,不断增强意识形态领域主导权和话语权,推动中华优秀传统文化创造性转化、创新性发展,继承革命文化,发展社会主义先进文化,不忘本来、吸收外来、面向未来,更好构筑中国精神、中国价值、中国力量,为人民提供精神指引。"②

2017年11月的全国精神文明建设表彰大会同样强调:"要积极培育和践行社会主义核心价值观,加强理想信念教育,大力弘扬中华优秀传统文化、革命文化、社会主义先进文化,深化群众性精神文明创建活动,坚持以人民为中心的工作导向,注重典型示范引领,更好构筑中国精神、中国价值、中国力量。"③ 2018年2月在中央精神文明建设指导委员会第一次全体会议上,中央精神文明建设指导委员会主任王沪宁指出,新时代精神文明建设,要坚持以习近平新时代中国特色社会主义思想为指导,增强政治意识、大局意识、核心意识、看齐意识,扎实做好精神文明建设各项工作,更好构筑中国精神、中国价值、中国力量,为在新的历史起点上进行伟大斗争、建设伟大工程、推进伟大事业、实现伟大梦想提供强大精神

---

① 《更好构筑中国精神、中国价值、中国力量 为中国特色社会主义事业提供精神动力和道德滋养》,《人民日报》2015年10月14日,第1版。
② 习近平:《决胜全面建成小康社会 夺取新时代中国特色社会主义伟大胜利——在中国共产党第十九次全国代表大会上的报告(2017年10月18日)》,人民出版社,2017,第23页。
③ 《习近平会见全国精神文明建设表彰大会代表》,《人民日报》2017年11月18日,第1版。

动力。①

2019年11月党的十九届四中全会，从制度定型、制度成熟角度分析："坚持和完善繁荣发展社会主义先进文化的制度，巩固全体人民团结奋斗的共同思想基础。发展社会主义先进文化、广泛凝聚人民精神力量，是国家治理体系和治理能力现代化的深厚支撑。必须坚定文化自信，牢牢把握社会主义先进文化前进方向，激发全民族文化创造活力，更好构筑中国精神、中国价值、中国力量。要坚持马克思主义在意识形态领域指导地位的根本制度，坚持以社会主义核心价值观引领文化建设制度，健全人民文化权益保障制度，完善坚持正确导向的舆论引导工作机制，建立健全把社会效益放在首位、社会效益和经济效益相统一的文化创作生产体制机制。"②

鉴于文化自信、中国特色社会主义文化建设和精神文明建设的相对重合性，以上重要会议讲话和文件，基本上可以视为对新时代精神文明建设过程的要求和界定，它们都强调了"更好构筑中国精神、中国价值、中国力量"，这意味着新时代精神文明建设过程从开启时就把"更好构筑中国精神、中国价值、中国力量"作为自己努力实现的总体性基本目标。"中国精神、中国价值、中国力量"和最初针对实现中国梦而提出的"中国道路、中国精神、中国力量"在表述上确有不同，应该说"中国精神、中国价值、中国力量"的表述更切合新时代精神文明建设，但两者实质上是一致的。如前述，中国精神、中国力量，包括中国价值，都是为筑就、巩固和发展中国道路服务的，新时代精神文明建设从根本上说就是希望通过中国精神、中国价值来凝聚、壮大中国力量，来巩固和发展中国特色社会主义道路。

也正因如此，2019年11月中共中央、国务院印发的《新时代爱国主义教育实施纲要》这份关于新时代精神文明建设的重要文件，明确提出，"坚持把实现中华民族伟大复兴的中国梦作为鲜明主题。伟大事业需要伟大精神，伟大精神铸就伟大梦想。要把国家富强、民族振兴、人民幸福作

---

① 《中央精神文明建设指导委员会召开第一次全体会议》，《人民日报》2018年2月6日，第1版。
② 《中共中央关于坚持和完善中国特色社会主义制度 推进国家治理体系和治理能力现代化若干重大问题的决定》，《人民日报》2019年11月6日，第1、5、6版。

为不懈追求，着力扎紧全国各族人民团结奋斗的精神纽带，厚植家国情怀，培育精神家园，引导人们坚持中国道路、弘扬中国精神、凝聚中国力量，为实现中华民族伟大复兴的中国梦提供强大精神动力"①。重提"中国道路、中国精神、中国力量"实际上再次申明，新时代精神文明建设全过程，要注重弘扬中国精神、构筑和传播中国价值，凝聚和激发中国力量，进而从根本上使中国特色社会主义道路迈向更高水平、走近世界舞台、融入人类文明、引领时代潮流。

《新时代爱国主义教育实施纲要》作为最新出台的新时代精神文明建设的专门性文件，明确指出："大力弘扬民族精神和时代精神。以爱国主义为核心的民族精神和以改革创新为核心的时代精神，是凝心聚力的兴国之魂、强国之魂。要聚焦培养担当民族复兴大任的时代新人，培育和践行社会主义核心价值观，广泛开展爱国主义、集体主义、社会主义教育，提高人们的思想觉悟、道德水准和文明素养。要唱响人民赞歌、展现人民风貌，大力弘扬中国人民在长期奋斗中形成的伟大创造精神、伟大奋斗精神、伟大团结精神、伟大梦想精神，生动展示人民群众在新时代的新实践、新业绩、新作为。"这里提出"伟大创造精神、伟大奋斗精神、伟大团结精神、伟大梦想精神"，以及"四个伟大"中蕴含的伟大斗争精神，进一步丰富和深化了民族精神和时代精神的内涵；与此同时，《新时代爱国主义教育实施纲要》强调，"要坚持从娃娃抓起，着眼固本培元、凝心铸魂，突出思想内涵，强化思想引领，做到润物无声，把基本要求和具体实际结合起来，把全面覆盖和突出重点结合起来，遵循规律、创新发展，注重落细落小落实、日常经常平常，强化教育引导、实践养成、制度保障，推动爱国主义教育融入贯穿国民教育和精神文明建设全过程"②。"推动爱国主义教育融入贯穿国民教育和精神文明建设全过程"，背后就是要求新时代精神文明建设把弘扬中国精神作为基本目标。习近平总书记为此多次强调文艺作品一定要举精神之旗、立精神支柱、建精神家园；弘扬中国精神务必成为精神文明建设的内在诉求。

---

① 《新时代爱国主义教育实施纲要》，《人民日报》2019年11月13日，第6版。
② 《新时代爱国主义教育实施纲要》，《人民日报》2019年11月13日，第6版。

所谓构筑中国价值，就是指与中国精神内在相通的社会主义核心价值观。新时代精神文明建设过程突出一个特别，就是特别强调："对一个民族、一个国家来说，最持久、最深层的力量是全社会共同认可的核心价值观。核心价值观，承载着一个民族、一个国家的精神追求，体现着一个社会评判是非曲直的价值标准。"① 这样的核心价值观确实凝魂聚气，关系国家长治久安、民族团结振兴、不断发展壮大。新时代精神文明建设过程紧紧围绕党的十八大凝练出的社会主义核心价值观做文章，把培育和弘扬社会主义核心价值观打造成凝魂聚气、强基固本的基础工程，把抓好社会主义核心价值观建设视为精神文明建设的根本任务。党的十九大强调要培育和践行社会主义核心价值观，发挥社会主义核心价值观对国民教育、精神文明创建、精神文化产品创作生产传播的引领作用，把社会主义核心价值观融入社会发展各方面。② 为此，还强调领导干部要做践行社会主义核心价值观的"领头雁"，广大党员、干部必须带头学习和弘扬社会主义核心价值观；要从娃娃抓起、从学校抓起，少儿要熟记熟背、融化于心，让社会主义核心价值观的种子生根发芽，少年要学思践悟社会主义核心价值观，人生的扣子从一开始就要扣好；强调把社会主义核心价值观融入家庭、家教、家风建设中，强调文艺创作、文艺活动、日常宣传和各种群众性精神文明活动，都要传播、弘扬、践行社会主义核心价值观。

所谓中国力量，归根结底是全国各族人民大团结的力量。有学者对"更好构筑中国精神、中国价值、中国力量"作了如下理解，即弘扬中国精神、中国价值，就是要积极弘扬以爱国主义为核心的民族精神和以改革创新为核心的时代精神，积极培育和践行社会主义核心价值观；汇聚中国力量，就是要将13亿多中国人民的智慧和力量汇集起来，形成实现中国梦而不懈奋斗的磅礴力量。这种磅礴力量包括：推进新时代的伟业，必须有万众一心、众志成城的强大精神内聚力；推进新时代的伟业，必须有创新创造、向上向前的强大精神奋发力；推进新时代的伟业，必须有从容自

---

① 中共中央文献研究室编《十八大以来重要文献选编》（中），中央文献出版社，2016，第2页。

② 习近平：《决胜全面建成小康社会 夺取新时代中国特色社会主义伟大胜利——在中国共产党第十九次全国代表大会上的报告（2017年10月18日）》，人民出版社，2017，第42页。

信、坚定坚韧的强大精神持守力。①

中国力量首先表现为新时代精神文明建设通过弘扬中国精神、传播中国价值实现的凝魂聚力，把全体中国人民凝聚到中华民族伟大复兴事业上，心往一处想、劲往一处使，形成伟大的聚合力。其次表现为围绕共同事业和共同目标13亿多中国人民共同出力、共同发力、共同用力、共同尽力，汇聚成整体性的奋斗力。最后表现为13亿多中国人民充分发挥主体性能动性，汇聚成强大的发展活力。总之，新时代精神文明建设就是通过中国精神的强大凝聚力、中国价值的强大感召力，来促成中国道路的强大领导力、中国道路的强大生命力、中国道路的强大活力、中国道路的强大效力。

习近平总书记明确强调："培育和弘扬核心价值观，有效整合社会意识，是社会系统得以正常运转、社会秩序得以有效维护的重要途径，也是国家治理体系和治理能力的重要方面。历史和现实都表明，构建具有强大感召力的核心价值观，关系社会和谐稳定，关系国家长治久安。"所以，"要切实把社会主义核心价值观贯穿于社会生活方方面面。要通过教育引导、舆论宣传、文化熏陶、实践养成、制度保障等，使社会主义核心价值观内化为人们的精神追求，外化为人们的自觉行动"②。他在全国精神文明建设工作表彰暨学雷锋志愿服务大会上提出："我们要继续锲而不舍、一以贯之抓好社会主义精神文明建设，为全国各族人民不断前进提供坚强的思想保证、强大的精神力量、丰润的道德滋养"，"人民有信仰，民族有希望，国家有力量"，"一个国家，一个民族，要同心同德迈向前进，必须有共同的理想信念作支撑"。③ 针对宣传思想工作，他特别强调："中国特色社会主义进入新时代，必须把统一思想、凝聚力量作为宣传思想工作的中心环节。当前，我国发展形势总体很好，我们党要团结带领人民实现党的十九大确定的战略目标，夺取中国特色社会主义新胜利，更加需要坚定自

---

① 沈壮海：《更好构筑中国精神、中国价值、中国力量》，《求是》2018年第2期。
② 《把培育和弘扬社会主义核心价值观作为凝魂聚气强基固本的基础工程》，《人民日报》2014年2月26日，第1版。
③ 《人民有信仰民族有希望国家有力量　锲而不舍抓好社会主义精神文明建设》，《人民日报》2015年3月1日，第1版。

信、鼓舞斗志,更加需要同心同德、团结奋斗。我们必须把人民对美好生活的向往作为我们的奋斗目标,既解决实际问题又解决思想问题,更好强信心、聚民心、暖人心、筑同心。"①

总之,新时代精神文明建设过程的开启和展开,基本目标之一就是以弘扬中国精神、彰显中国价值、汇聚中国力量为抓手,最终使中国人民在中国特色社会主义道路上取得越来越多的成就,不断趋近伟大复兴的奋斗目标,使中国道路行稳致远。

二 社会主义现代化和国家治理现代化的核心支撑

党的十八大报告指出:"建设中国特色社会主义,总依据是社会主义初级阶段,总布局是五位一体,总任务是实现社会主义现代化和中华民族伟大复兴。"② 习近平总书记在十八届中共中央政治局第一次集体学习会上,进一步明确说:"党的十八大强调,建设中国特色社会主义,总依据是社会主义初级阶段,总布局是五位一体,总任务是实现社会主义现代化和中华民族伟大复兴。这'三个总'的概括,高屋建瓴,提纲挈领,言简意赅。深刻领会和把握这个新概括,有助于我们深刻领会和把握中国特色社会主义的真谛和要义。"之所以"强调总任务,是因为我们党从成立那天起,就肩负着实现中华民族伟大复兴的历史使命。我们党领导人民进行革命建设改革,就是要让中国人民富裕起来,国家强盛起来,振兴伟大的中华民族。按照现代化建设'三步走'的战略部署,建设富强民主文明和谐的社会主义现代化国家,是我们党和国家在整个社会主义初级阶段的奋斗目标。我们党的庄严使命、改革开放的根本目的、我们国家的奋斗目标,都聚焦于这个总任务、归结于这个总任务。我们要紧紧扭住这个总任务,一代一代锲而不舍干下去"③。显然,实现社会主义现代化和中华民族伟大复兴既是建设中国特色社会主义的总任务,党和国家在整个社会主义初级阶段的奋斗目标,也是中国特色社会主义新时代的奋斗目标。

---

① 《习近平谈治国理政》(第三卷),外文出版社,2020,第311页。
② 中共中央文献研究室编《十八大以来重要文献选编》(上),中央文献出版社,2014,第10页。
③ 《习近平谈治国理政》(第一卷),外文出版社,2018,第10~12页。

2014年5月习近平总书记在北京大学师生座谈会上，同样明确说："建设富强民主文明和谐的社会主义现代化国家，实现中华民族伟大复兴，是鸦片战争以来中国人民最伟大的梦想，是中华民族的最高利益和根本利益。今天，我们十三亿多人的一切奋斗归根到底都是为了实现这一伟大目标。"① 在纪念红军长征胜利80周年大会上，习近平总书记又一次强调，坚持和发展中国特色社会主义，总任务是实现社会主义现代化和中华民族伟大复兴。②

党的十九大报告一方面强调，"新时代中国特色社会主义思想，明确坚持和发展中国特色社会主义，总任务是实现社会主义现代化和中华民族伟大复兴，在全面建成小康社会的基础上，分两步走在本世纪中叶建成富强民主文明和谐美丽的社会主义现代化强国"③；另一方面又对"两步走"做了详细解说。

总任务中实现社会主义现代化与实现中华民族伟大复兴，两者实际上密不可分，或者说是同一个事物的两个方面、两种向度。中华民族伟大复兴不仅是当代中国人的集体梦想，也是中国共产党的初心和使命；就是在不断历练初心、不辱使命的过程中，中国共产党人先后进行了社会主义革命、社会主义早期建设，探索出中国特色社会主义道路。初心和使命只有通过中国道路才有可能实现和完成。实现中华民族伟大复兴，必须发展社会主义，必须实现社会主义现代化，缺乏社会主义现代化支撑，就无从谈及实现中华民族复兴。中国现代化当然是有中国特色、中华民族的现代化，但它必须且首先是社会主义性质的现代化，最终形成中国特色社会主义现代化发展道路。除党的十八大和十八届中共中央政治局第一次集体学习会外，习近平总书记在党的十八大后不久参观《复兴之路》展览时就把实现社会主义现代化与实现中华民族伟大复兴并列强调："我坚信，到中

---

① 中共中央文献研究室编《十八大以来重要文献选编》（中），中央文献出版社，2016，第4页。
② 中共中央文献研究室编《十八大以来重要文献选编》（下），中央文献出版社，2018，第401页。
③ 习近平：《决胜全面建成小康社会 夺取新时代中国特色社会主义伟大胜利——在中国共产党第十九次全国代表大会上的报告（2017年10月18日）》，人民出版社，2017，第19页。

国共产党成立100年时全面建成小康社会的目标一定能实现，到新中国成立100年时建成富强民主文明和谐的社会主义现代化国家的目标一定能实现，中华民族伟大复兴的梦想一定能实现。"①

众所周知，党的十八届三中全会通过的《中共中央关于全面深化改革若干重大问题的决定》明确提出："全面深化改革的总目标是完善和发展中国特色社会主义制度，推进国家治理体系和治理能力现代化。"② 在其中的第二次全体会上，习近平总书记特意强调，党的十八届三中全会提出的推进国家治理体系和治理能力现代化，"这是完善和发展中国特色社会主义制度的必然要求，是实现社会主义现代化的应有之义"③。由此，国家治理现代化（国家治理体系和治理能力现代化的合称）成为公认的我国社会主义现代化的重要内容，相较于传统的"四个现代化"之说，学界有人称之为"第五个现代化"④。党的十九大把国家治理现代化提到更高的位置，"新三步走"大战略每一步都和它挂钩；党的十九届四中全会在此基础上更明确地提出："坚持和完善中国特色社会主义制度、推进国家治理体系和治理能力现代化的总体目标是，到我们党成立一百年时，在各方面制度更加成熟更加定型上取得明显成效；到二〇三五年，各方面制度更加完善，基本实现国家治理体系和治理能力现代化；到新中国成立一百年时，全面实现国家治理体系和治理能力现代化，使中国特色社会主义制度更加巩固、优越性充分展现。"⑤ 这从国家治理现代化的角度，重新界定和阐释了"新三步走"战略。

正如习近平总书记明确指出，"推进国家治理体系和治理能力现代化，必须完整理解和把握全面深化改革的总目标，这是两句话组成的一个整体，即完善和发展中国特色社会主义制度、推进国家治理体系和治理能力

---

① 《习近平谈治国理政》（第一卷），外文出版社，2018，第36页。
② 中共中央文献研究室编《十八大以来重要文献选编》（上），中央文献出版社，2014，第512页。
③ 《习近平谈治国理政》（第一卷），外文出版社，2018，第90页。
④ 关锋：《"国家治理现代化"对历史唯物主义国家观的推进》，《教学与研究》2016年第11期。
⑤ 《中共中央关于坚持和完善中国特色社会主义制度　推进国家治理体系和治理能力现代化若干重大问题的决定》，《人民日报》2019年11月6日，第1、5、6版。

现代化。我们的方向就是中国特色社会主义道路。"① 国家治理现代化就是为坚持和完善、巩固和促进中国特色社会主义道路服务的，实际上，作为坚持和发展中国特色社会主义总任务，实现社会主义现代化与实现中华民族伟大复兴，与中国道路的关系也同样非常密切。实现社会主义现代化和中华民族伟大复兴，只有依赖中国道路才有可能；而中国道路是在不断实现社会主义现代化和中华民族伟大复兴的征途中形成、发展和完善的，在一定意义上可以说，中国特色社会主义道路是总的规定，而实现现代化和中华民族伟大复兴是其中的核心内容和奋斗目标。

通过弘扬中国精神、彰显中国价值、汇聚中国力量来发展和完善中国道路，是中国特色社会主义精神文明建设的总体目标；助力实现社会主义现代化，推进国家治理现代化，同样是新时代中国特色社会主义精神建设过程的二级总体目标，新时代中国特色社会主义精神建设成为社会主义现代化、国家治理现代化的核心支撑。具体表现为以下三个方面。

第一，新时代精神文明建设，构成社会主义现代化、国家治理现代化重要的内容。这在党的十九大报告中表现得颇为明显。十九大报告第四部分名为"决胜全面继承小康社会，开启全面建设社会主义现代化国家新征程"，提出全面建设社会主义现代化国家新征程"新三步走"战略，第一步就是从2017年到2020年，全面建成小康社会，"统筹推进经济建设、政治建设、文化建设、社会建设、生态文明建设"，其中文化建设属于精神文明建设的重要内容，坚定实施的科教兴国战略、人才强国战略与精神文明建设直接相关。第二步从2020年到2035年，"在全面建成小康社会的基础上，再奋斗十五年，基本实现社会主义现代化"。其中一个突出要求就是"社会文明程度达到新的高度，国家文化软实力显著增强，中华文化影响更加广泛深入"，而这同时是这一阶段精神文明建设的内容和目标。第三步"从二〇三五年到本世纪中叶，在基本实现现代化的基础上，再奋斗十五年，把我国建成富强民主文明和谐美丽的社会主义现代化强国。到那时，我国物质文明、政治文明、精神文明、社会文明、生态文明将全面提

---

① 《习近平谈治国理政》（第一卷），外文出版社，2018，第105页。

升"①，包括精神文明在内的"五个文明"全面提升是第三步的显著特征。

"推进国家治理体系和治理能力现代化，要大力培育和弘扬社会主义核心价值体系和核心价值观，加快构建充分反映中国特色、民族特性、时代特征的价值体系。"② 国家治理现代化同样含有精神文明建设向度，除了广泛宣扬现代治理理念外，还需要建构社会主义核心价值观来支撑。党的十九届四中全会通过的《中共中央关于坚持和完善中国特色社会主义制度　推进国家治理体系和治理能力现代化若干重大问题的决定》，把"坚持和完善繁荣发展社会主义先进文化的制度，巩固全体人民团结奋斗的共同思想基础"作为国家治理现代化的重要内容，强调要建构"坚持马克思主义在意识形态领域指导地位的根本制度""坚持以社会主义核心价值观引领文化建设制度""健全人民文化权益保障制度""完善坚持正确导向的舆论引导工作机制"③ 等，这些无疑同样是新时代精神文明建设过程的重要内容。

第二，新时代精神文明建设过程为社会主义现代化提供根本性的思想保障和持久的精神动力，成为社会主义现代化的核心支撑。

早在2013年8月的全国宣传思想工作会议上，习近平总书记就强调："只有物质文明建设和精神文明建设都搞好，国家物质力量和精神力量都增强，全国各族人民物质生活和精神生活都改善，中国特色社会主义事业才能顺利向前推进。"④ 社会主义现代化才有可能真正实现。同年11月在山东考察时他又强调："一个国家、一个民族的强盛，总是以文化兴盛为支撑的，中华民族伟大复兴需要以中华文化发展繁荣为条件。"⑤ 在稍后的中共中央政治局就提高国家文化软实力进行的第十二次集体学习会上，他

---

① 习近平：《决胜全面建成小康社会　夺取新时代中国特色社会主义伟大胜利——在中国共产党第十九次全国代表大会上的报告（2017年10月18日）》，人民出版社，2017，第27~29页。
② 《习近平谈治国理政》（第一卷），外文出版社，2018，第106页。
③ 《中共中央关于坚持和完善中国特色社会主义制度　推进国家治理体系和治理能力现代化若干重大问题的决定》，《人民日报》2019年11月6日，第1、5、6版。
④ 《习近平谈治国理政》（第一卷），外文出版社，2018，第153页。
⑤ 《认真贯彻党的十八届三中全会精神　汇聚起全面深化改革的强大正能量》，《人民日报》2013年11月29日，第1版。

强调，为了实现"两个一百年"奋斗目标和中华民族伟大复兴，要弘扬社会主义先进文化，提高国家文化软实力，不断增强文化整体实力和竞争力，朝着建设社会主义文化强国的目标不断前进。① 文化强国是中国特色社会主义现代化的重要维度和尺度。

上述精神力量的构筑、人民精神生活的改善、文化自信的巩固和文化强国的建成，主要渠道、主要阵地就是新时代精神文明建设；如前述，中华民族伟大复兴和社会主义现代化是一体两面的关系。习近平总书记在很多关于精神文明建设的专门论述中，都强调新时代精神文明建设或者是为中华民族伟大复兴，或者是为中国特色社会主义事业提供思想保障和精神力量，实际上就是强调新时代精神文明建设为社会主义现代化不断提供核心支撑。

习近平总书记早在 2013 年 9 月会见第四届全国道德模范及提名奖获得者时就强调："道德模范是社会道德建设的重要旗帜，要深入开展学习宣传道德模范活动，弘扬真善美，传播正能量，激励人民群众崇德向善、见贤思齐，鼓励全社会积善成德、明德惟馨，为实现中华民族伟大复兴的中国梦凝聚起强大的精神力量和有力的道德支撑。"② 在会见第四届全国文明城市、文明村镇、文明单位和未成年人思想道德建设工作先进代表时，他强调："人民有信仰，民族有希望，国家有力量。实现中华民族伟大复兴的中国梦，物质财富要极大丰富，精神财富也要极大丰富。我们要继续锲而不舍、一以贯之抓好社会主义精神文明建设，为全国各族人民不断前进提供坚强的思想保证、强大的精神力量、丰润的道德滋养。"③ 在第五届全国道德模范座谈会上，他同样强调："要持续深化社会主义思想道德建设，弘扬中华传统美德，弘扬时代新风，用社会主义核心价值观凝魂聚力，更好构筑中国精神、中国价值、中国力量，为中国特色社会主义事业提供源源不断的精神动力和道德滋养。"④ 2017 年 9 月他就精神文明建设"五个

---

① 《习近平谈治国理政》（第一卷），外文出版社，2018，第 160 页。
② 《习近平谈治国理政》（第一卷），外文出版社，2018，第 158 页。
③ 《习近平谈治国理政》（第二卷），外文出版社，2017，第 323 页。
④ 《更好构筑中国精神、中国价值、中国力量　为中国特色社会主义事业提供精神动力和道德滋养》，《人民日报》2015 年 10 月 14 日，第 1 版。

一工程"作重要指示时强调：文艺是时代前进的号角。希望广大文艺工作者坚持以人民为中心的创作导向，坚持"两为"方向、"双百"方针，坚持创造性转化、创新性发展，唱响主旋律、传递正能量，塑造中国形象、弘扬中国精神，坚定人民信心、振奋人民精神，为实现"两个一百年"奋斗目标、实现中华民族伟大复兴的中国梦提供强大精神力量。①

而《关于深化群众性精神文明创建活动的指导意见》强调，新时代的群众性精神文明创建活动务必"高举中国特色社会主义伟大旗帜，坚持以马克思列宁主义、毛泽东思想、邓小平理论、'三个代表'重要思想、科学发展观为指导，深入贯彻习近平总书记系列重要讲话精神和治国理政新理念新思想新战略"，"以培育和践行社会主义核心价值观为根本，加强思想道德建设，弘扬中华优秀传统文化和传统美德，弘扬革命文化和社会主义先进文化，深化群众性精神文明创建活动，培育社会文明新风，全面提高国民素质和社会文明程度，着力构筑中国精神、中国价值、中国力量，巩固马克思主义在意识形态领域的指导地位，巩固全党全国各族人民团结奋斗的共同思想基础，为实现'两个一百年'奋斗目标、实现中华民族伟大复兴的中国梦，提供坚强思想保证、强大精神动力、丰润道德滋养、良好文化条件"。② 中央宣传部部长黄坤明在 2018 年全国宣传思想工作会议上也强调，新时代精神文明建设要"自觉肩负起新形势下宣传思想工作的使命任务，锐意改革创新，勇于担当作为，奋力开创宣传思想工作新局面，为党和国家事业发展提供坚强思想保证和强大精神力量"③。

总而言之，新时代精神文明建设过程，一方面通过发展社会主义先进文化，不断推动文化体制改革，建设文化强国，直接助力社会主义现代化的完成；另一方面，通过宣扬马克思主义、中国特色社会主义理论体系和习近平新时代中国特色社会主义思想，坚持和完善党的领导，弘扬中国精神、中国价值，不断提供思想保证和精神动力来支撑中国特色社会主义现

---

① 《坚持以人民为中心创作导向　坚定人民信心振奋人民精神》，《人民日报》2017 年 9 月 28 日，第 1 版。
② 《关于深化群众性精神文明创建活动的指导意见》，《人民日报》2017 年 4 月 6 日，第 9 版。
③ 《举旗帜聚民心育新人兴文化展形象　更好完成新形势下宣传思想工作使命任务》，《人民日报》2018 年 8 月 23 日，第 1 版。

代化的实现。

第三，新时代精神文明建设过程通过培育时代新人，为社会主义现代化奠定基本要素。

习近平总书记明确强调"现代化的本质是人的现代化"①，社会主义现代化本质上是促进人的自由全面发展、以人民为中心的现代化，人的状况、人的素质是决定现代化的基本元素，也是社会主义现代化的决定性力量，同时也是实现社会主义现代化的重要标志。

党的十九大报告以培育和弘扬社会主义核心价值观为例，强调新时代精神文明建设过程"要以培养担当民族复兴大任的时代新人为着眼点"②，2018年的全国宣传思想工作会议上更为具体地指出，以宣传思想工作为代表的新时代精神文明建设一个核心任务就是"育新人"，而"育新人，就是要坚持立德树人、以文化人，建设社会主义精神文明，培育和践行社会主义核心价值观，提高人民思想觉悟、道德水准、文明素养，培养能够担当民族复兴大任的时代新人"③。

习近平总书记在系列重要讲话中，先后强调时代新人要"有理想、有本领、有担当"，有道德、讲奉献、肯实干、善创新、勇争先。所以，他在2018年全国教育大会上明确指出，培养社会主义建设者和接班人一定要在六个方面下功夫，即要在坚定理想信念上下功夫，教育引导学生树立共产主义远大理想和中国特色社会主义共同理想，增强学生的中国特色社会主义道路自信、理论自信、制度自信、文化自信，立志肩负起民族复兴的时代重任。要在厚植爱国主义情怀上下功夫，让爱国主义精神在学生心中牢牢扎根，教育引导学生热爱和拥护中国共产党，立志听党话、跟党走，立志扎根人民、奉献国家。要在加强品德修养上下功夫，教育引导学生培育和践行社会主义核心价值观，踏踏实实修好品德，成为有大爱大德大情

---

① 中共中央文献研究室编《十八大以来重要文献选编》（上），中央文献出版社，2014，第594页。
② 习近平：《决胜全面建成小康社会 夺取新时代中国特色社会主义伟大胜利——在中国共产党第十九次全国代表大会上的报告（2017年10月18日）》，人民出版社，2017，第42页。
③ 《举旗帜聚民心育新人兴文化展形象 更好完成新形势下宣传思想工作使命任务》，《人民日报》2018年8月23日，第1版。

怀的人。要在增长知识见识上下功夫，教育引导学生珍惜学习时光，心无旁骛求知问学，增长见识，丰富学识，沿着求真理、悟道理、明事理的方向前进。要在培养奋斗精神上下功夫，教育引导学生树立高远志向，历练敢于担当、不懈奋斗的精神，具有勇于奋斗的精神状态、乐观向上的人生态度，做到刚健有为、自强不息。要在增强综合素质上下功夫，教育引导学生培养综合能力，培养创新思维。"要努力构建德智体美劳全面培养的教育体系，形成更高水平的人才培养体系。"①

显然，这样的时代新人无疑是社会主义现代化不断发展、最终实现中华民族伟大复兴奋斗目标最宝贵的资源、最重要的屏障，既是基础的，也是核心的支撑。

第二节　新时代精神文明建设过程的主体目标定位

新时代精神文明建设过程的开启和进行，是由一定的社会主体来推动和完成的，由此，新时代精神文明建设过程和社会主体之间形成了一种互动关系，它既依赖于这些社会主体来进行；反过来，它又自觉推动这些社会主体不断发展和完善，这些发展和完善的社会主体反哺新时代精神文明建设，推动新时代精神文明建设过程不断深化。在这个意义上，新时代精神文明建设过程实际上是有明确的主体目标定位的。

总体而言，新时代精神文明建设过程的主体构成有机体系，主要有三类，一是领导主体即中国共产党；二是主要建设主体即广大的人民群众；三是重要主体即各种各样的社会主体，如各种各样的社会组织和机构、特殊个人，等等。由此，新时代精神文明建设过程的主体目标定位有三种维度，一是确保党始终成为中国特色社会主义事业的坚强领导核心；二是培育社会主义时代新人和现代公民；三是激活各种社会主体，建构多主体共建共治大格局。

---

① 中共中央党史和文献研究院编《十九大以来重要文献选编》（上），中央文献出版社，2019，第648~652页。

一 确保党始终成为中国特色社会主义事业的坚强领导核心

正如党的十九大报告指出的,"中国特色社会主义最本质的特征是中国共产党领导,中国特色社会主义制度的最大优势是中国共产党领导,党是最高政治领导力量"①;习近平总书记在庆祝中国共产党成立九十五周年大会上强调:"办好中国的事情,关键在党。……坚持和完善党的领导,是党和国家的根本所在、命脉所在,是全国各族人民的利益所在、幸福所在。"② 新时代精神文明建设,作为党和国家的重要建设活动,作为社会主义治国理政的重要表现,必须把巩固和完善中国共产党的领导地位,确保党始终成为中国特色社会主义事业的坚强领导核心,作为重要出发点和基本目标之一。这已成为新时代精神文明建设过程基本的主体目标定位之一。具体言之,主要表现为以下三种路径。

第一,始终坚持党对新时代精神文明建设过程的全程领导,以强化党的领导。新时代各项重大社会主义事业都是在党中央直接部署下开展和深入进行的,精神文明建设也不例外,它的重要内容、标志性项目都是在党的领导下进行的。

实际上,新时代精神文明建设过程的很多重要内容,有意地强调和显示这一点。2017 年针对高校思想政治工作明确要求:"办好我国高等教育,必须坚持党的领导,牢牢掌握党对高校工作的领导权,使高校成为坚持党的领导的坚强阵地。党委要保证高校正确办学方向,掌握高校思想政治工作主导权,保证高校始终成为培养社会主义事业建设者和接班人的坚强阵地。各级党委要把高校思想政治工作摆在重要位置,加强领导和指导,形成党委统一领导、各部门各方面齐抓共管的工作格局。……高校党委对学校工作实行全面领导……要加强高校党的基层组织建设,创新体制机制,

---

① 习近平:《决胜全面建成小康社会 夺取新时代中国特色社会主义伟大胜利——在中国共产党第十九次全国代表大会上的报告(2017 年 10 月 18 日)》,人民出版社,2017,第 20 页。
② 中共中央文献研究室编《十八大以来重要文献选编》(下),中央文献出版社,2018,第 355 页。

改进工作方式,提高党的基层组织做思想政治工作能力。"① 对于学校教育中的思想政治课强调:"要建立党委统一领导、党政齐抓共管、有关部门各负其责、全社会协同配合的工作格局,推动形成全党全社会努力办好思政课、教师认真讲好思政课、学生积极学好思政课的良好氛围。"②

对于宣传思想工作,我们始终强调牢牢把握意识形态工作领导权,强调:"落实党委(党组)意识形态工作责任制,建立健全考核、督查、问责机制。推动各级党校、行政学院和干部学院开设意识形态工作课程和讲座。坚持党管宣传、党管意识形态、党管媒体,落实属地管理、分级负责和谁主管谁负责的原则,加强意识形态阵地管理,建立健全网络意识形态工作机制,维护国家意识形态安全。"③ 对于文化建设强调:"坚持和完善党委统一领导、党政齐抓共管、宣传部门组织协调、有关部门分工负责、社会力量积极参与的工作体制和工作格局,形成推动文化建设的强大合力。"④

对于新时代公民道德建设强调:"要坚持和加强党的领导……确保公民道德建设的正确方向。各级党委和政府要担负起公民道德建设的领导责任,将其摆上重要议事日程,纳入全局工作谋划推进,有机融入经济社会发展各方面。纪检监察机关和组织、统战、政法、网信、经济、外交、教育、科技、卫生健康、交通运输、民政、文化和旅游、民族宗教、农业农村、自然资源、生态环境等党政部门,要紧密结合工作职能,积极履行公民道德建设责任。发挥基层党组织和党员在新时代公民道德建设中的战斗堡垒作用和先锋模范作用。""各级文明委和党委宣传部要切实履行指导、协调、组织职能,统筹力量、精心实施、加强督查,抓好工作任务落实。"⑤

第二,新时代精神文明建设全程始终把重视宣传、教育、普及相关内

---

① 《把思想政治工作贯穿教育教学全过程 开创我国高等教育事业发展新局面》,《人民日报》2016年12月9日,第1版。
② 《习近平谈治国理政》(第三卷),外文出版社,2020,第331页。
③ 《国家"十三五"时期文化发展改革规划纲要》,《人民日报》2017年5月8日,第1、10、11版。
④ 《国家"十三五"时期文化发展改革规划纲要》,《人民日报》2017年5月8日,第1、10、11版。
⑤ 《新时代公民道德建设实施纲要》,《人民日报》2019年10月28日,第6版。

容作为重要任务，坚持和巩固党的领导。这里有几点突出表现。

首先，如前所述，弘扬中国精神、彰显中国价值、凝聚中国力量，进而巩固和深化中国道路，是新时代精神文明建设最基本的目标，而中国精神、中国价值、中国力量、中国道路共同的基本要素就是坚持中国共产党的领导，中国精神中的时代精神，都是共产党人在不同时期奋斗精神的浓缩；社会主义核心价值观就是中国共产党的价值观，中国道路是中国共产党领导中国人民开辟的，党的领导是其基本特质。新时代精神文明建设过程这一最基本的总体性目标，背后就是巩固和完善党的领导。

其次，新时代精神文明建设全程把教育、宣传党的指导思想、党的路线方针政策作为重要工作，深化社会认知和社会理解，进而巩固和完善党的领导。

比如针对新时代精神文明建设中的教育工作，强调，"我们办中国特色社会主义教育，就是要理直气壮开好思政课，用新时代中国特色社会主义思想铸魂育人，引导学生增强中国特色社会主义道路自信、理论自信、制度自信、文化自信"，为此要"大力推进中国特色社会主义学科体系建设"。① 众所周知，建设和发展马克思主义理论学科是"大力推进中国特色社会主义学科体系建设"中的重要一环，而马克思主义理论学科最基本最重要的任务就是研究、宣传、教育、普及党的指导思想、党的理论成果、党的实践经验、党的路线方针政策。为了凸显马克思主义理论学科的价值，新时代特别强调："思想政治理论课是落实立德树人根本任务的关键课程。"还进一步提出："要坚持显性教育和隐性教育相统一，挖掘其他课程和教学方式中蕴含的思想政治教育资源，实现全员全程全方位育人"，"解决好各类课程与思政课相互配合的问题"，② 推进思政课程与课程思政有机结合，形成宣传、教育、普及党的指导思想、党的理论成果、党的实践经验、党的路线方针政策的最大合力。此外，还专门强调："党校、干部学院、社会科学院、高校、理论学习中心组等都要把马克思主义作为必

---

① 《习近平谈治国理政》（第三卷），外文出版社，2020，第329页。
② 《习近平谈治国理政》（第三卷），外文出版社，2020，第331~332页。

修课，成为马克思主义学习、研究、宣传的重要阵地。"①

针对新时代精神文明建设中的宣传工作，特别强调其首要任务就是"举旗帜"，而"举旗帜，就是要高举马克思主义、中国特色社会主义的旗帜，坚持不懈用新时代中国特色社会主义思想武装全党、教育人民、推动工作，在学懂弄通做实上下功夫，推动当代中国马克思主义、21世纪马克思主义深入人心、落地生根"②。我们特别强调新闻舆论工作必须坚持党性原则，"最根本的是坚持党对新闻舆论工作的领导。党和政府主办的媒体是党和政府的宣传阵地，必须姓党，必须抓在党的手里，必须成为党和人民的喉舌"。党的新闻舆论媒体的所有工作，"体现党的意志、反映党的主张，必须维护党中央权威、维护党的团结，做到爱党、护党、为党"，"自觉向党中央看齐，自觉向党的理论和路线方针政策看齐，自觉向党中央决策部署看齐"，③ 积极主动地进行正面宣传阐释，把党的理论和路线方针政策变成人民群众的自觉行动。强调"坚持党性，核心就是坚持正确政治方向，站稳政治立场，坚定宣传党的理论和路线方针政策，坚定宣传中央重大工作部署，坚定宣传中央关于形势的重大分析判断，坚决同党中央保持高度一致，坚决维护中央权威。所有宣传思想部门和单位，所有宣传思想战线上的党员、干部都要旗帜鲜明坚持党性原则"④。

最后，新时代精神文明建设全程把展现党的伟大历史、凸显党的丰功伟绩作为重要任务，深化社会信任和社会认同，进而巩固和完善党的领导。

新时代精神文明建设过程高度重视对党的历史的宣传、教育，因为我们深知历史是最好的教科书、中国革命历史是最好的营养剂，习近平总书记早在2013年前后就强调，党员干部和广大群众"要认真学习党史、国史，知史爱党，知史爱国。要了解我们党和国家事业的来龙去脉，汲取我们党和国家的历史经验，正确了解党和国家历史上的重大事件和重要人物。这对正确认识党情、国情十分必要，对开创未来也十分必要，因为历

---

① 《习近平谈治国理政》（第一卷），外文出版社，2018，第154页。
② 《习近平谈治国理政》（第三卷），外文出版社，2020，第312页。
③ 中共中央文献研究室编《十八大以来重要文献选编》（下），中央文献出版社，2018，第212~213页。
④ 《习近平谈治国理政》（第一卷），外文出版社，2018，第154页。

史是最好的教科书"①。"历史是最好的教科书。学习党史、国史,是坚持和发展中国特色社会主义、把党和国家各项事业继续推向前进的必修课。这门功课不仅必修,而且必须修好。"②

2019年10月党的十九届四中全会将"改革开放史"作为推动理想信念教育常态化、制度化的学习内容,将其与党史、新中国史并列起来。2020年1月,习近平总书记在"不忘初心、牢记使命"主题教育总结大会上发表讲话,在"党史、新中国史、改革开放史"的基础上增加了"社会主义发展史"的学习内容。2020年6月,习近平总书记指出,希望广大党员特别是青年党员认真学习马克思主义理论,结合学习党史、新中国史、改革开放史、社会主义发展史,在学思践悟中坚定理想信念。在党员干部、青年学生中"三史""四史"学习、教育的常态化,成为新时代精神文明建设的重要内容和标志。

为此,党的十八大以来,我们大大强化了历史纪念。如仅在2014年就新设立了三个国家级纪念日即确定每年的9月3日为"中国人民抗日战争胜利纪念日",9月30日为"中国烈士纪念日",12月13日为"南京大屠杀死难者国家公祭日"。各种历史博物馆、红色纪念基地免费对公众开放;加大了对重要历史事件、历史人物的纪念力度;强化了对历史虚无主义的批判③。

而强化"三史""四史"的学习的重要目的之一就是凸显中国共产党的丰功伟绩。新时代精神文明建设过程的重要任务之一就是彰显和宣传中国共产党的丰功伟绩。我们经常利用各种纪念活动来强调"铭记光辉历史、传承红色基因"④。要求文艺界、社科界的人士通过自己的工作"深刻反映70年来党和人民的奋斗实践,深刻解读新中国70年历史性变革中所蕴藏的内在逻辑,讲清楚历史性成就背后的中国特色社会主义道路、理论、制度、文化优势,更好用中国理论解读中国实践,为党和人民继续前

---

① 《习近平谈治国理政》(第一卷),外文出版社,2018,第405页。
② 《在对历史的深入思考中更好走向未来 交出发展中国特色社会主义合格答卷》,《人民日报》2013年6月27日,第1版。
③ 关锋:《近年来历史虚无主义思潮的新特点及其批判》,《山东社会科学》2019年第3期。
④ 《铭记光辉历史 传承红色基因 为把人民军队建设成为世界一流军队而不懈奋斗》,《人民日报》2017年7月22日,第1版。

进提供强大精神激励";要求"广大文化文艺工作者深入生活、扎根人民,把提高质量作为文艺作品的生命线,用心用情用功抒写伟大时代,不断推出讴歌党、讴歌祖国、讴歌人民、讴歌英雄的精品力作,书写中华民族新史诗"①。

第三,新时代精神文明建设全程和全面从严治党紧密结合起来,保持和强化党的先进性、纯洁性和革命性,确保党始终成为中国特色社会主义事业的坚强领导核心。

党的十八大以来,我们确立了"四个全面"的战略布局,全面从严治党取得了历史性、开创性成就,比如建立不忘初心、牢记使命的制度,推进学习教育制度化、常态化;完善坚定维护党中央权威和集中统一领导的各项制度,全党普遍牢固树立了"四个意识";党内政治生活更为规范、政治生态更为健康;党自我净化、自我完善、自我革新、自我提高能力得到明显强化,党的先进性、纯洁性得以保持,党的创造力、凝聚力、战斗力得以提高。其中一个很重要的因素,就是全面从严治党和新时代精神文明建设产生了良好的互动、共振关系。最为明显的是,全面从严治党中的"六大建设"即党的政治建设、思想建设、组织建设、作风建设、纪律建设和制度建设,其中政治建设、思想建设、作风建设和精神文明建设有直接的关联。

比如在政治建设、思想建设上,全面从严治党特别强调"对马克思主义的信仰,对社会主义和共产主义的信念,是共产党人的政治灵魂,是共产党人经受住任何考验的精神支柱"。"理想信念是共产党人精神上的'钙'。"②"马克思主义政党的先进性,首先体现为思想理论上的先进性。注重思想建党、理论强党,是我们党的鲜明特色和光荣传统。……只有坚持思想建党、理论强党,不忘初心才能更加自觉,担当使命才能更加坚定。"③ 所以"学习马克思主义基本理论是共产党人的必修课"④,"领导

---

① 《习近平谈治国理政》(第三卷),外文出版社,2020,第313、326页。
② 《习近平谈治国理政》(第一卷),外文出版社,2018,第15页。
③ 习近平:《在"不忘初心、牢记使命"主题教育总结大会上的讲话》,《人民日报》2020年1月9日,第2版。
④ 习近平:《学习马克思主义基本理论是共产党人的必修课》,《求是》2019年第22期。

干部特别是高级干部要把系统掌握马克思主义基本理论作为看家本领,老老实实、原原本本学习马克思列宁主义、毛泽东思想,特别是邓小平理论、'三个代表'重要思想、科学发展观"①。而普及马克思主义信仰和广义马克思主义理论的学习和教育,同样是新时代精神文明建设的重要内容。

党的十八大以来,先后推出"八项规定",推出"两学一做""三严三实"专题教育活动,严禁"四风"和"七个有之",全面从严治党特别重视政德、党风政风建设。强调"领导干部要讲政德。政德是整个社会道德建设的风向标。立政德,就要明大德、守公德、严私德"②;"全党同志特别是领导干部一定要讲修养、讲道德、讲廉耻,追求积极向上的生活情趣"③。还特别重视党员干部的家风家教建设,因为家风家教和党风政风密切相关、相互影响。为此还提出建构党内政治文化,强调"要融通党的优良传统、中华优秀传统文化、革命文化、社会主义先进文化,建设正气充盈的党内政治文化,努力实现党内政治生态风清气正"④。显然,以上政德、政风、家风建设,和新时代精神文明建设很多内容是一致的,有些不过是社会主义道德建设、社会风气建设的独特组成部分;而党内政治文化建设和新时代的社会主义文化建设没有什么明显区别。

更重要的是,通过全面从严治党,实际上同时是在要求党员干部在政治、思想、政风等方面起模范带头和表率作用,推动社会道德建设、文化建设、风气好转,推进新时代精神文明建设不断深化。如强调"领导干部的家风,不仅关系自己的家庭,而且关系党风政风","各级领导干部要带头抓好家风"⑤;强调党员干部"大力弘扬忠诚老实、光明坦荡、公道正派、实事求是、艰苦奋斗、清正廉洁等共产党人价值观,带头践行社会主

---

① 《习近平谈治国理政》(第一卷),外文出版社,2018,第153~154页。
② 《习近平李克强栗战书赵乐际分别参加全国人大会议一些代表团审议》,《人民日报》2018年3月11日,第1版。
③ 《习近平春节前夕赴内蒙古调研看望慰问各族干部群众》,《人民日报》2014年1月30日,第1版。
④ 《扎扎实实做好改革发展稳定各项工作 为党的十九大胜利召开营造良好环境》,《人民日报》2017年6月24日,第1版。
⑤ 《习近平谈治国理政》(第二卷),外文出版社,2017,第356页。

义核心价值观"①；强调"作风建设是永恒课题，要标本兼治，经常抓、见常态，深入抓、见实效，持久抓、见长效，通过立破并举、扶正祛邪，不断巩固和扩大已经取得的成果，努力以优良的党风政风带动全社会风气根本好转"②。

这个过程实际上是个互动的过程，一方面有力地促进了新时代精神文明建设的不断展开和深化；另一方面也促进党的建设不断深入，促进党员在保持纯洁性和先进性的基础上各方面素质不断提升，使党始终成为中国特色社会主义事业的坚强领导核心。

二 培育社会主义现代公民和时代新人

改革开放以来，我们依据历史唯物主义"人民群众是历史的创造者"这个基本原理，始终坚持人民群众的历史主体地位，但又特别注意结合实践，不断赋予其新的内涵。世纪之交，党提出"人民群众是先进生产力和先进文化的创造主体，也是实现自身利益的根本力量"③。到20世纪初，提出"人民群众是推动科学发展的主体"④。中国特色社会主义进入新时代，改革开放必须向纵深处推进，一方面强调"人民是历史的创造者，是真正的英雄"⑤；另一方面面对全面深化改革的新要求，强调"改革开放是人民的要求和党的主张的统一，人民群众是历史的创造者和改革开放事业的实践主体。所以，必须坚持人民主体地位和党的领导的统一，紧紧依靠人民推进改革开放"⑥。

人民群众是中国特色社会主义新时代全面深化改革的实践主体，当然也是新时代精神文明建设的主要实践主体。新时代精神文明建设过程对此

---

① 《推进"两学一做"学习教育常态化制度化》，《人民日报》2017年3月29日，第1版。
② 《作风建设要经常抓深入抓持久抓　不断巩固扩大教育实践活动成果》，《人民日报》2014年5月10日，第1版。
③ 《江泽民文选》第3卷，人民出版社，2006，第281页。
④ 中共中央文献研究室编《十七大以来重要文献选编》（上），中央文献出版社，2009，第579页。
⑤ 中共中央文献研究室编《十八大以来重要文献选编》（下），中央文献出版社，2018，第344页。
⑥ 中共中央文献研究室编《习近平关于全面深化改革论述摘编》，中央文献出版社，2014，第138页。

多方确认。比如，我们在倡导培育和践行社会主义核心价值观时强调"坚持以人为本，尊重群众主体地位，关注人们利益诉求和价值愿望"，"找准与人们思想的共鸣点、与群众利益的交汇点，做到贴近性、对象化、接地气；坚持改进创新，善于运用群众喜闻乐见的方式，搭建群众便于参与的平台，开辟群众乐于参与的渠道"；①《新时代公民道德建设实施纲要》要求新时代公民道德建设"坚持提升道德认知与推动道德实践相结合，尊重人民群众的主体地位"②；而新时代群众性精神文明创建活动也强调"坚持以人民为中心的发展思想，牢固树立依靠人民、为了人民的思想理念，增进人民福祉，促进人的全面发展，动员人人参与，实现共建共享"③。

不过，新时代精神文明建设和人民主体之间，实际上存在一种双向的互动过程，一方面，新时代精神文明建设依赖人民群众去践行；另一方面，人民群众在新时代精神文明建设中被塑造、被提升。后者构成了新时代精神文明建设过程的主体目标之一，它可以分为两个层次来把握，新时代精神文明建设要塑造和培养的，一个是社会主义现代公民，另一个是时代新人，进而实现社会主义现代化和中华民族伟大复兴这个总体目标。

我们知道，实现社会主义现代化和中华民族伟大复兴是中国特色社会主义新时代的努力方向和奋斗目标，而现代化本质上是人的现代化，它理应是现代国家、现代社会和现代公民的有机统一。所以，现代化开启较早、现代化相对成熟的西方社会，都非常重视现代公民教育，将之视为国家教育的重要成分，重视培养国民的民主意识、权利与责任意识、理性精神、法治观念、包容理念，增强他们的政治参与、社会参与意愿和能力，使之成为合格的公民，做现代社会建设的介入者。这是现代化的内在需求和努力方向。正如有学者分析的："以人民当家作主为本质的社会主义社会，为公民个人自由全面地发展提供了基本的制度条件和社会环境。在社会主义制度下，建设现代国家，发育现代社会，离不开公民个人的能动实

---

① 《中共中央办公厅印发〈关于培育和践行社会主义核心价值观〉的意见》，《人民日报》2013年12月24日，第1版。
② 《新时代公民道德建设实施纲要》，《人民日报》2019年10月28日，第6版。
③ 《关于深化群众性精神文明创建活动的指导意见》，《人民日报》2017年4月6日，第9版。

践和自由创造,更离不开公民个人良好价值理念的养成和价值行为的校正。"①

中国特色社会主义新时代,我们高度重视意识形态领导权,重视防范"公民社会"的理论陷阱和实践误导,反对盲目照搬照抄西方社会的公民理论,反对抽象的泛泛而谈的公民概念,但我们并没有因噎废食,恰恰相反,主张通过新时代精神文明建设,去塑造和培养社会主义现代公民。这里有两个标志。

第一,众所周知,党的十八大报告第一次明确提出了社会主义核心价值观,强调要"倡导富强、民主、文明、和谐,倡导自由、平等、公正、法治,倡导爱国、敬业、诚信、友善,积极培育和践行社会主义核心价值观"②。一般公认,这24个词实际上涉及三个层面。富强、民主、文明、和谐属于国家层面的价值诉求,也是现代国家的基本要求;自由、平等、公正、法治属于社会层面的价值取向,也是现代社会的基本要求;而爱国、敬业、诚信、友善属于个人层面的价值准则、行为规范,实质上就是对社会主义现代公民的基本要求。这24个词语表达了现代中国公民对国家、对社会、对工作、对他人等基本关系方面应有的态度、应持的规则、应尽的责任,涵括了社会公德、职业道德、家庭美德、个人品德等各方面的要求。而其背后则是社会主义的立场,萃取和融会了中华民族传统美德、中国共产党人革命道德和社会主义建设时期优秀道德的精髓。

也正因如此,它突出体现了社会主义的特性。爱国要求每个公民以振兴中华为己任,自觉报效社会主义祖国;敬业要求每个公民恪尽职守,服务人民和社会,具有社会主义职业精神;诚信要求每个公民诚实干事、信守允诺、以诚待人;友善要求每个公民应互尊互重、互帮互助、互谅,形成社会主义新型人际关系。

社会主义核心价值观是新时代精神文明建设的核心内容,从这个意义上说,培养具有"爱国、敬业、诚信、友善"价值观的社会主义公民,是

---

① 包心鉴:《凝聚全党全社会价值共识的重要纲领》,《光明日报》2014年2月24日,理论版。
② 中共中央文献研究室编《十八大以来重要文献选编》(上),中央文献出版社,2014,第25页。

新时代精神文明建设重要的内在维度。

第二，2019年10月出台《新时代公民道德建设实施纲要》，明确提出"中国特色社会主义进入新时代，加强公民道德建设"是"全面建成小康社会、全面建设社会主义现代化强国的战略任务，是适应社会主要矛盾变化、满足人民对美好生活向往的迫切需要，是促进社会全面进步、人的全面发展的必然要求"；明确强调"要把社会公德、职业道德、家庭美德、个人品德建设作为着力点。推动践行以文明礼貌、助人为乐、爱护公物、保护环境、遵纪守法为主要内容的社会公德，鼓励人们在社会上做一个好公民"①。直言不讳地强调培养社会主义好公民。

当然，新时代精神文明建设还在社会主义现代公民的基础上进一步细化和深化，提出培养"时代新人"的主体目标定位。

党的十九大报告以培育和弘扬社会主义核心价值观为例，强调新时代精神文明建设"要以培养担当民族复兴大任的时代新人为着眼点"②，2018年的全国宣传思想工作会议更为具体地指出，以宣传思想工作为代表的新时代精神文明建设一个核心任务就是"育新人"，而"育新人，就是要坚持立德树人、以文化人，建设社会主义精神文明、培育和践行社会主义核心价值观，提高人民思想觉悟、道德水准、文明素养，培养能够担当民族复兴大任的时代新人"③。

2018年9月全国教育大会上，习近平总书记又明确提出"我们的教育必须把培养社会主义建设者和接班人作为根本任务，培养一代又一代拥护中国共产党领导和我国社会主义制度、立志为中国特色社会主义奋斗终身的有用人才。这是教育工作的根本任务，也是教育现代化的方向目标"④。这次大会强调的是"培养社会主义建设者和接班人"，没有明确提及"时代新人"。但在2019年3月全国学校思想政治理论课教师座谈会上，

---

① 《新时代公民道德建设实施纲要》，《人民日报》2019年10月28日，第6版。
② 习近平：《决胜全面建成小康社会 夺取新时代中国特色社会主义伟大胜利——在中国共产党第十九次全国代表大会上的报告（2017年10月18日）》，人民出版社，2017，第42页。
③ 《举旗帜聚民心育新人兴文化展形象 更好完成新形势下宣传思想工作使命任务》，《人民日报》2018年8月23日，第1版。
④ 中共中央党史和文献研究院编《十九大以来重要文献选编》（上），中央文献出版社，2019，第648~649页。

习近平总书记明确提出:"加快推进教育现代化、建设教育强国、办好人民满意的教育,努力培养担当民族复兴大任的时代新人,培养德智体美劳全面发展的社会主义建设者和接班人。"① 把社会主义建设者和接班人与担当民族复兴大任的时代新人并列,说明两者实质是一致的,只是侧重于不同角度,说法有异而已。而在2019年10月颁布的《新时代公民道德建设实施纲要》中,除了强调要培育社会主义好公民外,再次提出"不断提升公民道德素质,促进人的全面发展,培养和造就担当民族复兴大任的时代新人"②。

时代新人到底是怎样的?目前来看,还没有权威文件进行系统阐释和深度解说。但通过以下讲话和文件,我们基本上可以厘清其基本规定。

时代新人很重要的指向就是新时代的青年群体。党的十九大报告明确提出:"青年兴则国家兴,青年强则国家强。青年一代有理想、有本领、有担当,国家就有前途,民族就有希望。"③ 在2018年5月北京大学师生座谈会上,习近平总书记进一步提出:"广大青年要成为实现中华民族伟大复兴的生力军,肩负起国家和民族的希望。""我们的教育要培养德智体美全面发展的社会主义建设者和接班人","每一个青年都成为社会主义建设者和接班人",每一个青年都"要爱国,忠于祖国,忠于人民""要励志,立鸿鹄志,做奋斗者""要求真,求真学问,练真本领""要力行,知行合一,做实干家"。④

在2018年9月全国教育大会上,习近平总书记强调,培养社会主义建设者和接班人,一定要在六个方面下功夫,即要在坚定理想信念上下功夫,教育引导学生树立共产主义远大理想和中国特色社会主义共同理想,增强学生的中国特色社会主义道路自信、理论自信、制度自信、文化自信,立志肩负起民族复兴的时代重任。要在厚植爱国主义情怀上下功夫,让爱国主义精神在学生心中牢牢扎根,教育引导学生热爱和拥护中国共产

---

① 《习近平谈治国理政》(第三卷),外文出版社,2020,第328页。
② 《新时代公民道德建设实施纲要》,《人民日报》2019年10月28日,第6版。
③ 习近平:《决胜全面建成小康社会 夺取新时代中国特色社会主义伟大胜利——在中国共产党第十九次全国代表大会上的报告(2017年10月18日)》,人民出版社,2017,第70页。
④ 习近平:《在北京大学师生座谈会上的讲话》,《人民日报》2018年5月3日,第2版。

党，立志听党话、跟党走，立志扎根人民、奉献国家。要在加强品德修养上下功夫，教育引导学生培育和践行社会主义核心价值观，踏踏实实修好品德，成为有大爱大德大情怀的人。要在增长知识见识上下功夫，教育引导学生珍惜学习时光，心无旁骛求知问学，增长见识，丰富学识，沿着求真理、悟道理、明事理的方向前进。要在培养奋斗精神上下功夫，教育引导学生树立高远志向，历练敢于担当、不懈奋斗的精神，具有勇于奋斗的精神状态、乐观向上的人生态度，做到刚健有为、自强不息。要在增强综合素质上下功夫，教育引导学生培养综合能力，培养创新思维。①"有理想、有本领、有担当"，有道德、讲奉献、肯实干、善创新、勇争先，就是青年群体作为时代新人的内在要求。

第二，《新时代公民道德建设实施纲要》从道德建设的角度强调，"要把社会公德、职业道德、家庭美德、个人品德建设作为着力点"。首先要"推动践行以文明礼貌、助人为乐、爱护公物、保护环境、遵纪守法为主要内容的社会公德，鼓励人们在社会上做一个好公民"。其次在此基础上"推动践行以爱岗敬业、诚实守信、办事公道、热情服务、奉献社会为主要内容的职业道德，鼓励人们在工作中做一个好建设者；推动践行以尊老爱幼、男女平等、夫妻和睦、勤俭持家、邻里互助为主要内容的家庭美德，鼓励人们在家庭里做一个好成员；推动践行以爱国奉献、明礼遵规、勤劳善良、宽厚正直、自强自律为主要内容的个人品德，鼓励人们在日常生活中养成好品行"②。这意味着，时代新人除了是社会主义好公民，还应是社会主义好建设者，社会主义家庭好成员，社会主义日常生活中的好邻居、好伙伴、好同事。

如前所述，社会主义好公民、时代新人作为新时代精神文明建设过程的主体目标定位，实际上是人民群众作为实践主体与新时代精神文明建设互动的结果，详言之，是人民群众在新时代精神文明建设过程中被滋养、被磨砺、被淬炼、被教育而实现的提升和升华。鉴于此，《新时代公民道

---

① 中共中央党史和文献研究院编《十九大以来重要文献选编》（上），中央文献出版社，2019，第648～652页。
② 《新时代公民道德建设实施纲要》，《人民日报》2019年10月28日，第6版。

德建设实施纲要》明确指出:"用良好家教家风涵育道德品行。……倡导忠诚、责任、亲情、学习、公益的理念,让家庭成员相互影响、共同提高,在为家庭谋幸福、为他人送温暖、为社会作贡献过程中提高精神境界、培育文明风尚。"① 习近平总书记也明确强调,"要把社会主义核心价值观的要求融入各种精神文明创建活动之中,吸引群众广泛参与,推动人们在为家庭谋幸福、为他人送温暖、为社会作贡献的过程中提高精神境界、培育文明风尚"②。

新时代精神文明建设为了实现培养社会主义现代公民和时代新人的目标定位,必须更加注重依靠人民、团结群众,在充分发挥人民群众积极性、主动性的同时,引导他们不断提高自身文明素质,实现自我升华,促进社会文明程度不断提升。

三 激活各种社会主体,建构多主体共建共治大格局

众所周知,精神文明建设是一个系统工程,这不仅是因为它涉及面广、内容复杂,而且因为它涉及的主体众多,除了前面提及的领导主体即中国共产党,主要实践主体和建设主体即人民群众外,还包括一些特定主体,即他们只是在精神文明建设某个特定领域、方面是独特主体,而在一般领域则是普通建设主体,如模范人物、党政干部和教师群体等;以及特殊主体,如各种各样的社会组织、社会机构和社会公共人物等。

新时代精神文明建设充分认识到这一点,力图充分发挥各种社会主体的作用,激活各种社会主体,建构多主体共建共治大格局。

首先,新时代精神文明建设全程特别重视发挥特定主体的作用,力图实现特定主体和精神文明建设的良性互动。习近平总书记曾明确强调:"要充分发挥榜样的作用,领导干部、公众人物、先进模范都要为全社会做好表率、起好示范作用,引导和推动全体人民树立文明观念、争当文明公民、展示文明形象。"③ 针对道德模范,他还特别强调:"要广泛宣传道

---

① 《新时代公民道德建设实施纲要》,《人民日报》2019 年 10 月 28 日,第 6 版。
② 《习近平谈治国理政》(第一卷),外文出版社,2018,第 165 页。
③ 《习近平谈治国理政》(第二卷),外文出版社,2017,第 324 页。

模范的先进事迹，弘扬道德模范高尚品格，引导人们向道德模范学习，争做崇高道德的践行者、文明风尚的维护者、美好生活的创造者。……着力培养担当民族复兴大任的时代新人。"① 领导干部、公众人物、先进模范要在新时代精神文明建设过程中发挥重要作用，培养时代新人，推动新时代精神文明建设不断深化。不过，这只是一方面。另一方面是这些特定主体又要在新时代精神文明建设过程中接受考验和锤炼，实现自我发展、自我完善，成为新时代精神文明建设更有价值的主体。

关于这一点，习近平总书记2016年4月26日在关于劳动模范的讲话中明确指出："劳动模范是劳动群众的杰出代表，是最美的劳动者。……我们要在全社会大力宣传劳动模范的先进事迹，号召全社会向他们学习、向他们致敬。要为劳动模范更好施展才华、展现精神品格提供全方位支持，使他们的劳动技能、创新方法、管理经验能广泛传播，充分发挥示范带动作用。劳动模范要珍惜荣誉、谦虚谨慎、再接再厉，不断在新的起点上为党和人民创造更大业绩。"②

关于教师这些特定主体，新时代精神文明建设过程也提出新要求。强调新时代的教师"要有理想信念、有道德情操、有扎实学识、有仁爱之心"③；对思政课教师，我们强调："第一，政治要强，让有信仰的人讲信仰，善于从政治上看问题，在大是大非面前保持政治清醒。第二，情怀要深，保持家国情怀，心里装着国家和民族，在党和人民的伟大实践中关注时代、关注社会，汲取养分、丰富思想。第三，思维要新，学会辩证唯物主义和历史唯物主义，创新课堂教学，给学生深刻的学习体验，引导学生树立正确的理想信念、学会正确的思维方法。第四，视野要广，有知识视野、国际视野、历史视野，通过生动、深入、具体的纵横比较，把一些道理讲明白、讲清楚。第五，自律要严，做到课上课下一致、网上网下一致，自觉弘扬主旋律，积极传递正能量。第六，人格要正，有人格，才有

---

① 《深化群众性精神文明创建活动　着力培养担当民族复兴大任的时代新人》，《人民日报》2019年9月6日，第1版。
② 《在知识分子、劳动模范、青年代表座谈会上的讲话》，《人民日报》2016年4月30日，第2版。
③ 习近平：《在北京大学师生座谈会上的讲话》，《人民日报》2018年5月3日，第2版。

吸引力。亲其师，才能信其道。要有堂堂正正的人格，用高尚的人格感染学生、赢得学生，用真理的力量感召学生，以深厚的理论功底赢得学生，自觉做为学为人的表率，做让学生喜爱的人。"① 更重要的是，两者要良性互动，教师作为特定主体参与新时代精神文明建设过程，在塑造时代新人的过程中实现自我塑造。新时代精神文明建设为此强调："建设社会主义现代化强国，对教师队伍建设提出新的更高要求，也对全党全社会尊师重教提出新的更高要求。人民教师无上光荣，每个教师都要珍惜这份光荣，爱惜这份职业，严格要求自己，不断完善自己。做老师就要执着于教书育人，有热爱教育的定力、淡泊名利的坚守。"②

其次，新时代精神文明建设过程注重把各种力量主体统合起来，建构多主体共建共治大格局。

2013 年 11 月，十八届三中全会提出"全面深化改革的总目标是完善和发展中国特色社会主义制度，推进国家治理体系和治理能力现代化"，强调"创新社会治理体制"；2015 年底，党的十八届五中全会提出要加强和创新社会治理，推进社会治理精细化，构建"共建共享"的社会治理格局。党的十九大提出打造"共建共治共享"的社会治理格局，增加了"共治"；它还提出提高社会治理社会化水平，实现政府治理和社会调节、居民自治良性互动，形成治理同向同行的合力，其实质就是希望对各种社会主体力量实现有效整合，构建多元主体共治格局。2019 年 10 月底召开的十九届四中全会提出，"建设人人有责、人人尽责、人人享有的社会治理共同体"，在党的文献中第一次提出"社会治理共同体"，主张"完善党委领导、政府负责、民主协商、社会协同、公众参与、法治保障、科技支撑的社会治理体系"，进一步把中国特色社会主义新时代打造多元主体共治格局的时代特色凸显出来。③

这也同样成为新时代精神文明建设在主体目标定位上的时代特色和努

---

① 《习近平谈治国理政》（第三卷），外文出版社，2020，第 330 页。
② 《坚持中国特色社会主义教育发展道路　培养德智体美劳全面发展的社会主义建设者和接班人》，《人民日报》2018 年 9 月 11 日，第 1 版。
③ 关锋、陈文静：《全面深化改革与共同体四种维度的自觉建构》，《华南师范大学学报》（社会科学版）2020 年第 2 期。

力方向。比如我们强调,"加强新时代公民道德建设,是推进中国特色社会主义事业的一项基础性、战略性工程。""各级党委和政府要担负起公民道德建设的领导责任……纪检监察机关和组织、统战、政法、网信、经济、外交、教育、科技、卫生健康、交通运输、民政、文化和旅游、民族宗教、农业农村、自然资源、生态环境等党政部门,要紧密结合工作职能,积极履行公民道德建设责任。发挥基层党组织和党员在新时代公民道德建设中的战斗堡垒作用和先锋模范作用。工会、共青团、妇联等群团组织,各民主党派和工商联,要积极发挥自身优势,共同推动公民道德建设。"①

针对新时代文化建设强调要"坚持和完善党委统一领导、党政齐抓共管、宣传部门组织协调、有关部门分工负责、社会力量积极参与的工作体制和工作格局,形成推动文化建设的强大合力"②。针对新时代群众性精神文明创建活动,强调"动员社会力量广泛参与。工会、共青团、妇联、残联、关工委和文联、作协、科协等人民团体,要发挥各自优势,组织动员群众积极参与精神文明创建活动。发挥民主党派、工商联、无党派人士、社会公众人物的作用,发挥行业协会、社会团体、基金会等各种社会组织的作用,共同参与精神文明建设"③。关于新时代的教育建设,强调"办好教育事业,家庭、学校、政府、社会都有责任。家庭是人生的第一所学校,家长是孩子的第一任老师,要给孩子讲好'人生第一课',帮助扣好人生第一粒扣子。教育、妇联等部门要统筹协调社会资源支持服务家庭教育。全社会要担负起青少年成长成才的责任"④。针对新时代精神文明建设过程的重要阵地和平台即网络媒体、网信事业,强调"要加强党中央对网信工作的集中统一领导,……要充分发挥工青妇等群团组织优势,发挥好企业、科研院校、智库等作用,汇聚全社会力量齐心协力推动网信工作"⑤。

---

① 《新时代公民道德建设实施纲要》,《人民日报》2019年10月28日,第6版。
② 《国家"十三五"时期文化发展改革规划纲要》,《人民日报》2017年5月8日,第1、10、11版。
③ 《关于深化群众性精神文明创建活动的指导意见》,《人民日报》2017年4月6日,第9版。
④ 《坚持中国特色社会主义教育发展道路 培养德智体美劳全面发展的社会主义建设者和接班人》,《人民日报》2018年9月11日,第1版。
⑤ 《习近平谈治国理政》(第三卷),外文出版社,2020,第308页。

第三节　新时代精神文明建设过程的多重价值目标

新时代精神文明建设的开启和进行有明确的价值取向，这种价值取向同时成为价值目标定位。一般而言，培育、弘扬和践行社会主义核心价值观，构成新时代精神文明建设主线，这构成新时代精神文明建设过程最基本、最集中的价值目标。实际上，这些核心价值在不同的社会领域，表现出更多的内容和向度，在这个意义上，新时代精神文明建设过程的价值目标，可以从多个不同维度更为详细地分析和阐释。

新时代精神文明建设过程的价值目标定位，有以政治方向引领为核心的政治价值目标，以实现科学精神、人文精神、时代精神和民族精神共振为核心的精神价值目标，以倡导生态文明、建构生命共同体为核心的生态价值目标，以倡导共建共治共享、建构美好生活为核心的生活价值目标，以倡导和合与共、建构人类命运共同体为核心的人类价值目标。

一　政治价值目标

政治性是新时代中国特色社会主义精神文明建设的基本属性和基本规定，这意味着彰显和实现一定的政治价值目标，是新时代精神文明建设过程的基本要求。

1. 表现为对政治方向的坚守和捍卫

正如习近平总书记明确提出的："政治方向是党生存发展第一位的问题，事关党的前途命运和事业兴衰成败。我们所要坚守的政治方向，就是共产主义远大理想和中国特色社会主义共同理想、'两个一百年'奋斗目标，就是党的基本理论、基本路线、基本方略。"① 方向具有根本性，有了方向才知道向哪里努力和奋斗，方向决定前途和命运，决定道路走向。由此，新时代精神文明建设过程把政治方向的坚守和捍卫放在非常突出的位置。

---

① 《把党的政治建设作为党的根本性建设　为党不断从胜利走向胜利提供重要保证》，《人民日报》2018年7月1日，第1版。

第一，为了实现对政治方向的坚守和捍卫这个政治价值目标，新时代精神文明建设强调，所有的建设活动、建设内容、建设过程都要始终坚持党的领导，以习近平新时代中国特色社会主义思想为统领，牢记"四个意识"，坚持政治立场和政治原则，遵守政治纪律和政治规矩。实际上，我们在整个新时代的全面深化改革中都强调"坚持和加强党对全面深化改革的集中统一领导，提升党中央对全面深化改革的领导力和权威性"，"为全面深化改革提供根本政治保证"。① "这里面最核心的是坚持和改善党的领导、坚持和完善中国特色社会主义制度，偏离了这一条，那就南辕北辙了。"② 新时代精神文明建设作为全面深化改革中的主要组成部分，自不例外。

第二，加强思想理论建设，全面凸显马克思主义的指导地位。我们可以从新时代三大标志性精神文明建设活动和举措中明显地看到这一点。新时代群众性精神文明创建活动强调"高举中国特色社会主义伟大旗帜，坚持以马克思列宁主义、毛泽东思想、邓小平理论、'三个代表'重要思想、科学发展观为指导，深入贯彻习近平总书记系列重要讲话精神和治国理政新理念新思想新战略，增强政治意识、大局意识、核心意识、看齐意识"③；新时代文化建设强调"高举中国特色社会主义伟大旗帜"，"坚持用马克思列宁主义、毛泽东思想、邓小平理论、'三个代表'重要思想、科学发展观和习近平总书记系列重要讲话精神武装全党、教育人民、推动实践，不断巩固马克思主义在意识形态领域的指导地位，增强广大干部群众中国特色社会主义道路自信、理论自信、制度自信、文化自信"④。新时代公民道德建设强调"筑牢理想信念之基"，"要坚持不懈用习近平新时代中国特色社会主义思想武装全党、教育人民"，"在全社会广泛开展理想信念教育，深化社会主义和共产主义宣传教育，深化中国特色社会主义和中

---

① 《加强领导总结经验运用规律　站在更高起点谋划和推进改革》，《人民日报》2017年8月30日，第1版。
② 中共中央文献研究室编《习近平关于全面深化改革论述摘编》，中央文献出版社，2014，第18页。
③ 《关于深化群众性精神文明创建活动的指导意见》，《人民日报》2017年4月6日，第9版。
④ 《国家"十三五"时期文化发展改革规划纲要》，《人民日报》2017年5月8日，第1、10、11版。

国梦宣传教育,引导人们不断增强道路自信、理论自信、制度自信、文化自信"。①

2. 表现为对以人民为中心价值立场的坚守和捍卫

"人民立场是中国共产党的根本政治立场,是马克思主义政党区别于其他政党的显著标志。"②而人民立场同时也是价值立场,其核心就是以人民为中心,人民具有至高无上的价值地位。"坚持以人民为中心",贯穿于党的十八大以来党中央治国理政的全部实践之中,贯穿于十八大以来习近平总书记系列重要讲话所蕴含的新理念、新思想、新战略之中。新时代精神文明建设过程也把以人民为中心价值立场的坚守、捍卫和彰显作为政治价值目标定位之一。

早在2013年全国宣传思想工作会议上,就强调"要树立以人民为中心的工作导向,把服务群众同教育引导群众结合起来,把满足需求同提高素养结合起来,多宣传报道人民群众的伟大奋斗和火热生活,多宣传报道人民群众中涌现出来的先进典型和感人事迹,丰富人民精神世界,增强人民精神力量,满足人民精神需求"③。在十八届三中全会上,强调"建设社会主义文化强国,增强国家文化软实力"必须"坚持以人民为中心的工作导向,坚持把社会效益放在首位、社会效益和经济效益相统一,以激发全民族文化创造活力为中心环节,进一步深化文化体制改革"④。2014年10月在文艺工作座谈会上,习近平总书记强调,广大文艺工作者应坚持以人民为中心的创作导向,"把满足人民精神文化需求作为文艺和文艺工作的出发点和落脚点,把人民作为文艺表现的主体,把人民作为文艺审美的鉴赏家和评判者,把为人民服务作为文艺工作者的天职"⑤。2016年党的新闻舆论工作座谈会、哲学社会科学工作座谈会、中国文学艺术界联合会第十次

---

① 《新时代公民道德建设实施纲要》,《人民日报》2019年10月28日,第6版。
② 中共中央文献研究室编《十八大以来重要文献选编》(下),中央文献出版社,2018,第352页。
③ 《习近平谈治国理政》(第一卷),外文出版社,2018,第154页。
④ 中共中央文献研究室编《十八大以来重要文献选编》(上),中央文献出版社,2014,第533页。
⑤ 中共中央文献研究室编《十八大以来重要文献选编》(中),中央文献出版社,2016,第127页。

全国代表大会均反复强调以人民为中心的创作导向。

习近平总书记还强调:"抓精神文明建设要办实事、讲实效,紧紧围绕促进人民福祉来进行,坚决反对形式主义、官僚主义,努力满足人民群众不断增长的精神文化需求。"① 针对群众性文明创建活动,特别强调:"必须坚持以人民为中心的发展思想,牢固树立依靠人民、为了人民的思想理念,增进人民福祉,促进人的全面发展,动员人人参与,实现共建共享。"②

3. 表现为对爱国主义、集体主义的坚守和捍卫

新时代精神文明建设过程明确强调,"在社会主义核心价值观中,最深层、最根本、最永恒的是爱国主义"③。新时代爱国、爱党、爱社会主义是高度融合的,"当代中国,爱国主义的本质就是坚持爱国和爱党、爱社会主义高度统一"④。

爱国不仅是公民个人修养和品质问题,而且爱国主义同时含有希望国家成为富强、民主、文明、和谐的现代化国家,希望社会成为自由、平等、公正、法治的现代社会之意,爱国主义同时蕴含着社会主义的自由、平等、民主、法治等政治价值诉求。为此,《关于深化群众性精神文明创建活动的指导意见》将加强爱国主义教育单列一项,强调"要大力弘扬爱国主义精神,把爱国主义教育作为永恒主题","要把爱国主义教育贯穿国民教育和精神文明建设全过程","充分利用我国改革发展的伟大成就、重大历史事件纪念活动、爱国主义教育基地、中华民族传统节庆、国家公祭仪式等来增强人民的爱国情怀和国家意识","让爱国主义成为每一个中国人的坚定信念和精神依靠"⑤。

2019年还专门出台了《新时代爱国主义教育实施纲要》,强调"要聚焦培养担当民族复兴大任的时代新人,培育和践行社会主义核心价值观,

---

① 《习近平谈治国理政》(第二卷),外文出版社,2017,第324页。
② 《关于深化群众性精神文明创建活动的指导意见》,《人民日报》2017年4月6日,第9版。
③ 中共中央文献研究室编《十八大以来重要文献选编》(中),中央文献出版社,2016,第134页。
④ 《习近平谈治国理政》(第三卷),外文出版社,2020,第334页。
⑤ 《关于深化群众性精神文明创建活动的指导意见》,《人民日报》2017年4月6日,第9版。

广泛开展爱国主义、集体主义、社会主义教育,提高人们的思想觉悟、道德水准和文明素养。"①

二 精神价值目标

党的十八大后习近平总书记就强调,实现中华民族复兴的伟大梦想"必须弘扬中国精神。这就是以爱国主义为核心的民族精神,以改革创新为核心的时代精神。这种精神是凝心聚力的兴国之魂、强国之魂"②。不断构筑中国精神、形成中国力量被公认为新时代精神文明建设过程的基本奋斗目标,新时代精神文明建设把弘扬、彰显民族精神、时代精神作为基本的精神价值目标定位。习近平总书记为此在很多场合强调人文社科、文艺作品一定要举精神之旗、立精神支柱、建精神家园,弘扬中国精神务必成为精神文明建设的内在诉求。

《新时代爱国主义教育实施纲要》明确提出:"大力弘扬民族精神和时代精神。以爱国主义为核心的民族精神和以改革创新为核心的时代精神,是凝心聚力的兴国之魂、强国之魂。……要唱响人民赞歌、展现人民风貌,大力弘扬中国人民在长期奋斗中形成的伟大创造精神、伟大奋斗精神、伟大团结精神、伟大梦想精神,生动展示人民群众在新时代的新实践、新业绩、新作为。"③ 伟大创造精神、伟大奋斗精神、伟大团结精神、伟大梦想精神同样是中国精神的重要内容,构成了民族精神、时代精神。而《新时代公民道德建设实施纲要》更详细、更具体地指出,新时代精神文明建设一定要"弘扬民族精神和时代精神。以爱国主义为核心的民族精神和以改革创新为核心的时代精神,是中华民族生生不息、发展壮大的坚实精神支撑和强大道德力量。要深化改革开放史、新中国历史、中国共产党历史、中华民族近代史、中华文明史教育,弘扬中国人民伟大创造精神、伟大奋斗精神、伟大团结精神、伟大梦想精神,倡导一切有利于团结统一、爱好和平、勤劳勇敢、自强不息的思想和观念,构筑中华民族共有

---

① 《新时代爱国主义教育实施纲要》,《人民日报》2019年11月13日,第6版。
② 中共中央文献研究室编《十八大以来重要文献选编》(上),中央文献出版社,2014,第235页。
③ 《新时代爱国主义教育实施纲要》,《人民日报》2019年11月13日,第6版。

精神家园。要继承和发扬党领导人民创造的优良传统,传承红色基因,赓续精神谱系。要紧紧围绕全面深化改革开放、深入推进社会主义现代化建设,大力倡导解放思想、实事求是、与时俱进、求真务实的理念,倡导'幸福源自奋斗''成功在于奉献''平凡孕育伟大'的理念,弘扬改革开放精神、劳动精神、劳模精神、工匠精神、优秀企业家精神、科学家精神,使全体人民保持昂扬向上、奋发有为的精神状态"①。

新时代精神文明建设的全过程,不但要举精神之旗、立精神支柱、建精神家园,还要赓续精神谱系、传承精神基因;除弘扬中国人民伟大创造精神、伟大奋斗精神、伟大团结精神、伟大梦想精神,还要弘扬伟大革命精神、伟大斗争精神;弘扬改革开放精神、劳动精神、劳模精神、工匠精神、优秀企业家精神、科学家精神,以及民主法治精神,等等。总之,围绕民族精神和时代精神,赓续精神谱系、建构精神图谱,就成为新时代精神文明建设过程的重要精神价值目标。

这个过程还有两种最基本的现代精神不可或缺,那就是科学精神和人文精神,科学素养和人文素养也是对现代公民的基本要求。社会主义精神文明建设从一开始就把思想道德建设和教育科学文化建设作为两项基本内容,其中教育科学文化建设是要解决整个民族的科学文化素质问题,科学精神和人文精神是基本素养。

所以,《中华人民共和国国民经济和社会发展第十三个五年规划纲要》站在新时代的高度,明确强调新时代要"加强社会主义精神文明建设",重心在于"以社会主义核心价值观为引领,加强思想道德建设和社会诚信建设,弘扬中华传统美德和时代新风,倡导科学精神和人文精神,全面提高国民素质和社会文明程度"。② 科学精神和人文精神与民族精神、时代精神并行不悖,或者说民族精神和时代精神应以科学精神、人文精神为底蕴和基础。

所谓科学精神,一般而言,它是理性信念、实证方法、批判态度、试

---

① 《新时代公民道德建设实施纲要》,《人民日报》2019年10月28日,第6版。
② 《中华人民共和国国民经济和社会发展第十三个五年规划纲要》,《人民日报》2016年3月18日,第1、9~18版。

错模式的统一;① 具体包括:理性求知精神。主张世界的客观性和可理解性,认为世界是可知的,可以通过科学实验和逻辑推理等理性方法来认知和描述。实证求真精神。强调实践是检验真理的唯一标准,科学概念和科学理论必须是可证实和可证伪的。质疑批判精神。鼓励理性质疑和批判,不承认有任何亘古不变的教条,要求不唯上、不唯书、只唯实,真理面前人人平等。开拓创新精神。崇尚开拓创新,既尊重已有认识,更鼓励发现和创造新知识,鼓励知识的创造性应用。显然,弘扬科学精神,树立科学的世界观、价值观和发展观,激发人的创造力、促进人的全面发展,有效激发全社会的创新意识和全民的创新自信心和创新追求,是人类文明未来发展的基本前提。②

所以,党的十九大报告明确指出:"弘扬科学精神,普及科学知识,开展移风易俗、弘扬时代新风行动,抵制腐朽落后文化侵蚀。"③ 2016 年中央一号文件《关于落实发展新理念加快农业现代化实现全面小康目标的若干意见》公布,强调要"深化农村精神文明建设。深入开展中国特色社会主义和中国梦宣传教育,加强农村思想道德建设,大力培育和弘扬社会主义核心价值观,增强农民的国家意识、法治意识、社会责任意识,加强诚信教育,倡导契约精神、科学精神,提高农民文明素质和农村社会文明程度"④。

所谓人文精神,一般表现为人区别于其他物类的尊严,人存在的价值,人生命运的重视、关切和眷注,以及对人类各种精神文化现象及其遗产的珍惜、爱护,对一种全面发展的理想人格的追求、希望和积极塑造这样一种精神状态,其核心和实质就是一种普遍的人类自我关怀。在这个意义上,人文精神不但源远流长,而且意义重大,核心是教人做人、做合格的人。习近平总书记为此强调:"中国优秀传统文化的丰富哲学思想、人

---

① 刘大椿:《论科学精神》,《求是》2019 年第 9 期。
② 路甬祥:《科学精神是具有显著时代特征的先进文化》,《人民日报》2010 年 7 月 19 日,第 7 版。
③ 习近平:《决胜全面建成小康社会 夺取新时代中国特色社会主义伟大胜利——在中国共产党第十九次全国代表大会上的报告(2017 年 10 月 18 日)》,人民出版社,2017,第 43 页。
④ 《中共中央 国务院关于落实发展新理念加快农业现代化实现全面小康目标的若干意见》,《人民日报》2016 年 1 月 28 日,第 1、10~11 版。

文精神、教化思想、道德理念等,可以为人们认识和改造世界提供有益启迪,可以为治国理政提供有益启示,也可以为道德建设提供有益启发。对传统文化中适合于调理社会关系和鼓励人们向上向善的内容,我们要结合时代条件加以继承和发扬,赋予其新的涵义。"① 新时代的精神文明建设和文化建设一定要重视人文精神的传承、创新。还针对乡村振兴战略强调:"要推动乡村文化振兴,加强农村思想道德建设和公共文化建设,以社会主义核心价值观为引领,深入挖掘优秀传统农耕文化蕴含的思想观念、人文精神、道德规范,培育挖掘乡土文化人才,弘扬主旋律和社会正气,培育文明乡风、良好家风、淳朴民风,改善农民精神风貌,提高乡村社会文明程度,焕发乡村文明新气象。"②

一言以蔽之,新时代精神文明建设,就是希望实现民族精神、时代精神和更为基本的科学精神、人文精神之间良性互动和合理共振,建构新时代的精神图谱、精神坐标。这构成了新时代精神文明建设在价值目标方面的定位。

三 生态价值目标

大气污染、水环境污染、垃圾处理、土地荒漠化和沙灾、水土流失、旱灾和水灾、生物多样性破坏、三峡库区的环境问题、持久性有机物污染等,被公认是当今中国仍然面临的重大环境问题。中国特色社会主义进入新时代,生态环境压力依然沉重。2014年中央经济工作会指出,中国资源环境承载力已经达到或接近上限。2015年党的十八届五中全会坦言,生态环境特别是大气、水、土壤污染严重,已成为全面建成小康社会的突出短板。它既是全面深化改革的重要障碍,也是全面深化改革要攻坚克难的目标。

党的十八大召开后不久,在提出"五位一体"总体布局和创新、协调、绿色、开放、共享五大新发展理念的基础上,一是强调生态兴则文明

---

① 习近平:《在纪念孔子诞辰2565周年国际学术研讨会暨国际儒学联合会第五届会员大会开幕会上的讲话》,《人民日报》2014年9月25日,第2版。
② 《习近平李克强王沪宁赵乐际韩正分别参加全国人大会议一些代表团审议》,《人民日报》2018年3月9日,第2版。

兴、生态衰则文明衰；二是强调建设生态文明建设是关系人民福祉、关系民族的大计；到了党的十九大，我们宣布分"两步走"在21世纪中叶把中国建成富强民主文明和谐美丽的社会主义现代化强国，把美丽中国作为奋斗目标之一。

为了实现这一目标，我们开始自觉建构"生命共同体"。2013年习近平总书记在党的十八届三中全会上明确指出："我们要认识到，山水林田湖是一个生命共同体，人的命脉在田，田的命脉在水，水的命脉在山，山的命脉在土，土的命脉在树。"① 2014年在中央财经领导小组会上习近平总书记再一次重申了这一点。2017年在中央全面深化改革领导小组会议上，习近平总书记补充了一个字，强调"山水林田湖草"是一个生命共同体，2018年在全国生态环境保护大会上，习近平总书记再次重申了这一点。党的十九大报告则将此概括为"人与自然是生命共同体，人类必须尊重自然、顺应自然、保护自然"②。这个概括，无疑更为深刻和全面，也把马克思主义自然解放的思想融合进来，强调人与自然不可分割、不能分裂。③

倡导生态文明，宣扬人与自然和谐共生和绿色发展理念，建构生命共同体就成为新时代精神文明建设过程的生态价值目标定位。

2015年4月党中央、国务院专门出台关于加快推进生态文明建设的意见，给出了比较系统的思路。提出，"把培育生态文化作为重要支撑。将生态文明纳入社会主义核心价值体系，加强生态文化的宣传教育，倡导勤俭节约、绿色低碳、文明健康的生活方式和消费模式，提高全社会生态文明意识"。这意味着新时代精神文明建设过程要"积极培育生态文化、生态道德，使生态文明成为社会主流价值观，成为社会主义核心价值观的重要内容。从娃娃和青少年抓起，从家庭、学校教育抓起，引导全社会树立生态文明意识"；与此同时，"把生态文明教育作为素质教育的重要内容，

---

① 中共中央文献研究室编《十八大以来重要文献选编》（上），中央文献出版社，2014，第507页。
② 习近平：《决胜全面建成小康社会 夺取新时代中国特色社会主义伟大胜利——在中国共产党第十九次全国代表大会上的报告（2017年10月18日）》，人民出版社，2017，第50页。
③ 关锋、陈文静：《全面深化改革与共同体四种维度的自觉建构》，《华南师范大学学报》（社会科学版）2020年第2期。

纳入国民教育体系和干部教育培训体系。将生态文化作为现代公共文化服务体系建设的重要内容,挖掘优秀传统生态文化思想和资源,创作一批文化作品,创建一批教育基地,满足广大人民群众对生态文化的需求";借助主题宣传活动和新闻媒体,"提高公众节约意识、环保意识、生态意识,形成人人、事事、时时崇尚生态文明的社会氛围"。另外,新时代精神文明建设过程还要注意通过宣传、教育,引导人们"培育绿色生活方式。倡导勤俭节约的消费观。广泛开展绿色生活行动,推动全民在衣、食、住、行、游等方面加快向勤俭节约、绿色低碳、文明健康的方式转变"①。

同时,新时代精神文明建设应自觉地担负起为生态文明建设提供精神动力的重任,自觉宣扬人与自然和谐共生和绿色发展理念,建构生命共同体就成为新时代精神文明建设的生态价值目标定位。

比如《国家"十三五"时期文化发展改革规划纲要》明确强调,"把新发展理念贯穿于文化发展改革全过程","坚持绿色发展。尊重规律,增加优秀精神文化产品和优质文化服务供给,净化社会文化环境,提升文化产业发展质量和效益,推动形成绿色发展方式和生活方式"。② 新时代的文化建设一定要注意构建和发展健康的生态文化,提高人民的生态理念。《关于深化群众性精神文明创建活动的指导意见》则把保护环境作为社会公德的重要内容来抓,强调"大力倡导文明礼貌、助人为乐、爱护公物、保护环境、遵纪守法的社会公德",是深化群众性精神文明创建活动的重要任务;针对农村的特殊情况,还特别强调新时代群众性精神文明创建活动一定要注意"努力提高农民素质,培养有文化、懂技术、善经营、会管理、适应现代农业发展的新型农民。……传播文明理念,涵育文明乡风。大力开展移风易俗,倡导科学文明卫生的生活方式,破除陈规陋习。加强村容村貌整治和农村环境保护,全面推进农村垃圾污水治理工作,守护绿水青山。大力发展休闲农业和乡村旅游,拓展农业多种功能,促进农民就

---

① 中共中央文献研究室编《十八大以来重要文献选编》(中),中央文献出版社,2016,第487、500~501页。
② 《国家"十三五"时期文化发展改革规划纲要》,《人民日报》2017年5月8日,第1、10、11版。

业增收"①。

《新时代公民道德建设实施纲要》把生态道德作为公民道德建设的重要内容来抓,指出:"积极践行绿色生产生活方式。绿色发展、生态道德是现代文明的重要标志,是美好生活的基础、人民群众的期盼。要推动全社会共建美丽中国,围绕世界地球日、世界环境日、世界森林日、世界水日、世界海洋日和全国节能宣传周等,广泛开展多种形式的主题宣传实践活动,坚持人与自然和谐共生,引导人们树立尊重自然、顺应自然、保护自然的理念,树立绿水青山就是金山银山的理念,增强节约意识、环保意识和生态意识。开展创建节约型机关、绿色家庭、绿色学校、绿色社区、绿色出行和垃圾分类等行动,倡导简约适度、绿色低碳的生活方式,拒绝奢华和浪费,引导人们做生态环境的保护者、建设者。"②《新时代爱国主义教育实施纲要》要求把爱国主义和生态价值追求融合起来建设精神文明,提出,"依托自然人文景观和重大工程开展教育。寓爱国主义教育于游览观光之中,通过宣传展示、体验感受等多种方式,引导人们领略壮美河山,投身美丽中国建设","推动文化和旅游融合发展,提升旅游质量水平和文化内涵,深入挖掘旅游资源中蕴含的爱国主义内容,防止过度商业行为和破坏性开发。推动红色旅游内涵式发展,完善全国红色旅游经典景区体系,凸显教育功能"。③

中国特色社会主义新时代,我们在坚持"生态惠民、生态利民、生态为民"的生态文明建设中,不断强化人们的生态理念、生态道德,彰显生态价值目标;同时通过精神文明建设开展创建节约型机关、绿色家庭、绿色学校、绿色社区和绿色出行等绿色生活方式和行动,使生态价值不断得以落实。

四　生活价值目标

在十八届中央政治局常委第一次中外记者见面会上,习近平总书记郑重

---

① 《关于深化群众性精神文明创建活动的指导意见》,《人民日报》2017年4月6日,第9版。
② 《新时代公民道德建设实施纲要》,《人民日报》2019年10月28日,第6版。
③ 《新时代爱国主义教育实施纲要》,《人民日报》2019年11月13日,第6版。

第二章 新时代精神文明建设过程的目标定位

提出,"人民对美好生活的向往,就是我们的奋斗目标","我们的人民热爱生活,期盼有更好的教育、更稳定的工作、更满意的收入、更可靠的社会保障、更高水平的医疗卫生服务、更舒适的居住条件、更优美的环境,期盼孩子们能成长得更好、工作得更好、生活得更好"。①"美好生活"这个概念就成了习近平总书记系列重要讲话中的高频词、重点词。党的十九大报告明确指出:"中国特色社会主义进入新时代,我国社会主要矛盾已经转化为人民日益增长的美好生活需要和不平衡不充分的发展之间的矛盾。……人民美好生活需要日益广泛,不仅对物质文化生活提出了更高要求,而且在民主、法治、公平、正义、安全、环境等方面的要求日益增长。""全党同志一定要永远与人民同呼吸、共命运、心连心,永远把人民对美好生活的向往作为奋斗目标,以永不懈怠的精神状态和一往无前的奋斗姿态,继续朝着实现中华民族伟大复兴的宏伟目标奋勇前进。"②

显然,美好生活内涵非常丰富,包括经济、政治、思想和文化、生态等不同方面,其中精神、思想和文化无疑是不可或缺且非常重要的向度。缘于此,党的十九大报告在"坚定文化自信,推动社会主义文化繁荣兴盛"板块,特别强调"满足人民过上美好生活的新期待,必须提供丰富的精神食粮"③。《关于深化群众性精神文明创建活动的指导意见》也明确指出:"群众性精神文明创建活动是人民群众群策群力、共建共享、改造社会、建设美好生活的创举,是提升国民素质和社会文明程度的有效途径。"④这都说明了新时代精神文明建设过程与美好生活之间的密切关系,同时也昭示了构筑美好生活就是新时代精神文明建设过程的生活价值目标定位。

首先,新时代精神文明建设是对美好生活中美好精神生活或文化生活需要的支撑。《国家"十三五"时期文化发展改革规划纲要》提出,"坚

---

① 《习近平谈治国理政》(第一卷),外文出版社,2018,第4页。
② 习近平:《决胜全面建成小康社会 夺取新时代中国特色社会主义伟大胜利——在中国共产党第十九次全国代表大会上的报告(2017年10月18日)》,人民出版社,2017,第11、1页。
③ 习近平:《决胜全面建成小康社会 夺取新时代中国特色社会主义伟大胜利——在中国共产党第十九次全国代表大会上的报告(2017年10月18日)》,人民出版社,2017,第43~44页。
④ 《关于深化群众性精神文明创建活动的指导意见》,《人民日报》2017年4月6日,第9版。

持共享发展。面向基层、贴近群众、依靠群众、服务群众，保障人民基本文化权益，满足人民群众日益增长的精神文化需求，提高群众文化参与度和获得感"，为此要"加快现代公共文化服务体系建设"，包括完善公共文化服务网络，健全各级各类公共文化基础设施如公共文化馆、图书馆、博物馆、美术馆、乡镇（街道）综合文化站、村（社区）综合性文化服务中心等，搞好重点文化惠民工程，建设乡镇（街道）、村（社区）的综合文化服务设施，推进数字图书馆、文化馆、博物馆建设，等等①。

《关于深化群众性精神文明创建活动的指导意见》把"丰富群众文化生活"作为重点内容来抓，强调"推进基本公共文化服务标准化、均等化，建立完善覆盖城乡、便捷高效、保基本促公平的现代公共文化服务体系"；强调"广泛开展群众文化活动，维护好实现好群众文化权益，不断满足人民群众日益增长的精神文化需求，丰富人民精神世界，增强人民精神力量"。②针对新时代精神文明建设过程中的文艺工作，强调"满足人民日益增长的物质需求，必须抓好经济社会建设，增加社会的物质财富。满足人民日益增长的精神文化需求，必须抓好文化建设，增加社会的精神文化财富。物质需求是第一位的，吃上饭是最主要的，所以说'民以食为天'。但是，这并不是说人民对精神文化生活的需求就是可有可无的，人类社会与动物界的最大区别就是人是有精神需求的，人民对精神文化生活的需求时时刻刻都存在"。"只有牢固树立马克思主义文艺观，真正做到了以人民为中心，文艺才能发挥最大正能量。以人民为中心，就是要把满足人民精神文化需求作为文艺和文艺工作的出发点和落脚点"，所以，新时代的文艺创作如"文学、戏剧、电影、电视、音乐、舞蹈、美术、摄影、书法、曲艺、杂技以及民间文艺、群众文艺等各领域都要跟上时代发展、把握人民需求，以充沛的激情、生动的笔触、优美的旋律、感人的形象创作人民喜闻乐见的优秀作品，让人民精神文化生活不断迈上新台阶"③。

---

① 《国家"十三五"时期文化发展改革规划纲要》，《人民日报》2017年5月8日，第1、10、11版。
② 《关于深化群众性精神文明创建活动的指导意见》，《人民日报》2017年4月6日，第9版。
③ 中共中央文献研究室编《十八大以来重要文献选编》（中），中央文献出版社，2016，第128页。

其次，新时代精神文明建设是对美好生活中生态生活需要的支撑。如前所述，美好生态，已经构成现代美好生活的重要向度，而生态文明建设和新时代精神文明建设密切相关、互相支撑，建构更为生态的生活方式是新时代精神文明建设的重要使命。《国家"十三五"时期文化发展改革规划纲要》明确要求，"把新发展理念贯穿于文化发展改革全过程"，"坚持绿色发展。尊重规律，增加优秀精神文化产品和优质文化服务供给，净化社会文化环境，提升文化产业发展质量和效益，推动形成绿色发展方式和生活方式"①。新时代精神文明建设重视宣传、倡导绿色生产生活方式，呼吁"全社会共建美丽中国"，要求"围绕世界地球日、世界环境日、世界森林日、世界水日、世界海洋日和全国节能宣传周等，广泛开展多种形式的主题宣传实践活动，坚持人与自然和谐共生，引导人们树立尊重自然、顺应自然、保护自然的理念，树立绿水青山就是金山银山的理念，增强节约意识、环保意识和生态意识。开展创建节约型机关、绿色家庭、绿色学校、绿色社区、绿色出行和垃圾分类等行动，倡导简约适度、绿色低碳的生活方式，拒绝奢华和浪费，引导人们做生态环境的保护者、建设者"②。

针对新农村建设、乡村振兴战略，新时代精神文明建设过程要求"大力开展移风易俗，倡导科学文明卫生的生活方式，破除陈规陋习。加强村容村貌整治和农村环境保护，全面推进农村垃圾污水治理工作，守护绿水青山"③。

最后，新时代精神文明建设是对美好生活共同体的支撑。这突出体现为新时代精神文明建设过程对共建共治共享的高度重视。我们在文化建设方面明确强调："坚持共享发展。面向基层，贴近群众、依靠群众、服务群众，保障人民基本文化权益，满足人民群众日益增长的精神文化需求，提高群众文化参与度和获得感"，"坚持政府主导、社会参与、重心下移、共建共享……加快构建普惠性、保基本、均等化、可持续的现代公共文化

---

① 《国家"十三五"时期文化发展改革规划纲要》，《人民日报》2017年5月8日，第1、10、11版。
② 《新时代公民道德建设实施纲要》，《人民日报》2019年10月28日，第6版。
③ 《关于深化群众性精神文明创建活动的指导意见》，《人民日报》2017年4月6日，第9版。

服务体系"①。新时代精神文明建设特别强化了群众性精神文明创建活动的重要性,强调"必须坚持以人民为中心的发展思想,牢固树立依靠人民、为了人民的思想理念,增进人民福祉,促进人的全面发展,动员人人参与,实现共建共享"。为此广泛开展了各种类型的精神文明共建活动,"开展城乡共建活动,加大以城带乡、城乡统筹力度,推动公共服务设施向农村延伸,公共服务产品向农村覆盖,城市现代文明向农村辐射,促进城乡发展一体化。开展区域共建活动,以国家区域发展整体战略为基础,打造一批沿海沿江沿交通干线的'文明走廊''文明交通线''文明示范带'。开展文明单位结对帮扶活动,动员文明单位履行社会责任,支援贫困乡村,助力脱贫攻坚。开展军民共建精神文明活动,巩固发展军政军民团结"②。

五 人类价值目标

中国特色社会主义新时代,"世界正处于大发展大变革大调整时期,和平与发展仍然是时代主题。世界多极化、经济全球化、社会信息化、文化多样化深入发展,全球治理体系和国际秩序变革加速推进,各国相互联系和依存日益加深,国际力量对比更趋平衡,和平发展大势不可逆转"③。"各国相互联系、相互依存的程度空前加深,人类生活在同一个地球村里,生活在历史和现实交汇的同一个时空里,越来越成为你中有我、我中有你的命运共同体","今天的人类比以往任何时候都更有条件朝和平与发展的目标迈进"④。但是,"世界面临的不稳定性不确定性突出,世界经济增长动能不足,贫富分化日益严重,地区热点问题此起彼伏,恐怖主义、网络安全、重大传染性疾病、气候变化等非传统安全威胁持续蔓延,人类面临许多共同挑战"。保护主义、单边主义抬头,霸权主义和强权主义依然存在,新干涉主义有所上升,"信任赤字、治理赤字、和平赤字、发展赤字"

---

① 《国家"十三五"时期文化发展改革规划纲要》,《人民日报》2017年5月8日,第1、10、11版。
② 《关于深化群众性精神文明创建活动的指导意见》,《人民日报》2017年4月6日,第9版。
③ 习近平:《决胜全面建成小康社会 夺取新时代中国特色社会主义伟大胜利——在中国共产党第十九次全国代表大会上的报告(2017年10月18日)》,人民出版社,2017,第58页。
④ 中共中央文献研究室编《十八大以来重要文献选编》(上),中央文献出版社,2014,第259~260页。

成为世界性问题。

在这种背景下,从党的十八大开始就倡导"人类命运共同体"意识,呼吁:"各国人民同心协力,构建人类命运共同体,建设持久和平、普遍安全、共同繁荣、开放包容、清洁美丽的世界。要相互尊重、平等协商,坚决摒弃冷战思维和强权政治,走对话而不对抗、结伴而不结盟的国与国交往新路。要坚持以对话解决争端、以协商化解分歧,统筹应对传统和非传统安全威胁,反对一切形式的恐怖主义。要同舟共济,促进贸易和投资自由化便利化,推动经济全球化朝着更加开放、包容、普惠、平衡、共赢的方向发展。要尊重世界文明多样性,以文明交流超越文明隔阂、文明互鉴超越文明冲突、文明共存超越文明优越。要坚持环境友好,合作应对气候变化,保护好人类赖以生存的地球家园。"[1]

因此,构建人类命运共同体,就成了新时代精神文明建设过程的自觉追求,这也成为它的人类价值目标定位。这主要体现为以下几方面。

第一,新时代精神文明建设通过强化教育、宣传,普遍提高国民的文明素养和道德素质,来助力人类命运共同体的构建。比如,在公民道德建设中,我们明确强调"培育健康理性的国民心态,引导人们在各种国际场合、涉外活动和交流交往中,树立自尊自信、开放包容、积极向上的良好形象","实施中国公民旅游文明素质行动计划,推动出入境管理机构、海关、驻外机构、旅行社、网络旅游平台等,加强文明宣传教育,引导中国公民在境外旅游、求学、经商、探亲中,尊重当地法律法规和文化习俗,展现中华美德,维护国家荣誉和利益"[2]。在公民的亲和力、美誉度不断提高过程中,促进中国和世界的开放、包容、普惠,甚至在进行新时代爱国主义教育时,要求"一方面要弘扬爱国主义精神,另一方面要培养海纳百川、开放包容的胸襟,大力宣传坚持和平发展合作共赢、构建人类命运共同体、共建'一带一路'等重要理念和倡议,激励广大人民同各国人民一

---

[1] 习近平:《决胜全面建成小康社会 夺取新时代中国特色社会主义伟大胜利——在中国共产党第十九次全国代表大会上的报告(2017年10月18日)》,人民出版社,2017,第58~59页。

[2] 《中共中央 国务院印发〈新时代公民道德建设实施纲要〉》,《人民日报》2019年10月28日,第1版。

道共同创造美好未来"。"引导人们正确把握中国与世界的发展大势，正确认识中国与世界的关系，既不妄自尊大也不妄自菲薄，做到自尊自信、理性平和"，进而"涵养积极进取开放包容理性平和的国民心态"①，把爱国和追求人类解放、世界进步有机统一起来。

第二，新时代精神文明建设过程强化宣传、文艺工作，强调通过讲好中国故事、阐释好中国价值来优化中国形象，来助力人类命运共同体的构建。新时代精神文明建设过程把"展形象"作为新时代国家宣传思想工作的重要任务之一，而"展形象，就是要推进国际传播能力建设，讲好中国故事、传播好中国声音，向世界展现真实、立体、全面的中国，提高国家文化软实力和中华文化影响力"，新时代精神文明建设要"主动宣介新时代中国特色社会主义思想，主动讲好中国共产党治国理政的故事、中国人民奋斗圆梦的故事、中国坚持和平发展合作共赢的故事，让世界更好了解中国。中华优秀传统文化是中华民族的文化根脉，其蕴含的思想观念、人文精神、道德规范，不仅是我们中国人思想和精神的内核，对解决人类问题也有重要价值"，为此"要完善国际传播工作格局，创新宣传理念、创新运行机制，汇聚更多资源力量"②。

新时代精神文明建设过程强调文艺是国际社会"最好的交流方式"，在国际交流中"可以发挥不可替代的作用"，"一部小说，一篇散文，一首诗，一幅画，一张照片，一部电影，一部电视剧，一曲音乐，都能给外国人了解中国提供一个独特的视角，都能以各自的魅力去吸引人、感染人、打动人。京剧、民乐、书法、国画等都是我国文化瑰宝，都是外国人了解中国的重要途径。文艺工作者要讲好中国故事、传播好中国声音、阐发中国精神、展现中国风貌，让外国民众通过欣赏中国作家艺术家的作品来深化对中国的认识、增进对中国的了解。要向世界宣传推介我国优秀文化艺术，让国外民众在审美过程中感受魅力，加深对中华文化的认识和理解"③。

第三，新时代精神文明建设强调推动优秀中华文化"走出去"，统筹

---

① 《新时代爱国主义教育实施纲要》，《人民日报》2019年11月13日，第6版。
② 《习近平谈治国理政》（第三卷），外文出版社，2020，第312、314页。
③ 中共中央文献研究室编《十八大以来重要文献选编》（中），中央文献出版社，2016，第128页。

对外文化交流、传播和贸易，促进文化开放水平的整体提高，来助力人类命运共同体的构建。《国家"十三五"时期文化发展改革规划纲要》对此进行了具体分析，如加强国际传播能力建设，提升重点媒体国际传播能力，搭建国家新闻发布平台，通过各种创新优化外宣工作资源；扩大文化交流合作，加强与"一带一路"沿线国家文化交流合作，推进国际汉学交流和中外智库合作，鼓励社会组织、中资机构等参与海外中国文化中心、孔子学院建设；发展对外文化贸易和投资，鼓励和引导各种所有制文化企业参与文化产品和服务出口，加大内容创新力度，打造外向型骨干文化企业，提高数字文化产品的国际市场竞争力，支持中华医药、中华烹饪、中国园林、中国武术等"走出去"，建设国际营销网络，支持文化企业参加重要国际性文化节展；统筹"引进来"和"走出去"，以我为主、为我所用，积极吸收借鉴国外有益文化成果、先进经营管理理念和有益做法经验。吸引外商投资我国法律法规许可的文化产业领域，推动文化产业领域有序开放，提升引进外资质量和水平，开展知识产权保护国际合作。[①]

---

① 《国家"十三五"时期文化发展改革规划纲要》，《人民日报》2017年5月8日，第1、10、11版。

第三章　新时代精神文明建设过程的现实境况

按照一般对事物了解把握的逻辑，首先应搞清楚该事物为什么会产生，其次是搞清楚它是什么（包括现象层面和本质层面，有哪些表现，实质或本质是什么等），最后就是搞清楚它有什么（如特征、价值、地位或意义等），即为什么（产生和形成）—是什么（现象和本质）—有什么的逻辑。由此，搞清楚新时代精神文明建设过程何以开启后，把握新时代精神文明建设过程到底是什么就成为接下来的重要工作。

而解析和呈现新时代中国特色社会主义精神文明建设过程的现实境况，无疑是对"是什么"这个基本问题最基本的解答。鉴于精神文明建设本身的复杂性和过程的时空延展性，新时代中国特色社会主义精神文明建设过程显然是一个非常复杂的综合体，在这种意义上，我们不可能把新时代中国特色社会主义精神文明建设过程的全部现实境况都解析和呈现出来。务实的做法是选择最能体现新时代中国特色社会主义精神文明建设过程概貌或彰显其特质的那些现实层面。

其中尤其值得重点关注的是以下三点，一是新时代中国特色社会主义精神文明建设过程展开的现实多维面相，即在现实中表现为哪些具体建设活动、建设工程、建设事项、建设内容等，这一点代表着新时代中国特色社会主义精神文明建设过程"基本上是什么"；二是新时代中国特色社会主义精神文明建设过程展开的主体力量是谁，搞清楚谁来进行建设、谁在进行建设，这是回答"是什么使建设过程得以运行和持续"；三是新时代中国特色社会主义精神文明建设过程背后的支撑体系，这就是回答新时代中国特色社会主义精神文明建设这项浩大的社会工程，"是什么使之总体上有效进行"。本章试图从这三个方面来呈现新时代中国特色社会主义精神文明建设过程的现实境况。

第一节 新时代精神文明建设过程的多维展开

一般而言,精神文明建设是一个包含价值理念、思想道德、文化样态、实践方式等在内的综合性建设过程。邓小平同志在改革开放初期就强调:"我们要建设的社会主义国家,不但要有高度的物质文明,而且要有高度的精神文明。所谓精神文明,不但是指教育、科学、文化(这是完全必要的),而且是指共产主义的思想、理想、信念、道德、纪律,革命的立场和原则,人与人的同志式关系,等等。"① 邓小平同志对社会主义精神文明建设基本内涵的把握无疑是合理的。同时,随着改革开放的不断深入,其中一些具体内容会有所凸显,有些要素会不断更新,有些要求会不断调整,打上不同的发展阶段烙印,具有不同的阶段特征或时代气息。中国特色社会主义进入新时代,对精神文明建设工作提出了新要求、新标向、新指示,出台了诸如《中国共产党宣传工作条例》《新时代爱国主义教育实施纲要》《新时代公民道德建设实施纲要》等重要政策文件来引导和支持,新时代精神文明建设过程因之呈现出更为丰富的展开维度、更为多样的面相,具体呈现出理想信念维度、价值观维度、文化维度、思想道德维度和参与方式等多种维度的共在与互动。这构成把握新时代精神文明建设过程现实境况最基本的入口,亦是最基本的要求。

一 理想信念维度:坚定理想信念教育

理想信念的培育是精神文明建设过程中的重中之重。习近平总书记强调:"理想信念决定着我们的方向和立场,也决定着我们的言论和行动。"② 重视理想信念教育是中国特色社会主义的制度优势。理想信念从根本上决

---

① 《邓小平文选》第2卷,人民出版社,1994,第367页。
② 中共中央党史和文献研究院、中央"不忘初心、牢记使命"主题教育领导小组办公室编《习近平关于"不忘初心、牢记使命"重要论述摘编》,中央文献出版社、党建读物出版社,2019,第177页。

定了中国共产党举什么旗，国家走什么路。习近平总书记指出："我们要全面建成小康社会、加快推进社会主义现代化、实现中华民族伟大复兴，必须始终高举中国特色社会主义伟大旗帜，坚定不移坚持和发展中国特色社会主义。"① 坚定理想信念教育的关键在于，实现理想信念教育常态化、制度化，作为一项长期坚持的伟大工程必须抓实抓严抓好。具体来说，新时代坚定理想信念教育需要在以下几个方面加强工作。

加强理论学习，打牢社会主义理想信念的思想基础。理想信念的牢固来自理论上的清醒、清晰、坚定。坚定的理想信念不是自发产生的，而是在社会主义建设实践中，在社会主义理论学习中逐渐形成和发展的。习近平总书记指出："必须推进马克思主义中国化时代化大众化"，"使全体人民在理想信念、价值理念、道德观念上紧紧团结在一起"②。产生于19世纪的马克思主义照亮了人类通往共产主义理想的道路，尽管1848年至今已经过去了170多年，世界正在发生深刻的变革，经历人类历史上未有之大变局，但是我们当前的历史时代依然符合马克思主义唯物史观。新时代更应该坚定共产主义理想信念。习近平总书记指出："中国共产党之所以叫共产党，就是因为从成立之日起我们党就把共产主义确立为远大理想。我们党之所以能够经受一次次挫折而又一次次奋起，归根到底是因为我们党有远大理想和崇高追求。"③ 随着新时代中国特色社会主义实践的推进，我们越发体悟到马克思主义理论的真理力量。党的十九届四中全会在纵观全局的视野下，强调马克思主义在意识形态领域的指导地位，将马克思主义意识形态上升到制度层面，因此在理想信念层面，必须坚持马克思主义的鲜明导向。习近平新时代中国特色社会主义思想是马克思主义中国化在新世纪的最新成果。因此，新时代推进理想信念教育必须将习近平新时代中国特色社会主义理论作为筑牢全党全国人民理想信念的共同思想基础。

---

① 中共中央文献研究室编《习近平关于实现中华民族伟大复兴的中国梦论述摘编》，中央文献出版社，2013，第22页。
② 习近平：《决胜全面建成小康社会 夺取新时代中国特色社会主义伟大胜利——在中国共产党第十九次全国代表大会上的报告（2017年10月18日）》，人民出版社，2017，第41页。
③ 中共中央文献研究室编《十八大以来重要文献选编》（下），中央文献出版社，2018，第347页。

2012年以来,随着《习近平关于实现中华民族伟大复兴的中国梦论述摘编》、《习近平谈治国理政》三卷本、《习近平新时代中国特色社会主义思想学习纲要》、《习近平新时代中国特色社会主义思想三十讲》等权威读本陆续推出,为中国人民创造美好生活、中华民族走向伟大复兴奠定了思想基础。

注重培育革命精神,绽放出革命理想信念的新时代气魄,为新时代伟大斗争凝聚起磅礴力量。革命理想信念教育是锻造鲜明政治底色的过程,也是培育心有所信、心有所向的投身社会主义建设者的过程。建党百年来,无数共产党员为人民群众的利益不懈奋斗,付出了巨大的牺牲,支撑他们将社会主义道路坚持下去,就是"革命理想高于天"的信念定力。习近平总书记指出,坚持和发展中国特色社会主义要一以贯之。不忘来时路,不忘初心,红色基因是写在社会主义改革、建设事业中的精神密码。

注重问题意识、大局意识的培育,这样才能在困难、矛盾面前坚定理想信念。理想信念教育不能回避对具体问题的理解和分析,不能回避具体问题的解决,否则就无法扎根现实土壤。理想信念教育是着眼于共产主义远大理想的教育,同时也是指引人民群众以坚定的信念正确认识中国发展及世界社会主义运动现状的教育。理想信念教育是把握历史规律,引导人民敢于面对问题,从而在国际比较中,了解中国特色社会主义制度和国家治理体系的显著优势,强化文化自信,构筑社会主义文化强国。同时问题意识的确立,对于人民群众正确认识新时代的新责任和新历史使命具有巨大的现实意义。

结合中华民族伟大复兴战略全局的共同理想。理想信念教育要实,应当结合当今时代中国共产党和中国人民的历史使命,将中华民族以实现伟大复兴最大限度地团结在一起,不断扩大"同心圆"。理想信念教育除了远大的共产主义理想,同时不能离开当前社会发展的具体理想,否则理想信念教育就悬浮于社会主义建设具体实践之外,失去了对人民群众的精神引导。在新时代,随着中国特色社会主义经济建设进入新常态,迈入高质量发展的新阶段,如何协调好国家、集体、个人之间的发展关系成为一个重要议题。理想信念教育是协调处理国家、集体、个人之间发展关系的重要途径,引领个人在保证国家和集体发展的前提下,充分尊重个人发展的权益,从而将国家、集体的发展与人民追求美好生活的需要结合在一起。在全社会广泛开展理想信念教育,深化社会主义和共产主义宣传教育,深化中国特色社会主义和中国梦宣传教育,将共产主义远大理想与中国特色社会主义共同理想统一起来,把实现个人理想融入实现国家富强、民族振兴、人民幸福的伟大梦想之中。

注重英雄楷模的榜样作用,推进理想信念与实践的具体结合。理想信念教育的关键在于引导时代新人承担起"举旗帜、聚民心、育新人、兴文化、展形象"的使命任务。理想信念的榜样示范作用,对于激发起全体人民对理想信念的思想自觉和行动自觉有重要意义。榜样示范展现了社会主义理想信念的新风尚,极大地提高了理想信念的社会影响力和价值感召力。党的十八大以来,以习近平同志为核心的党中央高度重视英雄模范的示范作用,作出一系列重要部署,"崇尚英雄、尊重模范、让学习先进成为风尚","树立新风正气"。[①] 伟大时代呼唤伟大精神,社会主义总体事业需要榜样引领。要精心选树时代楷模等先进典型,弘扬崇高理想和追求。从时代楷模身上感受理想信念的力量,以补足精神之"钙"。

以人类命运共同体的培育为世界理想信念培育的重要内容。理想信念教育不仅是面对中华民族的教育,更是向世界人民展示中华民族构建人类命运共同体决心的教育。新时代,理想信念教育不能拘泥于国内,更应当扩展到国际教育领域当中,讲好中国故事、展现中国人民构建人类命运共同体的初心及因由。当今资本主义生产方式固有的对于资本增值的执念,导致霸权思维、单边主义、生态危机等问题愈演愈烈。习近平总书记提出的构建人类命运共同体,建设持久和平、普遍安全、共同繁荣、开放包容、清洁美丽的世界的美好愿望,实际上是对人类最广泛理想形态的汇聚。人类命运共同体超越了零和博弈、国强必霸的冷战思维。同时人类命运共同体是内容丰富的共同体,展现的是层次丰富的人类总体理想信念,具有包容性和发展性。在共同解决海洋治理问题时,习近平总书记提出共同构建海洋命运共同体;在全球"抗疫"过程中,习近平总书记提出构建

---

① 《中共中央 国务院印发〈新时代公民道德建设实施纲要〉》,《人民日报》2019年10月28日,第1版。

人类卫生健康共同体的倡议；等等。理想信念不是简单地阐述目标的思想观念，而是说明这是符合人类历史发展规律、关乎人类前途命运、契合时代发展大势的思想观念。只有这样的理想信念才是能实现的、具有光明前景的目标，才能凭借这种对未来目标的信心汇聚起人类整体力量。

二 价值观维度：弘扬社会主义核心价值观

核心价值观是具有稳定性、统摄性、历史性的价值观，也是位于价值观念体系核心地位的价值观。核心价值观是反映社会共同理想、社会成员共同秉持的奋斗目标，是推动社会走向总体性进步的价值诉求。社会主义核心价值观的内容包括"富强、民主、文明、和谐、自由、平等、公正、法治、爱国、敬业、诚信、友善"。作为民族精神的载体，社会主义核心价值观是推动社会主义精神文明建设的重要力量。社会主义核心价值观是对社会主义精神文明建设的价值凝结与价值彰显，将社会主义核心价值观作为我国主导的价值形态，充分显示了以习近平同志为核心的党中央坚定的价值观自信。没有先进而强大的、获得广泛认同的价值观念作为支柱，社会主义建设总体事业就会因为缺失价值观的支撑而难以形成强大的民族精神和恢宏的民族气度，从而在多元文化、思潮、观念的交锋中仿佛患"软骨病"般绵软无力。党的十九届四中全会精神指出要将社会主义核心价值观要求融入精神文明创建全过程。[①] 社会主义核心价值观是熔铸于社会主义实践基础之上的全体人民共同的价值追求，具体说，弘扬社会主义核心价值观应当包含以下内容。

第一，对社会主义核心价值观进行舆论宣传，向广大人民大力倡导共产党人的世界观、人生观、价值观。推动社会主义核心价值观宣传从单向驱动到双向互动的过程转变。一是采用丰富的形式，利用多种媒介、活动向人们宣传社会主义核心价值观，让人们深切感受社会主义核心价值观的舆论氛围。社会主义宣传工作要将人民群众对美好生活的需要作为出发点，树立以人民为中心的理念，将社会主义核心价值观的舆论宣传与解决

---

① 《中共中央关于坚持和完善中国特色社会主义制度　推进国家治理体系和治理能力现代化若干重大问题的决定》，《人民日报》2019年11月6日，第1、5、6版。

人民群众实际需要相结合，寻找社会主义核心价值观与人民群众切身利益的最佳结合点。改变单一形式的社会主义核心价值观的宣传，应当结合网络、新媒体等新技术，在融合上下功夫，向公众传达内容丰富、适应时代特征、结合现实发展需要的群众喜闻乐见的社会主义核心价值观。由此打通社会主义核心价值观与人们之间的"最后一公里"。二是充分发挥党对社会主义核心价值观宣传工作的领导力，充分发挥党对舆论的把控，发挥其权威性、公信力。坚持正确的舆论导向，将社会主义核心价值观融合到舆论宣传内容的各个方面，贯穿到舆论宣传工作的各个环节。利用大型国家纪念活动、树典型、头条引导的方式，壮大新时代中国社会主义的舆论场，提高人们对社会主义核心价值观的关注水平。三是让人们从各种渠道了解到社会主义核心价值观，并以社会主义核心价值观为规范自身行为的参照，在社会生活中感受到弘扬社会主义核心价值观的示范，激发个体作为社会主义核心价值观的主体作用。在打牢社会主义核心价值观的思想基础上，让人民成为传播、践行社会主义核心价值观的主体，充分发挥人民在社会主义核心价值观舆论宣传中的主体作用。

第二，教育引导广大人民，促进社会主义核心价值观的学习。一是分层次着力培育社会主义核心价值观。弘扬社会主义核心价值观关键在于不断提升公民思想道德素质，促进人的全面发展，培养担当实现中华民族伟大复兴任务的新时代新人。坚持以社会主义核心价值观为引领，将国家、社会、个人层面的社会主义核心价值观渗透到公民教育全过程。同时将面向全体社会成员弘扬社会主义核心价值观的先进性的活动与不同对象、不同层次的主体学习社会主义核心价值观结合起来。例如，党员干部弘扬社会主义核心价值观，要在社会主义建设当中起到表率作用；青年大学生要"扣好第一颗扣子"，在社会主义核心价值观的引导下大胆地开放创新等，不能忽视新兴产业、新兴科研领域对于社会主义核心价值观的学习。例如2019年6月，国家新一代人工智能治理专业委员会发布的《新一代人工智能治理原则——发展负责任的人工智能》，其中规定了相关从业人员大力弘扬社会主义核心价值观，要求充分保障个人的知情权、选择权和隐私权。以此确保人工智能产业向着对全人类总体发展有益的方向前进，从而更好地为满足人民对美好生活的需要服务。二是将社会主义核心价值观的学习融入国民教育全过程，从而有利于转化为人民的自觉追求。社会主义核心价值观是对社会主义核心价值体系的高度概括与凝练，能够更清晰地引领人民追求社会主义核心价值。社会主义核心价值观对社会主义主导、主流的价值观的清晰阐述，是人们学习社会主义核心价值观的思想材料。三是明确社会主义核心价值观学习与践行的目标，即为人民服务是社会主义核心价值观构建的核心要素。社会主义核心价值观来源于社会主义事业的伟大实践，也来源于人民对美好生活、美好社会、美好国家、美好世界的溯源，因此能够凝聚全国人民的力量，为新时代全面建成小康社会、推进中华民族伟大复兴的总体任务凝聚精神力量。社会主义核心价值观的树立，展示了社会主义意识形态的正确方向，并且随着新时代中国社会总体发展显示出更为强大的引领作用。

第三，通过文化熏陶，加强社会主义核心价值观的铸魂作用。习近平总书记指出："抛弃传统、丢掉根本，就等于割断了自己的精神命脉"；"对中国人民和中华民族的优秀文化和光荣历史，要加大正面宣传力度，通过学校教育、理论研究、历史研究、影视作品、文学作品等多种方式，加强爱国主义、集体主义、社会主义教育，引导我国人民树立和坚持正确的历史观、民族观、国家观、文化观，增强做中国人的骨气和底气"。[①] 当代中国价值的观念是中国特色社会主义核心价值观在社会主义建设、发展道路上的新体现，我国社会主义道路是成功的，这对于社会主义制度而言，对于作为社会主义价值体系而言，都是确证其成功的明证。要加强对社会主义核心价值观的阐释与新时代社会主义建设过程的联结，拓展中华优秀传统文化、革命文化、中国特色社会主义先进文化向外传播的平台和载体，将当代中国社会主义核心价值观贯穿于国家文化交流和传播的各个方面。要系统整理传统文化资源，将中国广阔大地上的文化遗产及古籍、文物等反映社会主义核心价值观的文化资源开发出来。要以文化人，以文服人，运用大众传播媒介展示中华文化风貌，展示蕴含社会主义核心价值观的中华优秀文化的魅力。通过影视作品、文学作品等多种方式展现社会主义核心价值观，筑牢社会主义核心价值观的文化底蕴。

---

① 《习近平谈治国理政》（第一卷），外文出版社，2018，第162、164页。

第四，为社会主义核心价值观的践行提供制度保障。当前我国处于全面建成小康社会的历史节点，既要满足人民对美好物质生活的需要，也要满足人民对美好精神生活的需要。新时代社会主义中国充分彰显出制度优势，为社会主义精神文明建设指明了方向，也为社会主义核心价值观奠定了坚实的基础。一是要完善弘扬社会主义核心价值观的法律政策体系，把社会主义核心价值观要求融入法制建设过程中。打造弘扬社会主义核心价值观的长效机制，健全法律政策体系。社会主义核心价值观作为当代中国精神的集中体现，新时代的法律政策体系必然应当反映社会主义核心价值观的内在要求，同时体现弘扬社会主义核心价值观的功能。例如2020年5月颁布的《中华人民共和国民法典》，其中规定自愿、诚信等民法基本原则，均为社会主义核心价值观的具体化，也反映了社会主义核心价值观的内在要求。同时一些具体的条款，例如"见义勇为"等条款，可以说，这部法典本身就是将弘扬社会主义核心价值观作为立法目的，也是新时代弘扬社会主义核心价值观、维护社会公共利益的重要体现。二是要将社会主义核心价值观融入实现社会治理现代化的过程中。弘扬社会主义核心价值观，是社会系统得以正常运转、社会秩序得以有效维护的重要途径，也是国家治理体系和治理能力的重要方面。① 在社会主义制度完善和社会治理现代化的过程中，可以说，社会治理现代化及其效能的提高，本身就是将社会主义核心价值观转化成具体的制度规范，从而影响和指导人们的行为，成为倡导具有社会主义风尚的生活方式的过程。在这个过程中，符合社会主义核心价值观的内容被肯定，错误的、背离社会主义核心价值观的行为被否定，从而切实彰显社会主义核心价值观对社会治理现代化的精神动力功能。在中国特色社会主义治理现代化的过程中，社会主义核心价值观为治理现代化理念的创新提供了价值支撑，拓宽了社会主义治理实践的新发展路径，为实现新时代中国特色社会主义治理现代化，以及提升治理效能提供了源源不绝的精神力量。

---

① 《把培育和弘扬社会主义核心价值观作为凝魂聚气强基固本的基础工程》，《人民日报》2014年2月26日，第1版。

三 文化维度：建设社会主义先进文化

全面建成社会主义现代化强国的目标，包含建设社会主义文化强国的战略任务。而在新时代中国，建设社会主义文化强国，其核心和要义在于发展社会主义先进文化，不断创造中华文化发展新境界。中国特色社会主义先进文化是以马克思列宁主义、马克思主义中国化理论成果为指导的文化，也是民族的、科学的、大众的文化，同时也是为实现中华民族伟大复兴的中国道路、中国之治提供精神动力和治理支持的新时代中国特色社会主义文化。马克思主义认为人民群众是先进文化的创造者，也是社会主义文化建设成果、文化生活的享受者。新时代社会的文化建设面临新的课题与挑战，这些新课题和新挑战主要由新时代社会主义精神文明建设的新要求和社会主义客观条件发展变化所催生。新时代对社会主义先进文化建设提出了新要求：新时代满足人民群众对更美好的文化生活的需要；全面建成小康社会需要增大社会主义先进文化的引领力；新时代社会发展的新阶段，为文化发展创造了良好条件，全民族文化创造活力有待进一步激发；新时代，国家制度和治理体系显著优势的彰显，推进了社会主义文化发展的程度。

第一，通过社会主义先进文化建设不断增强精神动力。发展社会主义先进文化，是以马克思主义为指导，立足新时代，发展民族的、科学的、大众的社会主义文化，在推动社会主义精神文明和物质文明协调发展中发挥重要作用。党的十九届四中全会为更好地建设社会主义先进文化，推进社会主义先进文化繁荣发展，提出"坚持和完善繁荣发展社会主义先进文化的制度，巩固全体人民团结奋进的共同思想基础"；同时指出社会主义先进文化是"促进全体人民在思想上紧紧团结在一起的显著优势"。①

一是将优秀传统文化融入国民教育全过程，发挥国民教育在文化传承创新中的基础性作用。2017年中共中央办公厅、国务院办公厅印发的《关于实施中华优秀传统文化传承发展工程的意见》指出，中华优秀传统文化需全方位融入各领域、各阶段的国民教育领域。同时构建中华文化课程和

---

① 《中共中央关于坚持和完善中国特色社会主义制度 推进国家治理体系和治理能力现代化若干重大问题的决定》，《人民日报》2019年11月6日，第1、5、6版。

教材体系，加强中华优秀传统相关学科建设，重视保护和发展具有重要文化价值和传承意义的冷门、绝学研究，开展国民语言教育。在社会实践教育领域，开展"少年传承中华传统美德"活动，实施中华经典诵读工程，央视的《经典咏流传》《中国文艺》等节目展现了丰富多彩的新时代传统文化形式。这些传统文化融入国民教育的过程加强了对优秀传统文化思想价值的挖掘和阐发，加固了优秀传统文化在建设中华民族共有精神家园中的支撑作用。

二是开掘社会主义文化资源，充分发挥和利用丰富多彩的历史文化、红色文化资源加强文化建设。习近平总书记在庆祝改革开放四十周年大会的重要讲话中指出，新时代要"举旗帜、聚民心、育新人、兴文化、展形象"①。可以说，新时代不仅是需要丰富的、繁荣的社会主义文化为其提供强大精神动力的时代，也是社会主义先进文化的大好发展阶段。新时代对于社会主义文化资源开发而言，既包括传统的历史文化资源、红色文化资源，也包括社会主义先进文化资源。近年来的故宫文创热、《流浪地球》国产电影的崛起、《伟大的转折》等革命历史剧掀起收视热潮等，这些文化影视作品在高度凝练思想精髓的基础上加入新时代的技术形式元素，以社会效益和经济效益相统一的方式，更好地满足人民群众多层次、多样化的文化消费需求。

三是坚守中华文化立场，以社会主义核心价值观凝聚文化共识。任何文化要显现其力量，关键在于发挥其核心价值观的定向作用，核心价值观的内涵决定了文化立场的方位，能否全方位释放人民群众的精神力量，取决于核心价值观的凝聚力。新时代，社会主义先进文化要转化为人民群众的精神力量，需要社会主义核心价值观中民族精神和时代精神的发挥，也需要加强对社会主义先进文化的高度自觉。习近平总书记指出："要坚持社会主义先进文化前进方向，用社会主义核心价值观凝聚共识、汇聚力量，用优秀文化产品振奋人心、鼓舞士气，用中华优秀传统文化为人民提

---

① 习近平：《在庆祝改革开放40周年大会上的讲话》，《人民日报》2018年12月19日，第2版。

供丰润的道德滋养，提高精神文明建设水平。"① 这表明我们党在新时代对于社会主义先进文化的发展规律的认知提升到了一个新的境界。

第二，加强社会主义先进文化的认同，增强社会主义先进文化的深层次自信。文化的先进性确立不仅在于文化内在的属性，同时也与社会对于文化先进性的认同相关。在西方强势文化和多元思潮的冲击下，一些人将美国文化作为"人类历史终结"意义上的最先进文化，将美国文化等同于现代文化、西方文化，而中华文化则被归于落后的文化范畴，与封建文化相提并论，忽视了新时代正在不断推进的社会主义文化的大繁荣大发展，导致中华文化在与西方文化碰撞、交流时，往往处于不自信的状态。文化领域的竞争是一场没有硝烟的战争，相较于过去计划经济时代，文化更多显示为一种内容较为单一的制式，改革开放以来，中国文化事业、产业不断发展，开创了生动活泼的新局面，但是面对新时代，面对满足人民美好生活需要的文化是内容更为丰富、形式更为多样的社会主义先进文化，因此在面对多元文化发起的挑战时，中国文化领域遇到诸多新挑战。

一是对中华文化基因的自觉，为增强新时代中国特色社会主义文化软实力夯实基础。新时代社会主义先进文化是持续不断发展的文化，在与多元文化的交锋、碰撞中，社会主义先进文化不仅没有被强势的西方资本主义文化同化，反而在交锋中，确证了自身的民族特性和时代特征。正如习近平总书记强调文化自信时提出的，"一个抛弃了或者背叛了自己历史文化的民族，不仅不可能发展起来，而且很可能上演一场历史悲剧"②。2017年，中共中央办公厅、国务院办公厅发布《国家"十三五"时期文化发展改革规划纲要》，在深入贯彻《中共中央关于繁荣发展社会主义文艺的意见》的文件中，明确提出要"推出更多传播当代中国价值观念、体现中华文化精神、反映中国人审美追求的精品力作"③。

二是社会主义文化创新坚持真理性和价值性的统一。坚持用真理尺度和价值尺度相统一的标准推进文化建设过程，遵循社会主义先进文化发展

---

① 《习近平谈治国理政》（第二卷），外文出版社，2017，第207页。
② 习近平：《在哲学社会科学工作座谈会上的讲话》，《人民日报》2016年5月19日，第2版。
③ 《国家"十三五"时期文化发展改革规划纲要》，《人民日报》2017年5月8日，第1、10、11版。

的内在规律和一般规律。社会主义先进文化发展是能够经受住时代变迁考验的，沉淀于时代精神中的隽永的进步要求。例如数字博物馆和技术博物馆等新智能技术的运用，增强了文化感染力，增加了文化建设的科技含量；依托红色资源引导广大党员学习党史、新中国史、改革开放史，以及教育党员领悟初心使命；等等。

三是文化认同是文化自觉、文化自信、文化强国的关键环节。党的十八大以来，党沿着加强社会主义先进文化的认同前进，将社会主义文化认同进一步扩展为文化自觉、文化自信和文化自强，着眼于文化强国战略的推进。习近平总书记指出："要加强对中华优秀传统文化的挖掘和阐发，使中华民族最基本的文化基因同当代中国文化相适应、同现代社会相协调，把跨越时空、超越国界、富有永恒魅力、具有当代价值的文化精神弘扬起来，激活其内在的强大生命力，让中华文化同各国人民创造的多彩文化一道，为人类提供正确精神指引。"①

第三，对社会主义文化规律的认识进入了新境界。党的十八大以来，党准确把握新环境下人民群众对于先进文化的需要，注重增强社会主义先进文化建设的效能和时效，牢牢把握中国特色社会主义文化建设的发展方向，同时深入探索社会主义先进文化建设的新规律。

一是社会主义文化之所以先进，其先进性来源于对马克思主义理论始终不渝的坚持。马克思主义科学地阐释了人类社会发展规律，马克思主义在社会主义文化结构当中居于意识形态的主导地位，决定着社会主义文化前进方向和发展道路。"道路关乎党的命脉，关乎国家前途、民族命运、人民幸福。"② 社会主义先进文化之所以能发挥社会发展的先导作用，在于社会主义先进文化始终坚持用先进的思想文化战胜落后的腐朽的思想文化，极大地激发全民族文化创造活力。始终将马克思主义，特别是21世纪马克思主义、当代中国马克思主义作为贯穿社会主义文化建设全过程的主导思想，犹如一根红线，进一步巩固了党对意识形态的掌控力。

---

① 习近平：《在哲学社会科学工作座谈会上的讲话》，《人民日报》2016年5月19日，第2版。
② 中共中央文献研究室编《十八大以来重要文献选编》（上），中央文献出版社，2014，第8页。

二是党的十八大以来,党中央不仅重视社会主义先进文化建设,同时将社会主义先进文化建设作为社会主义国家制度和治理体系优势彰显的重要领域。党的十九届四中全会决定指出:"弘扬中华优秀传统文化、革命文化、社会主义先进文化,促进全体人民在思想上精神上紧紧团结在一起的显著优势。"① 这将社会主义文化建设的精神动力提升至社会主义制度优势的高度,进一步释放了社会主义先进文化在凝聚人民精神力量中的治理效能,社会主义先进文化进一步增强了对国家体系和治理能力现代化精神文化的支撑作用。

三是立足于本国实际,吸收和吸纳一切人类丰富而多样的文明成果,尊重世界文明多样性,在亿万人民的生动文化创造性实践中,不断回答实践提出的新的文化发展问题。这个过程不是单向吸收其他文化的优秀成果,而是将中国社会主义先进文化向外传播,为其他文明的创建提供思想资料、文明养料的过程。在新时代,随着中国越来越走近世界舞台的中央,社会主义先进文化更要吐故纳新,不断创新,用包容的态度对待人类文明的成果,为中华文化、革命文化赋予新的活力与魅力。正如习近平总书记指出的:"中国开放的大门不能关上,也不会关上。"② 这种自信,不仅来自对社会主义文化先进性的坚定自信,也来源于对于社会主义文化建设主导权的自觉把握。在与多元文化的碰撞和交流中,社会主义文化的先进性不但不会受到侵蚀,反而更能彰显出比较意义上的优越性。

第四,建设优秀传统文化传承系统,弘扬中华优秀传统文化。党的十九大报告指出,中国特色社会主义文化,其根源为中华民族五千多年文明历史孕育的中华优秀传统文化。新时代的社会主义先进文化要始终保持先进性,其关键在于适应新时代的快速变化,适应中国特色社会主义进入高质量发展新阶段的形势。一是以新时代的发展眼光审视优秀传统文化,重新阐发优秀传统文化精神内涵,并使其与新时代社会主义总体布局建设共存、共同发展。在以马克思主义为指导,在社会主义核心价值观的引领

---

① 《中共中央关于坚持和完善中国特色社会主义制度 推进国家治理体系和治理能力现代化若干重大问题的决定》,《人民日报》2019 年 11 月 6 日,第 1、5、6 版。

② 习近平:《在网络安全和信息化工作座谈会上的讲话》,《人民日报》2016 年 4 月 26 日,第 2 版。

下,通过"取其精华、推陈出新",从而实现"古为今用",推动中华优秀传统文化创造性转化和创新性发展。确保优秀文化传承的时代性、发展性,以此夯实当代中国发展的精神动力根基。例如,广州2020年以"岭南之窗"文旅融合创新展示粤剧、潮墟等非遗文化资源,促进了岭南文化创造性转化和创新性发展。

二是注重中华优秀传统文化对于新时代的精神动力作用。"文化自信,是更基础、更广泛、更深厚的自信,是更基本、更深沉、更持久的力量","坚定文化自信,是事关国运兴衰、事关文化安全、事关民族精神独立性的大问题"。新中国成立以来,尤其是党的十八大以来,对中华优秀传统文化不断开掘、大力弘扬,这些传统文化主要关涉:讲仁爱、重民本、守诚信等核心精神;自强不息、见义勇为、孝老爱亲、俭以养德等传统美德;以文化人等人文精神;等等。习近平总书记指出:"中国人民不仅将为人类贡献新的发展模式、发展道路,而且将把自己在文化创新创造中取得的成果奉献给世界。"①

三是对中华传统优秀文化资源进一步深掘和汲取。中华优秀传统文化蕴含的思想资源还未被完全挖掘出来,优秀传统文化传承还大有可为。将优秀传统文化渗透于民间传承、学校教育、文化旅游产业开发等方面。提升对中华传统文化的高度自觉,解决优秀传统文化传承的内生动力和外部文化冲击的双重问题,切实将优秀传统文化转化为新时代中国特色社会主义建设的强大精神动力,推进优秀中华文化新时代的"再造"。将中国精神自觉贯穿于新时代文化生产的各个环节,既讲好中国故事,打造新时代文化精品,又进一步树立新时代中国良好形象。例如形式多样的传统文化优秀综艺《百家讲坛》《中国成语大会》《中国诗词大会》《国家宝藏》等,用流行化的方式扩大了中华优秀传统文化的传播力和大众化,让中华优秀传统文化的人文价值以影视镜头、专家讲述等多种原创方式予以充分展现。

第五,大力发展公共文化事业,完善公共文化服务设施,保障人民文

---

① 习近平:《在中国文联十大、中国作协九大开幕式上的讲话》,《人民日报》2016年12月1日,第2版。

化权益，满足人民对精神文化的美好生活需要。随着经济发展水平、物质生活水平不断提高，人民对高质量的文化产品的需求、对美好精神生活的期待不断提升。

  党的十八大以来，党高度重视人民文化权益，重视人民精神文化生活质量，注重夯实社会主义文化建设根基。始终坚持人民至上的根本立场，人民对精神文化的追求是建设社会主义先进文化的主要工作导向。社会主义先进文化是民族的科学的大众的文化，人民群众的需要是社会主义先进文化发展的方向。新时代不仅意味着经济发展进入高质量发展的新阶段，同样意味着满足人民精神文化生活新期待也成为社会主义先进文化发展的出发点和落脚点。用丰富多彩的高质量的文化产品和艺术作品不断满足人民群众对美好生活的需要，不断涵养和提升全社会的文化素养。党的十八大以来，我国对于文化事业的建设重心转移到克服文化资源不平衡不充分的问题上，注重公共文化服务均等化水平不断提高。截至2019年底，全国共有公共图书馆3196个、博物馆5132个、美术馆559个、群众文化机构44073个。[①] 长城、大运河、长征国家文化公园等建设同时统筹推进，推动黄河文化保护传承弘扬，不断推进重大文化设施项目建设。[②] 同时，发展公共文化事业，满足人民群众不断发展的美好精神文化生活的需求离不开人民群众不竭的创造力，着眼文化小康，提升公共文化服务标准化水平。处于百年未有之大变局的中国，文化样态形式多样，文化内容丰富多彩，社会主义文化事业的发展离不开人民群众文化创造活力的充分释放。党的十八大以来，社会主义现代文化产业体系不断发展，社会主义市场机制对激发文化产业的活力作用显著，党的十九届四中全会将高质量发展作为文化经济政策目标，由此推动将社会效益放在首位、社会效益与经济效益相统一的文化经济政策。《中共中央关于繁荣发展社会主义文艺的意见》《关于实施中华优秀传统文化传承发展工程的意见》，体现了党中央对人民群众文化创造活力的重视。近年来，一些优秀传统文化资源通过创造性转

[①] 中华人民共和国文化和旅游部门户网站：《中华人民共和国文化和旅游部2019年文化和旅游发展统计公报》，https://www.mct.gov.cn/whzx/ggtz/202006/t20200620_872735.htm。
[②] 《关于2019年国民经济和社会发展计划执行情况与2020年国民经济和社会发展计划草案的报告》，《人民日报》2020年5月31日，第2版。

化,焕发出新的活力成为高质量的文化作品,充分体现出发挥人民群众文化创造力的重要作用。例如:《新闻联播》与短视频相结合的新节目《主播说联播》、优秀传统文化和现代电影技术与叙事手法相结合的《哪吒之魔童降世》、古典文化知识与电视竞赛相结合的《中国诗词大会》等。

第六,构筑"四梁八柱"的制度体系,为社会主义先进文化守正创新、建设社会主义文化强国奠定了更加坚实的制度基础。2013年,习近平总书记在全国宣传思想工作会议上的讲话指出:"要在继续大胆推进改革、推动文化事业全面繁荣和文化产业快速发展。"① 一是加强顶层设计,进一步推进文化体制深化改革。《中共中央关于繁荣发展社会主义文艺的意见》《关于推动国有文化企业把社会效益放在首位、实现社会效益和经济效益相统一的指导意见》《关于加快构建现代公共文化服务体系的意见》《"十三五"时期贫困地区公共文化服务体系建设规划纲要》等推动文化体制进一步深化改革的文件相继出台,切实将"意识形态属性和产业属性、社会效益和经济效益"这两组矛盾关系处理好,始终"坚持社会主义先进文化前进方向,始终把社会效益放在首位"。② 进一步推动解决文化产业发展的不平衡不充分的问题,人民群众文化获得感、幸福感显著增强。二是为保护优秀传统文化、红色文化遗址订立多层次治理法规。2019年10月全国首部省级层面的地方性法规《山西省红色文化遗址保护利用条例》正式实施,其中明确规定了红色遗址的时间区域划定为1919年五四运动至1949年新中国成立,为增强保护和开发红色资源提供了多层次管理原则。三是建立健全文化宏观治理体制,进一步完善意识形态工作制,优化文化建设的治理效能。2014年,中央全面深化改革领导小组审议通过《深化文化体制改革实施方案》,中央和有关部门出台了一系列文化经济政策,包括《关于深入推进文化金融合作的意见》《关于大力支持小微文化企业发展的实施意见》《关于推进文化创意和设计服务与相关产业融合发展的若干意见》。这些政策不仅从宏观上为文化体制改革规划了路线图,同时更加注

---

① 《习近平谈治国理政》(第一卷),外文出版社,2018,第155页。
② 中共中央文献研究室:《习近平关于全面深化改革论述摘编》,中央文献出版社,2014,第85页。

重在微观上破解制约文化发展的机制障碍。进一步推进文化产业对经济发展新常态的适应，2018年全国文化及相关产业增加值为4.1万亿元，占GDP的比重为4.48%，比上年提高0.22个百分点。①

四 思想道德维度：加强全社会思想道德建设

党的十八大以来，以习近平同志为核心的党中央高度重视公民道德建设，重视社会主义精神文明建设，立根铸魂、立德树人，取得了重大成就，人民群众的精神面貌焕然一新。在这个过程中，思想道德建设已经成为社会高质量发展的强大支撑。在中华民族伟大复兴的关键期与百年未有的大变局相互交织的多重考验面前，社会主义思想道德作为中国特色社会主义制度优势应当有新的作为、新的历史担当，才能进一步提升社会治理效能。在这个社会大变革的关节点，中共中央、国务院印发的《新时代公民道德建设实施纲要》，对新时代社会思想道德建设的总体要求、重点任务、具体举措加以明确，从制度层面进一步回答了新时代"培养什么人、怎样培养人、为谁培养人"的根本问题。

道德认知与道德实践相结合，广大人民群众的道德自觉、道德自信进一步彰显。社会主义道德建设是人民为主体的道德建设，是促进人民形成良好的道德意愿、美好的道德情感，培育正确的道德判断和肩负起高尚的道德责任的实践过程。一是新时代正能量的传播，社会主义思想道德建设不断取得新成效。改革开放40多年来，面对价值选择的多样性，人民群众道德选择的理性意识进一步觉醒，不同的社会主体不仅对多样化、丰富化的价值选择更为包容，更重要的是，在不同价值抉择判断当中，深切体会到社会主义道德的先进性。人民群众对于道德的认同，进一步对其职业选择、生产实践起到调节作用，人们的思想道德面貌得到很大改善，道德自觉成为新时代社会风尚。2012年以来，"最美"成为点亮中国、象征中国正能量的关键词，杭州"最美司机"吴斌用生命最后1分16秒拯救了24名乘客，还有"最美教师""最美环卫工人""最美妈妈"等。这些"最

---

① 中华人民共和国政府网：《2018年全国文化及相关产业增加值占GDP比重为4.48%》，http://www.gov.cn/xinwen/2020-01/21/content_5471196.htm。

美"精神成为提升道德风尚的重要载体，进一步推动实现铸魂育人。二是新时代中国特色社会主义全面发展的先进道德观念逐渐成为人民群众共同追求。从革命、建设、改革的历史经验与思想道德建设结合起来，对中华优秀传统道德进行创造性转化和创新性发展，承接中华优秀传统道德，凝练提升现代道德生活的有益文明成果。三是凝练中国精神，夯实中华民族共同的思想道德基础，民族自信心显著增强，思想道德建设进一步向软实力转化。社会思想道德建设关系新时代党和国家事业全局，是巩固全体人民团结奋斗实现中华民族伟大复兴共同理想道德基础的迫切需要，也是推动新时代中国特色社会主义事业顺利发展的迫切需要。新时代我国经济发展总量稳居世界第二，国家硬实力显著增强，中国硬实力强起来了，但国家发展是一个综合体系，不仅包括硬实力还包含软实力，而中华优秀传统道德正是中华民族强大软实力的重要来源。推动实现"人类命运共同体"构建、着力解决"发展赤字"等赢得广泛国际认同的重要理念，就体现出"达则兼济天下"的道德情怀。

　　自上而下的思想道德教育打造了思想道德建设新生态，全社会进一步营造崇德向善、见贤思齐、德行天下的浓厚氛围，道德模范、英雄人物层出不穷。"要深入实施公民道德建设工程"，"引导广大人民群众自觉"，"树立良好道德风尚，争做社会主义道德的示范者"[①]。加强思想道德建设，推动实现人民对于美好道德生活的需求，社会主义思想道德建设成果丰硕。一是深入实施公民道德建设工程，着力推进构建以社会公德、职业道德、家庭美德、个人品德建设为主要内容的道德建设系统。新时代公民道德建设根据新时代社会主义客观发展实际的新情况、新问题，创造性地解决社会主义道德建设不平衡不充分的矛盾，使社会主义公民道德建设工程朝更有利于经济利益和社会效益相统一的方向前进。二是增强思想道德教育的时效性，直面群众道德发展需求，使思想道德建设直达人心。党的十八大以来，社会思想道德建设不断深化，回答新时代全面社会改革实践对道德提出的时代课题，不断满足人民群众对于道德建设的新期待。社会思

---

① 《坚持依法治国和以德治国相结合　推进国家治理体系和治理能力现代化》，《人民日报》2016年12月11日，第1版。

想道德建设的内涵随着新时代社会发展不断丰富和深化，注重关心人，以人为本，春风化雨，将思想道德建设与人民群众日常生活紧密结合起来，让人民群众在这个过程中，自觉地将道德观念、道德规范、道德情操内化。

德治与法治进一步结合，为新时代社会道德建设保驾护航，扩大新时代中国特色社会主义制度优势，提升总体社会治理效能。立法、司法、执法既是社会治理的主要内容，同时也是德润人心的保障。法治与德治相结合，紧扣我国新时代经济社会发展的新问题、新挑战，以法律制度、道德体系有效地促进了国家治理体系和治理能力现代化，彰显出中国特色的"中国之治"。

一是将新时代建设实践中广泛认同、较为成熟的道德要求转化为法律法规，进一步将道德导向贯穿国家法治建设全过程。例如，志愿者服务越来越成为人们服务社会、真诚奉献的常态化活动，国家志愿服务体系亟待建立健全，朝制度化、常态化、长效化不断前进。2014年，中央精神文明建设指导委员会印发《关于推进志愿服务制度化的意见》，为进一步建立健全志愿服务制度提供了具体措施层面的保障。党的十九届四中全会提出"健全志愿服务体系"，进一步推动了志愿服务制度化、常态化。在此次"疫情大考"中，除了广大医务人员、党员干部、人民解放军冲在一线，还有很多敢于担当、乐于奉献的志愿者踊跃投身一线工作。根据《抗击新冠肺炎疫情的中国行动》白皮书，截至2020年5月31日，全国参与疫情防控的注册志愿者接近881万人，他们在守护人民健康安全、防控疫情方面发挥了特殊作用。①

二是将社会主义核心价值观融入法律条文，从而进一步实现了法律规范的道德约束与道德规范的法律支撑紧密结合的新境界，主流道德与法律法规同频共振，促进道德和法律在国家治理体系中深度结合。例如2014年，党的十八届四中全会提出编纂民法典，2020年5月，十三届全国人大三次会议表决通过了《中华人民共和国民法典》，将民主、平等、诚实信用等作为法典确立的原则，为我国发展制度建设厚植道德底蕴；2013年，

---

① 中华人民共和国中央人民政府网：《抗击新冠肺炎疫情的中国行动》，http://www.gov.cn/zhengce/2020-06/07/content_5517737.htm。

社会主义核心价值观中的"文明"细化为"遵守旅游文明行为规范"被写入旅游法，2015年施行的《游客不文明行为记录管理暂行办法》《互联网用户账号名称管理规定》等对人们提升网络文明素养提出新要求，引导人们建设清朗网络空间。

三是完善诚信建设长效机制等适应社会主义经济高质量发展的法律法规及相关治理机制。社会主义经济发展进入新常态，要实现新阶段的高质量发展的现实要求，突出强调"诚信"规范。《社会信用体系建设规划纲要（2014—2020年）》《关于推进诚信建设制度化的意见》对我国社会信用体系建设进行了规划，着力推进诚信建设制度化、规范化、长效化。经济领域的高质量发展，意味着生产和生活离不开更高层次的诚信要求，应当进一步从源头上治理假冒伪劣、失信、欺诈等问题。2017年，国务院相关部门签署4个守信联合激励备忘录和20个失信联合惩戒备忘录。① 2020年8月中央精神文明指导委员会印发《关于开展诚信缺失突出问题专项治理行动的工作方案》，集中对10项诚信突出的问题进行治理。个人层面，基于道德操守和诚信情况的评价退出机制建立。近年来，我国诚信建设在工作机制、制度规范、教育引导、监督惩戒方面取得了显著成效，一些针对国民经济发展重要领域的诚信建设进一步加强。例如《关于分类推进人才评价机制改革的指导意见》《关于进一步加强科研诚信建设的若干意见》将品德考察纳入评价事项，改变了唯学历、唯资历、唯论文的旧人才评价规则，有利于树立正确的用人导向。同时，"诚信"危机的克服不仅需要道德进行教化，同时社会奖励诚信、促进诚信的氛围逐渐形成。诚信评价体制日益完善，推进信用信息共享，健全覆盖全社会的征信体系，同时，"建立政务诚信检测治理体系，建立健全政府失信责任追究制度"②。各类社会主体对于诚信的认知普遍提升，对诚信的认同和自觉普遍增强。党的十八大以来，党中央始终将诚信建设摆在突出位置，进一步推进政务诚信、商务诚信、社会诚信、司法诚信建设，守信光荣、失信可耻的社会氛

---

① 《关于2017年国民经济和社会发展计划执行情况与2018年国民经济和社会发展计划草案的报告》，《人民日报》2018年3月24日，第5版。
② 《中共中央 国务院关于新时代加快完善社会主义市场经济体制的意见》，《人民日报》2020年5月19日，第1版。

围浓厚，人民群众的社会责任意识、规则意识、主人翁意识显著增强，有力地推动社会主义经济的高质量发展。

五　参与方式维度：强化群众性精神文明创建活动

新时代精神文明建设的最大成效在于全体人民的素质的有效提升，因此，这需要充分调动人民群众的积极性和主动性，从而形成精神文明建设的良好氛围，祛除与新时代实践五大发展理念要求不相符的各种不良风气。精神文明创建活动是接地气、惠民生的文明引导行动，是全民参与的、展现人民主体地位的涵养社会主义文明的社会实践活动。精神文明建设活动作为党长期以来进行社会主义精神文明建设的基本经验之一，将"为人民服务"具体化为实际行动，极大地发挥了人民群众的积极性、主动性和创造性，同时精神文明创建活动扎根基层，深受人民群众的欢迎。党的十八大以来，在党中央的部署下，将传统节日文化、重大革命纪念活动等与社会主义现代化生活、社会治理活动有机结合，打造了一系列展示民族精神、时代精神的平台，为推进全面提高国民素质和社会文明程度的精神文明建设增添了新动力、注入了新活力，精神文明建设呈现向上的态势。2017年，中央文明委发布的《关于深化群众性精神文明创建活动的指导意见》，根据党中央的新部署，针对新形势、新变化、新要求，以满足人民群众对美好生活的新期待为目标，对群众性精神文明创建活动的具体举措、具体过程具有重要的指导性意义。与此同时，党中央对新时代群众性精神文明创建活动过程作出了宏观规划和战略部署，从多个维度扎实开展群众性文明创建活动。

多层次的精神文明创建，凝聚新时代中国特色社会主义现代化事业的精神伟力。党的十八大以来，从文明城市、文明村镇，到文明单位、文明家庭、文明校园，"五大"精神文明创建活动取得突出成效，文明创建让人民群众拥有了更多获得感。精神文明创建活动面向人民群众展开的多层次活动，是"不留死角"的活动，将全体人民纳入具体的实践活动中，增强了人民群众的参与感和获得感。2017年，中央文明委授予济南市等69个城市全国文明城市称号，授予北京市朝阳区黑庄户、郎各庄村等1493个村镇全国文明村镇称号，授予河北省塞罕坝机械林场总场等2318个单位全国文明单位称号,另外清华大学等494个学校受到全国文明校园的表彰。①这些文明城市、文明村镇、文明单位、文明家庭、文明校园等精神文明创建活动推动社会主义精神文明建设取得历史性成就,开创了党和国家的新局面。在多层次精神文明创建活动中,涌现出一批基础工作扎实、有示范性意义的先进典型。

一是全国文明城市创建工作。建立健全发展型城市、学习型城市,构建起文明城市的评价指标体系和评选条件。将创建文明城市的标准与人民群众最关心的问题结合在一起,集中解决和防范危害群众利益的突出问题。例如:2012年,《国务院关于加强食品安全工作的决定》明确指出:"发生重大食品安全事故的地方在文明城市、卫生城市等评优创建活动中实行一票否决"②。例如广州积极倡导广大市民践行广州文明城市建设"市民文明公约""职业道德守则""家庭美德守则""社会公德守则";开展"做文明有礼广州人"活动,切实将人民群众对于美好精神生活的新期待与城市建设紧密结合。同时,营造文明行为涵养环境,将社会治理体系现代化与促进文明自觉、自律相结合。利用手机短信、微信公众号广泛发送文明交通、文明餐桌等行为提示,从小处入手,提升市民精神文明自觉。着力打造公共文明创建精品活动,切实强化公民精神文明意识,带动市民文明素质的显著提升。

二是文明村镇的创建。积极培育文明乡风,促进乡村文化繁荣,将新时代精神文明实践中心建设与文明乡村建设相结合,设立镇、村分级站点,将精神文明创建活动深入乡镇基层。文明村镇建设有力地推动了新农村建设,使村镇面貌、精神风貌发生了深刻变化,有力地提升农民思想道德素质、科学文化素质。针对村镇出现的"脏乱差"、封建迷信、陈规陋习等问题进行专项整治,开展移风易俗、普及科学知识,推动村镇文明规范建设。将乡规民约与文明公约、卫生公约和管理制度相结合,引导农民积极进行自我管理、自我教育,建设了一批文明宜居、环境优美、治理有

---

① 《关于表彰第五届全国文明城市、文明村镇、文明单位和第一届全国文明校园的决定》,《人民日报》2017年11月18日,第2版。
② 《2017中华人民共和国食品药品法律法规全书(含相关政策及典型案例)》,中国法制出版社,2017,第86页。

序的现代化"美丽乡村"。文明村镇建设将精神文明建设的各项任务落实到村镇基层。文明村镇创建活动是新时代解决乡村振兴难题、实现全面建成小康社会的重要途径。

三是文明单位建设。单位、组织是国民经济的基本细胞，单位、组织的精神文明建设水平，决定着总体经济发展的质量，也决定着单位总体职业素质、服务质量和精神面貌。《中国共产党国有企业基层组织工作条例（试行）》指出："深化文明单位创建，组织开展岗位技能竞赛，开展群众性文化体育活动，弘扬劳模精神、工匠精神，大力宣传、表彰先进典型，发挥示范引领作用，造就有理想守信念、懂技术会创新、敢担当讲奉献的新时代国有企业职工队伍。"[①] 新时代文明单位创建不是单打独斗的实践，而是能够将文明单位资源快速整合，充满活力的创建活动。新时代文明单位创建活动突出了精神文明创建的群众性，不断增强了干部职工的获得感、幸福感和满意度。

四是文明校园建设。引导学校开展形式多样的爱国教育、文化教育，将社会主义核心价值观贯穿学校教育全过程。聚焦立德树人，培育德智体美劳全面发展的社会主义建设者和接班人。广泛开展健康教育和生命教育，普及健康生活的科学知识，涵养学生形成文明健康的举止。将劳动教育、研学旅行教育、家庭教育相结合，拓展文明校园创建的空间，引导学生提升个人思想道德与科学文化素质，为党和人民培育新时代可堪大用的德才兼备的优秀人才。

五是文明家庭建设。我国有4亿多个小家庭，越来越多的家庭注重家庭建设，注重家风的涵养。党的十八大以来，通过一系列创建经验总结，形成了以家德培养、家庭教育、家风建设为主要内容的文明家庭创建。"传家训、立家规、扬家风"，讲好家庭故事，进一步展现出新时代家庭幸福、美好的风尚。将社会主义核心价值观融入家风建设当中，营造注重家教、注重家风的良好外部环境，从而进一步汇聚起家庭文明建设的合力。

第二，群众性精神文明创建活动提供了群众参与精神文明建设的发展

---

① 《中共中央印发〈中国共产党国有企业基层组织工作条例（试行）〉》，《人民日报》2020年1月6日，第1版。

平台，汇聚和谐友爱的社会主义正能量。一是各地各部门着力把志愿服务与学雷锋有机融合，带动社会各界积极参与，志愿者队伍持续壮大，志愿服务活动蓬勃开展，志愿服务凝聚了公益友爱正能量。二是各地各部门发动基层群众分层推选时代楷模、最美人物、身边好人、向上向善好青年等先进典型，道德模范的榜样力量看得见、学得到，发挥了榜样模范和先进文化的引领作用。习近平总书记指出："把服务群众同教育引导群众结合起来，把满足需求同提高素养结合起来，多宣传报道人民群众的伟大奋斗和火热生活，多宣传报道人民群众中涌现出来的先进典型和感人事迹，丰富人民精神世界，增强人民精神力量，满足人民精神需求。"① 三是奋斗精神、科学精神、劳模精神、工匠精神春风化雨，汇聚起向上向善的强大力量。

第三，精神文明创建活动与满足人民群众对美好生活的需求相结合，进一步推动和谐清新的社会风尚，将满足人民群众对美好生活的精神文化需要作为扩大群众参与的切入点。围绕新时代中国特色社会主义主要矛盾部署任务，安排活动，开展工作。一是各行各业通过一系列文明社会风尚行动，在工作生活、社会交往、人际关系、公共场所等方面大力普及文明礼仪规范，为人民群众展现了社会主义精神文明的具体内容。通过精神文明创建活动，使文明公约切实成为引导人们自觉协调遵守公共秩序和规则，有利于建立和谐清新人际关系的规范。二是精神文明创建活动有利于抵制不良庸俗习气。精神文明创建活动注重整体与部分相结合，"从思想道德抓起，从社会风气抓起，从每一个人抓起"②。党的十八大以来，各地各部门以问题为导向、问题意识显著增强，对群众反映强烈的问题增大了整治力度，同时通过深入开展治理行动与专项教育相结合，从问题产生的根源入手，有利于扶正祛邪、激浊扬清。实现人民群众对美好生活的社会治理愿景，精神文明创建活动走向常态化、长效化，为社会主义新时代走稳、走好创造了社会条件。

第四，创新了精神文明建设活动话语、形式、内容，将精神文明创建活

---

① 《胸怀大局把握大势着眼大事　努力把宣传思想工作做得更好》，《人民日报》2013年8月21日，第1版。
② 《习近平谈治国理政》（第一卷），外文出版社，2018，第160页。

动与群众具体生活相结合，扩大了精神文明创建活动的影响力与实效性。

一是精神文明创建活动的话语创新。将社会主义核心价值观、社会主义精神文明内容转化为符合人民群众利益要求、生活方式的语言，进一步诠释了"上连天线，下接地气"的精神文明创建活动。例如武汉创建文明城市的宣传口号"争创全国文明城市，我知晓、我参与、我奉献"。

二是将群众精神文明创建活动与统一组织行动相结合，将精神文明创建活动的群众性与日常性结合起来，形成精神文明创建形式多样、积极生动的新局面。建设新时代文明实践中心是党中央从全局高度做出的重大决策。根据《关于建设新时代文明实践中心试点工作的指导意见》，从创建活动内容来看，丰富多彩的创建活动类型的着重点是不同的，结合人民群众具体的需要，在精神文明创建过程中更好地改善民生、提高群众生活质量。教育理论型的创建活动可以帮助人民群众掌握知识信息，提升文明素养。提升公民出境旅游文明素质的宣传倡议活动深入人心。近年来，人民对于文明旅游的诉求越来越高，文明旅游不仅是个人素质的体现，而且是保护生态环境、古迹遗址、公共设施的重要方式，目前总体旅游环境的文明程度有所提升。

三是精神文明创建活动的内容创新。对进入精神文明创建活动空间的内容要素，通过审视，将蕴含社会主义精神文明导向的素材转化为精神文明创建活动的丰富内容，将生活素材转化为个体能够理解的精神文明内容，从而将精神文明建设内容与群众日常生活有机结合。在内容上选取人民群众喜闻乐见的素材，将精神文明建设内容转化为生动的道理，转化为能够与人民群众"同频共振"的，可共同理解的意义结构。总的来说，精神文明创建活动将精神文明的科学性知识、精神动力、智力支持，以及人民群众的现实需求充分结合，既制定了作为长期规划、中长期目标的《关于深化群众性精神文明创建活动的指导意见》，又作出了《关于建设新时代文明实践中心试点工作的指导意见》等具体的指导意见分步实施，整体推动，协调前进。同时，各地区结合自身发展实际，根据党中央的指导精神，充分利用丰富的创建载体，开展形式多样、内容丰富的实践活动。既积累了一系列成熟有效可资借鉴的做法和经验，也丰富了精神文明建设实践的内容。

第二节　新时代精神文明建设过程的多元主体

在马克思主义的视阈中,"主体"作为哲学认识论中的一个具体范畴,是与"客体"相对应的,是指从事实践活动和认识活动的人。新时代精神文明建设作为一种处理人和世界关系的具体实践活动,不可能脱离主体而单独存在。新时代精神文明建设的主体作为承担着新时代精神文明建设任务、力图达成新时代精神文明建设目的、需要运用新时代精神文明建设方法和手段、改造新时代精神文明建设客体的能动性的对象,必须具备一定的自然力,拥有一定的智力,具备一定的情感和意志。

从主体的社会构成来看,主体可以划分为个人主体、集团主体、社会主体和人类主体四种形式。新时代精神文明建设是一个复杂的系统工程,依靠一己之力是没办法完成的。综合来看,新时代精神文明建设过程的主体是多元的,主要涵盖新时代精神文明建设的领导主体、人民主体、社会力量主体和公民个人主体。

一　领导主体

新时代精神文明建设是社会主义社会的重要特征和社会主义制度优越性的体现。新时代精神文明建设可以为社会主义物质文明建设提供精神动力、智力支持、思想保障。进入新时代,面对建成社会主义现代化强国和实现中华民族伟大复兴的历史使命,加强精神文明建设显得越发重要。习近平总书记在庆祝中华人民共和国成立70周年大会的讲话中指出:"前进征程上,我们要坚持中国共产党领导,坚持人民主体地位,坚持中国特色社会主义道路,全面贯彻执行党的基本理论、基本路线、基本方略,不断满足人民对美好生活的向往,不断创造新的历史伟业。"[①] 在进行新时代精神文明建设的过程中,中国共产党是领导主体。习近平总书记一直非常重视中国共产党的领导核心作用。

2013年6月28日,习近平总书记在全国组织工作会议上的讲话中指

---

① 《习近平谈治国理政》(第三卷),外文出版社,2020,第79页。

出:"进行具有许多新的历史特点的伟大斗争,实现党的十八大确定的各项目标任务,关键在党,关键在人。关键在党,就要确保党在发展中国特色社会主义历史进程中始终成为坚强领导核心。关键在人,就要建设一支宏大的高素质干部队伍。"① 2016年1月12日,习近平在中国共产党第十八届中央纪律检查委员会第六次全体会议上的讲话中指出:"政治问题,任何时候都是根本性的大问题。全面从严治党,必须注重政治上的要求,必须严明政治纪律,特别是各级领导干部要时刻绷紧政治纪律这根弦,坚持党的领导不动摇,贯彻党的路线方针政策不含糊,始终做政治上的明白人。"② 2018年3月20日,习近平在第十三届全国人民代表大会第一次会议上的讲话中指出:"东西南北中,党政军民学,党是领导一切的。全国各党派、各团体、各民族、各阶层、各界人士要紧密团结在党中央周围,增强'四个意识',坚定'四个自信',万众一心向前进。"③ 2018年6月29日,习近平主持中共中央政治局第六次集体学习讲话时强调:"中国特色社会主义最本质的特征是中国共产党领导,中国特色社会主义制度的最大优势是中国共产党领导,党是最高政治领导力量。"④

具体来说,中国共产党之所以成为新时代精神文明建设的领导主体,是基于以下方面。

首先,是由中国共产党的领导核心地位所决定的。在中国近现代史上,中国共产党领导地位的确立,是历史的选择和人民的选择。1840年的鸦片战争,让闭关锁国的清王朝开始重新审视世界,面对西方的坚船利炮,中国沦为半殖民地半封建社会。在内忧外患的处境下,一批有识之士尝试改变中国的困境。以洪秀全为代表的农民阶级举行了太平天国起义,洋务派进行了洋务运动,维新派进行了戊戌变法,资产阶级革命派进行了辛亥革命,但最终因为他们各自的局限性,没能取得反帝反封建革命斗争

---

① 《习近平谈治国理政》(第一卷),外文出版社,2018,第411页。
② 习近平:《在第十八届中央纪律检查委员会第六次全体会议上的讲话》,《人民日报》2016年5月3日,第2版。
③ 习近平:《在奋力实现中华民族伟大复兴的历史进程中共享幸福和荣光!》,《求是》2020年第10期。
④ 《把党的政治建设作为党的根本性建设 为党不断从胜利走向胜利提供重要保证》,《人民日报》2018年7月1日,第1版。

的彻底胜利。1921年，中国共产党成立，中国共产党经过艰苦卓绝的斗争，1949年中华人民共和国成立。新中国成立后，中国共产党带领中国人民经历了社会主义过渡时期、社会主义探索时期、社会主义建设新时期，带领中国人民从"站起来"、"富起来"到"强起来"。中国共产党在中国革命、建设、改革的各个历史阶段都牢固树立以人民为中心的导向，坚持全心全意为人民服务的宗旨，权为民所用、情为民所系、利为民所谋，赢得了人民的拥护和支持，确立了自身的领导核心地位。马克思、恩格斯在《德意志意识形态》中这样写道："统治阶级的思想在每一时代都是占统治地位的思想。这就是说，一个阶级是社会上占统治地位的物质力量，同时也是社会上占统治地位的精神力量。"① 新时代精神文明建设要紧密围绕中国共产党这个领导主体进行，为全面建成小康社会和建成富强、民主、文明、和谐、美丽的社会主义现代化强国提供不竭的精神动力。

其次，是由中国共产党的宗旨所决定的。中国共产党是中国工人阶级的先锋队，是中国人民和中华民族的先锋队，是中国特色社会主义事业的领导核心，代表中国先进生产力的发展要求，代表中国先进文化的前进方向，代表中国最广大人民的利益。中国共产党的宗旨是全心全意为人民服务。中国共产党从诞生之日起，就没有自己的私利，而是为了民族的自由、独立、解放而艰苦奋斗，无数的共产党人在中国革命斗争中前赴后继，用自己的鲜血和生命书写了胜利的凯歌。在中国的社会主义建设和改革的过程中，又有一大批先进共产党员涌现，比如雷锋、焦裕禄等，他们用自己的行动确证了一个个优秀共产党员的担当。马克思、恩格斯在《共产党宣言》中说："无产阶级的运动是绝大多数人的，为绝大多数人谋利益的独立的运动。"② 毛泽东在《为人民服务》一文中说："因为我们是为人民服务的，所以，我们如果有缺点，就不怕别人指出。不管是什么人，谁向我们指出都行。只要你说得对，我们就改正。你说的办法对人民有好处，我们就照你的办……只要我们为人民的利益坚持好的，为人民的利益

---

① 《马克思恩格斯文集》第1卷，人民出版社，2009，第550页。
② 《马克思恩格斯文集》第2卷，人民出版社，2009，第42页。

改正错的,我们这个队伍就一定会兴旺起来。"① 正是由于中国共产党时刻将人民放在心头,坚持以人民为中心的立场,所以中国共产党能够为新时代精神文明建设提供严明的政治和纪律保障。也正是因为中国共产党全心全意为人民服务,新时代精神文明建设过程才能够得到人民的拥护和支持。

最后,是新时代精神文明建设的客观需要。精神文明是观念形态的文化的积极成果。新时代精神文明建设不是疾风骤雨式的,而是一个渐进的过程,有着自身的艰巨性和复杂性,它旨在提升人们的思想境界,增强人们的精神力量,为实现社会主义现代化和中华民族伟大复兴提供精神动力和道德支撑。进行新时代精神文明建设,要本着问题导向意识,凸显领导主体的重要性。新时代精神文明建设是一个系统工程,也是一个缓慢的、循序渐进的过程,绝不是敲敲打打、一朝一夕就可以完成的。在这个系统工程中,需要一个能够集中力量办大事的党来统筹才能完成。在新时代精神文明建设过程中,谁来领导、如何领导、领导效果如何都是我们要思考的问题。从这些角度考虑,领导主体的确立非常关键,直接关系新时代精神文明建设的成与败,关系新时代精神文明建设是否有足够的动力,关系新时代精神文明建设效果如何。在当前,中国共产党拥有广泛的群众基础,拥有自我革新的勇气,能够正视党内存在的问题,针对党内政治生态方面的问题,具有壮士断腕的勇气。作为中国特色社会主义事业的领导核心,只有中国共产党才能够担当起新时代精神文明建设领导主体的伟大使命。

在世界面临百年未有之大变局和中国处于新时代的时空坐标下,新时代精神文明建设为中国的社会主义现代化事业建设提供了一种"软实力",它对于改变社会风尚、营造公序良俗、增强人们的认同感和归属感、构建和谐社会意义重大。近年来,中国深入开展创建文明城市、文明村镇、文明单位、文明家庭、文明校园活动,取得了一系列成效,营造了社会成员乐于奉献、送温暖、送爱心的良好风尚。中国共产党作为领导主体与新时代精神文明建设过程存在以下互动关系。

---

① 《毛泽东选集》第3卷,人民出版社,1991,第1004~1005页。

第一，中国共产党统筹了新时代精神文明建设的全局。1989 年 12 月习近平在《建设好贫困地区的精神文明》中写道："我们的领导干部不但要当好指挥员，还必须当好战斗员。考核领导干部的政绩，不但要看他们怎样抓好物质文明建设，还要看他们怎样抓精神文明建设。特别应当强调的是，领导干部应率先垂范。广大干部群众不但要看你讲些什么，还要看你做些什么。"① 不管是"指挥员"还是"战斗员"，都凸显了中国共产党的领导干部在新时代精神文明建设过程中的重要地位。在新时代精神文明建设过程中，中国共产党能够成为领导主体，不仅是因为中国共产党质的优势，也是因为中国共产党量的优势。根据《2019 年中国共产党党内统计公报》："截至 2019 年 12 月 31 日，中国共产党党员总数为 9191.4 万名，比上年净增 132.0 万名。中国共产党现有基层组织 468.1 万个，比上年净增 7.1 万个，增幅为 1.5%。其中基层党委 24.9 万个，总支部 30.5 万个，支部 412.7 万个。"② 在当前各种组织架构中，我国实行的是党委负责制下的行政领导制度，中国共产党拥有对新时代精神文明建设敏锐的洞察力、果敢的决策力，中国共产党能够赢得人民群众的拥护和支持，中国共产党有能力驾驭新时代精神文明建设的全过程。

第二，中国共产党党员在新时代精神文明创建过程中发挥了先锋模范作用。进行新时代精神文明建设活动，旨在引导整个社会形成爱国爱家、相亲相爱、向上向善、尊崇法治、坚定理想的良好氛围，从而更好地进行新时代精神文明建设。中国共产党党员是践行文明风尚的表率、进行文明创建活动的表率、争当道德模范的表率、进行志愿服务活动的表率、关爱未成年人的表率、传承优秀文化的表率、进行爱国卫生运动的表率。党的十八大以来，我国高度重视精神文明建设，提出了一系列新思想、新观点、新要求，有力地推动了两个文明协调发展。习近平总书记 2015 年 2 月 28 日在会见第四届全国文明城市、文明村镇、文明单位和未成年人思想道德建设工作先进代表时指出："要充分发挥榜样的作用，领导干部、公众

---

① 习近平：《摆脱贫困》，福建出版社，1992，第 117 页。
② 《2019 年中国共产党党内统计公报》，新华网，2020 年 6 月 30 日，http://www.xinhuanet.com/politics/2020-06/30/c_1126178928.htm。

人物、先进模范都要为全社会做好表率、起好示范作用,引导和推动全体人民树立文明观念、争当文明公民、展示文明形象。"① 另外,通过弘扬中国共产党内的先进典型,开展推选"优秀共产党员""优秀党务工作者""道德模范""时代楷模""最美人物"等活动,发挥中国共产党的先锋模范作用,引导整个社会认识先进分子、了解先进分子、学习先进分子。中国共产党在新时代精神文明创建过程中发挥的先锋模范作用,可以进一步弘扬社会正能量,动员广大公民学习榜样模范,并以模范行动的感染力带动公民改变个人行为。

第三,新时代精神文明建设进一步巩固了中国共产党的领导。马克思、恩格斯在《德意志意识形态》中指出:"思想、观念、意识的生产最初是直接与人们的物质活动,与人们的物质交往,与现实生活的语言交织在一起的。人们的想象、思维、精神交往在这里还是人们物质行动的直接产物。表现在某一民族的政治、法律、道德、宗教、形而上学等的语言中的精神生产也是这样。人们是自己的观念、思想等等的生产者。"② 新时代精神文明建设过程不能脱离物质的外壳,其是一个客观的实践过程,具有一定的目的导向和问题意识,是一定的主体通过一定的手段作用于一定客体的过程。新时代精神文明建设是一个体现历时性的概念,与人的需要、利益,以及人的自由全面发展相关联。新时代精神文明建设过程旨在拓展人的生存空间,确证生存意义,开辟精神通道,营造良好社会风尚。新时代精神文明建设使个人、社会、国家趋善趋好。通过一些引导性的措施进行新时代精神文明建设并让大家看到其积极成果,有利于培育个体归属感和认同感,有利于激发社会内生动力,有利于维持国家和社会稳定,有利于进一步巩固中国共产党的领导。

二 人民主体

在马克思主义发展史上,"人民主体"的思想可以追溯到马克思、恩格斯批判以鲍威尔为首的青年黑格尔派。在《黑格尔法哲学批判》中,马

---

① 《习近平谈治国理政》(第二卷),外文出版社,2019,第324页。
② 《马克思恩格斯文集》第1卷,人民出版社,2009,第524页。

克思初步阐述了人民主体的思想。所谓人民主体，就是承认人民是社会物质财富的创造者、社会精神财富的创造者、推动社会变革的决定性力量。人民主体地位的形成，是一个历史的过程，也是中国特色社会主义发展的客观需要，具体来说，主要表现在以下几个方面。

第一，中国的传统文化要求坚持人民主体。人民主体思想的形成有一个历史的过程。在人类社会发展早期，生产力极为低下，为了维持生存，面对大自然，个体的力量有限，个体进行狩猎、捕鱼需要群体协助才可以完成，因此人与人之间结成了合作的关系，这是人类最早意识到人与人之间合作的力量。到了奴隶社会时期，为了维护奴隶主的统治，有了"敬天保命"的说法。《尚书》中也有对民本思想的描述："民为邦本，本固邦宁。"孔子提出"仁者爱人""仁政"。孟子提出"民为国本""民为政本""民者，万世之本"。西汉时期，董仲舒提出"德主刑辅"。唐朝时期的魏征提出"君依于国，国依于民"。北宋张载指出"为天地立心，为生民立命，为往圣继绝学，为万世开太平"。明末清初经学家、史学家、思想家黄宗羲指出"天下为主，君为客"。这些都表明我国传统文化中具有浓厚的人民主体的文化基因。在原始社会、奴隶社会和封建社会，坚持人民主体的立足点不尽相同，但都是为了适应生存的需要和维护统治阶级利益的需要。

第二，中国的革命和社会主义建设实践要求坚持人民主体。中国共产党是在半殖民地半封建社会的背景中产生的，1921年中国共产党成立的时候，中国共产党只有50多名党员，而到今天中国共产党党员已经有9000多万人。中国共产党党员数量从非常少到现在非常庞大的一个重要原因就在于能够赢得人民群众的拥护和支持。毛泽东说："我们共产党人区别于其他任何政党的又一个显著的标志，就是和最广大的人民群众取得最密切的联系。全心全意地为人民服务，一刻也不脱离群众；一切从人民的利益出发，而不是从个人或小集团的利益出发；向人民负责和向党的领导机关负责的一致性；这些就是我们的出发点。"[①]邓小平说："中国共产党员的含意或任务，如果用概括的语言来说，只有两句话：全心全意为人民服

[①] 《毛泽东选集》第3卷，人民出版社，1991，第1094~1095页。

务,一切以人民利益作为每一个党员的最高准绳。"① 江泽民说:"党的一切工作,必须以最广大人民的根本利益为最高标准。"② 胡锦涛说:"要始终把实现好、维护好、发展好最广大人民的根本利益作为党和国家一切工作的出发点和落脚点。"③ 习近平总书记在庆祝改革开放40周年大会上的讲话中指出,"尊重人民主体地位,尊重人民群众在实践活动中所表达的意愿、所创造的经验、所拥有的权利、所发挥的作用"④。从新中国成立以来各届领导人的讲话中我们可以看出,人民是中国革命取得胜利的根源,是社会主义建设取得巨大成就的主体力量。在中国新民主主义革命时期,在敌我力量悬殊的情况下,我们之所以能赢得胜利,是因为人民的支持;在社会主义建设时期,我们曾经一穷二白,但我们依靠人民的创造力量打造了中国发展的奇迹。

第三,人民的磅礴伟力要求坚持以人民为主体。人民是自己历史的创造者,也是价值的享有者。纵观人类社会发展的历史,就是一部人民群众推动的历史。在阶级存在的情况下,无论是哪一种社会形态,统治阶级必须考虑生产关系是否适应生产力的发展、政策措施能否合理满足人民群众的诉求。统治阶级的治理举措与被统治阶级的利益之间必须存在一定的张力,若统治阶级对被统治阶级的利益置若罔闻,人民群众就有可能揭竿而起、颠覆政权。在封建君主专制的社会中,历史上的历次农民起义多数是由于统治阶级过于严苛的统治导致民不聊生而引发的。而在封建王朝比较昌盛的时候,统治阶级基本会采取一些休养生息、减免赋税之类的措施,来赢得民心。人民就是历史的书写者,是推动社会前进的雄厚伟力。2016年,习近平总书记在建党95周年的讲话中指出:"党的根基在人民,党的力量在人民,坚持一切为了人民、一切依靠人民,充分发挥广大人民群众积极性、主动性、创造性,不断把为人民造福事业推向前进。"⑤ 进入新时

---

① 《邓小平文选》第1卷,人民出版社,1994,第257页。
② 《江泽民文选》第3卷,人民出版社,2006,第280页。
③ 《胡锦涛文选》第2卷,人民出版社,2016,第624页。
④ 习近平:《在庆祝改革开放40周年大会上的讲话》,《人民日报》2018年12月19日,第2版。
⑤ 中共中央文献研究室编《十八大以来重要文献选编》(下),中央文献出版社,2018,第352页。

代，以习近平同志为核心的党中央高度关注精准脱贫事业，高度关注教育、医疗、住房、生态等问题，并积极采取措施解决存在的问题，体现了党对民生的关怀，也体现了党对人民主体地位的尊重。具体来看，以习近平同志为核心的党中央对人民主体地位的重视可以从下述会议的讲话中看出。

2017年10月18日，习近平总书记在《决胜全面建成小康社会 夺取新时代中国特色社会主义伟大胜利——在中国共产党第十九次全国代表大会上的报告（2017年10月18日）》中指出："必须坚持人民主体地位，坚持立党为公、执政为民，践行全心全意为人民服务的根本宗旨，把党的群众路线贯彻到治国理政全部活动之中，把人民对美好生活的向往作为奋斗目标，依靠人民创造历史伟业。"2018年2月26日，习近平在中共十九届三中全会上所作的《关于深化党和国家机构改革决定稿和方案稿的说明》中指出："要坚持人民主体地位，坚持立党为公、执政为民，贯彻党的群众路线，健全人民当家作主制度体系，完善为民谋利、为民办事、为民解忧和保障人民权益、接受人民监督的体制机制，为人民管理国家事务、管理经济文化事业、管理社会事务提供更有力的保障。"2018年3月20日，习近平在十三届全国人大一次会议的讲话中指出："我们必须始终坚持人民立场，坚持人民主体地位，虚心向人民学习，倾听人民呼声，汲取人民智慧，把人民拥护不拥护、赞成不赞成、高兴不高兴、答应不答应作为衡量一切工作得失的根本标准，着力解决好人民最关心最直接最现实的利益问题。"[①] 2018年5月4日，习近平总书记在纪念马克思诞辰200周年大会上的讲话中指出："我们要始终把人民立场作为根本立场，把为人民谋幸福作为根本使命，坚持全心全意为人民服务的根本宗旨，贯彻群众路线，尊重人民主体地位和首创精神，始终保持同人民群众的血肉联系，凝聚起众志成城的磅礴力量，团结带领人民共同创造历史伟业。"2019年10月1日，习近平总书记在庆祝中华人民共和国成立七十周年大会上的讲话中指出："前进征程上，我们要坚持中国共产党领导，坚持人民主体地位，坚持中国特色社会主义道路，全面贯彻执行党的基本理论、基本路线、基本方

---

① 《习近平谈治国理政》（第三卷），外文出版社，2020，第17、90、142页。

略，不断满足人民对美好生活的向往，不断创造新的历史伟业。"[①]

在新时代精神文明建设的过程中，人民是新时代精神文明建设的参与者，也是新时代精神文明建设的建设者。建设新时代精神文明，必须坚持人民的主体地位，激发广大人民群众的能量。对人民主体地位的尊重，体现了中国共产党对权力、地位、利益的理解，体现了中国共产党以人民为中心的执政理念。发挥人民在新时代精神文明建设过程中的主体作用，是坚持历史唯物主义的要求，是尊重社会历史发展规律的具体表现。新时代精神文明建设过程与人民主体存在如下关系。

首先，人民主体是新时代精神文明建设的价值归属。新时代精神文明建设最终着眼点还是落在人的自由全面发展上。在马克思看来，立足于人的劳动实践，人是能动的、具有内在需要的存在物；人是自我创造、自我实现的存在物；人是社会存在物；人是有意识的类存在物。新时代精神文明建设着眼于人的精神世界的丰盈和完善，是对人的主观能动性的一种肯定，是对人的需要的满足。新时代精神文明建设，趋向于人的精神境界的提升，致力于社会风气的改善。"人民"作为一个政治概念，与"敌人"相对，是指对一个经济体认同并有归属感的人群集合。人民是由一个国家中无数单个的个体的人组成的，只有绝大多数人的精神得到尊重并实现，人民主体才能真正成为新时代精神文明建设的价值归属。同时，历史的经验教训也告诉我们，执政党必须与人民群众密切结合，才能赢得民心。在新民主主义革命时期，我们党密切联系人民群众，倾听人民群众的诉求，了解人民群众的疾苦，解决人民群众存在的切实困难，赢得了人民群众的支持，最终赢得了新民主主义革命的胜利。新中国成立以来，我们走过了不平凡的历程，经济、政治、文化、社会、生态等方面都取得了伟大的成就，但同时我们也要看到，随着改革开放以来市场经济的发展，目前改革进入深水区，我们党内仍然存在干群关系紧张，官僚主义、形式主义盛行等问题，这都是我们需要破解的难题。在新时代精神文明建设中，人民是参与精神文明建设的主体力量，没有人民的参与，是不可能取得精神文明建设的明显成效的。因此，要将人民主体作为新时代精神文明建设的价值

[①] 《习近平谈治国理政》（第三卷），外文出版社，2020，第136、79页。

归属。

其次,人民主体是新时代精神文明建设过程的依靠和保障。依据马克思主义国家学说,人民群众是历史的创造者,是历史的见证者,也是参与国家治理的主体。我国是一个人民民主专政的国家,人民群众平等地享有管理国家事务、享受发展成果的权利。改革开放以来,中国经济发展取得举世瞩目的成就,人们的物质生活得到极大改善,人们的思想观念也发生了极大的改变。市场经济发展到今天,我国一跃成为世界第二大经济体,经济的发展让人欣喜,但是在经济发展的同时,我们的思想文化领域也出现了一些问题。比如,一些市场主体不顾社会公德,片面追求经济效益,制造假冒伪劣产品;一些个体追求拜金主义、享乐主义、极端个人主义,理想信念不坚定,违反道德甚至漠视法律的现象时有发生。"问题是时代的声音",面对社会主义现代化建设中存在的问题,我们需要发动人民群众,依靠广大人民群众的广泛参与,发挥人民主体作用,让人民群众积极投身新时代精神文明建设过程。只有每个个体都以主人翁的精神投身新时代精神文明建设过程,新时代精神文明建设才能汇聚起磅礴力量。

最后,新时代精神文明建设会进一步彰显人民主体的力量。新时代精神文明建设过程作为一种客观事实,具有两种趋向:一是向趋善趋好的方向发展;二是向趋恶趋坏的方向发展。这两种趋向的发生,必须有人作为主体力量的参与。进行新时代精神文明建设并不是无源之水、无本之木,而是建立在以往精神文明建设的基础上。马克思、恩格斯在《德意志意识形态》中指出:"历史不外是各个世代的依次交替。每一代都利用以前各代遗留下来的材料、资金和生产力;由于这个缘故,每一代一方面在完全改变了的环境下继续从事所继承的活动,另一方面又通过完全改变了的活动来变更旧的环境。"[①] 人民运用自己的主体力量,积极吸收以往精神文明建设中的经验和积极成果,并在新的时代条件下积极实践,创造新的精神文明成果并创新性地消化现有的精神文明成果。这个过程应进一步彰显人民主体的力量。

---

① 《马克思恩格斯文集》第 1 卷,人民出版社,2009,第 540 页。

三 社会力量主体

社会是一个复合的系统,其内部存在诸多要素,这些要素相互影响、相互作用形成了现今社会存在的方式。"力量"作为一种拥有的资源或要素,意指能够影响他者从而实现预期结果的一种能力。一般认为,"社会力量"是一种因果关系的形式,它在社会关系里有贯穿其中的影响力。当它强大的时候,目的是影响社会关系中其他人的表现。社会力量主体是社会力量的构成要素之一。社会力量主体是指能够参与、作用于社会发展的主体,包括自然人、社会组织、事业单位、非政府组织、党群社团、非营利性机构、企业等。

社会力量主体作为独立于政府、市场的一种主体力量,在政府和单个个体之间起到了纽带作用,其自主性、公益性、公正性决定了它可以游弋于不同主体之间,反映不同群体利益诉求,为不同群体代言,凝结不同团体和个人,督促政府,弥补政府在某些方面的缺陷和不足。

在当前,社会力量主体是参与新时代精神文明建设的重要力量。新时代精神文明建设是社会主义社会的重要特征,是新时代物质文明建设的精神动力、智力支撑、思想保证,可以通过对人们主观世界的改造达到对客观世界改造的目的。新时代精神文明建设在不同人群、不同区域、不同地区中还存在不平衡、不充分的问题。进行新时代精神文明建设,并不是个单一的主体就可以完成的,而是需要进行广泛的主体动员。良好社会风尚的形成需要个体的广泛参与。当前,每个个体都如原子般被镶嵌进社会的网络,国家意志的表达一方面是通过各级党委领导自上而下的各级国家机构,另一方面依靠人民主体、社会力量主体和公民个人主体。

从官方宣传的角度来讲,这些原子化的个体不一定什么时候都会接受官方的声音,但是他们必定属于一定的社会组织,通过社会力量主体的动员来进行精神文明建设内容的宣传贯彻,有时效果会好很多。新时代精神文明建设过程中社会力量主体可以整合各方面的优势资源,形成社会力量主体参与新时代精神文明建设过程的新风尚;有利于新时代精神文明建设的重心下沉,而不是悬浮于官方声音的上空,不落入基层;有利于建构政府和社会协同合作的工作模式,动员最广泛的社会力量。

社会力量主体广泛参与新时代精神文明建设过程，实则是一种对权力的重新分配，由之前国家掌控的文化供给模式向社会力量主体广泛参与公共空间建设模式的过渡。这种变化也反映在权力由统合集中向弥漫分散的变化，比如中国社会从计划经济时代向市场经济时代的过渡，这里国家宏观调控的力度大大不同。目前，社会力量主体参与新时代精神文明建设过程，主要有以下方面。

第一，社会力量主体广泛参与新时代精神文明建设过程，是对现存问题的回应。进行新时代精神文明建设，当前还存在建设力量比较分散，量化评估困难，重教育形式、轻教育实效，长效机制不够健全等问题。这些问题的解决，最终还是要依靠人的主观能动性和人的智慧。正如马克思所说的："劳动过程结束时得到的结果，在这个过程开始时就已经在劳动者的表象中存在着，即已经观念地存在着。他不仅使自然物发生形式变化，同时他还在自然物中实现自己的目的，这个目的是他所知道的，是作为规律决定着他的活动的方式和方法的，他必须使他的意志服从这个目的。"①将社会力量主体引入新时代精神文明建设过程中，有利于形成新时代精神文明建设过程的最统一的战线，形成推动精神文明建设的最大公约数。

第二，社会力量主体聚合了最广泛的建设主体，创新了新时代精神文明建设过程的方式。新时代社会主义精神文明建设着眼于人们精神境界和精神状态的提升，为实现"两个一百年"奋斗目标、实现中华民族伟大复兴提供力量。新时代社会主义精神文明建设的根本任务是培养能够担当民族复兴大任的时代新人。很多社会个体分属不同的社会组织，社会力量作为建设主体可以把分散的很多个体团结和组织起来。很多个体因之既是新时代精神文明建设的受益者，又是参与者和建设者。

第三，社会力量主体可以实现对精神文明建设过程的有效监督，有利于新时代精神文明建设实现更好的效果。社会力量主体可以整合一些社会资源，亲和力更强，能够唤醒民众意识、实现广泛的文化价值认同。其主体的广泛性更容易洞察精神文明建设，促进其进一步优化和完善缺陷和不足。

---

① 《马克思恩格斯全集》第 23 卷，人民出版社，1972，第 202 页。

从上述可以看出社会力量主体如何参与新时代精神文明建设。同时，另一个角度来看，新时代精神文明建设过程对社会力量主体也产生了一定的影响，主要表现在以下几个方面。

首先，新时代精神文明建设提升了人的精神素养，有利于调动社会力量主体参与新时代精神文明建设的积极性。精神文明建设实则是以一种文化要素的形式来表达国家意志，它塑造了国家形象，精神文明建设成果是国家软实力的建设部分。我国目前在诚信建设、法治教育、道德建设、社会主义核心价值观教育、生态文明建设等方面还存在薄弱环节，还有提升的空间，这就更应呼唤加强新时代精神文明建设。一个国家风清气正了、社会能够基本维持公序良俗了，人们的整体精神风貌就会获得提升，人们从中获得收益后反过来会调动社会力量主体参与新时代精神文明建设过程的积极性。

其次，新时代精神文明建设强化了人们的人文观念，有利于实现社会力量主体对新时代精神文明建设成果的认同。进入新时代，我国进入改革深水区，各方面的利益问题凸显，利益多元化日渐明显。政治和文化是经济的投射。面对林林总总的利益，文化和思想领域也呈现多元化的态势。人们不再满足按照既定的思维框架和特定的意识形态来进行思考，更多的是一种独立意味的思索，人们的主体意识人文观念更为显扬。"与后工业社会或后现代社会来临相伴随的是社会价值观的后现代转向，换言之，后工业社会或后现代社会是后现代价值观兴起的社会基础，而后现代价值观的兴起则是后工业社会或后现代社会的文化表征。"[①] 新时代精神文明建设力图在时代的文化洪流中找到航向，以主流意识形态、社会主义核心价值观引领和整合各种各样的人文观念、文化思潮，有利于实现社会力量主体对新时代精神文明建设成果的认同。

四 公民个人主体

在现代国家的政治关系中，公民个人与国家权力存在双向互动的关

---

① 吴鲁平、刘涵慧、王静等：《后现代化理论视野下的青年价值观研究》，社会科学文献出版社，2013，第3页。

系,"公民"隐含着一定的社会政治意识,也构成了解释国家与公民关系的重要维度。将"公民"一词置于我国的话语语境中考察,我们发现,"公民"一词是个舶来品,来源于西方。从一般意义上讲,公民是指年满18周岁,具有一国国籍,并且根据该国宪法和法律规定,享有权利和承担义务的人。"公民"一词的表达最早可以追溯到古希腊先哲那里,真正开启对公民研究的则是英国著名社会学家 T. H. 马歇尔。1949 年,在剑桥大学的阿尔弗雷德·马歇尔年度纪念讲座上,马歇尔做了著名的"公民身份与社会阶级"的演讲。他把公民身份的构成看作由公民权利、政治权利和社会权利组成的复合范畴。在马歇尔的视阈中,他认为:"公民身份是一种地位(status),一种共同体的所有成员都享有的地位,所有拥有这种地位的人,在这一地位所赋予的权利和义务上都是平等的。"① 公民概念的引入,实则是对不平等阶级体系的一种反抗,它意味着国家组织外更大的行动空间,它赋予了每个个体自由权和对权利、义务的追寻。

新中国成立前,在我国的一些文献资料中,也有一些零星的对于"公民"的表述。1934 年我国《小学公民课本》的一篇课文《怎样做一个完善的公民》中这样写道:"公民是享有公权的国民,既享有公权,所以公民不是私人,不是家长的儿女,也不是儿女的家长;就民族讲,是全民族的一分子;就国家讲,是国家的国民;就社会讲,是组成社会的一员。所以我们既是公民,我们的身份便是公有的。公民的身份既是公有的,当然有对于公众应尽的责任。"② 在这个表述中,"公民"并不是现代意义上的公民,但它指出了公民与国家、社会、公众之间内蕴的关系,即国家、社会是由公民组成的,公民是组成国家、社会的最小单位。

不管是在西方语境还是中国的话语体系中,从"公民"这个概念发展到今天的状况来看,"公民"这个词意味着对某种政治身份的认同,具有政治、法律、文化、道德、科学技术的属性。在漫长的社会历史进程中,公民伴随着民主政治的发展而产生,是推动民主政治的主体性力量,它指

---

① 〔英〕T. H. 马歇尔、安东尼·吉登斯:《公民身份与社会阶级》,郭忠华、刘训练译,江苏人民出版社,2008,第 23 页。
② 赵侣青等:《小学公民课本》(第四册),中华书局,1934,第 22~23 页。

向一定社会个体所拥有的独立人格和自由精神。在我国当下的语境中，我们谈及的"公民"更多的是从法律意味上来讲，日常生活中我们更多提及的是"个体""个人"。公民个人凸显的是个体。

进入新时代，习近平总书记非常强调公民个人主体的作用，也非常强调公民个人主体在推进"两个一百年"建设中的作用。2013年3月17日，习近平总书记在第十二届全国人民代表大会第一次会议上的讲话中指出："中国梦是民族的梦，也是每个中国人的梦。只要我们紧密团结，万众一心，为实现共同梦想而奋斗，实现梦想的力量就无比强大，我们每个人为实现自己梦想的努力就拥有广阔的空间。"2013年4月28日，习近平总书记在同全国劳动模范代表座谈时指出："榜样的力量是无穷的。劳动模范是民族的精英、人民的楷模。长期以来，广大劳模以平凡的劳动创造了不平凡的业绩，铸就了'爱岗敬业、争创一流，艰苦奋斗、勇于创新，淡泊名利、甘于奉献'的劳模精神，丰富了民族精神和时代精神的内涵，是我们极为宝贵的精神财富。"2013年5月4日，习近平总书记在同各界优秀青年代表座谈时指出："中国梦是国家的、民族的，也是每一个中国人的。国家好、民族好，大家才会好。只有每个人都为美好梦想而奋斗，才能汇聚起实现中国梦的磅礴力量""青年模范人物是广大青少年学习的榜样，肩负着更多社会责任和公众期望，在青少年中乃至全社会都有着很强的示范带动作用"。2013年11月9日，习近平在中共十八届三中全会上作的说明指出："协商民主是我国社会主义民主政治的特有形式和独特优势，是党的群众路线在政治领域的重要体现。"①

在新时代精神文明建设过程中，公民个人主体作为一种重要的力量，与新时代精神文明建设过程存在双向互动的关系。

一方面，新时代精神文明建设过程需要公民个人主体持续不断的努力。新时代精神文明建设过程并不是一个主动发生的过程，它是一定的国家意志作用于一定公民个人主体的结果，它需要的是一定公民个人主体的接收、吸纳、消化。若一定的公民个人主体不能参与这个过程，新时代精神文明建设过程就只能是悬空的，不能落到实处，只能沦为一种口号或指

---

① 《习近平谈治国理政》（第一卷），外文出版社，2018，第40、46、49、53、82页。

称。公民个人主体是新时代精神文明建设过程发挥作用的基础单位。从总体上来看，公民个人主体可以划分为普通公民个人主体和榜样公民个人主体。普通公民个人主体属于绝大多数，他们在新时代精神文明建设中数量庞大。普通公民个人主体在进行新时代精神文明建设的过程中存在异质性，这就需要借助国家的舆论宣传工具、意识形态教化、文化软实力塑造等来消除异质因素，增强认同感，让这部分普通公民个人主体成为新时代精神文明建设的推动力，而不是阻滞力。榜样公民个人主体在新时代精神文明建设中起着引领社会风尚的作用，他们是新时代精神文明建设的先行者，以其榜样示范作用带动其他普通公民个人主体。中国共产党历来非常重视榜样公民个人主体的作用。每年，各个层级各个单位都会举行评选"道德模范""先进个人""文明标兵"之类的活动，以便在社会中形成崇德向善的氛围。2019年9月5日，习近平总书记对全国道德模范表彰活动作出重要指示："全国道德模范体现了热爱祖国、奉献人民的家国情怀，自强不息、砥砺前行的奋斗精神，积极进取、崇德向善的高尚情操。要广泛宣传道德模范的先进事迹，弘扬道德模范高尚品格，引导人们向道德模范学习，争做崇高道德的践行者、文明风尚的维护者、美好生活的创造者。"① 不论是普通公民个人主体，还是榜样公民个人主体，只有通过这些主体持续不断努力，才能推动新时代精神文明建设过程。

另一方面，新时代精神文明建设最终成果的取得是服务于公民个人主体的自由全面发展。社会主义精神文明是社会主义社会的重要特征，社会主义精神文明的发展，会带来社会公共秩序、社会公共服务水平、社会文明程度的改善，会提升公民个人的生活幸福感满足感。在一定国家的范围内，国家权力与公民主体处于一种互利互济的关系，国家权力为公民主体提供了一种成长的环境，公民个人主体追求成为国家权力与公民个人主体之间的共同价值目标。就公民个人主体而言，目标不是分散的，而是聚集的。公民作为一个政治概念，它本身所追寻的就是对自然秩序的打破，对自身权利、义务的确认，对自由的追求，对平等阶级关系的呼唤，也是对

---

① 《深化群众性精神文明创建活动　着力培养担当民族复兴大任的时代新人》，《人民日报》2019年9月6日，第1版。

中国传统社会伦理秩序的一种扬弃。在中国历史上，传统的儒家文化尊崇的是一种上下有序、亲疏有别的伦理秩序，如"三纲五常""三从四德"，这就把人置于一种严格的政治秩序中，人成为政治秩序的附庸。"公民"概念的提出，则把人从这种严密的政治秩序中解放出来，确证了人的自由和平等。这是一种对人的意义的追寻。在马克思主义看来，社会发展的最高阶段是共产主义社会，这个社会是消灭了旧式分工、自由时间充裕、劳动具有自主性的社会，这个社会是"建立在个人全面发展和他们共同的社会生产能力成为他们的社会财富这一基础上的自由个性"阶段。人的发展的最高目标是实现自由全面发展。新时代精神文明建设过程，就是一个通向提高公民个体精神素养、开辟公民个体广阔的精神境界、实现公民个体自由全面发展的过程。新时代精神文明建设过程的最终成果的取得服务于公民个人主体自由全面发展。

第三节　新时代精神文明建设过程的支撑体系

辩证唯物主义和历史唯物主义认为，联系是普遍存在的。也就是说，世界上一切事物、现象、过程都不能孤立地存在，都与周围的其他事物、现象、过程这样或那样地联系着，世界是相互联系的统一整体；事物、现象、过程内部的各个部分、要素、环节又相互联系、相互作用。新时代精神文明建设作为社会生产与再生产的一部分是个系统，它的产生、发展、完善都是其内外部诸多要素相互作用的结果。

如果把新时代精神文明建设过程比作一栋大厦，那么物质文明就是新时代精神文明建设的地基，制度优势是新时代精神文明建设的钢筋混凝土结构，文化自信是新时代精神文明建设的内在气度，组织动员是新时代精神文明建设过程的外在表现。物质文明支撑、制度优势支撑、文化自信支撑、组织动员支撑共同构成了新时代精神文明建设的支撑体系。

一　物质文明支撑

社会的物质生产创造了物质文明。物质文明是人类文明的重要内容。根据《思想政治工作知识辞典》的解释："物质文明是指人类物质生活条件的进步状态。表现为生产工具的改进和技术的进步、物质财富的增长和人们物质生活条件的改善和提高等等。标志着人类征服和改造自然界的能力。"① 根据钱伯海先生的解释，物质文明是指"人类改造自然、利用自然所得的物质成果的总和，是物质生产进步和物质生活改善的有机统一，它包括社会生产力状况的改变、人们物质生活水平的提高两方面的内容"②。从上述定义我们可以看出，物质文明反映了物化劳动的先进程度，反映了科学技术推动生产力发展的状况，反映了人们基本生存需求的满足。

改革开放以来我们党和国家领导人都非常重视物质文明建设。1983年4月，邓小平指出："在社会主义国家，一个真正的马克思主义政党在执政以后，一定要致力于发展生产力，并在这个基础上逐步提高人民的生活水平，这就是建设物质文明。"③ 2002年11月8日，江泽民在《全面建设小康社会，开创中国特色社会主义事业新局面》中指出："坚持物质文明和精神文明两手抓，实行依法治国和以德治国相结合。"④ 胡锦涛认为："中国特色社会主义是全面发展、全面进步的事业，是物质文明和精神文明相辅相成、协调发展的事业。"⑤ 2013年5月4日，习近平在同各界优秀青年代表座谈时指出："中国特色社会主义是物质文明和精神文明全面发展的社会主义。"2013年8月19日，习近平总书记在全国宣传工作会议中的讲话中指出："只有物质文明建设和精神文明建设都搞好，国家物质力量和精神力量都增强，全国各族人民物质生活和精神生活都改善，中国特色社会主义事业才能顺利向前推进。"2013年11月12日，习近平总书记在中共十八届三中全会第二次全体会议的讲话中指出："我们讲要坚定道路自信、理论自信、制度自信，要有坚如磐石的精神和信仰力量，也要有支撑这种精神和信仰的强大物质力量。"⑥ 2015年习近平总书记敏锐地看到了在物质文明发展的过程中，精神文明建设方面存在的问题，他在文艺工作

---

① 张蔚萍、张俊南、吉勇夫：《思想政治工作知识辞典》，河北人民出版社，1990，第72页。
② 《钱伯海文集》（第三卷），中国经济出版社，2002，第724页。
③ 《邓小平文选》第3卷，人民出版社，1993，第28页。
④ 中共中央文献研究室：《十六大以来重要文献选编》（上），中央文献出版社，2005，第7页。
⑤ 《胡锦涛文选》第3卷，人民出版社，2016，第163页。
⑥ 《习近平谈治国理政》（第一卷），外文出版社，2018，第52、153、93页。

座谈会上的讲话中指出:"改革开放以来,我国经济发展很快,人民生活水平提高也很快……其中比较突出的一个问题就是一些人价值观缺失……没有国家观念、集体观念、家庭观念,不讲对错,不问是非,不知美丑,不辨香臭,浑浑噩噩,穷奢极欲。"① 物质文明发展并不总是与精神文明同步,精神文明建设具有自身的独立性,需要众多行为主体的参与。改革开放以来,虽然人们的物质生活获得了极大的改善,但是在精神文明建设方面,很多人并没有树立正确的价值观念,道德水平低下、法治观念有待加强……这些,都指向了一个重要的问题,就是在进行物质文明建设的同时,不可忽略精神文明建设。

我们国家党和国家领导人之所以高度重视物质文明建设,是因为物质文明建设与精神文明建设息息相关。《管子·牧民》中说:"仓廪实则知礼节,衣食足而知荣辱。"物质文明为精神文明的形成和发展提供物质基础、形成巨大的推动力量。在物质文明形成和发展的过程中,它跟人的主观能动性、人的实践、人的利益需求是分不开的,精神文明的成果可以以一种潜移默化的形式作用于人,形塑人的认知,通过人的意识在实践中提高人的主观能动性,从而进一步推进物质性创造形成物质文明成果,从而形成物质文明建设与精神文明建设的双向良性循环。

具体来看,物质文明对新时代精神文明建设过程的支撑作用主要表现在两方面:一方面,物质文明的成果为新时代精神文明建设提供了物质基础。按照马克思主义的观点,经济基础决定上层建筑。新时代精神文明属于上层建筑的范畴,它必须扎根于一定的经济基础中,否则只能是没有根基的存在。精神文明不是单纯意识的消融,它是具备一定的物质基础的。正如马克思、恩格斯所说:"历史不是作为'源于精神的精神'消融在'自我意识'中而告终的,历史的每一阶段都遇到一定的物质结果,一定的生产力总和,人对自然以及个人之间历史地形成的关系,都遇到前一代传给后一代的大量生产力、资金和环境,尽管一方面这些生产力、资金和环境为新的一代所改变,但另一方面,它们也预先规定新的一代本身的生活条件,使它得到一定的发展和具有特殊的性质。由此可见,这种观点表

---

① 《在文艺工作座谈会上的讲话》,《人民日报》2015年10月15日,第2版。

明：人创造环境，同样，环境也创造人。"① 这种物质基础，确证了意识、观念、精神生产的环境。改革开放发展到今天，我们早已脱离了新中国成立初期一穷二白的贫困落后局面，在中国共产党的正确领导下，我们进行了社会主义建设和改革，取得了丰硕的物质成果，"2019 年我国国内生产总值为 99.0865 万亿元，比上年增长 6.1%，人均 GDP 突破 1 万美元大关，达到 10276 美元。"② 中国成为世界第二大经济体。我国的物质文明不仅累积于中国历史上人们的智慧辛劳和汗水上，还体现在新时代人们的努力创造上。只有物质充盈丰富了，进行新时代精神文明建设才能有物质保障、财力支撑。

另一方面，物质文明成果可以进一步推动新时代精神文明建设。目前我国作为一个拥有 14 亿多人口的大国，人口约占了世界人口的 18%，虽然与改革开放前相比，我们的经济发展取得了举世瞩目的成就，但是我国处在社会主义初级阶段的基本国情没有变，我国仍然有相当的一部分贫困人口面临脱贫的问题。2020 年是我国决胜脱贫攻坚之年，也是全面建成小康社会之年，我国的经济发展还面临不平衡不充分的问题，地区与地区之间、行业与行业之间还存在巨大的收入差距，在这种形势下，我们需要进一步巩固物质文明的成果。只有物质文明得到充分发展了，才能为精神文明建设提供足够的物质支撑。只有物质文明得到充分发展了，广大人民群众才能有条件去从事一些精神文化建设的活动，发挥乡规民约在新时代精神文明建设过程中的作用。比如，在建设社会主义新农村的过程中，一些地方在基层党组织的带领下，不仅追求"富口袋"，而且追求"富脑袋"，将顶层设计与基层落实相结合，推动资源整合，队伍优化，形式创新，让新时代精神文明建设迸发出生机活力。

二 制度优势支撑

对于制度的界定，不同的学者和流派有不同的观点。美国制度学派的创始人凡勃伦（1899）在《有闲阶级论》一书中认为："制度实质上就是

---

① 《马克思恩格斯文集》第 1 卷，人民出版社，2009，第 544~545 页。
② 《人均 1 万美元，了不起》，《人民日报》2020 年 1 月 18 日，第 4 版。

个人或社会对有关的某些关系或某些作用的一般思想习惯；而生活方式所构成的是，在某一时期或社会发展的某一阶段通行的制度的综合，因此从心理学的方面来说，可以概括地把它说成是一种流行的精神态度或一种流行的生活理论。"① 美国学者道格拉斯·C. 诺斯在《制度、制度变迁与经济绩效》一书中认为："制度是一个社会的游戏规则，更规范地说，它们是决定人们的相互关系的系列约束。制度是由非正式约束（道德的约束、禁忌、习惯、传统和行为准则）和正式的法规（宪法、法令、产权）组成的。"② 马克思认为："在生产、交换和消费发展的一定阶段上，就会有相应的社会制度形式、相应的家庭、等级或阶级组织。"③ 从以上对制度的界定中可以看出，制度植根于一定的社会性质中，与一定的权力要素、一定的社会实践密切关联，具有根本性、全局性、长期性、稳定性。

当前，我国实行的制度是中国特色社会主义制度。中国特色社会主义制度由根本层面的制度、基本层面的制度、具体层面的制度，以及中国特色社会主义法律体系构成。中国特色社会主义制度是依据中国共产党执政规律、社会主义建设规律、人类社会发展规律的科学选择，是指引当前中国特色社会主义实践的一种科学框架，是一种规范的体系，对人们的行为产生约束。党的十八大对中国特色社会主义制度的内涵做了界定："中国特色社会主义制度，就是人民代表大会制度的根本政治制度，中国共产党领导的多党合作和政治协商制度、民族区域自治制度以及基层群众自治制度等基本政治制度，中国特色社会主义法律体系，公有制为主体、多种所有制经济共同发展的基本经济制度，以及建立在这些制度基础上的经济体制、政治体制、文化体制、社会体制等各项具体制度。"④

新中国成立后，我国就不断地探索推进各项制度的发展。改革开放以来，制度建设处于不断的发展完善中。党的十八大以来，制度建设的重要

---

① 〔美〕凡勃伦：《有闲阶级论》，商务印书馆，1964，第 149~150 页。
② 〔美〕道格拉斯·C. 诺斯：《制度、制度变迁与经济绩效》，刘守英译，上海三联书店，1994，第 3 页。
③ 《马克思恩格斯文集》第 10 卷，人民出版社，2009，第 43 页。
④ 中共中央文献研究室编《十八大以来重要文献选编》（上），中央文献出版社，2014，第 10 页。

性更加凸显。

2012年11月17日，习近平总书记在十八届中共中央政治局第一次集体学习时的讲话中指出："中国特色社会主义道路是实现途径，中国特色社会主义理论体系是行动指南，中国特色社会主义制度是根本保障，三者统一于中国特色社会主义伟大实践。这是中国特色社会主义的最鲜明特色"，"我们要坚持以实践基础上的理论创新推动制度创新，坚持和完善现有制度，从实际出发，及时制定一些新的制度，构建系统完备、科学规范、运行有效的制度体系，使各方面制度更加成熟更加定型，为夺取中国特色社会主义新胜利提供更加有效的制度保障"[①]。

2013年11月12日，习近平总书记在中共十八届三中全会第二次全体会议的讲话中指出："不论处在什么发展水平上，制度都是社会公平正义的重要保证。我们要通过创新制度安排，努力克服人为因素造成的有违公平正义的现象，保证人民平等参与、平等发展权利。"2014年2月17日，习近平在省部级主要领导干部学习贯彻十八届三中全会精神全面深化改革专题研讨班的讲话中指出："今天，摆在我们面前的一项重大历史任务，就是推动中国特色社会主义制度更加成熟更加定型，为党和国家事业发展、为人民幸福安康、为社会和谐稳定、为国家长治久安提供一整套更完备、更稳定、更管用的制度体系。"[②] 2016年习近平总书记在"七一讲话"中指出："中国特色社会主义制度是当代中国发展进步的根本制度保障，是具有鲜明中国特色、明显制度优势、强大自我完善能力的先进制度"，"历史没有终结，也不可能被终结。中国特色社会主义是不是好，要看事实，要看中国人民的判断，而不是看那些戴着有色眼镜的人的主观臆断。中国共产党人和中国人民完全有信心为人类对更好社会制度的探索提供中国方案"[③]。

2019年习近平总书记在中共十九届四中全会中指出："中国特色社会

---

① 《紧紧围绕坚持和发展中国特色社会主义 深入学习宣传贯彻党的十八大精神》，《人民日报》2012年11月19日，第1版。
② 《习近平谈治国理政》（第一卷），外文出版社，2018，第97、104~105页。
③ 中共中央文献研究室编《十八大以来重要文献选编》（下），中央文献出版社，2018，第349页。

主义制度是党和人民在长期实践探索中形成的科学制度体系,我国国家治理一切工作和活动都依照中国特色社会主义制度展开,我国国家治理体系和治理能力是中国特色社会主义制度及其执行能力的集中体现","坚持和完善中国特色社会主义制度、推进国家治理体系和治理能力现代化的总体目标是,到我们党成立一百年时,在各方面制度更加成熟更加定型上取得明显成效;到二〇三五年,各方面制度更加完善,基本实现国家治理体系和治理能力现代化;到新中国成立一百年时,全面实现国家治理体系和治理能力现代化,使中国特色社会主义制度更加巩固、优越性充分展现"。①

之所以党和国家领导人多次强调中国特色社会主义制度的优势,在于以下方面:首先,中国特色社会主义制度的独特优势体现在它具有深厚的历史根基。按照马克思主义者对社会形态的划分,人类社会需要经历原始社会、奴隶社会、封建社会、资本主义社会、社会主义社会(共产主义社会)阶段。资本主义由于它内部固有的无法克服的矛盾,马克思、恩格斯在《共产党宣言》中描述资本主义的灭亡和无产阶级的胜利同样是不可避免的,"资产阶级用来推翻封建制度的武器,现在却对准资产阶级自己了"②。社会主义社会是一种更为先进的社会形态,它着眼于人的解放和人的自由,是对资本主义社会固有矛盾的克服。其次,中国特色社会主义制度的优势体现在它是适应中国国情的一种制度。鸦片战争之后,各个阶层的有识之士面对中国的内忧外患都曾经进行各种道路的尝试和探索,但最后都以失败而告终。只有当马克思主义传入中国后,中国共产党人带领中国人民才走出了一条自己的道路。1956年底,经过"三大改造",社会主义制度在我国基本确立起来。改革开放以来,我国形成了中国特色社会主义制度。在这一制度的指导下,我国人民的生活水平发生翻天覆地的变化,我国成为世界第二大经济体。最后,中国特色社会主义制度的优势体现在中国共产党的领导核心和以人民为中心的发展理念。党的十九大报告明确指出,中国共产党的领导是中国特色社会主义最本质的特征,中国共

---

① 《中共十九届四中全会在京举行》,《人民日报》2019年11月1日,第1版。
② 《马克思恩格斯选集》第1卷,人民出版社,2012,第406页。

产党是最高政治领导力量。在《共产党宣言》中,马克思、恩格斯指出:"共产党人不是同其他工人政党相对立的特殊政党。他们没有任何同整个无产阶级的利益不同的利益。"① 中国共产党是一个全心全意为人民服务的政党,它没有自身的特殊利益,它做任何事情的着眼点在于服务人民。也正是基于这一点,中国共产党能够集中力量办大事,在重大突发事件中调动各方面力量,心往一处聚、力往一处使。

新时代精神文明建设属于中国特色社会主义建设事业的一部分。中国特色社会主义制度优势对新时代精神文明建设过程的支撑作用主要表现在以下方面。

第一,中国特色社会主义制度的独特优势保证了进行新时代精神文明建设过程的良好环境。中国特色社会主义制度作为一种制度架构,凸显了意识形态倾向,为人们的行为提供了一种规范性力量,它明确地规定"哪些可为""哪些不可为",是一种弥合差异性、培养共同体的手段,目的是塑造共同体意识。新时代精神文明建设的内容也是被囊括在中国特色社会主义制度中的,中国特色社会主义制度为新时代精神文明建设提供了一种顶层设计。新时代精神文明建设是一个涵盖面非常广的范畴,包括道德建设、法治建设、社会主义核心价值观建设等方面。当前,在精神文明建设领域,我国还存在部分党员群众理想信念缺失,价值观扭曲,拜金主义、享乐主义、个人主义突出,不遵守社会公德、职业道德、家庭美德,个人品德败坏,法治观念淡薄,部分地区封建迷信盛行,历史虚无主义在一些人中泛滥,西方社会思潮对部分群体的思想观念产生冲击等情况。面对这种情况,进行新时代精神文明建设,中国共产党依靠制度优势最大限度地动员广大人民群众,营造风清气正的良好社会环境,凝聚起社会共识,增强团结的最大公约数。

第二,中国特色社会主义制度的独特优势对新时代精神文明建设过程起到了方向指引的作用。中国共产党是领导新时代精神文明建设过程的核心力量。中国共产党在敏锐洞察精神文明建设过程存在问题的基础上,结合中国的实际情况,对新时代精神文明建设的未来发展方向做出了统领

---

① 《马克思恩格斯选集》第1卷,人民出版社,2012,第413页。

性、全局性的安排,通过层层责任下放,督促层层落实。比如,通过创建文明城市、文明村镇、文明单位、文明家庭、文明校园的活动,明确评比标准,落实相关主体责任人,让广大人民群众广泛参与,提高人们的认同感和自豪感。再比如,2020年的新冠肺炎疫情来势汹汹,作为新中国成立以来传播速度最快、感染范围最广、防控难度最大的一次重大突发公共卫生事件,中国共产党把人民的生命放在第一位。疫情之初,湖北疫情告急。党和国家第一时间组织了广大医护工作者前往武汉进行支援,同时从各地调集了大量的防疫物质送往湖北。在专家学者告知了人民群众新冠病毒是人际传播的消息后,广大人民群众积极配合政府的防疫工作。还有党员和群众走上街头,主动当起防疫志愿者,体现了浓浓的家国情怀。在这场疫情阻击战中,我们可以看到中国共产党发挥的领导核心作用,看到党和政府"以人民为中心"的价值理念,看到中国特色社会主义制度的独特优势。正是因为我国的制度优势,我们才能凝结最广泛的力量,对新时代精神文明建设起到方向指引的作用。

三 文化自信支撑

文化作为人们社会实践的产物,是一个国家和民族物质产品和精神产品的表征,是人的本质力量的对象化,在人们关联世界创造意义世界的过程中体现。在中国传统社会漫长的演化过程中,并没有学者明确提出"文化自信"。传统社会人们的文化自信源自中华文化产品带给人们的心理认同。20世纪80年代,有学者提出"文化自信"一词,但没有引起明显关注。2010年,云杉在《红旗文稿》上发表《文化自觉 文化自信 文化自强——对繁荣发展中国特色社会主义文化的思考》(上、中、下)对以什么样的视角认识文化、以什么样的态度对待文化、以什么样的思路推动文化繁荣发展给出了自己的思考。① 2011年胡锦涛在建党90周年大会上发表讲话时强调:"我们必须以高度的文化自觉和文化自信,在中国特色社

---

① 云杉:《文化自觉 文化自信 文化自强——对繁荣发展中国特色社会主义文化的思考(上)》,《红旗文稿》2010年第15期。

会主义伟大实践中进行文化创造。"① 2014年2月24日，在中央政治局第十三次集体学习时，习近平提出要"增强文化自信和价值观自信"②。2016年5月17日，习近平在哲学社会科学工作座谈会上的讲话中指出："文化自信是更基本、更深沉、更持久的力量。历史和现实都表明，一个抛弃了或者背叛了自己历史文化的民族，不仅不可能发展起来，而且很可能上演一场历史悲剧。"③ 党的十九大报告指出："文化是一个国家、一个民族的灵魂。文化兴国运兴，文化强民族强。没有高度的文化自信，没有文化的繁荣兴盛，就没有中华民族伟大复兴。"④ 党的十八大以来，"文化自信"的提法逐渐多起来。

所谓文化自信，就是指一定国家或者民族的人们对自己所属文化的高度认同、悦纳的心理状态，并且能够按照这种文化所标识的价值坐标自觉调整自我行为的一种实践活动。当前，我们谈及的文化自信是指我们对中国优秀传统文化、革命文化、社会主义先进文化的高度认同和悦纳的状态。中国优秀传统文化、革命文化、社会主义先进文化作为一定社会价值观念的凝结，汇集了优秀文化的养分，既发展了以儒家文化为主导的优秀传统文化价值观念体系，又结合社会实践的发展将一些新鲜的文化血液吸收进来。

在进行新时代精神文明建设的过程中，文化自信为新时代精神文明建设提供了支撑力量，具体表现在以下几个方面。

首先，文化自信为新时代精神文明建设过程中人的主体力量提供了内在的驱动力。文化的发展基本上遵循两条路径：第一条路径是走继承创新的道路；第二条是吸收异质性因素完善自己的道路。文化的基因是相互传承、相互借鉴的。文化自信表现为对自己国家和民族文化的高度认可，是相对于文化不自信而言的。在今天的世界，文化的重要性愈益凸显，成为

---

① 胡锦涛：《在庆祝中国共产党成立90周年大会上的讲话》，《人民日报》2011年7月2日，第2版。
② 《习近平谈治国理政》（第一卷），外文出版社，2018，第164页。
③ 《习近平谈治国理政》（第二卷），外文出版社，2017，第339页。
④ 中共中央党史和文献研究院：《十九大以来重要文献选编》（上），中央文献出版社，2019，第29页。

国家之间软实力较量的重要方面。当前，世界面临百年未有之大变局，中国进入新时代，市场经济进一步向纵深方向发展，利益格局深刻调整，文化多元化进一步发展，对人的思想观念、行为等都产生深刻影响。在新时代精神文明建设过程中，我们需要发挥人的主体力量，也需要作为主体的人广泛地参与新时代精神文明建设实践。在当前的精神文明建设过程中，作为主体的人存在以下几种心态：有的人受到西方社会思潮的影响，不能秉持全面辩证的观点看问题，认为在中国存在部分官员贪污腐败、部分商人利欲熏心不讲诚信、阶层固化等问题，从而对西方的社会制度产生盲目的崇洋媚外心理，认为国外的一切都好、"外国的月亮更圆"，认为我们应该全盘吸收国外的文化，搞文化"拿来主义"；有的人囿于对现阶段教育、住房、医疗等方面资源配置的不满，怀念计划经济时代的"吃大锅饭"、劳动成果的平均分配，认为市场经济的发展让社会贫富差距拉大、保障体系不能完全落实，对市场经济产生怀疑；有的人大搞文化虚无主义、历史虚无主义，将中国历史上的英雄及史实加以解构，抽取个别人物的只言片语进行解读，或者丑化、戏谑英雄人物，消解了其本有的严肃性；有的人认为精神文明建设只是一种价值理念，是一个太过于长期的过程，很难具体落实……以上种种观念，均成为新时代精神文明建设过程的绊脚石。进行新时代精神文明建设，必须要有内生动力，要激发作为个体的人的主观能动性。不管是中国优秀传统文化、革命文化，还是社会主义先进文化，我们都需要肃清错误认识，用一种正确的文化价值观念指引自己的行为，从而为新时代精神文明建设过程提供内驱力。

其次，文化自信为新时代精神文明建设进行理论奠基。文化自信是一种对理论的高度自觉自信的状态。新时代精神文明建设过程是一种实践的体现。文化是一定国家和社会价值观念的高度凝练，它并不是空穴来风，而是有着它产生的深刻的政治、经济根源。当前，我们之所以拥有文化自信是因为文化薪火的代代相传、文化基因的创造性转化与创新性发展。中华优秀传统文化具有巨大的魅力，从儒家、道家、佛家、墨家等流派到唐诗、宋词、元曲、明清小说，从指南针、火药、印刷术到造纸术……中华优秀传统文化蕴含了丰富的人文关怀、价值理念，为人们认识世界、改造世界提供了丰富的营养。在中国革命斗争中诞生的革命文化，是中国共产党带领的英勇的中国人民在革命斗争中积淀下来的。它是夏明翰"砍头不要紧,只要主义真。杀了夏明翰,还有后来人"的坚定;它是吉鸿昌"夫今死矣!是为时代而牺牲"的果敢;它是方志敏"你法西斯匪徒们只能砍下我们的头颅,决不能丝毫动摇我们的信仰"的无畏……在革命战争年代,我们形成了红船精神、井冈山精神、长征精神、延安精神、西柏坡精神等。这些成为中华民族独特的精神标识,鼓舞着一代又一代人无惧无畏,为了心中的理想而努力奋斗。新中国成立以来,我们在发展社会主义的过程中,在中国共产党的领导下进行了社会主义实践,取得了令世人瞩目的成就,在文学、艺术、教育等方面的发展迅猛。新时代精神文明建设作为一种社会实践,它要在一定理论的指导下才得以进行,而文化自信可以塑造人们良好的精神状态、为新时代精神文明建设提供理论指导、提供新时代精神文明建设的广阔空间。

四 组织动员支撑

在塞缪尔·亨廷顿看来,"组织是通向政治权力之路,也是政治稳定的基础,因而也就是政治自由的前提"。"动员"最开始是作为一个军事用词使用的,意为"出师准备"或"能动之员",后来"动员"一词才在非军事领域广泛运用。对"组织"与"动员"之间的关系,塞缪尔·亨廷顿指出,"动员和组织本来就是获取或建立政权的过程""组织是通向政治权力之路,也是政治稳定的基础,因而也就是政治自由的前提""身处正在实现现代化之中的当今世界,谁能组织政治,谁就能掌握未来"。[①] 在任何一个国家中,组织动员是整合社会力量、实现统治阶级意志、指向行动的路径。

在当前我国进行新时代精神文明建设的过程中,我国进行精神文明建设的组织动员有严密的组织支撑,主要表现在中国共产党严密的组织机构、群团组织、精神文明建设委员会等。比如,我国颁布实施的《中国共产党党和国家机关基层组织工作条例》对基层党组织的工作原则、组织设置、基本职责、党员队伍建设、党内民主和监督、党务工作人员队伍建

---

① 〔美〕亨廷顿:《变化社会中的政治秩序》,周琪等译,新华出版社,2010,第348、382页。

设、领导和保障等进行了严格的规定,确保党领导下的各项工作能够在党务工作人员的努力下迅速传达,能够简洁、高效、便利地实施。经由这种权力的建构,新时代精神文明建设的内容在这一基层党组织的保障下,可以借助话语、教育、交流等迅速地进行传播,影响人民群众的价值观、意识、期待、态度等,最大限度地凝聚人们的共识,从而为落实新时代精神文明建设的目标而努力。除了基层党组织的各项力量外,我国的群团组织也对新时代精神文明建设起到了组织动员作用。所谓群团组织,主要是指工会、共青团、妇联等。我国的领导人一直非常重视群团组织功能的发挥。2015年7月,习近平总书记在中央召开的党的群团工作会议上指出:"新形势下,党的群团工作只能加强、不能削弱,只能改进提高、不能停滞不前","在革命、建设和改革各个历史时期,在党的领导下,工会、共青团、妇联等群团组织积极发挥作用,组织动员广大人民群众坚定不移跟党走,为党和人民事业发展作出了重大贡献"①。群团组织是面向特定人群的特定组织机构,能够借助其活动组织、舆论宣传等扩大群众基础,达到广泛的参与度,为实现组织目标聚合力量。另外,为进一步推进精神文明建设,我国从上到下各个层级均设立了精神文明建设相关机构,处于最高层级的是中央精神文明建设指导委员会,省、区、市各级设有精神文明建设机构,这就为专门开展新时代精神文明建设提供了牢固的组织保障。

除了上述我国进行新时代精神文明建设有着健全的动员机构,我们还要看到,进行新时代精神文明建设中我国拥有中国共产党这个核心领导力量。中国共产党作为中国特色社会主义事业的领导核心,为组织动员设计了制度架构,它的目的是统合社会的不同力量、凝聚共识、综合不同的利益。一个政党能否在一个国家站稳脚跟在很大程度上与这个政党所获得的群众支持度关联。作为一个资本主义国家政坛背景的学者,亨廷顿认为共产党能够统治,"它们的确提供了有效的权威。它们的意识形态为政府的合法性提供了依据,它们的党组织为赢得支持和执行政策提供了权力机构的机制"②。中国共产党领导地位的确立是历史的选择,也是人民的选择。

---

① 《习近平谈治国理政》(第二卷),外文出版社,2017,第307页。
② 〔美〕亨廷顿:《变化社会中的政治秩序》,周琪等译,新华出版社,2010,第7页。

中国共产党的宗旨是全心全意为人民服务。不管在革命、建设还是改革时期，它都代表着人民的利益，因此能够维持我国的权威政体，在社会各阶层力量此消彼长的时候仍然能够保持相对和谐。基于这一点，中国共产党历经百年的发展仍然保持着生机活力，并且在一些重大的历史时刻能够集中力量办大事，帮助人民群众解决实际的困难。在进行新时代精神文明建设的过程中，党为精神文明建设指明了方向，能够统筹全局，为全面建成小康社会和实现中华民族伟大复兴提供了保障。

进行新时代精神文明建设，健全的动员机构、党的领导核心都非常重要，还有一个重要的方面，就是我国强大的舆论宣传机器在组织动员中起着重要的作用。2019年颁布的《中国共产党宣传工作条例》指出，宣传工作"是坚持党的政治路线、加强党的政治建设、加强党的思想政治领导、巩固党的群众基础和执政基础的重要方式，是为实现党的主张和奋斗目标动员组织党员、干部和群众所进行的理论武装、舆论引导、思想教育、文化建设、文明培育等工作和活动"①。毫无疑问，任何舆论宣传都带有一定的意识形态倾向，不同的宣传话语产生不同的传播效果。对善的传播，有利于形塑人们的无意识，扩大善的主体力量；对恶的传播，可能造成一定社会主体对恶的模仿。是否进行积极有效的舆论宣传，关系能否发挥舆论宣传引领正能量的作用，关系意识形态的巩固，关系执政党能否长久地进行执政。目前我国建立了一整套完整的舆论宣传系统，从中央到地方建立了完善的舆论宣传系统，报纸、广播、电视、网络等大众传媒在舆论宣传方面发挥着重要的作用。但必须要正视的是，伴随信息技术的发展，人民听到的可能并不止官方的声音，网络渗透进人们日常生活的每一个方面，网络上的海量信息对人们的思想观念产生冲击，部分消解了官方权威的声音。在这种情况下，进行新时代精神文明建设，要让社会主义核心价值观深入人心，让道德更好地发挥协调人的行为的作用，让法治更好地发挥指引人的行为的作用，就需要官方在各种社会事件面前及时"发声"，不能"缺位"和"失声"。依靠大众传播媒介，借助声色光影的作用，人们更容

---

① 《全面提升新时代宣传工作的科学化规范化制度化水平》，《人民日报》2019年9月1日，第2版。

易在无意识中接受某种价值观念，这也就为新时代精神文明建设过程提供了舆论宣传机器的组织动员支撑。

另外，当前我国各级组织层级式的运行模式也为新时代精神文明建设提供了有力的保障。所谓层级式运作模式，是指组织中的各层级各在其位、各司其职，对各自的工作职责负有全权的责任。层级式的运作模式保证了各个层级组织工作任务的清晰、组织中各成员工作目标的清晰，层层发动，为提高工作效率作了准备。在我国，各级组织受到中国共产党的集中统一领导，能够控制组织动员的规模、速度和方向，各级组织有相应的考评细则，这就使新时代精神文明建设得到具体落实，有了扎实的根基。"社会动员是一个过程，通过它，'一连串旧的社会、经济和心理信条全部受到侵蚀或被放弃，人们转而选择新的社交格局和行为方式'。"① 比如，在新时代精神文明建设过程中，中央精神文明建设指导委员会确立总的工作基调、工作原则、工作任务、工作目标，然后将任务细化，具体分解到各个层级需要达标的内容中，并进行量化考核，这样就有利于相关精神建设部门的工作人员将工作做细做实、深入基层，通过各级组织层级式运作模式，为新时代精神文明建设提供群众基础和保障。

---

① 〔美〕亨廷顿：《变化社会中的政治秩序》，上海人民出版社，2015，第26页。

第四章　新时代精神文明建设过程的特质地位

党的十八大以来，在以习近平同志为核心的党中央有力领导下，我国精神文明建设踏上新征程、迈出新步伐，党和国家的精神面貌发生了可喜的变化，各方面都取得了历史性成就，形成中国特色社会主义新时代精神文明建设的新阶段。

中国特色社会主义新时代精神文明建设过程的开启以过往精神文明建设过程和成就为前提，两者有历史继承性。但它毕竟是立足于新时代展开的，宏观的时代背景发生了双重变化：宏观世界处在百年未有之大变局，中国特色社会主义处于新时代；中观国际、国内客观环境发生双重变化；微观的一些具体要素如建设主体、建设资源、建设要求，也都相应地发生了变化。与此同时，我们对精神文明建设本身有了更深入的了解，主客体、主客观都与以往有明显不同。新时代中国特色社会主义精神文明建设过程，也因此具有自己独有的特征、内质和地位。对这些显著特征、基本内质和独特地位的梳理，既是我们把握新时代精神文明建设过程的基本要求，也是未来更好地推进精神文明建设的内在需要，亦为"两个百年奋斗目标"的实现提供了有益的借鉴资源。

第一节　新时代精神文明建设过程的显著特征

新时代精神文明建设过程是在特有的主客观条件下开启和进行的，因而形成了自己一些特有的显著表征。这些表征有一些是以往精神文明建设过程也有的，只是在新时代的背景下更为凸显，有一些则是新时代特有的。它们共同构成新时代精神文明建设的显著特征。大致包括：政治方向、价值导向和实践指向的有机统一；精神、价值、文化、思想和行为风尚的全要素统一；民族传统、时代特色和国际视野的有机统一；目标任务、时空视域不同层次、多种维度的有机统一，具体就是现代国家、现代社会、现代公民三重指向的有机统一；城市、村镇、社区、单位、家庭和校园的全覆盖统一；传统主渠道、现代新媒体、创新新平台的有机统一；等等。

一 政治方向、价值导向和实践指向的有机统一

东西南北中，党是领导一切的。中国特色社会主义最本质的特征，中国特色社会主义制度的最大优势，就是中国共产党领导。正如习近平总书记在庆祝改革开放40周年大会上的重要讲话中强调的："正是因为始终坚持党的集中统一领导，我们才能实现伟大历史转折、开启改革开放新时期和中华民族伟大复兴新征程，才能成功应对一系列重大风险挑战、克服无数艰难险阻，才能有力应变局、平风波、战洪水、防非典、抗地震、化危机，才能既不走封闭僵化的老路也不走改旗易帜的邪路，而是坚定不移走中国特色社会主义道路。"[①]

中国共产党之所以带领中国人民取得一个又一个伟大的胜利，很重要的一点就是始终秉持自觉而又强烈的政治方向意识、有坚定的政治方向感，不会行错、不会踏空、不会走偏。习近平总书记为此说："方向决定前途，道路决定命运。我们要把命运掌握在自己手中，就要有志不改、道不变的坚定。"[②] 因此，中国共产党进行的各项伟大事业、伟大工程，都是有鲜明的政治方向的，精神文明建设也不例外。那么，中国共产党人的政治方向是什么？习近平总书记指出："政治方向是党生存发展第一位的问题，事关党的前途命运和事业兴衰成败。我们所要坚守的政治方向，就是共产主义远大理想和中国特色社会主义共同理想、'两个一百年'奋斗目

[①] 习近平:《在庆祝改革开放40周年大会上的讲话》,《人民日报》2018年12月19日,第2、3版。

[②] 习近平:《在庆祝改革开放40周年大会上的讲话》,《人民日报》2018年12月19日,第2、3版。

标，就是党的基本理论、基本路线、基本方略。"① 政治方向从大的方面讲就是坚持社会主义，从小的方面讲就是坚持党的基本理论、基本路线、基本方略。

从这个意义上讲，我国的社会主义精神文明建设始终坚持了正确的政治方向。中国特色社会主义新时代精神文明建设过程的开启和进行，特别强调了政治方向的重要性。这表现为以下两点。

第一，中国特色社会主义新时代，我们推出全面从严治党。把党的政治建设摆在突出位置，强调党的政治建设是党的根本性建设，特别强调了"以党的政治建设为统领"，而"加强党的政治建设就是要发挥政治指南针作用……就是要推动全党把坚持正确政治方向贯彻到谋划重大战略、制定重大政策、部署重大任务、推进重大工作的实践中去，经常对表对标，及时校准偏差，坚决纠正偏离和违背党的政治方向的行为，确保党和国家各项事业始终沿着正确政治方向发展。"② 新时代精神文明建设自不例外。而且，我们在全面从严治党过程中推出的理想信念教育，"不忘初心、牢记使命"主题教育，以及马克思主义理论学习教育，同时也属于新时代精神文明建设的内容。

第二，我们在一些具体的精神文明建设过程和活动中，反复强调政治方向的重要性。比如，关于精神文明建设中的宣传工作，我们强调，要坚持正确政治方向，在基础性、战略性工作上下功夫，在关键处、要害处下功夫，在工作质量和水平上下功夫，推动宣传思想工作不断强起来③；2019年1月召开的全国文明办主任会议，强调要认真做好战略思考和宏观谋划，牢牢把握精神文明建设工作的正确方向，以习近平新时代中国特色社会主义思想统领精神文明建设工作，牢记"四个意识"，坚持政治立场和政治原则，遵守政治纪律和政治规矩。

---

① 《把党的政治建设作为党的根本性建设　为党不断从胜利走向胜利提供重要保证》，《人民日报》2018年7月1日，第1版。
② 《把党的政治建设作为党的根本性建设　为党不断从胜利走向胜利提供重要保证》，《人民日报》2018年7月1日，第1版。
③ 《举旗帜聚民心育新人兴文化展形象　更好完成新形势下宣传思想工作使命任务》，《人民日报》2018年8月23日，第1版。

政治方向同时含有政治立场、政治原则，政治立场往往与价值立场密切相关。具有鲜明的价值导向、价值取向是中国特色社会主义新时代精神文明建设的又一显著特征。这一显著特征，相较于以前的精神文明建设，又有了新的时代内容。具体如下。

第一，提出社会主义核心价值观即富强、民主、文明、和谐、自由、平等、公正、法治、爱国、敬业、诚信、友善。新时代精神文明建设过程强调："要在全社会大力弘扬和践行社会主义核心价值观，使之像空气一样无处不在、无时不有，成为全体人民的共同价值追求，成为我们生而为中国人的独特精神支柱，成为百姓日用而不觉的行为准则"[①]，"要切实把社会主义核心价值观贯穿于社会生活方方面面。要通过教育引导、舆论宣传、文化熏陶、实践养成、制度保障等，使社会主义核心价值观内化为人们的精神追求，外化为人们的自觉行动"[②]。培育和践行社会主义核心价值观成为精神文明建设的主线，渗透到建设过程的各个环节、各个方面，同时成为新时代精神文明建设基本的价值遵循和价值指引。

第二，提出以人民为中心的发展观，以人民为中心构成新时代精神文明建设全过程最核心的价值取向和价值诉求。新时代精神文明建设强调："抓精神文明建设要办实事、讲实效，紧紧围绕促进人民福祉来进行，坚决反对形式主义、官僚主义，努力满足人民群众不断增长的精神文化需求。"[③] 强调要最大限度地"吸引群众广泛参与，推动人们在为家庭谋幸福、为他人送温暖、为社会做贡献的过程中提高精神境界、培育文明风尚"[④]。更加注重依靠人民、团结群众，更加强调增强人民群众在精神文明建设中的主人翁意识。以人民为中心成为新时代精神文明建设中不断展开、持续最核心的价值统摄。

[①] 中共中央文献研究室编《十八大以来重要文献选编》（中），中央文献出版社，2016，第134页。

[②] 《把培育和弘扬社会主义核心价值观作为凝魂聚气强基固本的基础工程》，《人民日报》2014年2月26日，第1版。

[③] 《人民有信仰民族有希望国家有力量 锲而不舍抓好社会主义精神文明建设》，《人民日报》2015年3月1日，第1版。

[④] 《把培育和弘扬社会主义核心价值观作为凝魂聚气强基固本的基础工程》，《人民日报》2014年2月26日，第1版。

第三，新时代精神文明建设更为强调人类解放的价值引导作用。中国是以马克思主义为指导思想的社会主义国家，马克思主义奋斗目标是实现共产主义，人类解放是其价值旨归。习近平总书记为此强调："中国共产党是为中国人民谋幸福的政党，也是为人类进步事业而奋斗的政党。中国共产党始终把为人类作出新的更大的贡献作为自己的使命。"① 为了彰显人类解放的价值引导地位，新时代精神文明建设有两个突出之处，一是突出强调了理想信念教育的重要性，提出"坚定理想信念，坚守共产党人精神追求，始终是共产党人安身立命的根本。对马克思主义的信仰，对社会主义和共产主义的信念，是共产党人的政治灵魂，是共产党人经受住任何考验的精神支柱"②。它们是共产党人精神上的"钙"。强调："一个国家，一个民族，要同心同德迈向前进，必须有共同的理想信念作支撑"③，为此"我们要把理想信念教育作为群众性精神文明创建活动的中心环节，让理想信念的明灯永远在全国各族人民心中闪亮"④。二是与构建人类命运共同体紧密对接。新时代精神文明建设极力塑造具有时代新高度的文明，塑造时代新人，其中很重要一点就是要具有人类命运共同体理念。人类命运共同体无疑是人类解放很重要的载体和路径。

马克思说，全部社会生活在本质上是实践的。新时代精神文明建设全过程中都非常重视这一点，实践指向构成它另一个显著的时代特征。主要表现如下。

第一，鲜明的问题导向。新时代精神文明建设中很多规划、指导文件的出台，很多具体举措的推出，具体要求的提出，都是针对实践中出现的、遇到的各种各样的问题、难题，是以问题为导向的。新时代精神文明建设就是针对信念迷失和精神"缺钙"问题、价值多元和思想共识问题、文明失衡和软实力不彰问题、世界大国与文化自信问题、网络时代与意识

---

① 习近平：《决胜全面建成小康社会 夺取新时代中国特色社会主义伟大胜利——在中国共产党第十九次全国代表大会上的报告（2017年10月18日）》，人民出版社，2017，第57~58页。
② 《习近平谈治国理政》（第一卷），外文出版社，2018，第15页。
③ 《人民有信仰民族有希望国家有力量 锲而不舍抓好社会主义精神文明建设》，《人民日报》2015年3月1日，第1版。
④ 《关于深化群众性精神文明创建活动的指导意见》，《人民日报》2017年4月6日，第9版。

形态安全问题而开启的。我们在制定诸如《关于加强基层宣传思想文化工作的意见》《关于深化群众性精神文明创建活动的指导意见》等具体文件时，都强调其所针对的实践中的问题。王沪宁在中央精神文明建设指导委员会第一次全体会议上专门指出，新时代精神文明建设一定要强化问题导向，每年扎扎实实推动解决几件实事，让群众有更多获得感、幸福感、安全感。①

第二，特别强调精神文明建设要融入实践、精神文明要转化为文明实践。习近平总书记明确强调，精神文明建设，建设的是理想信念，建设的是思想道德，建设的是文明风尚，最需要虚功实做、最忌流于形式，要大兴求实、务实、落实之风②，还说，一种价值观要真正发挥作用，必须融入社会生活，让人们在实践中感知它、领悟它。要注意把我们所提倡的与人们日常生活紧密联系起来，在落细、落小、落实上下功夫③。为此我们反复强调，精神文明建设最终要落实到实践养成，成为人们接受和认可的实践规范、成为百姓日用而不觉的行为准则，并转化为人民群众的自觉行动。为此《关于深化群众性精神文明创建活动的指导意见》列出了很多具体实践举措，新版《全国文明城市测评体系》专门细化为80余个测评指标体系来具体考评；在具体建设过程中，经常项目化，按工程化操作方式，列出时间表和任务书，以促进具体实践的完成。

第三，尊重人民群众的实践创造精神，高度重视群众性精神文明实践。尊重人民群众的实践创造精神，是我党的优良传统，也是改革开放得以成功的重要经验。在中国特色社会主义新时代，我们非常重视这个传家宝，在精神文明建设中也不例外。我们经常把群众创造的好做法、好办法、好想法、好经验及时总结上升为工作决策，进行推广普及，转化为实践抓手。与此同时，高度重视人民群众的主体地位，鼓励、动员全民参

---

① 《中央精神文明建设指导委员会召开第一次全体会议》，《人民日报》2018年2月6日，第1版。
② 《人民有信仰民族有希望国家有力量　锲而不舍抓好社会主义精神文明建设》，《人民日报》2015年3月1日，第1版。
③ 《把培育和弘扬社会主义核心价值观作为凝魂聚气强基固本的基础工程》，《人民日报》2014年2月26日，第1版。

与，甚至强调从娃娃抓起，使每一个人都不掉队。非常重要的是，我们强调：群众性精神文明创建活动是人民群众群策群力、共建共享、改造社会、建设美好生活的创举，是提升国民素质和社会文明程度的有效途径，是把社会主义精神文明建设的任务要求落实到城乡基层的重要载体和有力抓手。① 大力倡导、推动群众性精神文明创建活动，成为新时代精神文明建设的突出亮点。

总之，新时代精神文明建设过程从其开启时，就强调要讲政治，要服务于人民发展、要为创造人民美好生活而努力，要重视实践指向，很好地把政治方向、价值导向和实践指向有机统一起来。

二 精神、价值、文化、思想和行为风尚的全要素统一

新时代精神文明建设过程实现了政治方向、价值导向和实践指向的有机统一，其背后则是"三向"所涉及的各种要素的有机统一，具体来说，新时代精神文明建设是精神、价值、文化、思想和行为风尚等精神文明全要素的统一，我们在新时代建设精神文明，特别重视这种全要素的统一，希望达到精神文明建设的最佳绩效与合力。这也构成了它的显著时代特征。

第一，关于精神。党的十八大以来，我们把精神文明建设贯穿改革开放全过程，就是希望充分发挥精神养成的重要作用。因为我们认识到，伟大的事业需要伟大的精神，精神文明建设必须塑造中国精神。这在以下两个方面表现特别突出。一是特别重视理想信念教育，因为我们认识到理想信念是精神上的"钙"，是国家和民族精神系统中最重要的力量，习近平总书记反复强调这一点。我们不仅在全面从严治党中强调理想信念教育的重要性，经常进行专题教育，而且针对全体民众建成和免费开放各种图书馆、博物馆、纪念馆，以及各种红色革命教育基地，举办各种大型纪念活动；针对青少年学生，深化改革进行思政课教学大、中、小一体化，想方设法传承、弘扬理想信念。理想信念教育成为新时代精神文明建设过程中明确的标识。二是特别重视弘扬中国精神。习近平总书记强调，实现中华

---

① 《关于深化群众性精神文明创建活动的指导意见》，《人民日报》2017年4月6日，第9版。

民族伟大复兴的梦想"必须弘扬中国精神。这就是以爱国主义为核心的民族精神，以改革创新为核心的时代精神。这种精神是凝心聚力的兴国之魂、强国之魂"①。因此，他强调文艺作品一定要举精神之旗、立精神支柱、建精神家园；务必将弘扬中国精神作为精神文明建设的内在诉求。《关于深化群众性精神文明创建活动的指导意见》将加强爱国主义教育单列一项，明确提出，要"把爱国主义教育作为永恒主题"，"让爱国主义成为每一个中国人的坚定信念和精神依靠"②。

第二，关于价值。新时代精神文明建设一个突出标志就是认识"对一个民族、一个国家来说，最持久、最深层的力量是全社会共同认可的核心价值观"③。这样的核心价值观确实凝魂聚气，关系国家长治久安、民族团结振兴、不断发展壮大。新时代精神文明建设过程中紧紧围绕党的十八大凝练出的社会主义核心价值观做文章，把培育和弘扬社会主义核心价值观打造成凝魂聚气、强基固本的基础工程，把抓好社会主义核心价值观建设视为精神文明建设的根本任务。党的十九大强调要培育和践行社会主义核心价值观，发挥社会主义核心价值观对国民教育、精神文明创建、精神文化产品创作生产传播的引领作用，把社会主义核心价值观融入社会发展各方面。④ 为此，强调领导干部要做践行社会主义核心价值观的"领头雁"，广大党员、干部必须带头学习和弘扬社会主义核心价值观；要从娃娃抓起、从学校抓起，少儿要熟记熟背、融化于心，让社会主义核心价值观的种子生根发芽，少年要学思践悟社会主义核心价值观，人生的扣子从一开始就要扣好；强调把社会主义核心价值观融入家庭、家教、家风建设中，强调文艺创作、文艺活动、日常宣传和各种群众性精神文明活动，都要传播、弘扬、践行社会主义核心价值观。

第三，关于文化。精神文明建设和文化的关系非常密切。它既要在一

---

① 中共中央文献研究室编《十八大以来重要文献选编》（上），中央文献出版社，2014，第235页。
② 《关于深化群众性精神文明创建活动的指导意见》，《人民日报》2017年4月6日，第9版。
③ 中共中央文献研究室编《十八大以来重要文献选编》（中），中央文献出版社，2016，第2页。
④ 习近平：《决胜全面建成小康社会 夺取新时代中国特色社会主义伟大胜利——在中国共产党第十九次全国代表大会上的报告（2017年10月18日）》，人民出版社，2017，第42页。

定的文化氛围中借助一定的文化形式进行，又要做到促进一定文化的形成。新时代精神文明建设在这方面有三个突出表现。

一是新时代精神文明建设过程的展开，和党的十八大以来推进文化产业发展、公共文化服务体系建设等文化建设紧密结合在一起，或者说这些文化建设的路径和方式同时构成新时代精神文明建设的内容，例如农村广播电视村村通、户户通工程，乡镇综合文化站等公共文化服务设施建设，同时也是新时代精神文明建设的载体。

二是习近平总书记指出，培育和弘扬社会主义核心价值观必须立足中华优秀传统文化。① 新时代精神文明建设过程的展开，特别重视与传统文化创造性转化、创新性发展结合起来，如重视利用"我们的节日""我们的家训""厅堂悬挂家训、培育文明家风"等颇具民族传统特色的活动，把优秀传统文化中的"有机成分""合理养分"发掘出来进行时代化，进而使之与理想信念教育、社会主义核心价值观融合起来。同时，我们特别重视挖掘、传播革命文化，使革命文化成为加强精神文明建设的动力，使建设社会主义先进文化成为精神文明建设前进的方向和基本价值追求。

三是新时代精神文明建设和文化自信密不可分。这也是非常重要的时代特色。"文化自信，是更基础、更广泛、更深厚的自信。在五千多年文明发展中孕育的中华优秀传统文化，在党和人民伟大斗争中孕育的革命文化和社会主义先进文化，积淀着中华民族最深层的精神追求，代表着中华民族独特的精神标识。"② 新时代精神文明建设的一个根本任务，就是弘扬、贯通和整合中华优秀传统文化、革命文化和社会主义先进文化，并不断开拓创新，进一步确立和巩固文化自信。

第四，关于思想。这里有四个层面。一是与科学教育有关的正确思想认识。新时代精神文明建设高度重视将科教文卫事业和科教兴国战略、创新驱动战略紧密结合在一起，强调科学文化是培养现代公民、社会主义现

---

① 《把培育和弘扬社会主义核心价值观作为凝魂聚气强基固本的基础工程》，《人民日报》2014年2月26日，第1版。
② 中共中央文献研究室编《十八大以来重要文献选编》（下），中央文献出版社，2018，第349页。

代化不可或缺的基本支撑，培育"四有公民"和促进科技现代化是精神文明建设的重要任务。二是与马克思主义理论素养有关的思想理论水平。新时代精神文明建设除了对广大党员干部，以及青年学生进行马克思主义基本理论素养培育外，还在全社会掀起学习教育习近平新时代中国特色社会主义思想的高潮，全国各地组织不同种类、不同层次的宣讲团进行普及宣传，强调它的指导价值和权威地位。三是与政治立场有关的政治思想觉悟。新时代精神文明建设除了在全社会大力弘扬理想信念，宣传普及马克思主义理论及其中国化成果，在青年学生中专门开设思想政治课外，还强调党史、新中国史、改革开放史、社会主义发展史的"四史"宣传教育，组织党的重要会议、重要文件（如党的十八大报告、十九大报告、十九届四中全会讲话等）的宣传教育，以普及新时代党的路线方针政策、重大战略部署等。四是与道德修养有关的思想道德境界。全面加强思想道德建设，提升人们的道德情操、道德情感、道德品质，提升社会公德、职业道德、家庭美德、个人品德教育，弘扬真善美，传播正能量，始终是精神文明建设的重要内容和重要课题，新时代精神文明建设有以下突出表现。①制定出台一系列规范性文件来引导和支持，如《新时代公民道德建设实施纲要》《社会信用体系建设规划纲要（2014—2020年）》等。②特别重视党员干部的示范效应，重视修官德、明道德。③特别重视道德模范的引领教育作用。党的十八大以来，推选时代楷模、最美人物等先进典型，建构好人榜、评选不同行业道德先进人物蔚然成风。④特别重视诚信建设，推动了诚信建设制度化。

第五，关于行为风尚。精神文明建设最终的落脚点就是培养文明的人，文明的人要有文明的行为，精神、价值、文化、思想最终都要转变成主体的行为。从主体角度讲，精神文明建设可以用一句话概括，即内化于心，外化于行，如果落实不到行动上，精神文明建设很难说富有成效。不过鉴于主体有两种向度，一种是个体主体，另一种是群体主体，这两种向度外化于"行"就体现为两种情况，一种是个体的自觉行为，另一种是普遍的社会行为习惯、社会行为风尚。2014年2月，习近平总书记主持中央政治局第十三次集体学习时提出，要把社会主义核心价值观的要求融入各种精神文明创建活动之中，吸引群众广泛参与，推动人们在为家庭谋幸福、为他人送温暖、为社会作贡献的过程中提高精神境界、培育文明风尚①；刘奇葆同志更明确地说："价值观要真正发挥作用，必须融入市民群众的生产生活、学习工作和行为习惯，让市民群众在实践中感知领悟和自觉践行。要广泛开展文明社会风尚行动，加强文明交通、文明旅游、文明上网等教育引导，大力普及文明礼仪规范，引导人们养成良好行为习惯。"② 新时代精神文明建设在这方面有三个突出特征，一是特别注重行为规范，如制定公民道德实施纲要，专门规范了道德行为，"遵守旅游文明行为规范"被写入旅游法，出台《游客不文明行为记录管理暂行办法》，每年确定一个主题开展交通安全文明行动。二是特别重视各种文明榜样、道德模范人物对公民文明行为的引领作用，重视家风家教对文明行为的潜移默化、润化养成作用。三是特别重视群众性精神文明创建活动，努力使群众在参与中形成文明行为、文明习惯。最终移风易俗、风化天下，形成普遍性的践行社会主义核心价值观的行为风尚。

应该说，精神、价值、文化、思想和行为风尚等精神文明建设的全要素，本身就具有内在联系。新时代精神文明建设过程，特别重视它们之间的互相渗透、内在支撑、有机统一。比如中国精神的核心就是社会主义核心价值观，文化自信离不开核心价值的引领和支撑，而理想信念教育既涉及精神、价值，也涉及思想、文化。党的十九大报告为此特别强调社会主义核心价值观是当代中国精神的集中体现，培育和践行社会主义核心价值观是文化自信不可或缺的路径，要把精神、价值、思想融入文艺工作、文化事业和文化产业中去。③ 当然，最终都要转化为人民群众的自觉行动，形成良好的社会风尚。

三 尊重民族传统、富有时代特色和重视国际视野的有机统一

新时代精神文明建设过程非常具有民族特点，这突出表现在它对民族

---

① 《把培育和弘扬社会主义核心价值观作为凝魂聚气强基固本的基础工程》，《人民日报》2014年2月26日，第1版。
② 刘奇葆：《建设崇德向善、文化厚重、和谐宜居的文明城市》，《党建》2017年第7期。
③ 习近平：《决胜全面建成小康社会 夺取新时代中国特色社会主义伟大胜利——在中国共产党第十九次全国代表大会上的报告（2017年10月18日）》，人民出版社，2017，第42~44页。

传统的继承和发展上。

首先,高度重视中华优秀传统文化的创造性转化、创新性发展。我们强调:"中华民族有着深厚文化传统,形成了富有特色的思想体系,体现了中国人几千年来积累的知识智慧和理性思辨。这是我国的独特优势。中华文明延续着我们国家和民族的精神血脉。"① "中华优秀传统文化是中华民族的精神命脉,是涵养社会主义核心价值观的重要源泉,也是我们在世界文化激荡中站稳脚跟的坚实根基。"具体言之,"中华民族在长期实践中培育和形成了独特的思想理念和道德规范,有崇仁爱、重民本、守诚信、讲辩证、尚和合、求大同等思想,有自强不息、敬业乐群、扶正扬善、扶危济困、见义勇为、孝老爱亲等传统美德"。这些传统美德是人类历来尊崇的价值,始终具有文明的意蕴,我们要学会"以古人之规矩,开自己之生面"②,实现对中华优秀传统文化的创造性转化和创新性发展,使之融入现代文明,成为社会主义核心价值观和中国精神的内在因子。"中华优秀传统文化已经成为中华民族的基因,植根在中国人内心,潜移默化影响着中国人的思想方式和行为方式。"它们的确有"有其鲜明的民族特色",但亦有"其永不褪色的时代价值",我们今天提倡和弘扬社会主义核心价值观,"必须从中汲取丰富营养,否则就不会有生命力和影响力"③。

其次,重视充分利用传统文化的形式、载体来实现精神文明的传承创新、成风育人功能。比如,重视开掘春节、清明、端午、中秋、重阳等传统节日的文化育人功能。党的十八大以来,国家把其中一些传统节日作为法定节假日大加提倡,甚至以国家的力量推动这些传统节日复兴;国家加大力度对一些优秀的传统乡风民俗、村规民约进行保护。此外,更为自觉地保护历史文化名城名镇和古村落、古民居,"让居民望得见山、看得见水、记得住乡愁"。"包括文物古迹,历史文化名城、名镇、名村,历史街

---

① 《习近平谈治国理政》(第二卷),外文出版社,2017,第340页。
② 中共中央文献研究室编《十八大以来重要文献选编》(中),中央文献出版社,2016,第135~136页。
③ 中共中央文献研究室编《十八大以来重要文献选编》(中),中央文献出版社,2016,第5页。

区、历史建筑、工业遗产,以及非物质文化遗产"①,挖掘和弘扬其中的优秀传统文化、民族精神,光大传统美德,厚植家国情怀,培养文化自信。

最后,高度重视对民族传统育人化人行之有效的方法、理念的继承创新。比如中国古代特别强调"莫以恶小而为之,莫以善小而不为",倡导行德致善、成风化人一定要从小事做起,从自我做起。习近平总书记在新时代特别强调:"从小做起,就是要从自己做起、从身边做起、从小事做起,一点一滴积累,养成好思想、好品德。"② 这方面最突出的表现是新时代精神文明建设对家风家教的重视。习近平总书记说:"中华民族历来重视家庭。……尊老爱幼、妻贤夫安、母慈子孝、兄友弟恭、耕读传家、勤俭持家、知书达礼、遵纪守法、家和万事兴等中华民族传统家庭美德,铭记在中国人的心灵中,融入中国人的血脉中,是支撑中华民族生生不息、薪火相传的重要精神力量,是家庭文明建设的宝贵精神财富。……家长特别是父母对子女的影响很大,往往可以影响一个人的一生。" 各级领导干部特别是高级干部要"做家风建设的表率,把修身、齐家落到实处",而"广大家庭都要重言传、重身教,教知识、育品德,身体力行、耳濡目染,帮助孩子扣好人生的第一粒扣子,迈好人生的第一个台阶"③。以家风家教为重点内容的家庭文明建设构成新时代精神文明建设过程中重要而又独特的组成部分。

新时代精神文明建设过程的开启是有特定时代方位的,从国际上看,世界处在百年未有之大变局;从国内看,中国处在中国特色社会主义新时代,是在主动因应这种时代变化而进行精神文明建设。正如习近平总书记所说:"只有站在时代前沿,引领风气之先,精神文明建设才能发挥更大威力。"④ 新时代精神文明建设一个根本努力方向就是"用富有时代气息的

---

① 中共中央文献研究室编《十八大以来重要文献选编》(下),中央文献出版社,2018,第88页。
② 《让社会主义核心价值观的种子在少年儿童心中生根发芽》,《人民日报》2014年5月31日,第1版。
③ 《习近平谈治国理政》(第二卷),外文出版社,2017,第353、355、356页。
④ 《人民有信仰民族有希望国家有力量 锲而不舍抓好社会主义精神文明建设》,《人民日报》2015年3月1日,第1版。

中国精神凝聚中国力量。"① 因此，新时代精神文明建设过程被深深打上了时代烙印，具有鲜明时代特色。

首先，表现为新时代精神文明建设，主动回应时代难题。中国特色社会主义进入新时代，发展起来的问题比不发展时更多。比如长期重视经济发展而造成的物质文明和精神文明"一手硬、一手软"，存在明显失衡问题；在市场经济和经济全球化时代，经济利益重要性日益凸显，包括党员干部在内的部分人理想信念迷失，以及由此形成的精神缺"钙"问题，缺乏奋斗的精神动力和斗志；改革进入攻坚期和深水区，社会问题日渐增多，两极分化现象有所出现，人们对改革有了越来越多的争议、分歧，改革共识受到冲击；信息时代、网络时代，随着自媒体等新型媒体的出现，网络意识形态安全日趋严重；以及中国作为世界大国，软实力和硬实力不对称的问题，在世界交往日益频繁的时代，中国人的文明素养日益被人诟病的问题；等等。新时代精神文明建设中的很多内容，就是针对这些问题而提出和设计的。

其次，表现为新时代精神文明建设，聚焦新时代社会主要矛盾的变化，积极回应重大时代诉求，服务于时代发展战略。众所周知，新时代我国社会主要矛盾，已经演变为人民对美好生活的需要和发展不平衡不充分之间的矛盾，新时代精神文明建设努力为我国社会主义发展的平衡、充分和可持续提供精神动力、文化滋养，把满足人民对美好生活的需要作为奋斗目标，积极融入"五位一体"总体布局、"四个全面"战略。

最后，表现为新时代精神文明建设，特别重视结合时代情势、时代特征规划和展开。正如习近平总书记强调的："当前，社会上思想活跃、观念碰撞，互联网等新技术新媒介日新月异，我们要审时度势、因势利导，创新内容和载体，改进方式和方法，使精神文明建设始终充满生机活力。"② 新时代精神文明建设牢记习近平总书记提出的"过不了网络关就过

---

① 《坚持运用辩证唯物主义世界观方法论　提高解决我国改革发展基本问题本领》，《人民日报》2015年1月25日，第1版。
② 《人民有信仰民族有希望国家有力量　锲而不舍抓好社会主义精神文明建设》，《人民日报》2015年3月1日，第1版。

不了时代关"①，精神文明建设向网络空间拓展，不但注重网络技术、网络手段、网络平台对精神文明建设的传播、构建作用，而且注重内容革新优化以适应网络时代的传播，尤为重视实现内容和载体双重网络化、信息化来开展网上精神文明建设活动，如网络公益、网上榜样评选，还高度重视网络意识形态安全建设，强调"做好网上舆论工作是一项长期任务，要创新改进网上宣传，运用网络传播规律，弘扬主旋律，激发正能量，大力培育和践行社会主义核心价值观，把握好网上舆论引导的时、度、效，使网络空间清朗起来"②。

新时代精神文明建设过程也非常重视国际视野的开拓，这构成它另一个重要特征。首先，更为重视世界文明交流。面对经济全球化日益深化、世界交往越来越频繁，"每一种文明都扎根于自己的生存土壤，凝聚着一个国家、一个民族的非凡智慧和精神追求，都有自己存在的价值。人类只有肤色语言之别，文明只有姹紫嫣红之别，但绝无高低优劣之分"。"文明也是一样，如果长期自我封闭，必将走向衰落。交流互鉴是文明发展的本质要求。"③ 强调"今天，我们要铸就中华文化新辉煌，就要以更加博大的胸怀，更加广泛地开展同各国的文化交流，更加积极主动地学习借鉴世界一切优秀文明成果"④。我国为此进行了一系列的相关交流活动。例如2016年举办中埃文化年，2019年在北京举办"俄罗斯文化节"；举办文明论坛，如亚洲文明论坛；举办中外文化论坛，如2017年10月丝绸之路国际文化论坛，2020年中非文化交流论坛；等等。

其次，新时代精神文明建设非常重视我国国际形象的塑造。宣传是精神文明建设的重要内容。习近平总书记在2013年全国宣传思想工作会上强调："宣传思想工作，一项重要任务是引导人们更加全面客观地认识当代中国、看待外部世界。"国家形象问题是新时代务必关注的大问题，它涉

---

① 中共中央文献研究室编《十八大以来重要文献选编》（中），中央文献出版社，2016，第205页。
② 《总体布局统筹各方创新发展　努力把我国建设成为网络强国》，《人民日报》2014年2月28日，第1版。
③ 《习近平出席亚洲文明对话大会开幕式并发表主旨演讲》，《人民日报》2019年5月16日，第1版。
④ 习近平：《在敦煌研究院座谈时的讲话》，《求是》2020年第3期。

及国家软实力。2013年底,习近平在十八届中央政治局第十二次集体学习会上更具体地说,宣传工作一定要注意塑造"四种大国形象",即历史底蕴深厚、各民族多元一体、文化多样和谐的文明大国形象,政治清明、经济发展、文化繁荣、社会稳定、人民团结、山河秀美的东方大国形象,坚持和平发展、促进共同发展、维护国际公平正义、为人类作出贡献的负责任大国形象,对外更加开放、更加具有亲和力、充满希望、充满活力的社会主义大国形象。[①]他先后在庆祝中国共产党成立95周年大会、致中国国际电视台开播的贺信、党的十九大报告、2017年世界政党高层对话会、2018年亚洲博鳌论坛等重要场合反复吁求要真实塑造中国始终是世界和平的建设者、全球发展的贡献者、国际秩序的维护者的国际形象。《关于深化群众性精神文明创建活动的指导意见》强调要"积极推进中华文化走出去,树立中国文明进步、开放自信、亲切友善、负责任的大国形象,增进国际社会对中华文明的认识和理解,增强中华文明和中华民族的国际影响力"[②]。这构成新时代精神文明建设过程的重要主题。

最后,新时代精神文明建设非常关注国际问题,重视奉献中国智慧、传播中国经验。这里有两个突出表现。一是生态环境问题,全球气候变化、臭氧层破坏、空气污染扩散、废物污染转移等问题是世界所有国家共同面临的挑战。新时代精神文明建设,一方面大力宣传倡导习近平总书记提出的"生态兴则文明兴、生态衰则文明衰""绿水青山就是金山银山""良好生态环境是最公平的公共产品,是最普惠的民生福祉"等生态文明理念;积极宣传绿色生产生活方式,围绕世界地球日、世界环境日、世界森林日、世界水日、世界海洋日和全国节能宣传周等,广泛开展多种形式的主题宣传实践活动。另一方面助力推动国际交流合作,从巴黎气候变化大会到杭州峰会,从上合组织元首峰会到"一带一路"国际合作高峰论坛,从中非合作论坛约翰内斯堡峰会到金砖国家领导人会晤,从中国北京世界园艺博览会到第二十三届圣彼得堡国际经济论坛全会,都留下新时代精神文明建设的印迹。二是"世界面临的不稳定性不确定性突出,世界经

---

① 《习近平谈治国理政》(第一卷),外文出版社,2018,第155、162页。
② 《关于深化群众性精神文明创建活动的指导意见》,《人民日报》2017年4月6日,第9版。

济增长动能不足,贫富分化日益严重,地区热点问题此起彼伏,恐怖主义、网络安全、重大传染性疾病、气候变化等非传统安全威胁持续蔓延,人类面临许多共同挑战"①。信任、治理、和平、发展"四大赤字"成为世界性问题。新时代精神文明建设为此大力倡导宣扬"人类命运共同体"理念,对外大力传播共商、共建、共享原则,以文化的力量助力有助于构建人类命运共同体的"一带一路"国际合作高峰论坛、亚太经合组织领导人非正式会议、二十国集团领导人杭州峰会、金砖国家领导人厦门会晤、亚信峰会等顺利召开。

可以说民族传统、时代特色和国际视野在新时代精神文明建设过程中得到很好的统一。

四 现代国家、现代社会、现代公民三重指向的有机统一

众所周知,精神文明建设归根结底就是培育人、塑造人、提升人的工作。改革开放后,党的十二届六中全会通过的《中共中央关于社会主义精神文明建设指导方针的决议》明确指出,社会主义精神文明建设的根本任务是适应社会主义现代化建设的需要,培育有理想、有道德、有文化、有纪律的社会主义公民,提高整个中华民族的思想道德素质和科学文化素质。这里明确指出了社会主义精神文明建设的根本任务之一,就是培养社会主义现代公民。步入新时代,我们对此有更为清晰的认识。

党的十八大提出"三个倡导",即倡导"富强、民主、文明、和谐",倡导"自由、平等、公正、法治",倡导"爱国、敬业、诚信、友善"。后来将之概括为"社会主义核心价值观"。习近平总书记还指出,"爱国、敬业、诚信、友善是公民层面的价值要求",其核心是"培育什么样的公民"②。新时代精神文明建设全过程之所以高度重视弘扬和践行社会主义核心价值观,很重要的一个原因在于它要培育、塑造社会主义现代公民。

---

① 习近平:《决胜全面建成小康社会 夺取新时代中国特色社会主义伟大胜利——在中国共产党第十九次全国代表大会上的报告(2017年10月18日)》,人民出版社,2017,第58页。

② 中共中央文献研究室编《十八大以来重要文献选编》(中),中央文献出版社,2016,第3页。

2018年8月，习近平总书记在全国宣传思想工作会议上的重要讲话中进一步指出，包括宣传思想工作在内的新时代精神文明建设，"必须自觉承担起举旗帜、聚民心、育新人、兴文化、展形象的使命任务"。所谓育新人，"就是要坚持立德树人、以文化人，建设社会主义精神文明、培育和践行社会主义核心价值观，提高人民思想觉悟、道德水准、文明素养，培养能够担当民族复兴大任的时代新人"①。那么，时代新人究竟是什么样的呢？2019年颁布的《新时代公民道德建设实施纲要》对此有了更详细的回答，它强调新时代要"在全民族牢固树立中国特色社会主义共同理想，在全社会大力弘扬社会主义核心价值观，积极倡导富强、民主、文明、和谐，倡导自由、平等、公正、法治，倡导爱国、敬业、诚信、友善，全面推进社会公德、职业道德、家庭美德、个人品德建设，持续强化教育引导、实践养成、制度保障，不断提升公民道德素质，促进人的全面发展，培养和造就担当民族复兴大任的时代新人"，时代新人就是新时代要培育和发展的社会主义现代公民，所以《新时代公民道德建设实施纲要》继续强调"要把社会公德、职业道德、家庭美德、个人品德建设作为着力点。推动践行以文明礼貌、助人为乐、爱护公物、保护环境、遵纪守法为主要内容的社会公德，鼓励人们在社会上做一个好公民"，而这同时要求"推动践行以爱岗敬业、诚实守信、办事公道、热情服务、奉献社会为主要内容的职业道德，鼓励人们在工作中做一个好建设者；推动践行以尊老爱幼、男女平等、夫妻和睦、勤俭持家、邻里互助为主要内容的家庭美德，鼓励人们在家庭里做一个好成员；推动践行以爱国奉献、明礼遵规、勤劳善良、宽厚正直、自强自律为主要内容的个人品德，鼓励人们在日常生活中养成好品行"②。培养现代公民或时代新人是新时代精神文明建设的基本目标之一。

"全面深化改革的总目标是完善和发展中国特色社会主义制度，推进

---

① 《举旗帜聚民心育新人兴文化展形象 更好完成新形势下宣传思想工作使命任务》，《人民日报》2018年8月23日，第1版。
② 《新时代公民道德建设实施纲要》，《人民日报》2019年10月28日，第6版。

国家治理体系和治理能力现代化。"① 国家治理现代化的核心就是国家与社会的关系问题，其基本诉求就是建构现代国家和现代社会。新时代精神文明建设属于全面深化改革的一部分，又渗透和嵌入全面深化改革的所有环节，建设现代国家和现代社会同样是其重要目标。社会主义核心价值观明确规定："倡导富强、民主、文明、和谐，倡导自由、平等、公正、法治，倡导爱国、敬业、诚信、友善，积极培育和践行社会主义核心价值观。富强、民主、文明、和谐是国家层面的价值要求，自由、平等、公正、法治是社会层面的价值要求，爱国、敬业、诚信、友善是公民层面的价值要求。这个概括，实际上回答了我们要建设什么样的国家、建设什么样的社会、培育什么样的公民的重大问题。"② 这三个重大问题实际上贯穿于新时代精神文明建设整个过程。

党的十六届六中全会将"富强、民主、文明、和谐"作为新的历史时期我国社会主义现代化建设的目标，党的十九大则将其进一步提升为"富强民主文明和谐美丽的社会主义现代化强国"，这就是新时代精神文明建设过程要努力奋斗的现代国家。

社会主义精神文明的基本建设领域，一般主要涉及思想建设、道德建设、文化建设、教育事业、科技发展。这样一来，新时代精神文明建设正如《中国共产党章程》提出的，通过提高全民族的思想道德素质和科学文化素质，在以下几方面助力社会主义现代国家构建。一是提供强大的思想保障，新时代精神文明建设要牢牢把握意识形态领导权，用习近平新时代中国特色社会主义思想武装全党全国人民，确保马克思主义在中国的指导思想地位，确保社会主义方向不走偏；二是提供强大的精神动力和智力支持，新时代精神文明建设要通过发展现代教育、营造尊崇科技的文化氛围，极力推进科教兴国战略和创新驱动战略实施，推动高质量发展，助力"五位一体"战略布局；三是传播、培育、滋养现代文明理念和现代治理理念，如共建共治共享理念，以人民为中心理念，人与自然和谐相处、协

---

① 中共中央文献研究室编《十八大以来重要文献选编》（上），中央文献出版社，2014，第512页。
② 中共中央文献研究室编《十八大以来重要文献选编》（中），中央文献出版社，2016，第3页。

同进化的生态理念，民主、平等、自由和谐理念等，为社会主义现代化强国夯实社会心理基础；四是我们都知道现代国家，特别是现代强国，必须建立在文化自信和文化强国的基础上。习近平总书记曾经强调："中国有坚定的道路自信、理论自信、制度自信，其本质是建立在 5000 多年文明传承基础上的文化自信。"① 文化自信是中国特色社会主义道路、理论、制度自信的文化依据和历史底蕴。党的十九大报告更明确地指出："文化是一个国家、一个民族的灵魂。文化兴国运兴，文化强民族强。没有高度的文化自信，没有文化的繁荣兴盛，就没有中华民族伟大复兴。要坚持中国特色社会主义文化发展道路，激发全民族文化创新创造活力，建设社会主义文化强国。"② 新时代精神文明建设把确立和巩固文化自信，以及在此基础上建设文化强国，作为重中之重的工作，为此在诸如强化理想信念教育和牢牢掌握意识形态工作领导权；印发《培育和践行社会主义核心价值观行动方案》，培育和践行社会主义核心价值观；加强全民思想道德建设，繁荣发展社会主义文艺和哲学社会科学工作，推动文化事业和文化产业发展等方面作出多方部署，激发全民族文化创新创造活力，来巩固文化自信、建设文化强国。

为此，新时代精神文明建设包括以下方面。一是强化教育，传播自由、平等、公正、法治等核心价值理念，为现代社会培养良好的社会心理氛围和主体基本素养。现代社会自由、平等、公正的价值实现，以及成为社会尊崇的价值理念，必须依靠法治的保障。现代法治社会必须是德法并举的社会。法治精神、法治习惯、人们知善向善，都离不开精神文明建设中的教育、宣传和引导。新时代精神文明建设非常重视深入开展全民普法教育，广泛开展群众性法治文化活动，在全社会形成良好的法治氛围和法治习惯，树立守法光荣、违法可耻的社会风尚。二是现代社会离不开成熟的社会心态，而成熟的社会心态恰恰离不开精神文明建设。新时代精神文明建

---

① 《把培育和弘扬社会主义核心价值观作为凝魂聚气强基固本的基础工程》，《人民日报》2014 年 2 月 26 日，第 1 版。
② 习近平：《决胜全面建成小康社会 夺取新时代中国特色社会主义伟大胜利——在中国共产党第十九次全国代表大会上的报告（2017 年 10 月 18 日）》，人民出版社，2017，第 40～41 页。

设过程为此强调:"要大力弘扬社会主义核心价值观,加强思想教育、道德教化,改进见义勇为英雄模范评选表彰工作,让全社会充满正气、正义。要坚持依法办事,让遵法守纪者扬眉吐气,让违法失德者寸步难行。……要健全社会心理服务体系和疏导机制、危机干预机制,塑造自尊自信、理性平和、亲善友爱的社会心态。"① 三是现代社会是建立在现代生活方式基础上的,而现代生活方式又离不开精神文明建设,是通过精神文明建设引导、塑造出来的。现代生活方式典型的就是绿色生产生活方式。新时代精神文明建设为此强调:"绿色发展、生态道德是现代文明的重要标志……要推动全社会共建美丽中国,围绕世界地球日、世界环境日、世界森林日、世界水日、世界海洋日和全国节能宣传周等,广泛开展多种形式的主题宣传实践活动,坚持人与自然和谐共生,引导人们树立尊重自然、顺应自然、保护自然的理念,树立'绿水青山就是金山银山'的理念,增强节约意识、环保意识和生态意识。开展创建节约型机关、绿色家庭、绿色学校、绿色社区、绿色出行和垃圾分类等行动,倡导简约适度、绿色低碳的生活方式,拒绝奢华和浪费,引导人们做生态环境的保护者、建设者。"② 四是现代社会的突出标志,就是社会治理的现代化。党的十九届四中全会明确提出:"完善党委领导、政府负责、民主协商、社会协同、公众参与、法治保障、科技支撑的社会治理体系",新增"民主协商"和"科技支撑"两个要求,打造"建设人人有责、人人尽责、人人享有的社会治理共同体"③,实现国家治理现代化。这样的社会治理共同体同样是现代成熟社会的标志。新时代精神文明建设一方面围绕国家治理现代化,广泛宣传现代治理理念、共同体理念;另一方面通过弘扬践行核心社会主义核心价值观、文化自信、思想政治教育和思想道德建设等来凝神聚力、凝魂聚气,为社会治理共同体奠定良好的心理铺垫、文化地基、精神指引和价值旨归。

---

① 《全面深入做好新时代政法各项工作 促进社会公平正义保障人民安居乐业》,《人民日报》2019年1月17日,第1版。
② 《新时代公民道德建设实施纲要》,《人民日报》2019年10月28日,第6版。
③ 《中共中央关于坚持和完善中国特色社会主义制度 推进国家治理体系和治理能力现代化若干重大问题的决定》,《人民日报》2019年11月6日。

总之，新时代精神文明建设就是以培育现代公民为核心和基础，把培育现代公民、建设现代国家和建设现代社会三重目标有机地整合起来，为实现中国特色社会主义现代化而奋斗。

五　城市、村镇、社区、单位、家庭和校园的全覆盖统一

习近平总书记曾经明确指出："精神文明建设，建设的是理想信念，建设的是思想道德，建设的是文明风尚，最需要虚功实做、最忌流于形式，要大兴求实、务实、落实之风，努力创造经得起实践、人民、历史检验的实绩。"[1] 做实往往就意味着做细、做深、做全。因此，他在2019年3月主持召开学校思想政治理论课教师座谈会时强调："要坚持显性教育和隐性教育相统一，挖掘其他课程和教学方式中蕴含的思想政治教育资源，实现全员全程全方位育人。"[2] 他还结合社会主义核心价值观更明确地指出："一种价值观要真正发挥作用，必须融入社会生活，让人们在实践中感知它、领悟它。要注意把我们所提倡的与人们日常生活紧密联系起来，在落细、落小、落实上下功夫。要按照社会主义核心价值观的基本要求，健全各行各业规章制度，完善市民公约、乡规民约、学生守则等行为准则，使社会主义核心价值观成为人们日常工作生活的基本遵循。要建立和规范一些礼仪制度，组织开展形式多样的纪念庆典活动，传播主流价值，增强人们的认同感和归属感。要把社会主义核心价值观的要求融入各种精神文明创建活动之中，吸引群众广泛参与，推动人们在为家庭谋幸福、为他人送温暖、为社会作贡献的过程中提高精神境界、培育文明风尚。要利用各种时机和场合，形成有利于培育和弘扬社会主义核心价值观的生活情景和社会氛围，使核心价值观的影响像空气一样无所不在、无时不有。"[3]

"落细、落小、落实"，"影响像空气一样无所不在、无时不有"，就成

---

[1]《人民有信仰民族有希望国家有力量　锲而不舍抓好社会主义精神文明建设》，《人民日报》2015年3月1日，第1版。

[2]《用新时代中国特色社会主义思想铸魂育人　贯彻党的教育方针落实立德树人根本任务》，《人民日报》2019年3月19日，第1版。

[3]《把培育和弘扬社会主义核心价值观作为凝魂聚气强基固本的基础工程》，《人民日报》2014年2月26日，第1版。

为新时代精神文明建设的一个基本诉求，也成为它的一个显著特征，这要求尽可能地全体参与、全员覆盖，新时代精神文明建设为此反复强调群众性精神文明创建活动的重要性，也非常重视空间上的全覆盖、全域涉及，凡涉及群众主体公共生产生活空间的，都应该覆盖、渗透和影响。

早在2013年中共中央办公厅印发的《关于培育和践行社会主义核心价值观的意见》中就强调，新时代精神文明建设要"推进文明城市、文明村镇、文明单位、文明家庭等创建活动，开展全民阅读活动，不断提升公民文明素质和社会文明程度"[①]。而2017年的《关于深化群众性精神文明创建活动的指导意见》进一步提出，"推动群众性精神文明创建活动向纵深发展"，"深入开展创建文明城市、文明村镇、文明单位、文明家庭、文明校园活动……不断扩大覆盖面"，把几乎大的社会空间都纳入新时代精神文明建设的领域。该意见还详细指出：文明城市创建要贯彻落实以人为核心的新型城镇化战略，推进建设宜居宜业、富有活力、各具特色、文明和谐的现代化城市，创建工作要从省会城市、地级城市、直辖市城区向县级市和县延伸，努力构建全面覆盖大中小城市的创建格局。文明村镇创建要以美丽乡村建设为主题，突出抓好乡风民风、人居环境和文化生活建设，培养有文化、懂技术、善经营、会管理、适应现代农业发展的新型农民，发挥农村优秀基层干部、乡村教师、退伍军人、文化能人、返乡创业人士等新乡贤作用，传播文明理念，涵育文明乡风。文明单位创建要着力提高员工素质，涵养职业操守，培育职业精神，完善规章制度，树立行业新风。重点推动与群众生活关系密切的窗口行业的文明创建工作，要顺应经济结构、社会组织、就业方式的深刻变动，推动文明单位创建覆盖到新经济组织和社会组织。文明家庭创建要更加注重家庭、注重家教、注重家风，促进家庭和睦，使千千万万个家庭成为国家发展、民族进步、社会和谐的重要基点；重视做好家庭教育，要推动形成爱国爱家、相亲相爱、向上向善、共建共享的社会主义家庭文明新风尚，以良好家风支撑起好的社会风气。文明校园创建要全面贯彻党的教育方针，坚持立德树人，以社会

---

① 中共中央文献研究室编《十八大以来重要文献选编》（上），中央文献出版社，2014，第585页。

主义核心价值观引领知识教育，强化教书育人、管理育人、环境育人，培养德智体美全面发展的社会主义事业建设者和接班人。开展形式多样、健康向上、格调高雅的校园文化活动，弘扬良好校训校风，开展文明班级、文明宿舍创建，形成良好育人氛围。[①]

为了支持这种全空域的文明创建活动，党的十八大以来，在中央精神文明建设指导委员会主导下，先后举办第四届、第五届全国文明城市、文明村镇、文明单位评选和表彰活动，以及第一届全国文明校园评选和表彰活动。目前正在进行第六届全国文明城市、文明村镇、文明单位评选。2015年2月习近平总书记会见第四届全国文明城市、文明村镇、文明单位和未成年人思想道德建设工作先进代表，专门做了主题为"人民有信仰 民族有希望 国家有力量"讲话，鼓励新时代精神文明建设要进一步做深做细；2017年11月习近平总书记会见第五届全国文明城市、文明村镇、文明单位、文明校园、未成年人思想道德建设工作先进代表和全国道德模范代表，再次发表重要讲话。实际上，全国各省、市、县均逐级举办过相应的文明创建评选活动，还专门制定了全国文明城市测评体系和各省地文明考核指标体系，以评促建、以考促建，实现评建的良性互动。

新时代精神文明建设还在创建文明城市、文明村镇、文明单位、文明家庭和文明校园的基础上进一步下沉、进一步细化，先后推出文明街道、文明社区、文明窗口、文明巷道、文明服务点，以及文明车间、文明小组、文明科室、文明支队、文明商户等，不断突破、消除精神文明建设"最后一公里"的瓶颈，使精神文明建设的"毛细血管"和"主干静脉"畅通无阻地连接起来，还为此创新文明实践中心、文明实践站等基层综合服务、管理平台。

更重要的是，新时代精神文明建设非常重视"开展各类精神文明共建活动"，如"开展城乡共建活动，加大以城带乡、城乡统筹力度，推动公共服务设施向农村延伸，公共服务产品向农村覆盖，城市现代文明向农村辐射，促进城乡发展一体化。开展区域共建活动，以国家区域发展整体战略为基础，打造一批沿海沿江沿交通干线的'文明走廊''文明交通线'

---

① 《关于深化群众性精神文明创建活动的指导意见》，《人民日报》2017年4月6日，第9版。

'文明示范带'。开展文明单位结对帮扶活动，动员文明单位履行社会责任，支援贫困乡村，助力脱贫攻坚。开展军民共建精神文明活动，巩固发展军政军民团结"①。在这些共建中，实现了精神文明建设的空间全覆盖、空域全渗透。

六 传统主渠道、现代新媒体、创新新平台的有机统一

新时代精神文明建设不仅实现了在城市、村镇、单位、家庭、校园，以及街道、社区、车间、窗口、科室等从上到下、从大到小在空间上的全覆盖，而且在历史向度上也实现了过去、现在、未来的有机统一，这不仅表现为内容上的守正出新，把传统的继承、现在的发展和未来的前瞻很好地融合在一起，而且表现为方法、手段、路径、渠道等方面的融合统一，亦即实现了传统主渠道、现代新媒体、创新新平台的有机统一。

习近平总书记在全国高校思想政治工作会议上曾经强调：做好高校思想政治工作，要因事而化、因时而进、因势而新。要遵循思想政治工作规律，遵循教书育人规律，遵循学生成长规律，不断提高工作能力和水平。要用好课堂教学这个主渠道，思想政治理论课要坚持在改进中加强，提升思想政治教育亲和力和针对性，满足学生成长发展的需求和期待。② 包括思想政治理论课在内的精神文明建设传统主渠道、主阵地，都是人们在长期精神文明实践中探索出来、符合精神文明建设规律，并在相当长时期内行之有效的方法、途径、载体，它们始终有其存在的合理性和价值，新时代精神文明建设承认和重视这一点，并结合新形势、新情况、新问题，增添新内容、借助新工具、搭建新平台，使主渠道的功能发挥得更好、发展得更完善。

新时代精神文明建设过程因此仍然高度重视传统主渠道、主阵地，以及与之相关的传统方法、路径、方式的重要作用。比如我们仍然认为"学校是公民道德建设的重要阵地"，强调"遵循不同年龄阶段的道德认知规

---

① 《关于深化群众性精神文明创建活动的指导意见》，《人民日报》2017年4月6日，第9版。
② 《把思想政治工作贯穿教育教学全过程　开创我国高等教育事业发展新局面》，《人民日报》2016年12月9日，第1版。

律，结合基础教育、职业教育、高等教育的不同特点，把社会主义核心价值观和道德规范有效传授给学生。注重融入贯穿，把公民道德建设的内容和要求体现到各学科教育中，体现到学科体系、教学体系、教材体系、管理体系建设中，使传授知识过程成为道德教化过程"[1]；仍然重视"学雷锋活动"在精神文明建设中的重要性，强调"大力倡导雷锋精神，弘扬奉献、友爱、互助、进步的志愿精神，进一步推动学雷锋志愿服务活动持续深入发展，引导激励人们把积极参与学雷锋志愿服务作为一种生活方式和生活习惯"[2]；仍然重视榜样教育、模范示范的重要性，强调"榜样的力量是无穷的"，要"重视发挥先进典型对践行核心价值观、弘扬时代新风尚的示范引领作用。在发动基层群众分层推选道德模范、时代楷模、最美人物、身边好人，广泛推出各行各业先进人物的基础上，突出表彰宣传作出重大贡献、群众认可度高、社会影响力大的先进典型，形成群星灿烂与七星共明的先进群体格局"[3]；仍然认为"家庭是社会的基本细胞，是道德养成的起点"，良好家教家风涵育道德品行依然非常重要，我们"要弘扬中华民族传统家庭美德，倡导现代家庭文明观念，推动形成爱国爱家、相亲相爱、向上向善、共建共享的社会主义家庭文明新风尚，让美德在家庭中生根、在亲情中升华"，"让家庭成员相互影响、共同提高，在为家庭谋幸福、为他人送温暖、为社会作贡献过程中提高精神境界、培育文明风尚"[4]；仍然强调"礼仪礼节是道德素养的体现，也是道德实践的载体"，强调"要制定国家礼仪规程，完善党和国家功勋荣誉表彰制度，规范开展升国旗、奏唱国歌、入党入团入队等仪式，强化仪式感、参与感、现代感，增强人们对党和国家、对组织集体的认同感和归属感。充分利用重要传统节日、重大节庆和纪念日，组织开展群众性主题实践活动"[5]；仍然认为，"以正确舆论营造良好道德环境""以优秀文艺作品陶冶道德情操"，以及发挥"民族团结、科普、国防等教育基地，图书馆、文化馆、博物

---

[1] 《关于深化群众性精神文明创建活动的指导意见》，《人民日报》2017年4月6日，第9版。
[2] 《关于深化群众性精神文明创建活动的指导意见》，《人民日报》2017年4月6日，第9版。
[3] 《关于深化群众性精神文明创建活动的指导意见》，《人民日报》2017年4月6日，第9版。
[4] 《关于深化群众性精神文明创建活动的指导意见》，《人民日报》2017年4月6日，第9版。
[5] 《新时代公民道德建设实施纲要》，《人民日报》2019年10月28日，第6版。

馆、纪念馆、科技馆、青少年活动中心等公共文化设施"① 等各类阵地的道德教育作用对新时代精神文明建设不可或缺。

正如习近平总书记针对思想政治理论课提出的,"做好高校思想政治工作,要因事而化、因时而进、因势而新"②。"推动思想政治理论课改革创新,要不断增强思政课的思想性、理论性和亲和力、针对性。"③ 习近平总书记还在很多场合多次强调:"惟创新者进,惟创新者强,惟创新者胜",④ 新时代精神文明建设只有改革创新才能获得发展。

首先,要适应新技术时代,善于利用新媒体,既要把精神文明建设向网络空间拓展,又要善于利用网络技术、信息技术传播真善美、正能量。新时代精神文明建设强调要"适应信息传播方式和人们接受习惯的深刻变化,积极运用微博、微信、手机客户端等新媒体传播文明理念、推进实际工作。开展网络公益活动,让公益精神弥漫网络空间"⑤。比如"发展积极向上的网络文化,引导互联网企业和网民创作生产传播格调健康的网络文学、网络音乐、网络表演、网络电影、网络剧、网络音视频、网络动漫、网络游戏等","拓展'互联网+公益'、'互联网+慈善'模式,广泛开展形式多样的网络公益、网络慈善活动,激发全社会热心公益、参与慈善的热情。"⑥

其次,要适应客观环境的变化、受众对象的变化,在途径、方法、手段、模式等方面积极求新、求变。比如在礼仪建设方面,特别新增了国家公祭日的教育作用;在各类阵地道德教育作用方面,特别重视图书馆、文化馆、博物馆、纪念馆、科技馆、青少年活动中心等的公益性,实行免费开放。总的来看,新时代精神文明建设在这方面有两个突出表现。一是高

---

① 《关于深化群众性精神文明创建活动的指导意见》,《人民日报》2017年4月6日,第9版。
② 《把思想政治工作贯穿教育教学全过程 开创我国高等教育事业发展新局面》,《人民日报》2016年12月9日,第1版。
③ 《用新时代中国特色社会主义思想铸魂育人 贯彻党的教育方针落实立德树人根本任务》,《人民日报》2019年3月19日,第1版。
④ 习近平:《在欧美同学会成立100周年庆祝大会上的讲话》,《人民日报》2013年10月22日,第2版。
⑤ 《关于深化群众性精神文明创建活动的指导意见》,《人民日报》2017年4月6日,第9版。
⑥ 《新时代公民道德建设实施纲要》,《人民日报》2019年10月28日,第6版。

校思想政治理论课教学改革。面对"90后""00后"的新时代大学生，许多高校推广问答式、启发式的课堂教学模式，进行混合式教学模式探索，将慕课视频、课堂讲授、小班讨论、课下作业四大要素统筹起来，引导学生从思政课的客人变成思政课的主人；创新发展包括专题教学、案例教学、情景教学、网络教学在内的一大批品牌教学法。清华大学的因材施教法，北京师范大学的分众教学法，中央财经大学的"问题链"教学法，东北师范大学的"四维并进"教学法，浙江大学的情景式教学法，西北大学的叙事教学法等都在全国产生较大影响。[1] 二是基层精神文明建设涌现出一批创新实践。比如有的地方基层创新推出"村民议事会"制度，推进治理方式转型，推进基层精神文明建设的自治化、常态化；有的地方基层着力打造"以党建引领为核心，以社区协商、社区法治、社区服务三位一体协同推进"的"三治融合"基层精神文明建设的新模式；有的地方尝试建立乡贤理事会、组织居民商议楼道公约，或榜样带头，或群策群力，开展志愿服务，弘扬文明乡风。[2]

最后，还有更大的综合性创新，即构建新的综合性精神文明建设新平台。其中最重要的就是"新时代文明实践中心"的提出和构建。新时代文明实践中心"着眼凝聚群众、引导群众，以文化人、成风化俗，调动各方力量，整合各种资源，创新方式方法"，要求"以全县域为整体，以县、乡镇、村三级为单元，以志愿服务为基本形式，打通城乡公共文化服务体系的运行机制、文化科技卫生'三下乡'的工作机制、群众性精神文明创建活动的引导机制"，"整合现有基层公共服务阵地资源，打造理论宣讲平台、教育服务平台、文化服务平台、科技与科普服务平台、健身体育服务平台，统筹使用，协同运行"[3]。这充分体现了新时代精神文明建设过程的综合创新。

---

[1] 《谱写立德铸魂的奋进篇章——全国高校思想政治工作会议以来学校思想政治理论课建设综述》，《人民日报》2019年3月18日，第1版。

[2] 中国社会科学评价研究院课题组：《文明城市的全要素发展模式研究——以Z市CIVILIZED经验为例》，《行政管理改革》2020年第5期。

[3] 《关于建设新时代文明实践中心试点工作的指导意见》，http://wenming.enorth.com.cn/system/2019/12/09/037845392.shtml。

第二节　新时代精神文明建设过程的内在基质

新时代精神文明建设是在世界百年未有之大变局,以及中国特色社会主义新时代双重背景下开启和持续进行的,当然也是在社会主体对精神文明建设和社会发展规律有更深的认识、对中国特色社会主义的本质有更深刻的理解和更高的发展期待,因而更有在主体自觉性能动性基础上进行的,也因此从一开始就有自觉的内在诉求、基本规定。这些因素的共同作用,总体上形成新时代精神文明建设过程特有的内在基质。这些内在基质或者是以前精神文明建设过程所未有的,或者是以前精神文明建设已有但被拓展创新的,主要包括:注重制度建设,完善新型先进文化制度;尊重现代治理理念,打造多元主体共建共治格局;强调体系化建设,建构现代精神文明建设体系;重视内外联动,追求中国精神和世界文明的相互促进。

一　注重制度建设,完善新型先进文化制度

新时代精神文明建设过程是在中国特色社会主义新时代这个大背景下开启和进行的。正如党的十九大报告指出的:"中国特色社会主义进入了新时代,这是我国发展新的历史方位。中国特色社会主义进入新时代,意味着近代以来久经磨难的中华民族迎来了从站起来、富起来到强起来的伟大飞跃,迎来了实现中华民族伟大复兴的光明前景;意味着科学社会主义在二十一世纪的中国焕发出强大生机活力,在世界上高高举起了中国特色社会主义伟大旗帜;意味着中国特色社会主义道路、理论、制度、文化不断发展,拓展了发展中国家走向现代化的途径,给世界上那些既希望加快发展又希望保持自身独立性的国家和民族提供了全新选择,为解决人类问题贡献了中国智慧和中国方案。"[①] 从第三个"意味着"中可以看出,制度定型、制度成熟是中国特色社会主义新时代非常重要的内在吁求和使命担

[①] 习近平:《决胜全面建成小康社会　夺取新时代中国特色社会主义伟大胜利——在中国共产党第十九次全国代表大会上的报告(2017年10月18日)》,人民出版社,2017,第10页。

当。正如习近平总书记指出的："相比过去，新时代改革开放具有许多新的内涵和特点，其中很重要的一点就是制度建设分量更重，改革更多面对的是深层次体制机制问题，对改革顶层设计的要求更高，对改革的系统性、整体性、协同性要求更强，相应地建章立制、构建体系的任务更重。新时代谋划全面深化改革，必须以坚持和完善中国特色社会主义制度、推进国家治理体系和治理能力现代化为主轴，深刻把握我国发展要求和时代潮流，把制度建设和治理能力建设摆到更加突出的位置，继续深化各领域各方面体制机制改革，推动各方面制度更加成熟更加定型，推进国家治理体系和治理能力现代化。"①

党的十八届三中全会提出，全面深化改革的总目标是完善和发展中国特色社会主义制度，推进国家治理体系和治理能力现代化；党的十九大进一步明确了制度建设的目标，即到2035年，各方面制度更加完善，国家治理体系和治理能力现代化基本实现；十九届四中全会通过的《中共中央关于坚持和完善中国特色社会主义制度 推进国家治理体系和治理能力现代化若干重大问题的决定》被视为制度定型、制度成熟的动员令、宣言书、总纲领。在这个意义上，可以把中国特色社会主义新时代理解为制度定型的时代。

新时代精神文明建设过程作为全面深化改革的一部分，同时又渗透到全面深化改革的很多环节、步骤、过程和方面，应当更为自觉地致力于中国特色社会主义制度定型、制度成熟，因此制度定型就成为新时代精神文明建设过程的内在吁求和本质规定。而且，《中共中央关于坚持和完善中国特色社会主义制度 推进国家治理体系和治理能力现代化若干重大问题的决定》列举的中国特色社会主义十三大制度优势中，坚持共同的理想信念、价值理念、道德观念，弘扬中华优秀传统文化、革命文化、社会主义先进文化，促进全体人民在思想上、精神上紧紧团结在一起。坚持党的集中统一领导，坚持党的科学理论，保持政治稳定，确保国家始终沿着社会主义方向前进，坚持各民族一律平等，铸牢中华民族共同体意识，实现共

---

① 习近平：《关于〈中共中央关于坚持和完善中国特色社会主义制度 推进国家治理体系和治理能力现代化若干重大问题的决定〉的说明》，《人民日报》2019年11月6日，第4版。

同团结奋斗、共同繁荣发展,坚持德才兼备、选贤任能,聚天下英才而用之,培养造就更多更优秀人才发挥这些优势,也都离不开精神文明建设。

注重制度建设,作为新时代精神文明建设过程的内在特质,有两种维度。

第一种维度就是新时代精神文明建设的具体内容、具体方面的制度化、规范化、常态化。我们在强调社会主义核心价值观贯穿于社会生活方方面面时,提出要"通过教育引导、舆论宣传、文化熏陶、实践养成、制度保障等,使社会主义核心价值观内化为人们的精神追求,外化为人们的自觉行动"①。强调制度保障是其中不可或缺的一环。还强调:"用法治思维和法治方式推进精神文明创建。把精神文明建设要求融入法律法规、政策制度和社会治理、行业管理之中","发挥市民公约、乡规民约、学生守则、行业规范、职业规则、团体章程等社会规范在社会治理中的积极作用。"②

具体而言,关于社会主义核心价值观,新时代精神文明建设强调应"建立法律法规和重大公共政策的道德风险评估机制,防止具体法规政策与社会主义核心价值观相背离"③。关于推动学雷锋志愿服务常态化,新时代精神文明建设一方面提出要"形成志愿服务长效机制"④,另一方面更为具体地指出要"支持和发展各类志愿服务组织尤其是专业性强的志愿服务组织,健全完善褒奖激励等制度,以制度化促进经常化持久化"⑤。关于丰富网上道德实践,把新时代精神文明建设拓展到网络空间,强调"加强网络公益规范化运行和管理,完善相关法规制度,促进网络公益健康有序发展"⑥。关于充分发挥礼仪礼节的教化作用,强调"礼仪礼节是道德素养的体现,也是道德实践的载体。要制定国家礼仪规程,完善党和国家功勋荣

---

① 《把培育和弘扬社会主义核心价值观作为凝魂聚气强基固本的基础工程》,《人民日报》2014年2月26日,第1版。
② 《关于深化群众性精神文明创建活动的指导意见》,《人民日报》2017年4月6日,第9版。
③ 《关于深化群众性精神文明创建活动的指导意见》,《人民日报》2017年4月6日,第9版。
④ 《人民有信仰民族有希望国家有力量 锲而不舍抓好社会主义精神文明建设》,《人民日报》2015年3月1日,第1版。
⑤ 《关于深化群众性精神文明创建活动的指导意见》,《人民日报》2017年4月6日,第9版。
⑥ 《新时代公民道德建设实施纲要》,《人民日报》2019年10月28日,第6版。

誉表彰制度，规范开展升国旗、奏唱国歌、入党入团入队等仪式，强化仪式感、参与感、现代感"①。关于诚信建设，新时代精神文明建设要求"加快建立覆盖全社会的征信体系，健全信用信息管理制度，推动各个部门信用信息的共建共享。健全多部门、跨地区、跨行业的守信联合激励和失信联合惩戒的联动机制，增加守信红利、提高失信代价"②。此外，针对思想政治理论课建设，思想道德建设，家教家风建设等，都强调建章立制、按章办事，实现新时代精神文明建设过程各方面的规范化、常态化和制度化。

同时，针对新时代精神文明建设过程本身，一是强调领导制度，强调"进一步完善党委统一领导、党政齐抓共管、文明委组织协调、有关部门各负其责、全社会积极参与的领导体制和工作机制"③；二是强调建构完整的监测、考评等监督反馈制度，比如针对文明城市建设，订立了内容完整、分类细化的指标监测体系。

第二种维度就是新时代精神文明建设为构建和完善中国特色社会主义制度体系贡献力量。这又分为两个层面。第一个层面就是如何融合、渗透到与精神文明建设直接相关的社会主义先进文化制度的建设中，促进后者的定型和成熟，具体而言，关于"坚持马克思主义在意识形态领域指导地位的根本制度"，新时代精神文明建设要致力于建构和完善"各层级理论学习制度"，建立针对思想政治教育的"全员、全程、全方位育人体制机制""落实意识形态工作责任制"等；关于"坚持以社会主义核心价值观引领文化建设制度"，新时代精神文明建设要聚焦"理想信念教育常态化、制度化"，"完善青少年理想信念教育齐抓共管机制"以及"完善诚信建设长效机制"等；关于"完善坚持正确导向的舆论引导工作机制"，新时代精神文明建设要服务于"改进和创新正面宣传，完善舆论监督制度，健全重大舆情和突发事件舆论引导机制"；关于"健全人民文化权益保障制度"和"建立健全把社会效益放在首位、社会效益和经济效益相统一的文化创作生产体制机制"，新时代精神文明建设要致力于弘扬"坚持以人民为中

---

① 《新时代公民道德建设实施纲要》，《人民日报》2019年10月28日，第6版。
② 《关于深化群众性精神文明创建活动的指导意见》，《人民日报》2017年4月6日，第9版。
③ 《关于深化群众性精神文明创建活动的指导意见》，《人民日报》2017年4月6日，第9版。

心的工作导向","完善文化产品创作生产传播的引导激励机制","健全支持开展群众性文化活动机制","完善文化企业履行社会责任制度","完善文化和旅游融合发展体制机制","完善倡导讲品位讲格调讲责任、抵制低俗庸俗媚俗的工作机制"①等。第二个层面就是新时代精神文明建设要为坚持和完善其他的制度体系,建立健全其他根本制度、基本制度、重要制度服务。比如,在坚持和完善党的领导制度体系方面,如何通过理想信念教育的常态化、制度化,促进"建立不忘初心、牢记使命的制度";如何通过宣扬"四个意识""两个维护",强化"四个自信",助力"完善坚定维护党中央权威和集中统一领导的各项制度";在发展社会主义民主政治方面,如何"坚持不懈开展马克思主义祖国观、民族观、文化观、历史观宣传教育,打牢中华民族共同体思想基础",致力于"坚持和完善民族区域自治制度";在构建服务全民终身学习的教育体系方面,如何通过"加强师德师风建设,培养德智体美劳全面发展的社会主义建设者和接班人","创新教育和学习方式",支撑"完善立德树人体制机制","建设学习型社会"。②

通过以上分析,可以看出,自觉地走向社会主义性质的制度定型、制度成熟,自觉地致力于完善中国特色社会主义新型先进文化制度是新时代精神文明建设过程的内在诉求和本质规定。

二 尊重现代治理理念,打造多元主体共建共治格局

党的十八届三中全会明确提出:"全面深化改革的总目标是完善和发展中国特色社会主义制度,推进国家治理体系和治理能力现代化。"③ 十九届四中全会在此基础上进一步提出:"坚持和完善中国特色社会主义制度、推进国家治理体系和治理能力现代化的总体目标是到我们党成立一百年

---

① 《中共中央关于坚持和完善中国特色社会主义制度 推进国家治理体系和治理能力现代化若干重大问题的决定》,《人民日报》2019年11月6日,第1、5、6版。
② 《中共中央关于坚持和完善中国特色社会主义制度 推进国家治理体系和治理能力现代化若干重大问题的决定》,《人民日报》2019年11月6日,第1、5、6版。
③ 中共中央文献研究室编《十八大以来重要文献选编》(上),中央文献出版社,2014,第512页。

时，在各方面制度更加成熟更加定型上取得明显成效；到二〇三五年，各方面制度更加完善，基本实现国家治理体系和治理能力现代化；到新中国成立一百年时，全面实现国家治理体系和治理能力现代化，使中国特色社会主义制度更加巩固、优越性充分展现。"①

国家治理现代化是"两个一百年"奋斗目标的核心内容，已经成为全党全国各族人民谋取发展的共识，作为全面深化改革和"四个全面"发展战略的有机组成部分，新时代精神文明建设责无旁贷，理应更为自觉地把自己融入中国特色社会主义国家治理现代化建设中，服务于和致力于国家治理现代化。

我们之所以提出国家治理现代化，显然是受到了现代治理理念的影响，认可和接受了其中合理的成分。现代治理无论是理论层面还是实践层面主要受以下因素推动，一是传统国家管治二维（国家—市场）模式的困境。具体来说，主要指福利资本主义国家膨胀的危机，以及以撒切尔模式为代表的新自由主义私有化浪潮形成市场失灵危机，亦即全能国家（政府）、全能市场两种对立模式的双重失败、不可持续。这迫使人们寻找、建构把以政府为代表的传统国家力量和以市场为代表的非国家力量的重新连缀、统合、融贯起来的新思路、新策略。二是进入20世纪90年代后，各种志愿团体、慈善组织、社区组织、民间互助组织等社会自治力量不断壮大，这些非政府性的社会力量对公共生活影响越来越大，获致人们越来越多的认可、接受和支持。三是尊重世界复杂性、互动性、联系紧密性，尊崇分散、多元、自治，讲求自由个性、平等协商，以后现代思潮为代表的一些新思想、新观念不断涌现，给传统学科范式、某些现代性思维模式（如主张理性、权威层级管理）带来的巨大冲击。② 因此，现代治理理念一般重点强调以下几点：一是治理主体多元化，除政府部门及其机关外，各种各样的社会组织、市场主体、民间社团甚至公民个人，都可以成为治理的主体，政府不应该是唯一的和排外的治理主体。二是治理的对象、领

---

① 《中共中央关于坚持和完善中国特色社会主义制度　推进国家治理体系和治理能力现代化若干重大问题的决定》，《人民日报》2019年11月6日，第1、5、6版。
② 关锋：《"国家治理现代化"对历史唯物主义国家观的推进》，《教学与研究》2016年第11期。

域、范围非常广泛，既包括传统意义上的公共领域，也包括私人领域，以及公私兼有的第三领域。三是治理权力的运行，更强调互动性、平行性，淡化和限制传统权力运行上下垂直的单行道模式。四是治理尊崇协商原则和契约精神，强调不同治理主体，以及治理主体与客体之间的平等合作、自愿协商。国外著名的相关学者梅理安非常明确地指出，在现代治理中，国家管治和社会运行之间、治理者与被治理者之间"不再是监督，而是合同包工；不再是中央集权，而是权力分散；……不再是由国家'指导'，而是由国家和私营部门合作"①。

党的十八届三中全会通过的《中共中央关于全面深化改革若干重大问题的决定》中，第一次以党的文件形式明确提出全面深化改革的总目标之一是推进国家治理体系和治理能力现代化，并同时强调"积极吸收借鉴国外一切优秀文化成果"②。党的十九大报告也明确指出："坚持和完善中国特色社会主义制度，不断推进国家治理体系和治理能力现代化，坚决破除一切不合时宜的思想观念和体制机制弊端，突破利益固化的藩篱，吸收人类文明有益成果。"③ 现代治理理念无疑是这些优秀文化成果、人类文明有益成果的重要内容，新时代精神文明建设要更为自觉地吸收借鉴、弘扬传播这些价值理念，把它们转化为自觉的建设活动、建设流程、建设机制，推动国家治理现代化。

新时代精神文明建设过程在以下三点上有突出表现。

第一，弘扬现代治理理念，营造尊崇现代治理理念的社会氛围。新时代精神文明建设过程的一个基本任务就是"坚持用马克思列宁主义、毛泽东思想、邓小平理论、'三个代表'重要思想、科学发展观和习近平总书记系列重要讲话精神武装全党、教育人民、推动实践"，特别是要使"马克思主义中国化最新成果广泛普及"④。在宣传、学习习近平新时代中国特

---

① 转引自俞可平主编《治理与善治》，社会科学文献出版社，2000，第111页。
② 中共中央文献研究室编《十八大以来重要文献选编》（上），中央文献出版社，2014，第535页。
③ 习近平：《决胜全面建成小康社会 夺取新时代中国特色社会主义伟大胜利——在中国共产党第十九次全国代表大会上的报告（2017年10月18日）》，人民出版社，2017，第21页。
④ 《国家"十三五"时期文化发展改革规划纲要》，《人民日报》2017年5月8日，第1、10、11版。

色社会主义思想的过程中，国家治理现代化会作为重要内容进行宣传普及。现代治理理念，从深层次讲，与人类普遍公认的一些价值诉求，如自由民主、平等公正，是内在相通的，也可以说是这些普遍价值的特殊表达，也与一些现代发展理念紧密相关。特别明显的是，它与我们倡导的"五大新发展理念"即创新、协调、绿色、开放、共享本质上是一致的，如开放、共享被公认是现代治理理念的标志之一。在这个意义上，新时代精神文明建设过程对"五大发展理念"、社会主义核心价值观的传播践行，营造了尊崇现代治理理念的社会氛围。习近平总书记也强调："培育和弘扬核心价值观，有效整合社会意识，是社会系统得以正常运转、社会秩序得以有效维护的重要途径，也是国家治理体系和治理能力的重要方面。"[1]

第二，新时代精神文明建设过程非常注重消化吸收现代治理理念，打造多元主体共建共治的格局。这有以下明显之处。一是新时代精神文明建设非常重视诸如创建文明城市、文明村镇、文明单位、文明家庭等群众性精神文明创建活动。强调它们"是提升国民素质和社会文明程度的有效途径，是把社会主义精神文明建设的任务要求落实到城乡基层的重要载体和有力抓手"，同时要求人们注意"群众性精神文明创建活动是人民群众群策群力、共建共享、改造社会、建设美好生活的创举"[2]，这本质上是一种现代治理。二是加快现代公共文化服务体系建设，也是新时代精神文明建设的标志性工程。强调"坚持政府主导、社会参与、重心下移、共建共享……注重有用、适用、综合、配套，统筹建设、使用与管理，加快构建普惠性、保基本、均等化、可持续的现代公共文化服务体系"[3]。现代公共文化服务体系建设无疑也是一种多元主体参与的现代治理。三是新时代精神文明建设强调"不论时代发生多大变化，不论生活格局发生多大变化，我们都要重视家庭建设，注重家庭、注重家教、注重家风"，要求"动员社会各界广泛参与家庭文明建设，推动形成爱国爱家、相亲相爱、向上向善、

---

[1] 《把培育和弘扬社会主义核心价值观作为凝魂聚气强基固本的基础工程》，《人民日报》2014年2月26日，第1版。
[2] 《关于深化群众性精神文明创建活动的指导意见》，《人民日报》2017年4月6日，第9版。
[3] 《国家"十三五"时期文化发展改革规划纲要》，《人民日报》2017年5月8日，第1、10、11版。

共建共享的社会主义家庭文明新风尚"①，甚至是家庭文明新风尚的建设，也要打造多元主体共建共享的现代治理格局。四是整个新时代精神文明建设及其全程，要求"动员社会力量广泛参与。工会、共青团、妇联、残联、关工委和文联、作协、科协等人民团体，要发挥各自优势，组织动员所联系群众积极参与精神文明创建活动。发挥民主党派、工商联、无党派人士、社会公众人物的作用，发挥行业协会、社会团体、基金会等各种社会组织的作用，共同参与精神文明建设"②。打造共建共治共享的大格局。强调"必须把群团组织建设得更加充满活力、更加坚强有力，使之成为推进国家治理体系和治理能力现代化的重要力量"③。

第三，党的十九届四中全会明确提出，要"完善党委领导、政府负责、民主协商、社会协同、公众参与、法治保障、科技支撑的社会治理体系"，打造"建设人人有责、人人尽责、人人享有的社会治理共同体"，鼓励多元主体以积极参与的姿态介入，新时代精神文明建设，比如，在群众性精神文明创建活动中培育社会治理共同体，以社会主义核心价值观为社会治理共同体提供心理支撑和价值指引，或者"推动社会治理和服务重心向基层下移，把更多资源下沉到基层，更好提供精准化、精细化服务。注重发挥家庭家教家风在基层社会治理中的重要作用"④。

可见，尊重现代治理理念，打造的多元主体共建共治格局是新时代精神文明建设过程内在的基本诉求和本质规定。

三 强调体系化建设，建构现代精神文明建设体系

中国特色社会主义新时代，"我国改革已经进入攻坚期和深水区，进一步深化改革，必须更加注重改革的系统性、整体性、协同性，统筹推进重要领域和关键环节改革"，深刻认识到"改革开放是一个系统工程，必

---

① 《动员社会各界广泛参与家庭文明建设 推动形成社会主义家庭文明新风尚》，《人民日报》2016年12月13日，第1版。
② 《关于深化群众性精神文明创建活动的指导意见》，《人民日报》2017年4月6日，第9版。
③ 《切实保持和增强政治性先进性群众性 开创新形势下党的群团工作新局面》，《人民日报》2015年7月8日，第1版。
④ 《中共中央关于坚持和完善中国特色社会主义制度 推进国家治理体系和治理能力现代化若干重大问题的决定》，《人民日报》2019年11月6日，第1、4、5、6版。

须坚持全面改革，在各项改革协同配合中推进"①。与此同时，还认识到，"从形成更加成熟更加定型的制度看，我国社会主义实践的前半程已经走过了，前半程我们的主要历史任务是建立社会主义基本制度，并在这个基础上进行改革，现在已经有了很好的基础。后半程，我们的主要历史任务是完善和发展中国特色社会主义制度，为党和国家事业发展、为人民幸福安康、为社会和谐稳定、为国家长治久安提供一整套更完备、更稳定、更管用的制度体系。这项工程极为宏大，零敲碎打调整不行，碎片化修补也不行，必须是全面的系统的改革和改进，是各领域改革和改进的联动和集成，在国家治理体系和治理能力现代化上形成总体效应、取得总体效果"②。不管是制度定型、制度成熟，还是全面深化改革，都强调协同性、集成性、系统化、联动化、合力化，这意味着，建构不同的建设体系，使中国特色社会主义建设不断走向体系化，是新时代的重要诉求和本质要求。新时代精神文明建设也不例外。

新时代精神文明建设对体系化建设的内在追求主要体现为两个方面，一是新时代精神文明建设的体系化；二是新时代精神文明建设不同方面、不同维度的协调统一，实现体系化。

新时代精神文明建设的体系化有以下内容。

第一，完善弘扬社会主义核心价值观的法律政策体系。新时代精神文明建设过程强调："坚持依法治国和以德治国相结合，完善弘扬社会主义核心价值观的法律政策体系，把社会主义核心价值观要求融入法治建设和社会治理，体现到国民教育、精神文明创建、文化产品创作生产全过程。"

第二，健全志愿服务体系。一般公认，志愿服务是现代社会文明进步的重要标志，当然也是新时代精神文明建设过程的重要内容。党的十九届四中全会在国家和各地依据2017年国务院颁布的《志愿服务条例》建立精神文明建设指导机构、建立志愿服务工作协调机制基础上，强调进一步健全志愿服务体系，实现规范化、常态化发展，形成发展的协调性。

---

① 中共中央文献研究室：《习近平关于全面深化改革论述摘编》，中央文献出版社，2014，第30、35页。

② 中共中央文献研究室：《习近平关于全面深化改革论述摘编》，中央文献出版社，2014，第27页。

第三，新时代精神文明建设过程强调通过"优化城乡文化资源配置，推动基层文化惠民工程扩大覆盖面、增强实效性，健全支持开展群众性文化活动机制，鼓励社会力量参与"来完善城乡公共文化服务体系。

第四，为了巩固坚持正确导向的舆论引导工作机制，唱响主旋律、弘扬正能量，新时代精神文明建设过程努力"构建网上网下一体、内宣外宣联动的主流舆论格局，建立以内容建设为根本、先进技术为支撑、创新管理为保障的全媒体传播体系"。

第五，面对网络时代和信息时代，新时代精神文明建设提出通过"加强和创新互联网内容建设，落实互联网企业信息管理主体责任，全面提高网络治理能力，营造清朗的网络空间"，以"建立健全网络综合治理体系"。

第六，新时代精神文明建设借助完善文化企业履行社会责任制度，健全引导新型文化业态健康发展机制。完善文化和旅游融合发展体制机制。加强文艺创作引导和监管，完善以高质量发展为导向的文化经济政策，来"健全现代文化产业体系和市场体系"。

第七，新时代精神文明建设"聚焦办好人民满意的教育，完善立德树人体制机制，深化教育领域综合改革"，"推动城乡义务教育一体化发展"，同时利用在线教育的蓬勃发展和人工智能的蒸蒸日上，"加快发展面向每个人、适合每个人、更加开放灵活的教育体系"，"构建覆盖城乡的家庭教育指导服务体系"[①]，打造服务全民终身学习的教育体系。同时，加强学校作为公民道德建设的阵地作用，围绕社会主义核心价值观、习近平新时代中国特色社会主义思想和对标《新时代公民道德建设实施纲要》，建设以社会主义为底色、富有时代气息和中国特色的"学科体系、教学体系、教材体系、管理体系"，在思想品德教育上形成合力，"构建德智体美劳全面培养的教育体系"[②]。

第八，新时代精神文明建设过程在"加强中华优秀传统文化研究挖掘和创新发展、开展中华优秀传统文化普及、加强文化遗产保护传承、振兴

---

① 《中共中央关于坚持和完善中国特色社会主义制度　推进国家治理体系和治理能力现代化若干重大问题的决定》，《人民日报》2019年11月6日，第1、4、5、6版。

② 《新时代公民道德建设实施纲要》，《人民日报》2019年10月28日，第6版。

民族民间文化、保护和发展传统工艺"的基础上,使"中华民族文化基因与当代文化相适应、与现代社会相协调,实现传统文化发展创造性转化和创新性发展",完善"中华优秀传统文化传承体系";同时,为了保护、传承和传播中华优秀传统文化,并使其不断得到创造性转化和创新性发展,新时代精神文明建设要"着力构建中国特色哲学社会科学。建立健全哲学社会科学管理体制,加强哲学社会科学创新平台、研究基地、传播中心建设",致力于"加强话语体系建设,注重以我为主设置议题"①。

第九,诚信是社会主义核心价值观的重要内容,也是现代文明的基本要求。新时代精神文明建设倡导多方发力,"健全信用信息管理制度,推动各个部门信用信息的共建共享。健全多部门、跨地区、跨行业的守信联合激励和失信联合惩戒的联动机制",使"诚信行业、诚信单位、诚信示范街区、诚信经营示范店等主题实践活动"在全国普及,"推动形成不愿失信、不能失信、不敢失信的社会环境",来"加快建立覆盖全社会的征信体系"②。

新时代精神文明建设过程的体系化,即整个新时代精神文明建设全过程、不同方面、不同维度的统一协调,主要有以下几种情况。

第一,通过基本原则及其蕴含的方向、道路、价值旨归和党的领导,使新时代精神文明建设全过程整合起来、统一起来。新时代精神文明建设始终"高举中国特色社会主义伟大旗帜,坚持以马克思列宁主义、毛泽东思想、邓小平理论、'三个代表'重要思想、科学发展观为指导"③,"以习近平新时代中国特色社会主义思想为指导,紧紧围绕进行伟大斗争、建设伟大工程、推进伟大事业、实现伟大梦想,着眼构筑中国精神、中国价值、中国力量"④,强调"这里面最核心的是坚持和改善党的领导、坚持和完善中国特色社会主义制度,偏离了这一条,那就南辕北辙了"⑤。新时代

---

① 《国家"十三五"时期文化发展改革规划纲要》,《人民日报》2017年5月8日,第1、10、11版。
② 《关于深化群众性精神文明创建活动的指导意见》,《人民日报》2017年4月6日,第9版。
③ 《关于深化群众性精神文明创建活动的指导意见》,《人民日报》2017年4月6日,第9版。
④ 《新时代公民道德建设实施纲要》,《人民日报》2019年10月28日,第6版。
⑤ 中共中央文献研究室编《习近平关于全面深化改革论述摘编》,中央文献出版社,2014,第18页。

精神文明建设的全过程、全环节、全要素要坚持社会主义方向、坚定不移地走中国特色社会主义道路，坚持党的集中统一领导。

与此同时，新时代精神文明建设自觉地"更好保证人民当家作主"，更好"实现以人为本"，更好"保障社会公平正义"，"使发展成果更多更公平惠及全体人民，朝着共同富裕方向稳步前进"，"最大限度增加和谐因素，增强社会创造活力，确保人民安居乐业"①。

第二，聚焦新时代的总体布局和发展战略，以共同的目标导向实现新时代精神文明建设全过程、全环节、不同方面不同维度的协同一致。新时代精神文明建设要"紧紧围绕统筹推进'五位一体'总体布局和协调推进'四个全面'战略布局，牢固树立和贯彻新发展理念，坚持以人民为中心的发展思想"开展全部工作和活动，牢记自己的历史使命就是"为实现'两个一百年'奋斗目标、实现中华民族伟大复兴的中国梦，提供坚强思想保证、强大精神动力、丰润道德滋养、良好文化条件"②，一切工作、布局、措施和计划都要统一到这个历史使命和我们的奋斗目标上来。

第三，"核心价值观是一个民族赖以维系的精神纽带，是一个国家共同的思想道德基础"③，"核心价值观是文化软实力的灵魂、文化软实力建设的重点。这是决定文化性质和方向的最深层次要素。一个国家的文化软实力，从根本上说，取决于其核心价值观的生命力、凝聚力、感召力。培育和弘扬核心价值观，有效整合社会意识，是社会系统得以正常运转、社会秩序得以有效维护的重要途径，也是国家治理体系和治理能力的重要方面"④。所以，新时代要坚持以社会主义核心价值观为引领，统筹谋划新时代精神文明建设，新时代精神文明建设全过程、全环节、全要素都应该吸纳、融化社会主义核心价值观。不仅如此，社会主义核心价值观还要融入中国特色社会主义经济社会发展的全部实践，渗透到人们日常生产生活的

---

① 中共中央文献研究室编《十八大以来重要文献选编》（上），中央文献出版社，2014，第78～79页。
② 《关于深化群众性精神文明创建活动的指导意见》，《人民日报》2017年4月6日，第9版。
③ 中共中央文献研究室编《十八大以来重要文献选编》（中），中央文献出版社，2016，第133页。
④ 《把培育和弘扬社会主义核心价值观作为凝魂聚气强基固本的基础工程》，《人民日报》2014年2月26日，第1版。

方方面面。

四 重视内外联动，追求中国精神和世界文明的相互促进

新时代精神文明建设过程的开启，更为自觉地认识到并高度重视以下三点。

第一，文明是人类社会实践活动及其创造物的精华，在这个意义上，不同的国家、民族、地区创造的文明的确有所不同，"每一种文明都扎根于自己的生存土壤，凝聚着一个国家、一个民族的非凡智慧和精神追求，都有自己存在的价值。人类只有肤色语言之别，文明只有姹紫嫣红之别，但绝无高低优劣之分"①。它们虽然有所区别，但无疑也有很多相通的地方，既彼此有别又内在相通，决定了不同文明之间非常有必要彼此借鉴、互相支持、共同发展。在经济全球化日益深化的今天，一方面世界交往越来越频繁，另一方面世界面临的共同难题也越来越多，不同的文明之间更需要交流对话，各国的文明建设更需要彼此关照、互相助益。

第二，社会主义核心价值观是新时代精神文明建设的核心内容，社会主义核心价值观中很多内容的确是中华优秀传统文化早已内蕴的，比如爱国、友善、诚信、和谐，我们也不得不承认，有些内容是西方现代文明率先倡导并传入中国的，如民主、法治；有些内容在中国传统文化中确实含有一定成分，如自由、平等、公正，但它的确是被启蒙运动、西方文明张扬后被我们认可和接受的。实现国家治理现代化是新时代精神文明建设的目标之一，中国传统文化和社会主义新中国的实践，蕴含了很多治理的智慧和现代理念，但不能否认的是，国家治理现代化的提出明显受到近年来西方发达国家治理经验和善治理念的影响。就这两个重要质点而言，新时代精神文明建设更为自觉地强调："文明也是一样，如果长期自我封闭，必将走向衰落。交流互鉴是文明发展的本质要求。"② "要尊重世界文明多样性，以文明交流超越文明隔阂、文明互鉴超越文明冲突、文明共存超越

---

① 《习近平出席亚洲文明对话大会开幕式并发表主旨演讲》，《人民日报》2019年5月16日，第1版。
② 《习近平出席亚洲文明对话大会开幕式并发表主旨演讲》，《人民日报》2019年5月16日，第1版。

文明优越。"① 强调"今天，我们要铸就中华文化新辉煌，就要以更加博大的胸怀，更加广泛地开展同各国的文化交流，更加积极主动地学习借鉴世界一切优秀文明成果"②。

第三，中国特色社会主义新时代是"我国日益走近世界舞台中央、不断为人类作出更大贡献的时代"③，这意味着一方面我们要扩大开放，加大对外交流力度，强化文明之间的互相往来、互相学习、互相借鉴；另一方面，要加大对外宣传力度，传播中华文化、中国精神，要对世界发展贡献中国智慧、中国经验，对解决世界难题奉献中国理念、中国方案。早在党的十八届三中全会就强调一方面要"积极吸收借鉴国外一切优秀文化成果，引进有利于我国文化发展的人才、技术、经营管理经验"；另一方面要"扩大对外文化交流，加强国际传播能力和对外话语体系建设，推动中华文化走向世界"④。这都要求扩大开放，提高文化开放水平。而十九届四中全会则强调"必须统筹国内国际两个大局，高举和平、发展、合作、共赢旗帜，坚定不移维护国家主权、安全、发展利益，坚定不移维护世界和平、促进共同发展"⑤。

统筹国内国际两个大局实际上就是党的十七届六中全会提出的，"必须提高文化开放水平，推动中华文化走向世界，以民族文化为主体，吸收借鉴国外优秀文化成果，切实维护国家文化安全"，即把文化"走出去""引进来"有机结合起来。《国家"十三五"时期文化发展改革规划纲要》强调"提高文化开放水平"，"吸收借鉴国外优秀文化成果。统筹引进来和走出去，以我为主、为我所用，积极吸收借鉴国外有益文化成果、先进经营管理理念和有益做法经验。吸引外商投资我国法律法规许可的文化产业

---

① 习近平：《决胜全面建成小康社会 夺取新时代中国特色社会主义伟大胜利——在中国共产党第十九次全国代表大会上的报告（2017年10月18日）》，人民出版社，2017，第59页。
② 习近平：《在敦煌研究院座谈时的讲话》，《求是》2020年第3期。
③ 习近平：《决胜全面建成小康社会 夺取新时代中国特色社会主义伟大胜利——在中国共产党第十九次全国代表大会上的报告（2017年10月18日）》，人民出版社，2017，第11页。
④ 中共中央文献研究室编《十八大以来重要文献选编》（上），中央文献出版社，2014，第535页。
⑤ 《中共中央关于坚持和完善中国特色社会主义制度 推进国家治理体系和治理能力现代化若干重大问题的决定》，《人民日报》2019年11月6日，第1、4、5、6版。

领域，推动文化产业领域有序开放，提升引进外资质量和水平。鼓励文化单位同国外有实力的文化机构进行项目合作，学习先进制作技术和管理经验。开展知识产权保护国际合作"①。新时代精神文明建设过程，除了以文化产业的形式吸收借鉴现代西方文明的优秀成果，推动中外文明交流，实际上还自觉地汲取西方文明优秀成果并使之直接转化为精神文明建设的内容和要素，如社会主义核心价值观的某些内容，公民道德建设的某些内容，国家治理现代化的某些内容，等等。

当然，新时代精神文明建设特别重视在文化交流、文明互动中传播中华文化、弘扬中国精神。如推进国际汉学交流和中外智库合作，鼓励社会组织、中资机构等参与海外中国文化中心、孔子学院建设。扩大与海外青少年文化交流；支持中华医药、中华烹饪、中国园林、中国武术等"走出去"，支持中国影视、中国文学、中国诗歌、中国舞蹈、中国游戏等"走出去"。在此过程中，越来越重视"实施中国公民旅游文明素质行动计划，推动出入境管理机构、海关、驻外机构、旅行社、网络旅游平台等，加强文明宣传教育，引导中国公民在境外旅游、求学、经商、探亲中，尊重当地法律法规和文化习俗，展现中华美德，维护国家荣誉和利益"②。以此"树立中国文明进步、开放自信、亲切友善、负责任的大国形象，增进国际社会对中华文明的认识和理解，增强中华文明和中华民族的国际影响力"③。

当前"世界面临的不稳定性不确定性突出，世界经济增长动能不足，贫富分化日益严重，地区热点问题此起彼伏，恐怖主义、网络安全、重大传染性疾病、气候变化等非传统安全威胁持续蔓延，人类面临许多共同挑战"④。保护主义、单边主义抬头，霸权主义和强权主义依然存在，新干涉主义有所上升，"信任赤字、治理赤字、和平赤字、发展赤字"成为世界性问题。面对这些共同的世界性难题，我们在文明交流中，不断传播、弘

---

① 《国家"十三五"时期文化发展改革规划纲要》，《人民日报》2017年5月8日，第1、10、11版。
② 《新时代公民道德建设实施纲要》，《人民日报》2019年10月28日，第6版。
③ 《关于深化群众性精神文明创建活动的指导意见》，《人民日报》2017年4月6日，第9版。
④ 习近平：《决胜全面建成小康社会 夺取新时代中国特色社会主义伟大胜利——在中国共产党第十九次全国代表大会上的报告（2017年10月18日）》，人民出版社，2017，第58页。

扬人类命运共同体理念、以合作共赢为核心的新型国际关系理念、以及共商共建共享的全球治理观，等等。新时代精神文明建设不断为求解世界性难题、促进人类共同发展，奉献中国经验、中国方案、中国理念、中国智慧，促进中外文明的良性互动。

第三节　新时代精神文明建设过程的独特地位

新时代精神文明建设过程既是在新的时代客观背景下开启和进行的，也是在社会主体有更深认识、更高期待、更具主观能动性等主体条件下开启和进行的，不但具有了一些新的内容和任务、新的诉求和目标、新的规定和要求、新的特征和表现，也具有了独特地位。这种独特地位，在与中国特色社会主义新时代重大战略、重大谋划、重大事项的关系上，如"五位一体"总体布局、"四个全面"战略布局、"四个自信"、新时代国家软实力和国家形象建设等，表现得比较明显和充分。具体来说，新时代精神文明建设过程的开启，是"五位一体"协调发展不可或缺的环节；是"四个全面"持续深化的精神力量；是"四个自信"不断巩固的基本支撑；是提高国家软实力和优化国家形象的重要保障。

一　"五位一体"协调发展不可或缺的环节

党的十八大报告明确提出："建设中国特色社会主义，总依据是社会主义初级阶段，总布局是五位一体，总任务是实现社会主义现代化和中华民族伟大复兴"，"必须更加自觉地把全面协调可持续作为深入贯彻落实科学发展观的基本要求，全面落实经济建设、政治建设、文化建设、社会建设、生态文明建设'五位一体'总体布局，促进现代化建设各方面相协调，促进生产关系与生产力、上层建筑与经济基础相协调，不断开拓生产发展、生活富裕、生态良好的文明发展道路"[①]。

"五位一体"是新时代我们党和国家针对"实现什么样的发展、怎样

[①] 中共中央文献研究室编《十八大以来重要文献选编》（上），中央文献出版社，2014，第7、10页。

发展"这一根本性的大局问题、战略问题的新思考和新回答,是结合实际对科学发展的新谋划,也是对科学发展观在新时代的深化和推进;它是新时代推进中国特色社会主义建设的总体布局,也是事关新时代发展的根本事宜。这里面有两个关键词。

第一个关键词是"五位",即社会发展的五个基本方面,它们在新时代的历史方位下,都有了新的内涵和诉求。正如《人民日报》评论员分析的,经济建设方面,坚持新发展理念,以供给侧结构性改革为主线,推动经济发展质量变革、效率变革、动力变革,不断解放和发展社会生产力。政治建设方面,坚持人民当家作主,充分发挥我国社会主义民主政治的优势和特点,保证人民当家作主落实到国家政治生活和社会生活之中。文化建设方面,坚持社会主义核心价值体系,发展中国特色社会主义文化,坚持创造性转化、创新性发展。社会建设方面,坚持在发展中保障和改善民生,在发展中补齐民生短板、促进社会公平正义,在幼有所育、学有所教、劳有所得、病有所医、老有所养、住有所居、弱有所扶上不断取得新进展。生态文明建设方面,坚持人与自然和谐共生,形成节约资源和保护环境的空间格局、产业结构、生产方式、生活方式,还自然以宁静、和谐、美丽。[①]

第二个关键词是"一体",它重在强调上述社会发展的五个基本方面之间的关系,它们之间既有分工和侧重,有不同的地位和作用,又有共同的目标,相互作用、相互支撑形成有机整体。正如《人民日报》评论员分析的:新时代"五位一体"总体布局是一个有机整体,经济建设是根本,政治建设是保障,文化建设是灵魂,社会建设是条件,生态文明建设是基础,共同致力于全面提升我国物质文明、政治文明、精神文明、社会文明、生态文明,统一为把我国建成富强民主文明和谐美丽的社会主义现代化强国的新目标。走进新时代,踏上新征程,按照党的十九大精神的指引把"五位一体"总体布局统筹推向前进,我们就一定能不断开辟中国特色

---

① 《统筹推进新时代"五位一体"总体布局——六论学习贯彻党的十九大精神》,《人民日报》2017年11月3日,第1版。

社会主义事业新局面，奋力谱写社会主义现代化新征程的壮丽篇章。① 在这个意义上，"五位一体"既追求全面发展，又追求协调发展、均衡发展和充分发展，因此我们将这个总体布局称为科学发展观在新时代的深化和发展。

不管是从关键词"五位""一体"，还是结合词"五位一体"，都可以看出，文化建设既是其中不可缺少的核心内容，又是具有独特地位、独特价值的发展向度，正如上述分析指出的，文化建设处于"灵魂"地位。党的十八大报告指出："文化是民族的血脉，是人民的精神家园。全面建成小康社会，实现中华民族伟大复兴，必须推动社会主义文化大发展大繁荣，兴起社会主义文化建设新高潮，提高国家文化软实力，发挥文化引领风尚、教育人民、服务社会、推动发展的作用。"②

这里有两个重要质点。一是文化本身的相对独立性，构成社会发展的重要向度，它的地位和水平是衡量和评判现代社会的重要尺度。文化发展不起来，不强大，一个国家就很难说是一个强国。文化不仅是一个国家重要的精神动力，而且是共同体基本的凝聚力量，也是社会秩序得以稳定的基本元素。中华民族之所以能生生不息、绵延几千年，是因为我们能够凭借中华优秀传统文化不断建构自己的精神家园、精神支柱。从这个意义上讲，现代社会的大国、强国必须内在的是文化大国、文化强国。

二是文化的渗透性和支撑性，社会、政治、经济、社会、生态的发展都离不开文化的渗透和支撑。比如经济发展的新理念、新思想，需要文化的形式来表达、来传播；而现代世界经济发展也愈加有力地证明，经济发展和文化建设的正相关性越来越强，一个现代国家的经济发展水平越高，文化的支撑和贡献作用就越大。美国的文化产业已经成为经济发展的重要引擎。社会风气的好转，社会风尚的完善，离不开文化的载体、文化的涵养。生态文明所需要的生态理念、生态生活方式都离不开文化的支撑；所有社会的发展，最终离不开主体素质的提高，即需要教育，而教育也属于

---

① 《统筹推进新时代"五位一体"总体布局——六论学习贯彻党的十九大精神》，《人民日报》2017年11月3日，第1版。
② 中共中央文献研究室编《十八大以来重要文献选编》（上），中央文献出版社，2014，第24页。

文化建设的重要内容。因此，说文化建设是整个现代社会发展、社会建设的灵魂，是非常到位的。

而文化建设和社会主义精神文明建设关系非常密切，在一定意义上，甚至可以说两者基本上是一体的。具体地说，文化建设是社会主义精神文明建设的核心内容，社会主义精神文明建设的内涵和覆盖面相对广一些，但在核心内容、主体内容上两者比较接近。党的十八大报告在分析扎实推进社会主义文化强国建设举措时，重点强调了加强社会主义核心价值体系建设、全面提高公民道德素质、丰富人民精神文化生活、增强文化整体实力和竞争力，这四个方面都是社会主义精神文明建设的核心选项和重点内容。从这个意义上说，社会主义精神文明建设过程更是"五位一体"协调发展不可或缺的环节。

第一，新时代社会主义精神文明建设过程，为整个国家、社会发展提供有力的思想保证，为确立共同的理想信念、精神支柱，不但确保"五位"之间相互支撑、相互协调，而且使它们有共同的方向、目标和"精气神"，从思想上保证"五位"走向"一体化"，促进协调发展、均衡发展、充分发展。

第二，新时代社会主义精神文明建设为经济建设、政治建设、文化建设、社会建设、生态文明建设"五位一体"协调发展、充分发展，提供精神动力和智力支持。这里有两个特别突出的地方，一是新时代社会主义精神文明建设过程不断宣扬、传播一些新的发展理念、现代观念和精神，如五大发展理念、法治观念、理性精神等，为经济建设、政治建设、文化建设、社会建设、生态文明建设提供强大的观念引导、思想塑造、精神驱力；二是新时代精神文明建设通过发展教育、普及群众性精神文明创建活动，培养现代公民，提高国民素养和科学知识储备，进而提升整个社会的智力水平，提供更好的、更具普遍性和大众性的科学认知和实践智慧，推动更具群众基础、更大范围的实践创新、制度创新、理论创新的互动与融合，反哺、助推"五位一体"的协调发展、充分发展。

第三，新时代社会主义精神文明建设为经济建设、政治建设、文化建设、社会建设、生态文明建设"五位一体"协调发展、充分发展，提供了良好的社会氛围和规范的行为方式。所谓良好的社会氛围，突出地表现为新时代精神文明建设营构的良好文明的社会风气,以及由这种文明的社会风气、风尚支撑的良好社会秩序;而规范的行为方式则表现为政治建设中对法治思维、法治行为的推崇,经济发展中对规范的经济行为、创新行为的尊崇,生态文明建设中对生态化的生活方式的认可和普及。这些良好的社会氛围和规范的行为方式,无疑是"五位一体"协调发展最基础的支撑和不可或缺的助力。

第四,新时代社会主义精神文明建设与"五位一体"协调发展有很深的内在关联。早在改革开放初,我们就提出了物质文明、精神文明"两手抓"的理论,又演化出经济建设、政治建设、文化建设"三位一体",经济建设、政治建设、文化建设和社会建设"四位一体"的思想和战略布局,"五位一体"就是在此基础上形成的。文明包括理念和观念形态的、制度形态的、物质财富形态或物质载体形态的,以及实践形态的,精神文明也不例外,从这个意义上讲,新时代社会主义精神文明建设可以为"五位一体"发展提供从理念到行为全方位的支撑,其中特别需要指出的是,它可以以自身的制度建设以及相关的理念行为来促进经济建设、政治建设、文化建设、社会建设、生态文明建设的制度定型和制度发展。

第五,"我们的人民热爱生活,期盼有更好的教育、更稳定的工作、更满意的收入、更可靠的社会保障、更高水平的医疗卫生服务、更舒适的居住条件、更优美的环境,期盼孩子们能成长得更好、工作得更好、生活得更好。人民对美好生活的向往,就是我们的奋斗目标"[①]。可以看得出,美好生活涉及诸如经济、政治、文化、社会、生态等方方面面,和"五位一体"大体上是同构的,新时代"五位一体"的总体布局就是为实现人民对美好生活的需要服务的。新时代社会主义精神文明建设与美好生活关系尤为密切。一是新时代社会主义精神文明建设通过提供更为丰富的和高质的精神食粮来满足人民群众的美好生活需要;二是新时代社会主义精神文明建设中的群众性精神文明创建活动成为人民移风易俗、改造社会、建设美好生活的伟大创造;三是新时代社会主义精神文明建设过程为美好生活

---

① 中共中央文献研究室编《十八大以来重要文献选编》(上),中央文献出版社,2014,第70页。

提供社会氛围、主体素养等基本条件。

由此，新时代社会主义精神文明建设和"五位一体"总体布局，围绕着满足人民对美好生活需要而互动互渗、彼此不可分割。

二 "四个全面"持续深化的精神力量

众所周知，2012年党的十八大提出，确保到2020年实现全面建成小康社会的宏伟目标；2013年党的十八届三中全会审议通过了《中共中央关于全面深化改革若干重大问题的决定》，正式提出"全面深化改革"的战略；2014年党的十八届四中全会通过了《中共中央关于全面推进依法治国若干重大问题的决定》，确立了全面依法治国的战略部署；2014年10月，习近平总书记在党的群众路线教育实践活动总结大会上，提出全面从严治党的战略部署。2014年12月，习近平总书记在江苏调研，进一步明确提出"协调推进全面建成小康社会、全面深化改革、全面推进依法治国、全面从严治党，推动改革开放和社会主义现代化建设迈上新台阶"①。2015年2月，习近平总书记在省部级主要领导干部学习贯彻十八届四中全会精神全面推进依法治国专题研讨班开班式上，首次将"四个全面"定位于党中央的战略布局。

作为新时代中国特色社会主义建设的战略布局，"四个全面"在新时代中国特色社会主义的建设和发展中具有举足轻重的地位。正如中宣部部长黄坤明指出的：从当代中国的现实来看，"四个全面"战略布局集中体现了时代和实践发展对党和国家工作的新要求，是为解决面临的突出矛盾和问题提出来的；从事业的长远发展来看，"四个全面"战略布局确立了续写中国特色社会主义新篇章的行动纲领，对如何续写中国特色社会主义这篇大文章进行了创造性回答，对如何实现"两个一百年"奋斗目标勾画了清晰的"路线图"，使我们的前进方向更加明确，发展布局更加科学，战略举措更加有效，为在新的历史条件下治国理政提供了基本遵循。②

---

① 《主动把握和积极适应经济发展新常态 推动改革开放和现代化建设迈上新台阶》，《人民日报》2014年12月15日，第1版。
② 黄坤明：《深刻理解"四个全面"的重要意义》，《求是》2015年第13期。

"四个全面"战略布局,与新时代精神文明建设过程同样密不可分。具体言之,有两点特别突出。

第一,"四个全面"和新时代精神文明建设在内容上相互交织、彼此融通,这意味着"四个全面"的持续深化和新时代精神文明建设过程的持续深化必须同步共振。党的十八大报告专门设计了一节,名为"全面建成小康社会和全面深化改革开放的目标",提出新时代全面建成小康社会的新要求有五项,其中第三项就是"文化软实力显著增强。社会主义核心价值体系深入人心,公民文明素质和社会文明程度明显提高。文化产品更加丰富,公共文化服务体系基本建成,文化产业成为国民经济支柱性产业,中华文化走出去迈出更大步伐,社会主义文化强国建设基础更加坚实"①。该项新要求,同时就是新时代精神文明建设的重点或主要内容。

一般公认,党的十八届三中全会通过的《中共中央关于全面深化改革若干重大问题的决定》,正式吹响了全面深化改革的号角,明确强调:"紧紧围绕建设社会主义核心价值体系、社会主义文化强国深化文化体制改革,加快完善文化管理体制和文化生产经营机制,建立健全现代公共文化服务体系、现代文化市场体系,推动社会主义文化大发展大繁荣。"② 文化管理体制改革作为全面深化改革的重要内容,同时也是新时代精神文明建设过程的重要内容,都是为了"培育和践行社会主义核心价值观,巩固马克思主义在意识形态领域的指导地位,巩固全党全国各族人民团结奋斗的共同思想基础。"③ 或者说,新时代精神文明建设的发展,代表着文化体制改革的发展。

党的十八届四中全会通过了《中共中央关于全面推进依法治国若干重大问题的决定》,这是关于全面依法治国的纲领性文件。它强调,实现社会主义法治国家的总目标,必须坚持"五大原则",其中第四个原则就是

---

① 中共中央文献研究室编《十八大以来重要文献选编》(上),中央文献出版社,2014,第14页。
② 中共中央文献研究室编《十八大以来重要文献选编》(上),中央文献出版社,2014,第512~513页。
③ 中共中央文献研究室编《十八大以来重要文献选编》(上),中央文献出版社,2014,第533页。

第四章　新时代精神文明建设过程的特质地位

"坚持依法治国和以德治国相结合",该原则要求"必须坚持一手抓法治、一手抓德治,大力弘扬社会主义核心价值观,弘扬中华传统美德,培育社会公德、职业道德、家庭美德、个人品德,既重视发挥法律的规范作用,又重视发挥道德的教化作用,以法治体现道德理念、强化法律对道德建设的促进作用,以道德滋养法治精神、强化道德对法治文化的支撑作用,实现法律和道德相辅相成、法治和德治相得益彰"①;为此还要求"建立健全坚持社会主义先进文化前进方向的文化法律制度""健全普法宣传教育机制",更要求"加强公民道德建设,弘扬中华优秀传统文化,增强法治的道德底蕴"。② 可见,全面依法治国的战略布局与新时代精神文明建设在很多基本问题上也是相通共在的。

2014年10月,在党的群众路线教育实践活动总结大会上,习近平总书记就新形势下坚持从严治党提出了八点要求,其中第二点就是"坚持思想建党和制度治党紧密结合",强调"加强党性和道德教育,引导党员、干部坚定理想信念,坚守共产党人精神追求。党员、干部必须认真学习马克思列宁主义、毛泽东思想,特别是中国特色社会主义理论体系,自觉用贯穿其中的立场、观点、方法武装头脑、指导实践、推动工作,始终不渝为中国特色社会主义共同理想而奋斗"③。第五点要求是"持续深入改进作风",要"努力改进思想作风、工作作风、领导作风、干部生活作风,努力改进学风、文风、会风"。④ 全面从严治党和新时代精神文明建设同样内容密不可分、共生共荣。

第二,新时代精神文明建设为"四个全面"战略布局的落实,不断提供精神动力。关于这个问题,刘云山同志曾经有过系统的分析。

首先,"四个全面"战略布局面临许多亟待解决的重大问题,如"如

---

① 中共中央文献研究室编《十八大以来重要文献选编》(中),中央文献出版社,2016,第159页。
② 中共中央文献研究室编《十八大以来重要文献选编》(中),中央文献出版社,2016,第173页。
③ 中共中央文献研究室编《十八大以来重要文献选编》(中),中央文献出版社,2016,第95页。
④ 中共中央文献研究室编《十八大以来重要文献选编》(中),中央文献出版社,2016,第100页。

何主动适应和引领经济发展新常态,树立新观念、把握新机遇、展现新作为,推动经济实现中高速增长、迈进中高端水平;如何进一步汇聚改革力量、破解改革难题,推动各项改革任务的落实;如何引导全社会自觉尊法学法守法用法,促进社会主义法治国家建设;如何巩固管党治党成果、增强党的凝聚力战斗力,更好地用党风政风引领社风民风"。这些难题的解决"都需要发挥好精神文明建设引导人、鼓舞人、激励人的重要作用。这就要求加强'四个全面'战略布局的宣传阐释,加强形势政策教育,加强热点难点引导,切实做好统一思想、凝聚共识、坚定信心的工作"①,离不开精神文明建设提供的思想保证和精神动力。

其次,"四个全面"战略布局不仅立足于新时代更高水平的科学决策、战略决断,而且立足于对整个现代文明发展趋势判断基础上的发展规划、战略选择,它们的落实和完成有两个最基本性的支撑因素,一是公民道德素质整体水平,二是整个社会的文明程度。两者最终会影响"四个全面"的进程和成效。反过来,两者表现的优劣、好坏也是衡量"四个全面"战略布局落实和完成的重要标准。而公民道德素质整体水平的提高和社会文明程度的总体提升,"需要大力推进思想道德建设和文化建设,在解决好'富口袋'的同时解决好'富脑袋'的问题,使人们的精神文化生活更加充盈起来"②。在这个意义上,新时代精神文明建设为"四个全面"战略布局不断提供基础性的力量和根源性的动力。

最后,正如习近平总书记反复强调的,新时代精神文明建设要紧跟时代步伐、高度重视创新,这种创新不仅表现在内容、理念上,而且表现在载体、方式、方法上。而方法层面,我们既要重视思想方法,也要重视工作方法,还要重视对马克思主义基本方法的守正出新,同样要重视如坚持问题导向法、科学统筹法、调查研究、真抓实干和"六大思维方式"。在这个意义上,它和"四个全面"战略布局对方法论的要求是一致的,两者具有共生互补的关系。更重要的是,我们在新时代精神文明建设进程中不

---

① 刘云山:《紧紧围绕"四个全面"战略布局 锲而不舍推进精神文明建设》,《党建》2015年第4期。
② 刘云山:《紧紧围绕"四个全面"战略布局 锲而不舍推进精神文明建设》,《党建》2015年第4期。

断创新，就可以为"四个全面"战略布局的落实和完成提供源源不断的创新动力和创新引力。

三 "四个自信"不断巩固的基本支撑

2012 年，党的十八大报告明确提出"三个自信"即坚定中国特色社会主义道路自信、理论自信、制度自信；2016 年，在庆祝中国共产党成立 95 周年大会上，习近平总书记又提出包括文化自信的"四个自信"。"四个自信"在党的十九大被写入党章，形成明确的理论体系。

关于"四个自信"，习近平总书记提出："全党要坚定道路自信、理论自信、制度自信、文化自信。当今世界，要说哪个政党、哪个国家、哪个民族能够自信的话，那中国共产党、中华人民共和国、中华民族是最有理由自信的。有了'自信人生二百年，会当水击三千里'的勇气，我们就能毫无畏惧面对一切困难和挑战，就能坚定不移开辟新天地、创造新奇迹。"① "四个自信"是实现中华民族伟大复兴目标、新时代中国特色社会主义建设最基本最重要的心理支撑、精神支柱。习近平总书记在"7·26"讲话中进一步强调："中国特色社会主义是改革开放以来党的全部理论和实践的主题，全党必须高举中国特色社会主义伟大旗帜，牢固树立中国特色社会主义道路自信、理论自信、制度自信、文化自信，确保党和国家事业始终沿着正确方向胜利前进。"② "四个自信"同时也是实现中华民族伟大复兴目标、新时代中国特色社会主义建设最基本最重要的心理保证、信念保障。"四个自信"在中国特色社会主义新时代中地位非常重要。

而"四个自信"与新时代精神文明建设关系同样非常密切，"四个自信"的巩固和深化离不开新时代精神文明建设过程和成果的双重支撑。

首先，"四个自信"中的理论自信、文化自信与新时代精神文明建设的主要内容直接相关，或者说两者基本上是重合的。文化建设和思想建设构成社会主义精神文明建设的两个基本方面。

---

① 中共中央文献研究室编《十八大以来重要文献选编》（下），中央文献出版社，2018，第 348 页。
② 《习近平谈治国理政》（第二卷），外文出版社，2017，第 59 页。

理论自信的核心是对中国特色社会主义理论体系的坚守和坚信，是对共产党执政规律、社会主义建设规律、人类社会发展规律认识的自信，是对马克思主义理论科学性、真理性的笃信。党的十二届六中全会通过的《中共中央关于社会主义精神文明建设指导方针的决议》早就指出：作为工人阶级的科学世界观和全人类精神文明的伟大成果的马克思主义，是社会主义事业和党的领导的理论基础，对整个精神文明建设起着重大的指导作用，是社会主义精神文明建设的根本。1996年10月党的十四届六中全会通过的《中共中央关于加强社会主义精神文明建设若干重要问题的决议》再次强调了这一点。随着中国特色社会主义理论体系的形成，我们把两者并提并重。在新时代强调精神文明建设要"高举中国特色社会主义伟大旗帜，坚持以马克思列宁主义、毛泽东思想、邓小平理论、'三个代表'重要思想、科学发展观为指导，深入贯彻习近平总书记系列重要讲话精神和治国理政新理念新思想新战略"，"巩固马克思主义在意识形态领域的指导地位，巩固全党全国各族人民团结奋斗的共同思想基础"。[①] 理论自信的基本要求，都涵括在新时代精神文明建设的思想建设内容中。

新时代社会主义精神文明建设中的文化建设，其中核心和主要目标就是系统建构和发展中国特色社会主义文化。而"中国特色社会主义文化，源自中华民族五千多年文明历史所孕育的中华优秀传统文化，熔铸于党领导人民在革命、建设、改革中创造的革命文化和社会主义先进文化，植根于中国特色社会主义伟大实践"[②]。这个核心和主要目标是和文化自信的内容高度一致的。"文化自信，是更基础、更广泛、更深厚的自信。在五千多年文明发展中孕育的中华优秀传统文化，在党和人民伟大斗争中孕育的革命文化和社会主义先进文化，积淀着中华民族最深层的精神追求，代表着中华民族独特的精神标识。"[③]

因此，新时代精神文明建设过程的开启、深化与理论自信、文化自信

[①] 《关于深化群众性精神文明创建活动的指导意见》，《人民日报》2017年4月6日，第9版。

[②] 习近平：《决胜全面建成小康社会　夺取新时代中国特色社会主义伟大胜利——在中国共产党第十九次全国代表大会上的报告（2017年10月18日）》，人民出版社，2017，第41页。

[③] 中共中央文献研究室编《十八大以来重要文献选编》（下），中央文献出版社，2018，第349页。

的巩固、深化是同步同构的关系。而鉴于"四个自信"的有机统一，以及文化自信是更基础、更广泛、更深厚的自信，新时代精神文明建设的发展和"四个自信"的巩固、深化同样是同步同构的。

其次，一般公认，自信是一种融自我认知、自我肯定、自我认可、自我期许、自我坚信为一体的，是积极、健康、进取、向上的情感、意识、态度与能力。自信一般建立在客观事实、客观实际的基础上，否则就是盲目自大；但客观基础并不一定带来自信，因为自信是建立在对一定事物认知的基础上，普遍的社会自信往往具有一定的建构性和塑造性。

精神文明建设一个很重要的任务和运行渠道就是普及宣传、学习教育、展示引领，在这个意义上，新时代精神文明建设过程的开启和深化，是"四个自信"得以不断巩固、深化的基本路径和主要保障。正如习近平总书记强调的，新时代精神文明建设一定"要在全党全社会持续深入开展建设中国特色社会主义宣传教育，高扬主旋律，唱响正气歌，不断增强道路自信、理论自信、制度自信，让理想信念的明灯永远在全国各族人民心中闪亮"①。针对新时代精神文明建设中的宣传思想工作，习近平总书记曾强调要"自觉承担起举旗帜、聚民心、育新人、兴文化、展形象的使命任务"，让人们更好地理解马克思主义理论的科学性、中国特色社会主义理论体系的真理性、中国特色社会主义的成功经验、中国特色社会主义制度体系的巨大优势、中国共产党和中国特色社会主义文化的先进性，等等，"讲好中国故事、传播好中国声音"②，强化人们对祖国的认同、对中华民族的认同、对中华文化的认同、对社会主义道路的认同，强化思想认同、政治认同、文化认同和制度认同，进而巩固和深化"四个自信"。在这个意义上，新时代精神文明建设的重要目标，就是不断巩固和深化"四个自信"。

最后，新时代精神文明建设既是为巩固"四个自信"服务的，又具有很强的相对独立性，它的成就对"四个自信"具有双重反哺意义。一是新时代中国特色社会主义精神文明建设的成功是中国特色社会主义具有合理

---

① 《人民有信仰民族有希望国家有力量 锲而不舍抓好社会主义精神文明建设》，《人民日报》2015年3月1日，第1版。
② 《举旗帜聚民心育新人兴文化展形象 更好完成新形势下宣传思想工作使命任务》，《人民日报》2018年8月23日，第1版。

性、优越性的深层次标志和证明,为"四个自信"提供更为有利的证据,有力促进"四个自信"的巩固和深化;二是它的一些重要方面的不断进步,如社会主义先进文化不断充实、完善,公民道德素养不断提升,社会风气和文明水平不断提高,社会主义意识形态阵地更为巩固,科教事业、志愿服务事业、社会主义文艺社科工作更为兴盛,在促进理论自信、文化自信深化的基础上,不断促进道路自信、制度自信的巩固。

四 提高国家软实力和优化国家形象的重要保障

20世纪80年代后期,哈佛大学肯尼迪政府学院院长约瑟夫·奈提出了"软实力"的概念,强调它是"通过吸引而非强迫或收买的手段来达己所愿的能力。它源于一个国家的文化、政治观念和政策的吸引力"。国家的软实力"主要来自三种资源:文化(在能对他国产生吸引力的地方起作用)、政治价值观(当它在海内外都能真正实践这些价值时)及外交政策(当政策被视为具有合法性及道德威信时)"①。

时至今日,这个概念已经被广泛使用,中国经过改革开放40多年的发展,经济实力、科技实力、制造实力、军事实力等所谓的硬实力,取得了突飞猛进的发展,而相应的软实力并没有取得相应的大进展。正是在这种背景下,习近平总书记明确指出:"体现一个国家综合实力最核心的、最高层的,还是文化软实力,这事关一个民族精气神的凝聚。我们要坚持道路自信、理论自信、制度自信,最根本的还有一个文化自信。要从弘扬优秀传统文化中寻找精气神。"②"文化软实力集中体现了一个国家基于文化而具有的凝聚力和生命力,以及由此产生的吸引力和影响力。古往今来,任何一个大国的发展进程,既是经济总量、军事力量等硬实力提高的进程,也是价值观念、思想文化等软实力提高的进程。"对于中国特色社会主义新时代而言,文化软实力是最重要的国家软实力,事关中华民族的"精气神的凝聚"。习近平总书记同时强调:"提高国家文化软实力,不仅

---

① 〔美〕约瑟夫·奈:《软力量——世界政坛成功之道》,吴晓辉、钱程译,东方出版社,2005年,第30页。
② 《"改革的集结号已经吹响"——习近平总书记同人大代表、政协委员共商国是纪实》,《人民日报》2014年3月13日,第1版。

关系我国在世界文化格局中的定位，而且关系我国国际地位和国际影响力，关系'两个一百年'奋斗目标和中华民族伟大复兴中国梦的实现。"①

因此，习近平总书记在很多相关的场合，如十八届中央政治局第十二次、第十三次集体学习，2014年在中央网络安全和信息化领导小组第一次会议、中央外事工作会议，2017年党的十九大，2018年中国科学院两院院士大会、全国宣传思想工作会等，都重点提及文化软实力。

那么，新时代如何来发展和提高文化软实力呢？习近平总书记明确指出："提高国家文化软实力，要努力夯实国家文化软实力的根基。要坚持走中国特色社会主义文化发展道路，深化文化体制改革，深入开展社会主义核心价值体系学习教育，广泛开展理想信念教育，大力弘扬民族精神和时代精神，推动文化事业全面繁荣、文化产业快速发展。"而"夯实国内文化建设根基，一个很重要的工作就是从思想道德抓起，从社会风气抓起，从每一个人抓起。要继承和弘扬我国人民在长期实践中培育和形成的传统美德，坚持马克思主义道德观、坚持社会主义道德观，在去粗取精、去伪存真的基础上，坚持古为今用、推陈出新，努力实现中华传统美德的创造性转化、创新性发展，引导人们向往和追求讲道德、尊道德、守道德的生活，让13亿人的每一分子都成为传播中华美德、中华文化的主体"②。他还强调："核心价值观是文化软实力的灵魂、文化软实力建设的重点。这是决定文化性质和方向的最深层次要素。一个国家的文化软实力，从根本上说，取决于其核心价值观的生命力、凝聚力、感召力。……要切实把社会主义核心价值观贯穿于社会生活方方面面。要通过教育引导、舆论宣传、文化熏陶、实践养成、制度保障等，使社会主义核心价值观内化为人们的精神追求，外化为人们的自觉行动。……要利用各种时机和场合，形成有利于培育和弘扬社会主义核心价值观的生活情景和社会氛围，使核心价值观的影响像空气一样无所不在、无时不有。"③

---

① 中共中央文献研究室：《习近平关于社会主义文化建设论述摘编》，中央文献出版社，2017，第198页。
② 《建设社会主义文化强国　着力提高国家文化软实力》，《人民日报》2014年1月1日，第1版。
③ 《习近平谈治国理政》（第一卷），外文出版社，2018，第163~165页。

显然,新时代文化软实力的建设和提高,最根本的路径就是文化建设和精神文明建设,离开新时代精神文明建设,就无从谈及文化软实力的提高。结合上述习近平总书记的讲话,这里有两个关键之处。一是通过新时代精神文明建设和文化建设的内容建设,如发展社会主义先进文化,提高公民道德品质和素养,优化社会风气和提高社会文明水平,弘扬社会主义核心价值观,铸造社会共同理想实现凝魂聚力,等等,全方位地夯实国家文化软实力的根基;二是通过新时代精神文明建设的各种平台、技术、手段和途径的创新和建设,形成对中国文化的宣传、阐释、展示的正向合力,提升中华文化的吸引力、凝聚力、感召力,提高文化软实力。

提高我国文化软实力,一定要注重塑造我国的国家形象,要努力提高国际话语权。文化软实力和国家形象息息相关,良好的国家形象是文化软实力的重要内涵,也有助于促进文化软实力的不断提升。习近平总书记在2013年全国宣传思想工作会议上明确指出:"在全面对外开放的条件下做宣传思想工作,一项重要任务是引导人们更加全面客观地认识当代中国、看待外部世界。"[①] 国家形象问题是新时代改革开放必须关注的大问题,他为此还提出了"四个讲清楚"。2013年底,他在十八届中央政治局第十二次集体学习会上更具体地说,在全面深化改革开放的同时,一定要注意塑造"四种大国形象",即历史底蕴深厚、各民族多元一体、文化多样和谐的文明大国形象,政治清明、经济发展、文化繁荣、社会稳定、人民团结、山河秀美的东方大国形象,坚持和平发展、促进共同发展、维护国际公平正义、为人类作出贡献的负责任大国形象,对外更加开放、更加具有亲和力、充满希望、充满活力的社会主义大国形象。[②]

正如有学者分析的,当前我国国家形象建构存在明显的"软硬"不对称。在经济、科技、军事、教育等所谓硬实力方面,发展快、实力强的事实被普遍接受,经济强国、科技强国、军事强国形象认可度高,但软实力方面失分较多。另外,中国国家形象在产品质量形象、国民素质形象、政府形象、城市建设形象、文化价值形象等一些具体方面,都存在短板或不

---

① 《习近平谈治国理政》(第一卷),外文出版社,2018,第155页。
② 《习近平谈治国理政》(第一卷),外文出版社,2018,第162页。

尽如人意的地方。①

　　总而言之，我国国家形象存在的问题，一是文化软实力本身需要提升，二是对外交流、对外传播存在明显短板。而这两点，都是新时代精神文明建设的重点内容。所以，习近平总书记除了要求新时代精神文明建设要大力发展社会主义先进文化、弘扬社会主义核心价值观、强化社会道德建设，还强调新时代精神文明建设"要努力展示中华文化独特魅力"，"以人们喜闻乐见、具有广泛参与性的方式推广开来，把跨越时空、超越国度、富有永恒魅力、具有当代价值的文化精神弘扬起来，把既继承传统优秀文化又弘扬时代精神、既立足本国又面向世界的当代中国文化创新成果传播出去"；"要努力提高国际话语权。要加强国际传播能力建设，精心构建对外话语体系，发挥好新兴媒体作用，增强对外话语的创造力、感召力、公信力，讲好中国故事，传播好中国声音，阐释好中国特色。"②

　　显然，新时代精神文明建设是提高国家软实力和优化国家形象的基本路径和重要保障。

---

① 关锋：《新中国成立以来我国国家形象建构》，《北京行政学院学报》2020年第2期。
② 《建设社会主义文化强国　着力提高国家文化软实力》，《人民日报》2014年1月1日，第1版。

第五章　新时代精神文明建设过程的逻辑和规律

新时代精神文明建设过程的开启，既立足于时代的客观变化，回应时代的客观需要，又响应人民对美好生活的需要和中国人民对伟大复兴战略目标的呼求，在这个意义上，它的开启既具有历史必然性，又具有时代合法性。

新时代精神文明建设过程不断取得重大成就、突出成果，不停顿，不止步，不断走上新台阶。扶贫济困、慈善捐助、支教助学、义务献血等献爱心行动在神州大地处处可见；创建文明城市、文明村镇、文明单位、文明家庭、文明校园、文明窗口、文明街道、文明社区等一系列群众性精神文明创建活动百花争艳、硕果累累；"学习雷锋，争做美德少年""认星争优""童心向党""向国旗敬礼"等教育和践行社会主义核心价值观的活动如火如荼；中宣部联合有关部门不断推进"见义勇为最美人物""岗位学雷锋最美人物""最美拥军人物"等各行各业"最美人物"评选活动，每月公布"中国好人榜"，各个层面的道德教育实践活动蓬勃展开，多地通过举办道德模范事迹巡回展览、宣讲等实践活动，让道德模范的榜样力量看得见、学得到，不断营建学模范、做模范的社会风气；先后出台《关于推进志愿服务制度化的意见》《关于支持和发展志愿服务组织的意见》《志愿服务条例》《关于深化群众性精神文明创建活动的指导意见》《新时代公民道德建设实施纲要》《新时代爱国主义教育实施纲要》，新时代精神文明建设过程的法治化、规范化日益明显。

新时代精神文明建设过程的开启和深入，依赖的是社会主体能动性和历史发展规律性之间的合力，进而"在历史前进的逻辑中前进、在时代发展的潮流中发展",也由此形成了独具特色的自身内在逻辑和规律。在基本逻辑方面,有发生逻辑,包括理论之根、实践之源、文化之脉所形塑的根源逻辑,问题促逼和主体自觉的互动与统合形成的促发逻辑;统摄逻辑,包括坚定政治方向、鲜明价值导向和务实问题导向的同向逻辑,包括党的领导的必须性、政府主导的必需性和社会参与的必要性的共识逻辑;演进逻辑,包括发展与问题互动形成的辩证驱动逻辑,自我革命和社会革命交互作用形成的改革创新逻辑。在基本规律方面,有符合律、合力律和兼顾律等基本规律。

第一节 新时代精神文明建设过程的发生逻辑

新时代精神文明建设过程的开启、深化,有历史必然性和时代合理性,是诸多社会历史因素共同作用、互相触动的结果,不是无缘无故的历史偶然事件。在这个意义上,新时代精神文明建设过程具有独特的发生逻辑。对这种发生逻辑的挖掘和梳理,既是我们在更深层次上更好地把握新时代精神文明建设过程不可缺少的一环,也是我们未来更好地谋划和推动中国特色社会主义精神文明建设的基本参照。

新时代精神文明建设过程的发生逻辑一般包括两个层面,一是根源性的深层次逻辑,主要指理论之根、实践之源、文化之脉所形塑的根源逻辑;二是直接现实性促动的生成逻辑,主要指问题促逼和主体自觉的互动与统合形成的促发逻辑。

一 理论之根、实践之源、文化之脉所形塑的根源逻辑

所谓根源,一般指一种事物得以萌生、生成的根基、根蒂和原初、源头、始源。新时代精神文明建设过程的根和源,一般涉及三个层面,一是理论之根,二是实践之源,三是文化之脉,三者的共同作用形成新时代精神文明建设过程的根源逻辑。这也意味着新时代精神文明建设过程是有本之木、有源之水。

所谓"理论之根",就是指马克思主义理论是新时代精神文明建设过程形成的理论根基。这又含有两个层面。

第一个层面，马克思主义理论是新时代精神文明建设过程开启的基本理论依据和基本理论支撑。

有人粗略统计，《马克思恩格斯全集》中出现文明一词高达数百次，算得上马克思主义理论的高频词。马克思和恩格斯对文明都是持肯定态度的，既把文明理解为人类认识、改造自然形成的所有积极成果的总和，又把文明理解为更高水平的社会发展状态，如把奴隶社会与原始社会相对比而称前者为"文明社会"，把资本主义国家相对于人类历史出现的国家类型而称为"先进的文明国家"。恩格斯曾指出："傅立叶最了不起的地方表现在他对社会历史的看法上。他把社会历史到目前为止的全部历程分为四个发展阶段：蒙昧、野蛮、宗法和文明。最后一个阶段就相当于现在所谓的资产阶级社会……文明时代是在'恶性循环'中运动。"① 后来的列宁更明确地说："只有无产阶级专政，只有社会主义国家才能够达到而且已经达到了高度的文明。"② 毛泽东早在1940年的《新民主主义论》中就要求"把一个被旧文化统治因而愚昧落后的中国，变为一个被新文化统治因而文明先进的中国。"③ 在1949年9月人民政协第一届全体会议上，他强调："随着经济建设的高潮的到来，不可避免地将要出现一个文化建设的高潮。中国人被人认为不文明的时代已经过去了，我们将以一个具有高度文化的民族出现于世。"④

显然，社会主义必须建设更高水平的文明，这是其本质要求，也成为马克思主义理论的基本立场。而关于社会主义精神文明建设，马克思主义理论提供了三种向度的基本理论依据和基本理论支撑。

首先，社会存在和社会意识辩证关系原理高扬社会意识的独立性和能动性，彰显了精神文明建设的必要性和重要性。历史唯物主义与以近代自然科学为代表的机械唯物主义、以费尔巴哈为代表的直观唯物主义有着原则的区别，它把唯物主义和辩证法有机结合起来，认识到"历史不过是追

---

① 《马克思恩格斯文集》第3卷，人民出版社，2009，第532页。
② 《列宁全集》第38卷，人民出版社，2017，第210页。
③ 《毛泽东选集》第2卷，人民出版社，1991，第663页。
④ 《毛泽东文集》第5卷，人民出版社，1996，第345页。

求着自己目的的人的活动而已"①,人都是能动的实践者,是"带有经过事先思考的、有计划的、以事先知道的一定目标为取向的行为的特征"② 进行活动的。所以,早在历史唯物主义形成以前,马克思就强调:"批判的武器当然不能代替武器的批判,物质力量只能用物质力量来摧毁;但是理论一经掌握群众,也会变成物质力量。"呼吁无产阶级"把哲学当做自己的精神武器"③,高度彰显了社会意识的能动反作用。列宁后来在此基础上明确说:"人的意识不仅反映客观世界,并且创造客观世界。"④ 毛泽东更为详细地说:"一切事情是要人做的……做就必须先有人根据客观事实,引出思想、道理、意见,提出计划、方针、政策、战略、战术,方能做得好。思想等等是主观的东西,做或行动是主观见之于客观的东西,都是人类特殊的能动性。这种能动性,我们名之曰'自觉的能动性',是人之所以区别于物的特点。"⑤ 社会意识对社会存在具有能动的反作用。由此,毛泽东进一步总结:"我们承认总的历史发展中是物质的东西决定精神的东西,是社会的存在决定社会的意识;但是同时又承认而且必须承认精神的东西的反作用,社会意识对于社会存在的反作用,上层建筑对于经济基础的反作用。这不是违反唯物论,正是避免了机械唯物论,坚持了辩证唯物论。"⑥ 这把历史唯物主义社会存在与社会意识的辩证关系原理简洁明白地表达出来了。

这意味着,在社会主义社会,很有必要通过教育、宣传和实践养成,提高社会主义主体的各种素质,形成良好社会氛围,充分发挥主体能动性和精神的作用,实现"精神变物质"和"物质变精神"的良性互动。

其次,马克思主义全面生产理论高扬精神生产的重要性,保障了精神文明建设的重要地位。《1844年经济学哲学手稿》提出:"动物的生产是片面的,而人的生产是全面的",而"宗教、家庭、国家、法、道德、科

---

① 《马克思恩格斯文集》第1卷,人民出版社,2009,第295页。
② 《马克思恩格斯文集》第9卷,人民出版社,2009,第558页。
③ 《马克思恩格斯文集》第1卷,人民出版社,2009,第11、17页。
④ 《列宁全集》第55卷,人民出版社,2017,第182页。
⑤ 《毛泽东选集》第2卷,人民出版社,1991,第477页。
⑥ 《毛泽东选集》第1卷,人民出版社,1991,第326页。

学、艺术等，都不过是生产的一些特殊的方式，并且受生产的普遍规律的支配"，"正像社会本身生产作为人的人一样，社会也是由人生产的"①。唯物史观形成后，把全面生产的主要向度分别凸显出来。

一是物质生产。标志着唯物史观初步诞生的《德意志意识形态》明确提出："我们首先应当确定一切人类生存的第一个前提，也就是一切历史的第一个前提，这个前提是：人们为了能够'创造历史'，必须能够生活。但是为了生活，首先就需要吃喝住穿以及其他一些东西。因此第一个历史活动就是生产满足这些需要的资料，即生产物质生活本身。"二是人本身的再生产或人口生产。马克思、恩格斯明确说："每日都在重新生产自己生命的人们开始生产另外一些人，即繁殖。"② 恩格斯后来更明确地说："根据唯物主义观点，历史中的决定性因素，归根结底是直接生活的生产和再生产。但是，生产本身又有两种。一方面是生活资料即食物、衣服、住房以及为此所必需的工具的生产；另一方面是人自身的生产，即种的繁衍。"③ 三是社会关系的生产。马克思在《资本论》手稿中明确指出，财产最初意味着"劳动的（进行生产的）主体（或再生产自身的主体）把自己的生产或再生产的条件看作是自己的东西这样一种关系。因此，它也将依照这种生产的条件而具有种种不同的形式。生产本身的目的是在生产者的这些客观存在条件中并连同这些客观存在条件一起把生产者再生产出来。"生产者再生产的过程，就是以生产关系为核心的社会关系再生产过程。该手稿在另一处更明确地说，资本主义"生产过程和价值增殖过程的结果，首先表现为资本和劳动的关系本身的，资本家和工人的关系本身的再生产和新生产。这种社会关系，生产关系，实际上是这个过程的比其物质结果更为重要的结果"④。四是精神生产。《德意志意识形态》在《1844年经济学哲学手稿》的基础上更明确地说："思想、观念、意识的生产最初是直接与人们的物质活动，与人们的物质交往，与现实生活的语言交织在一起的。人们的想象、思维、精神交往在这里还是人们物质行动的直接产物。

---

① 《马克思恩格斯文集》第1卷，人民出版社，2009，第162、186~187页。
② 《马克思恩格斯文集》第1卷，人民出版社，2009，第531、532页。
③ 《马克思恩格斯文集》第4卷，人民出版社，2009，第15~16页。
④ 《马克思恩格斯全集》第30卷，人民出版社，1995，第488~489、450页。

表现在某一民族的政治、法律、道德、宗教、形而上学等的语言中的精神生产也是这样。人们是自己的观念、思想等等的生产者。"①

显然，马克思主义认为社会存在多种生产维度，以上四种主要生产，对于一个正常的社会都是不可或缺的。每一种生产都有相对的独立性和重要地位，其中精神生产几乎涉及整个观念上层建筑；内容广泛，涉及整个文化知识体系和思想观念体系的传承和创新，具有独特重要地位。由此，承担整个精神生产的社会主义精神文明建设，对于社会主义来说，不可或缺。

最后，马克思主义有机体理论，强调了精神、文化进步的不可缺少性，维系了精神文明建设的重要地位。1847年出版，对历史唯物主义"有决定意义的论点""第一次作了科学的、虽然只是论战性的概述"② 的《哲学的贫困》，明确强调："每一个社会中的生产关系都形成一个统一的整体"，而社会不过是"一切关系在其中同时存在而又互相依存的社会机体"③。而在《资本论》手稿中，马克思进一步分析说，在一个社会中，"一定的生产决定一定的消费、分配、交换和这些不同要素相互间的一定关系……不同要素之间存在着相互作用。每一个有机整体都是这样"，"这种有机体制本身作为一个总体有自己的各种前提，而它向总体的发展过程就在于：使社会的一切要素从属于自己，或者把自己还缺乏的器官从社会中创造出来。有机体制在历史上就是这样生成为总体的"④。《资本论》则更为明确地提出："现在的社会不是坚实的结晶体，而是一个能够变化并且经常处于变化过程中的有机体。"⑤ 列宁非常睿智地指出："马克思和恩格斯称之为辩证方法（它与形而上学方法相反）的，不是别的，正是社会学中的科学方法，这个方法把社会看做处在经常发展中的活的机体（而不是机械地结合起来因而可以把各种社会要素随便配搭起来的一种什么东西）"，历史唯物主义的科学性就在于"阐明调节这个社会机体的产生、生存、发展和死亡以及

---

① 《马克思恩格斯文集》第1卷，人民出版社，2009，第524页。
② 《马克思恩格斯文集》第2卷，人民出版社，2009，第593页。
③ 《马克思恩格斯文集》第1卷，人民出版社，2009，第603、604页。
④ 《马克思恩格斯全集》第30卷，人民出版社，1995，第40~41、237页。
⑤ 《马克思恩格斯选集》第2卷，人民出版社，1995，第102页。

这一机体为另一更高的机体所代替的特殊规律（历史规律）"①。显然社会是一个包括经济、政治、文化、生态等各个层面在内的有机体，关系思想和文化建设的精神文明建设，属于社会有机体的重要组成部分，是一个社会发展重要的向度和侧面。

第二个层面，马克思主义理论为新时代精神文明建设过程的开启提供基本的方向依循和价值旨归。

正如习近平总书记在庆祝中国共产党成立95周年大会上总结的，"九十五年来，中国共产党之所以能够完成近代以来各种政治力量不可能完成的艰巨任务，就在于始终把马克思主义这一科学理论作为自己的行动指南，并坚持在实践中不断丰富和发展马克思主义"。"马克思主义及其在中国的发展，为党和人民事业发展提供了既一脉相承又与时俱进的科学理论指导，为增进全党全国各族人民团结统一提供了坚实思想基础。马克思主义是我们立党立国的根本指导思想。背离或放弃马克思主义，我们党就会失去灵魂、迷失方向。在坚持马克思主义指导地位这一根本问题上，我们必须坚定不移，任何时候任何情况下都不能有丝毫动摇。"②他在纪念马克思诞辰200周年大会上进一步明确说："马克思主义始终是我们党和国家的指导思想，是我们认识世界、把握规律、追求真理、改造世界的强大思想武器。"③

马克思主义理论作为指导思想，始终为当代中国的建设和发展，指明了前进的方向即社会主义方向，要求中国共产党全部事业都要聚焦于这个方向，守初心，担使命，不断形成和发展中国特色社会主义，"我们党开辟的新民主主义革命道路、社会主义革命道路、社会主义建设道路、中国特色社会主义道路，都是把马克思主义基本原理同中国具体实际相结合的伟大创造"④，中国的社会主义道路是在马克思主义指引下开辟的道路。

---

① 《列宁专题文集：论辩证唯物主义和历史唯物主义》，人民出版社，2009，第185、187页。
② 中共中央文献研究室编《十八大以来重要文献选编》（下），中央文献出版社，2018，第345~346页。
③ 中共中央党史和文献研究院编《十九大以来重要文献选编》（上），中央文献出版社，2019，第428页。
④ 习近平：《学习马克思主义基本理论是共产党人的必修课》，《求是》2019年第22期。

第五章 新时代精神文明建设过程的逻辑和规律

因此，1979年9月叶剑英代表中共中央、全国人大常委会和国务院做的《在庆祝中华人民共和国成立三十周年大会上的讲话》，首次强调精神文明重要性的时候，用语是"社会主义精神文明"；1982年的新宪法、1982年党的十二大通过《中国共产党章程》，都使用"社会主义精神文明"的说法，凸显了方向的重要性。邓小平1985年特别强调："我们在建设具有中国特色的社会主义社会时，一定要坚持发展物质文明和精神文明，坚持五讲四美三热爱，教育全国人民做到有理想、有道德、有文化、有纪律。……为什么我们过去能在非常困难的情况下奋斗出来，战胜千难万险使革命胜利呢？就是因为我们有理想，有马克思主义信念，有共产主义信念。我们干的是社会主义事业。"① 在此基础上，1990年6月江泽民到广州视察，在华南师范大学附属中学提出："坚持正确的办学方向，培养社会主义建设者和接班人"，突出强调了教育的社会主义方向。1993年中共中央国务院颁发的《中国教育改革和发展纲要》提出："教育必须为社会主义现代化建设服务，必须与生产劳动相结合，培养德智体等方面全面发展的社会主义建设者和接班人。"1995年5月江泽民在为"跨世纪中国少年雏鹰行动"题词时再次提出"社会主义事业的合格建设者和接班人"。1997年党的十五大报告明确提出"培养德、智、体全面发展的社会主义事业的建设者和接班人"。以后每次党代会都将其作为我国教育的基本目标。中国特色社会主义新时代，习近平总书记在很多场合提出培养时代新人的目标，很明显时代新人和社会主义建设者和接班人实质上是一致的。

此外，马克思主义理论为新时代精神文明建设过程的开启提供基本的价值旨归。这里有一点表现很突出，即社会主义社会人的全面发展。早在1957年，毛泽东依据马克思主义人的全面发展理论，在《关于正确处理人民内部矛盾的问题》中首次提出："我们的教育方针，应该使受教育者在德育、智育、体育几方面都得到发展，成为有社会主义觉悟的有文化的劳动者。"② 改革开放并恢复高考后，我们特别强调了教育对人的全面发展的追求。如前述，1993年《中国教育改革和发展纲要》提出：与劳动相结

---

① 《邓小平文选》第3卷，人民出版社，1993，第110页。
② 《毛泽东文集》第7卷，人民出版社，1999，第226页。

合,培养德智体全面发展的人,党的十五大报告重申了这一点;1999年6月《中共中央 国务院关于深化教育改革全面推进素质教育的决定》进一步指出:"以提高国民素质为根本宗旨,以培养学生的创新精神和实践能力为重点,造就有理想、有道德、有文化、有纪律的德智体美等全面发展的社会主义事业建设者和接班人。"党的十六大、十七大、十八大都强调了精神文明建设要"培养德智体美全面发展的社会主义建设者和接班人"。习近平总书记2018年在全国教育大会上进一步提出,要坚持中国特色社会主义教育发展道路,"培养德智体美劳全面发展的社会主义建设者和接班人"[①]。

所谓"实践之源",主要指新时代精神文明建设的开启有自己的实践源头、实践源泉,那就是改革开放以来的中国特色社会主义实践。当然,这里的实践有两种向度,一种是中国特色社会主义总体实践,另一种是其中的精神文明建设实践,这两种实践在现实中是不可分割的统一体。

1979年9月党的十一届四中全会上,叶剑英代表中共中央、全国人大常委会和国务院做了《在庆祝中华人民共和国成立三十周年大会上的讲话》,讲话分析了"文化大革命"的错误,认识到社会主义必须有新的、健康的文化建设,强调我们在建设高度物质文明的同时,要提高全民族的教育科学文化水平和健康水平,树立崇高的革命理想和革命道德风尚,发展高尚的丰富多彩的文化生活,建设高度的社会主义精神文明[②]。该讲话第一次明确提出社会主义精神文明的科学概念。邓小平次年底在中央工作会议上强调:"我们要建设的社会主义国家,不但要有高度的物质文明,而且要有高度的精神文明。所谓精神文明,不但是指教育、科学、文化(这是完全必要的),而且是指共产主义的思想、理想、信念、道德、纪律,革命的立场和原则,人与人的同志式关系,等等。没有这种精神文明,没有共产主义思想,没有共产主义道德,怎么能建设社会主义?"[③] 先

---

① 中共中央党史和文献研究院编《十九大以来重要文献选编》(上),中央文献出版社,2019,第647页。
② 叶剑英:《在庆祝中华人民共和国成立三十周年大会上的讲话》,《人民日报》1979年9月30日,第1~4版。
③ 《邓小平文选》第2卷,人民出版社,1994,第367页。

第五章 新时代精神文明建设过程的逻辑和规律

后提出"四有"新人的培养目标和"两手抓"的方针。

1982年党的十二大通过的《中国共产党章程》,把社会主义精神文明第一次写进党章;稍后的新宪法,第一次充实社会主义精神文明建设的条款。1986年4月,第六届全国人大四次会议通过《中华人民共和国国民经济和社会发展第七个五年计划(1986—1990年)》,第一次把社会主义精神文明建设列入"五年计划";其后召开党的十二届六中全会,出台了《中共中央关于社会主义精神文明建设指导方针的决议》,强调"精神文明建设,包括思想道德建设和教育科学文化建设两个方面,渗透在整个物质文明建设之中,体现在经济、政治、文化、社会生活的各个方面"①。凸显了全方位建设精神文明的重要性。

为此,1987年党的十三大把社会主义精神文明建设界定为党长期的指导方针和基本路线;1990年11月党中央批转中央纪委《关于加强党风和廉政建设的意见》,强调反腐败、党风廉政建设也属于精神文明的范畴;1992年党的十四大首次要求"精神文明重在建设",首次明确了精神文明建设的历史定位,即精神文明建设必须紧紧围绕经济建设这个中心,为经济建设和改革开放提供强大的精神动力和智力支持;1994年1月,江泽民在全国宣传思想工作会议上提出的"必须以科学的理论武装人,以正确的舆论引导人,以高尚的精神塑造人,以优秀的作品鼓舞人,不断培养和造就一代又一代有理想、有道德、有文化、有纪律的社会主义新人"②。1995年10月中宣部、农业部联合制定《关于深入开展农村社会主义精神文明建设活动的若干意见》,强调了农村精神文明建设的重要性;1996年10月党的十四届六中全会通过了《中共中央关于加强社会主义精神文明建设若干重要问题的决议》,第一次对社会主义精神文明建设做了系统阐述和界定,根据这一决议,1997年5月成立了中央精神文明建设指导委员会,负责做好精神文明建设工作的"四个一",标志着我国社会主义精神文明建设更具专业性和自觉性,上了新台阶。

---

① 中共中央文献研究室编《社会主义精神文明建设文献选编》,中央文献出版社,1996,第244页。
② 江泽民:《论党的建设》,中央文献出版社,2001,第125页。

随后党的十五大提出建设以马克思主义为指导，以培育"四有"公民为目标，体现"三个"面向的"有中国特色社会主义的文化"，把有中国特色的社会主义文化和社会主义精神文明相提并论，主张合二为一，进而首次把社会主义精神文明建设纳入国民经济和社会发展的总体规划；2001年，中共中央印发的《公民道德建设实施纲要》，提出"以'讲文明树新风'为主题的创建文明城市、文明村镇、文明行业活动"①。把群众性精神文明创建活动作为重点内容凸显出来。

2007年7月，中央文明办、全国总工会、共青团中央、全国妇联联合第一次举行全国道德模范评选表彰活动，有力助推了公民道德建设和群众性精神文明创建活动。党的十六届六中全会则进一步提出建设社会主义核心价值体系的战略任务；党的十七大力图以建设社会主义核心价值体系为重点，提高国家文化软实力，推动社会主义文化大发展大繁荣；党的十七届六中全会在此基础上提出建设社会主义文化强国的奋斗目标。

显然，我国社会主义精神文明建设与改革开放以来的中国特色社会主义建设基本上是同步的，改革开放以来的中国特色社会主义实践在推动自身不断前进的同时，也推动社会主义精神文明建设不断发展，在解决问题中不断深入。新时代的精神文明建设是对改革开放以来的社会主义精神文明建设的继承和深化，中国特色社会主义实践构成了它的实践源头和源泉。习近平总书记为此总结说："40年来，我们始终坚持发展社会主义先进文化，加强社会主义精神文明建设，培育和践行社会主义核心价值观，传承和弘扬中华优秀传统文化，坚持以科学理论引路指向，以正确舆论凝心聚力，以先进文化塑造灵魂，以优秀作品鼓舞斗志。"② 持续推进精神文明建设，发展社会主义先进文化。

所谓"文化之脉"，主要指新时代精神文明建设的开启有自己的文化基因、文化命脉，同时要担负起文化传承、文化创新的历史重任，延续文化脉络，核心主要有中华优秀传统文化和社会主义先进文化。实际上，精

---

① 《公民道德建设实施纲要》，人民出版社，2001，第8页。
② 习近平：《在庆祝改革开放40周年大会上的讲话》，《人民日报》2018年12月19日，第2版。

神文明建设和文化建设、文化发展的很多内容是基本一致的,党的十五大为此强调有中国特色的社会主义文化就是社会主义精神文明。

对于像中国这样历史悠久的文明古国、文明大国而言,文化尤为重要。正如习近平总书记指出的:"文化是民族生存和发展的重要力量。人类社会每一次跃进,人类文明每一次升华,无不伴随着文化的历史性进步。中华民族有着五千多年的文明史,近代以前中国一直是世界强国之一。在几千年的历史流变中,中华民族从来不是一帆风顺的,遇到了无数艰难困苦,但我们都挺过来、走过来了,其中一个很重要的原因就是世世代代的中华儿女培育和发展了独具特色、博大精深的中华文化,为中华民族克服困难、生生不息提供了强大精神支撑。""历史和现实都证明,中华民族有着强大的文化创造力。每到重大历史关头,文化都能感国运之变化、立时代之潮头、发时代之先声,为亿万人民、为伟大祖国鼓与呼。中华文化既坚守本根又不断与时俱进,使中华民族保持了坚定的民族自信和强大的修复能力,培育了共同的情感和价值、共同的理想和精神。"①

习近平总书记强调:"中华优秀传统文化是我们最深厚的文化软实力,也是中国特色社会主义植根的文化沃土。"② "中华优秀传统文化是中华民族的精神命脉,是涵养社会主义核心价值观的重要源泉,也是我们在世界文化激荡中站稳脚跟的坚实根基。"③

实际上,中华优秀传统文化与精神文明建设有很深的直接关联。正如有学者考证的,早在中华文明最早的典籍《周易》中就有"天下文明""内文明而外柔顺"等记载,《尚书·舜典》中称赞舜"浚哲文明",《后汉书·邓禹传》中评价"禹内文明,笃行淳备,事母至孝",五代前蜀贯休的《寄怀楚和尚》写有"何得文明代,不为王者师"的诗句,《新唐书·陆亘传》中记载"亘文明严重,所到以善政称",等等。在中国人的传统

---

① 中共中央文献研究室编《十八大以来重要文献选编》(下),中央文献出版社,2018,第119、121页。
② 《牢记历史经验历史教训历史警示 为国家治理能力现代化提供有益借鉴》,《人民日报》2014年10月14日,第1版。
③ 中共中央文献研究室编《十八大以来重要文献选编》(下),中央文献出版社,2018,第135页。

观念中，对文明的理解总是与德行修养和文教昌明等紧密联系在一起①。习近平总书记为此总结说："中国优秀传统文化的丰富哲学思想、人文精神、教化思想、道德理念等，可以为人们认识和改造世界提供有益启迪，可以为治国理政提供有益启示，也可以为道德建设提供有益启发。对传统文化中适合于调理社会关系和鼓励人们向上向善的内容，我们要结合时代条件加以继承和发扬，赋予其新的涵义。"②

因此，中华优秀传统文化对培养我们的科学认知能力，个人品德、家庭美德、社会公德，以及维系社会安宁和实现善治，都有很重要的作用。"中华民族在长期实践中培育和形成了独特的思想理念和道德规范，有崇仁爱、重民本、守诚信、讲辩证、尚和合、求大同等思想，有自强不息、敬业乐群、扶正扬善、扶危济困、见义勇为、孝老爱亲等传统美德。中华优秀传统文化中很多思想理念和道德规范，不论过去还是现在，都有其永不褪色的价值。"③"在漫长的历史进程中，中华民族创造了独树一帜的灿烂文化，积累了丰富的治国理政经验，其中既包括升平之世社会发展进步的成功经验，也有衰乱之世社会动荡的深刻教训。我国古代主张民惟邦本、政得其民、礼法合治、德主刑辅，为政之要莫先于得人、治国先治吏，为政以德、正己修身、居安思危、改易更化，等等，这些都能给人们以重要启示。"④

中国共产党在新民主主义革命、社会主义革命时期，形成了以革命传统、革命精神（如井冈山精神、苏区精神、延安精神）为核心的革命文化；中华人民共和国成立以后的社会主义建设中，我们在继承革命文化、中华优秀传统文化的基础上，结合社会主义实践，守正出新，形成以爱国主义、集体主义、社会主义精神为重要内容的社会主义先进文化；改革开

---

① 石书臣：《提高全社会文明程度与实现民族复兴》，《中国特色社会主义研究》2018 年第 4 期。
② 习近平：《在纪念孔子诞辰 2565 周年国际学术研讨会暨国际儒学联合会第五届会员大会开幕会上的讲话》，《人民日报》2014 年 9 月 25 日，第 2 版。
③ 中共中央文献研究室编《十八大以来重要文献选编》（下），中央文献出版社，2018，第 136 页。
④ 《牢记历史经验历史教训历史警示　为国家治理能力现代化提供有益借鉴》，《人民日报》2014 年 10 月 14 日，第 1 版。

放以来,我们不断推动中华优秀传统文化创造性转化、创新性发展,先后提出社会主义核心价值体系、社会主义核心价值观,形成了熔铸中华优秀传统文化、革命文化、社会主义先进文化的中国特色社会主义先进文化,进而也形成了中国特色社会主义精神文明建设的文化血脉。新时代精神文明建设很重要的一个任务就是"兴文化",而其核心就是"坚持中国特色社会主义文化发展道路,推动中华优秀传统文化创造性转化、创新性发展,继承革命文化,发展社会主义先进文化,激发全民族文化创新创造活力,建设社会主义文化强国"①。

重要的是以上理论之根、实践之源、文化之脉实际上总是处在相互作用、互相影响的互动中,如改革开放以来的社会主义实践和精神文明建设实践,都是在马克思主义理论指导下进行的,在很大程度上是马克思主义基本原理和中国实际结合的结果;中华优秀传统文化的创造性转化和创新性发展,同样是在马克思主义理论指导下进行的;而社会主义先进文化,实际上就是马克思主义文化理论中国化的结果。可以说,理论之根、实践之源、文化之脉的互动和合力,构成了新时代精神文明建设的根源逻辑。

二 问题促逼和主体自觉的互动与统合形成的促发逻辑

习近平总书记曾经总结说:"改革是由问题倒逼而产生。"② 的确如此。改革始于农村,原因何在?"因为农村人口占我国人口的百分之八十,农村不稳定,整个政治局势就不稳定,……在没有改革以前,大多数农民是处在非常贫困的状况,衣食住行都非常困难。"③ 农村的重要性和农村存在严重的生存问题决定了必须首先在农村进行改革。20世纪80年代中晚期,政治体制改革被提上日程,因为"各级党政领导班子、各行各业领导班子都存在老化的问题,这是我们中国最特殊的问题"。"我们的官僚主义确实多得很。就拿人事制度来说,社会主义国家恐怕有个共同的问题,就是干部老化僵化,首先表现在思想上,组织上也有这种状况。所以,我们必须

---

① 《习近平谈治国理政》(第三卷),外文出版社,2020,第312页。
② 中共中央文献研究室编《十八大以来重要文献选编》(上),中央文献出版社,2014,第497页。
③ 《邓小平文选》第3卷,人民出版社,1993,第237~238页。

进行政治体制改革。"① 显然，改革前期，是各种各样的问题倒逼、促使不断改革，我们总是针对问题不断进行改革，两者合二为一。

20世纪90年代至21世纪初期，江泽民和胡锦涛强调中国特色社会主义"要在研究新情况、解决新问题的过程中"不断地"丰富、完善和发展"②；要通过"抓紧研究解决本地区本部门改革发展稳定中的重大问题，抓紧研究解决群众生产生活中的迫切问题，抓紧研究解决党的建设中存在的突出问题"③，促进改革的前进和深化。这一时期的许多重要文件，诸如每次党代会的报告、每届政府工作报告、各种发展纲要、历届全会的讲话、各种加强和改进工作的意见，都有针对问题的总汇和分析，显然，改革大多是针对问题、聚焦问题不断展开和深化的，改革逐渐形成了鲜明的问题导向。由此，问题倒逼和问题导向是改革发生、发展的重要逻辑。④习近平总书记一方面提出，改革是由问题倒逼而产生；另一方面还提出改革"在不断解决问题中得以深化。……我们用改革的办法解决了党和国家事业发展中的一系列问题"⑤。

从这个意义上说，中国特色社会主义是在问题倒逼中开辟和不断发展的。"当前，国内外环境都在发生极为广泛而深刻的变化，我国发展面临一系列突出矛盾和挑战，前进道路上还有不少困难和问题，比如：发展中不平衡、不协调、不可持续问题依然突出；科技创新能力不强，产业结构不合理，发展方式依然粗放，城乡区域发展差距和居民收入分配差距依然较大，社会矛盾明显增多，教育、就业、社会保障、医疗、住房、生态环境、食品药品安全、安全生产、社会治安、执法司法等关系群众切身利益的问题较多；部分群众生活困难，形式主义、官僚主义、享乐主义和奢靡之风问题突出；一些领域消极腐败现象易发多发，反腐败斗争形势依然严

---

① 《邓小平文选》第3卷，人民出版社，1993，第240~241页。
② 中共中央文献研究室编《十四大以来重要文献选编》（上），中央文献出版社，1995，第11页。
③ 中共中央文献研究室编《十六大以来重要文献选编》（上），中央文献出版社，2005，第374~375页。
④ 关锋：《发生、驱动和统摄：全面深化改革的三大逻辑解读》，《湘湖论坛》2020年第3期。
⑤ 中共中央文献研究室编《十八大以来重要文献选编》（上），中央文献出版社，2014，第497页。

峻,等等。""面对新形势新任务,我们必须通过全面深化改革,着力解决我国发展面临的一系列突出矛盾和问题,不断推进中国特色社会主义制度自我完善和发展。"① 这是全面深化改革很重要的现实原因,在这个意义上,它也是问题促逼的。

新时代精神文明建设的开启和深入在很大程度上同样是问题促逼的,我们很多重要文件的出台、重要举措的推出、重要活动的开展、重要会议的召开,都是有明确问题导向的。

比如,之所以推出《新时代公民道德实施纲要》,正是因为,"在国际国内形势深刻变化、我国经济社会深刻变革的大背景下,由于市场经济规则、政策法规、社会治理还不够健全,受不良思想文化侵蚀和网络有害信息影响,道德领域依然存在不少问题。一些地方、一些领域不同程度存在道德失范现象,拜金主义、享乐主义、极端个人主义仍然比较突出;一些社会成员道德观念模糊甚至缺失,是非、善恶、美丑不分,见利忘义、唯利是图,损人利己、损公肥私;造假欺诈、不讲信用的现象久治不绝,突破公序良俗底线、妨害人民幸福生活、伤害国家尊严和民族感情的事件时有发生。这些问题必须引起全党全社会高度重视,采取有力措施切实加以解决"②。而新时代之所以大大强化群众性精神文明创建活动,则是因为:"当前,精神文明建设领域还存在一些不容忽视的问题。一些人包括少数党员干部信仰缺失、价值观扭曲,深受拜金主义、享乐主义、极端个人主义的侵蚀;一些领域和一些地方道德失范、诚信缺失,人际关系缺乏信任感,违背社会公德、职业道德、家庭美德、个人品德等现象时有发生;封建迷信、铺张浪费甚至黄赌毒等不良现象、不良风气、不良习俗还在一定范围禁而不绝;一些地方环境脏乱差,不遵守基本公共秩序、不遵守基本文明行为准则的现象还比较普遍;精神文化产品创作生产还存在着有数量缺质量的问题,公共文化服务体系还不完善;工作中适应时代要求、群众期待的创新还不够,吸引力感染力有待提高;一些地方和部门精神文明建

---

① 中共中央文献研究室编《十八大以来重要文献选编》(上),中央文献出版社,2014,第494~495页。
② 《新时代公民道德建设实施纲要》,《人民日报》2019年10月28日,第6版。

设工作不力，存在薄弱环节，精神文明建设和物质文明建设发展明显不协调，等等。这些问题必须引起全党全社会高度重视。要以辩证的、全面的、协调的观点正确处理两个文明的关系，切实加强社会主义精神文明建设，深入开展群众性精神文明创建活动。"①

与此同时，针对全面深化改革，习近平总书记强调，"正是从历史经验和现实需要的高度"，全面反复强调"改革开放只有进行时、没有完成时"②。面对新形势新任务必须进行全面深化改革。显然，全面深化改革既有现实问题的促逼，也有主体能动性所形成的自觉，"历史经验"就是其中重要内容。在2016年2月十八届中央全面深化改革领导小组第二十一次会议上，习近平总书记明确提出："各地区各部门要牢固树立全局意识、责任意识，把抓改革作为一项重大政治责任，坚定改革决心和信心，增强推进改革的思想自觉和行动自觉。"③ 到2019年7月十九届中央全面深化改革委员会第九次会议上，他再次强调："全面深化改革是我们党守初心、担使命的重要体现。……提高改革的思想自觉、政治自觉、行动自觉。"④ 我们之所以多次强调改革开放是我们党的一次伟大觉醒，其中很重要的一个因由就是我们在改革中有了越来越多的主体自觉。显然，改革主体的高度自觉也是全面深化改革得以提出的重要原因。

同样，新时代精神文明建设作为全面深化改革的重要内容，也是在主体拥有更高的思想自觉、政治自觉、行动自觉基础上展开和深化的。这种主体自觉性有以下几点突出表现。

第一，对马克思主义理论，对什么是社会主义和怎样建设社会主义等重大基本问题有了更为深刻的理解，因为通过改革开放，马克思主义的"科学性和真理性在中国得到了充分检验，它的人民性和实践性在中国得

---

① 《关于深化群众性精神文明创建活动的指导意见》，《人民日报》2017年4月6日，第9版。
② 中共中央文献研究室编《十八大以来重要文献选编》（上），中央文献出版社，2014，第494页。
③ 《深入扎实抓好改革落实工作　盯着抓反复抓直到抓出成效》，《人民日报》2016年2月24日，第1版。
④ 《紧密结合"不忘初心、牢记使命"主题教育　推动改革补短板强弱项激活力抓落实》，《人民日报》2019年7月25日，第1版。

到了充分贯彻,它的开放性和时代性在中国得到了充分彰显"①。"坚持问题导向是马克思主义的鲜明特点"②,对此我们不仅有了更为深刻的体悟,而且将其转化为更为自觉的问题意识和问题导向,紧紧抓住重大关键问题不放,为此反复强调:"要有强烈的问题意识,以重大问题为导向,抓住关键问题进一步研究思考。"③ 多次强调全面深化改革、中国特色社会主义建设一定要有自觉的问题意识,加强问题导向。

我们不仅在全面深化改革中更为自觉地坚持历史唯物主义和辩证唯物主义,而且将其创造性地转化为具体的思维方式,强调"前进道路上,我们要增强战略思维、辩证思维、创新思维、法治思维、底线思维","坚持问题导向,聚焦我国发展面临的突出矛盾和问题,深入调查研究……不断提高改革决策的科学性"④。

第二,对改革开放、精神文明建设有了更为深刻的认识。关于全面深化改革,一是关于为什么要坚持并深化改革,认识到这实际上涉及改革地位论,我们提出"活力之源"说(当代中国发展进步的活力之源)、"必由之路"说(坚持和发展中国特色社会主义的必由之路)、"重要法宝"说(党和人民大踏步赶上时代前进步伐的重要法宝)、两个"关键一招"说(决定当代中国命运的关键一招,也是决定实现"两个一百年"奋斗目标、实现中华民族伟大复兴的关键一招)。二是经过 40 多年改革开放,我们"更加深刻地认识改革开放的历史必然性,更加自觉地把握改革开放的规律性,更加坚定地肩负起深化改革开放的重大责任"⑤。三是对改革中必须处理好的一些重大关系,如整体推进和重点突破的关系、改革发展稳定的关系、胆子要大和步子要稳的关系等,有了更为准确的把握。对进一步

---

① 习近平:《在纪念马克思诞辰 200 周年大会上的讲话》,《人民日报》2018 年 5 月 5 日,第 2 版。
② 习近平:《在哲学社会科学工作座谈会上的讲话》,《人民日报》2016 年 5 月 19 日,第 2 版。
③ 中共中央文献研究室编《十八大以来重要文献选编》(上),中央文献出版社,2014,第 497 页。
④ 习近平:《在庆祝改革开放 40 周年大会上的讲话》,《人民日报》2018 年 12 月 19 日,第 1 版。
⑤ 《以更大的政治勇气和智慧深化改革 朝着十八大指引的改革开放方向前进》,《人民日报》2013 年 1 月 2 日,第 1 版。

改革的重点（经济体制改革是全面深化改革的重点）和基本方向（"注重系统性、整体性、协同性是全面深化改革的内在要求，也是推进改革的重要方法"①）有了更清晰的认知。

关于精神文明建设，一是对精神文明、文化的重要性有了更为深刻的认识。强调，"实现中国梦，是物质文明和精神文明均衡发展、相互促进的结果。没有文明的继承和发展，没有文化的弘扬和繁荣，就没有中国梦的实现。中华民族的先人们早就向往人们的物质生活充实无忧、道德境界充分升华的大同世界。中华文明历来把人的精神生活纳入人生和社会理想之中。所以，实现中国梦，是物质文明和精神文明比翼双飞的发展过程。随着中国经济社会不断发展，中华文明也必将顺应时代发展焕发出更加蓬勃的生命力"②。

二是对新时代精神文明建设过程的目标和定位有了更为清晰的把握。我们强调通过精神文明建设，确保"人民有信仰，民族有希望，国家有力量"，"实现中华民族伟大复兴的中国梦，物质财富要极大丰富，精神财富也要极大丰富。我们要继续锲而不舍、一以贯之抓好社会主义精神文明建设，为全国各族人民不断前进提供坚强的思想保证、强大的精神力量、丰润的道德滋养"③。还强调"文化自信，是更基础、更广泛、更深厚的自信。在五千多年文明发展中孕育的中华优秀传统文化，在党和人民伟大斗争中孕育的革命文化和社会主义先进文化，积淀着中华民族最深层的精神追求，代表着中华民族独特的精神标识。我们要弘扬社会主义核心价值观，弘扬以爱国主义为核心的民族精神和以改革创新为核心的时代精神，不断增强全党全国各族人民的精神力量"④。文化自信、社会主义先进文化、社会主义核心价值观、民族精神和时代精神的交融贯通构成新时代精神文明建设的标志。

---

① 《抓好各项改革协同发挥改革整体效应　朝着全面深化改革总目标聚焦发力》，《人民日报》2017年6月27日，第1版。
② 习近平：《在联合国教科文组织总部的演讲》，《人民日报》2014年3月28日，第3版。
③ 《人民有信仰民族有希望国家有力量　锲而不舍抓好社会主义精神文明建设》，《人民日报》2015年3月1日，第1版。
④ 中共中央文献研究室编《十八大以来重要文献选编》（下），中央文献出版社，2018，第349页。

三是对精神文明特殊的时代吁求,有更为透彻的解悟。我们多次强调:"只有站在时代前沿,引领风气之先,精神文明建设才能发挥更大威力。当前,社会上思想活跃、观念碰撞,互联网等新技术新媒介日新月异,我们要审时度势、因势利导,创新内容和载体,改进方式和方法,使精神文明建设始终充满生机活力。"①

第三,对中国特色社会主义新的历史方位,世情、国情、社情、民情、党情的变化都有清晰的洞悉。党的十九大宣布,中国特色社会主义进入新时代,"人民群众的需要呈现多样化多层次多方面的特点,期盼有更好的教育、更稳定的工作、更满意的收入、更可靠的社会保障、更高水平的医疗卫生服务、更舒适的居住条件、更优美的环境、更丰富的精神文化生活"②。人民日益增长的美好生活需要和不平衡不充分发展之间的矛盾,已经成为新的社会主要矛盾,其中,对美好精神生活的需要无疑是重要的维度。

与此同时,当前的中国正处在新型工业化、信息化、城镇化、农业现代化深入推进期,也处在结构调整阵痛期、增长速度换挡期、前期刺激政策消化期三期叠加的阶段;我们认识到,"世界正处于大发展大变革大调整时期,和平与发展仍然是时代主题。世界多极化、经济全球化、社会信息化、文化多样化深入发展,全球治理体系和国际秩序变革加速推进,各国相互联系和依存日益加深,国际力量对比更趋平衡,和平发展大势不可逆转"③。我们清醒地认识到,新时代党面临"四大考验"(执政考验、改革开放考验、市场经济考验、外部环境考验)和"四大风险"(精神懈怠的危险、能力不足的危险、脱离群众的危险、消极腐败的危险)。在这个意义上,通过强化精神文明建设,进一步确立"四个自信",以社会主义核心价值观凝魂聚力,强化政治建党和思想建党,都具有非常重大的时代

---

① 《人民有信仰民族有希望国家有力量 锲而不舍抓好社会主义精神文明建设》,《人民日报》2015年3月1日,第1版。
② 习近平:《高举中国特色社会主义伟大旗帜 为决胜全面小康社会实现中国梦而奋斗》,《人民日报》2017年7月28日,第1版。
③ 习近平:《决胜全面建成小康社会 夺取新时代中国特色社会主义伟大胜利——在中国共产党第十九次全国代表大会上的报告(2017年10月18日)》,人民出版社,2017,第58页。

意义。

第四，我们不断继续葆有伟大的民族精神，而且在改革开放中形成了可贵的改革开放精神，如革故鼎新的超越精神、披荆斩棘的革命精神、敢为人先的创新精神、只争朝夕的追赶精神、敢闯敢试的攻坚精神、脚踏实地的务实精神、直面难题的担当精神①，形成了中华民族共同体意识，树立了"四个自信"，改革开放、精神文明建设有了更为强劲的精神动力支撑。它们都是主体性的重要表现。

第五，我们更为自觉运用战略思维，强调顶层设计。习近平总书记指出："战略问题是一个政党、一个国家的根本性问题。战略上判断得准确，战略上谋划得科学，战略上赢得主动，党和人民事业就大有希望。"② 他殷切希望："全党要提高战略思维能力，不断增强工作的原则性、系统性、预见性、创造性。"③ 战略思维是指站在全局、长远的高度和深度来看待事物及其发展趋势的思维方式。其核心在于立足于全局的高度、长远的眼光和整体性的视角看问题、谋划发展，善于观大势、谋大事、知大局，统筹思虑、综合思考，能够因势而谋、应势而动、顺势而为。这无疑是一种高水平的主体自觉。

我们还把战略思维落实为更为具体的顶层设计。指出，"改革开放在认识和实践上的每一次突破和发展，无不来自人民群众的实践和智慧。要鼓励地方、基层、群众解放思想、积极探索"④，在这个意义上，"摸着石头过河，是富有中国特色、符合中国国情的改革方法。摸着石头过河就是摸规律"⑤。中国特色社会主义新时代坚持探索、"摸着石头过河"仍然是改革不能放弃的法宝。同时"全面深化改革是一个复杂的系统工程，……需要加强顶层设计和整体谋划，加强各项改革关联性、系统性、可行性研

---

① 韩庆祥：《论伟大改革开放精神》，《学习时报》2019年1月7日。
② 中共中央文献研究室编《十八大以来重要文献选编》（中），中央文献出版社，2016，第44~46页。
③ 《习近平谈治国理政》（第二卷），外文出版社，2017，第62页。
④ 《鼓励基层群众解放思想积极探索　推动改革顶层设计和基层探索互动》，《人民日报》2014年12月3日，第1版。
⑤ 《以更大的政治勇气和智慧深化改革　朝着十八大指引的改革开放方向前进》，《人民日报》2013年1月2日，第1版。

究"①。因此，党的十八大以来，我们明确了全面深化改革的总目标、路线图，推出"五位一体"的总战略，强调"四梁八柱"的有机结合；同时也明确了新时代精神文明建设的核心任务、主要诉求和总体目标。

由此可以看出，主体的高度自觉，也是全面深化改革、新时代精神文明建设得以提出、推进非常重要的内因，它和问题促逼恰恰构成良性互动。中国特色社会主义新时代，改革面临的问题使我们知道必须全面深化改革，而我们作为改革主体通过改革开放积累的经验、形成的能力则使我们有了更为清醒的认知，积极主动地谋划和推动全面深化改革、精神文明建设。总之，客观现实问题的促逼和改革主体自觉的互动与统合，形成新时代精神文明建设过程的发生逻辑。

第二节　新时代精神文明建设过程的统摄逻辑

党的十八大以来，新时代精神文明建设过程得以顺利开启，并且持续进行、不断深化，成效显著、硕果累累；不仅不停顿、不止步，而且乘风破浪、乘势而行、乘胜前进，不走偏、不走样、不踏空、不逾矩，扎实推进、稳步前进。虽然形式多样、活动多种、维度多面、主题多个，但总有主线、红线贯穿渗透其中；既有底色、本色，也富有特色。可以说，新时代精神文明建设过程的展开和深化有内在的统摄逻辑。②

所谓统摄逻辑，是指内在的统辖、统领的逻辑力量，把新时代精神文明建设过程的不同方面、不同维度、不同内容等统一、整合起来，形成基本的界定和规定，使整个精神文明建设过程有航道、有准线、有路标。新时代精神文明建设过程的统摄逻辑一般包括两个层面，一是由坚定政治方向、鲜明价值导向和务实的问题导向形成的同向逻辑；二是主要涵纳党的领导必须性、政府主导必需性和社会参与必要性在内的共识逻辑。

---

① 中共中央文献研究室编《十八大以来重要文献选编》（上），中央文献出版社，2014，第507~509页。
② 关锋：《发生、驱动和统摄：全面深化改革的三大逻辑解读》，《湖湘论坛》2020年第3期。

一 坚定政治方向、鲜明价值取向和务实的问题导向的同向逻辑

所谓同向逻辑,是指有关不同的规定,如方向、导向、趋向,相互协调、互相支持,形成合力,既规定新时代精神文明建设过程的一些基本方面,又推动新时代精神文明建设过程沿着一定轨道、航线前进。这主要体现为新时代精神文明建设过程的开启和深化,我们自觉地把坚定政治方向、鲜明价值取向和务实问题导向整合起来,实现三者的内在统一。

第一,关于坚定的政治方向。

党的十八大提出全面深化改革不久,习近平总书记就代表党和国家明确指出:"我们的改革开放是有方向、有立场、有原则的,我们的方向就是不断推动社会主义制度自我完善和发展,而不是对社会主义制度改弦易张。而这个方向是与基本原则有机统一的,所以我们同时强调:我们要坚持四项基本原则这个立国之本,既以四项基本原则保证改革开放的正确方向,又通过改革开放赋予四项基本原则新的时代内涵,排除各种干扰,坚定不移走中国特色社会主义道路。在这个意义上,方向与道路同样是一体的,方向决定道路,道路决定命运。全面深化改革既不走封闭僵化的老路,也不走改旗易帜的邪路。"①

方向具有根本性,有了方向才知道向哪里努力和奋斗,其中核心和主体就是政治方向,所谓"有方向"一般就是指政治方向。习近平总书记对此明确指出:"政治方向是党生存发展第一位的问题,事关党的前途命运和事业兴衰成败。我们所要坚守的政治方向,就是共产主义远大理想和中国特色社会主义共同理想、'两个一百年'奋斗目标,就是党的基本理论、基本路线、基本方略。"② 新时代精神文明建设自觉地把政治方向的坚守和捍卫放在突出的位置。这里有两点十分重要。

首先,始终坚持和自觉强化党的领导。"中国特色社会主义最本质的特征是中国共产党领导,中国特色社会主义制度的最大优势是中国共产党

---

① 中共中央文献研究室编《习近平关于全面深化改革论述摘编》,中央文献出版社,2014,第14~15页。
② 《把党的政治建设作为党的根本性建设 为党不断从胜利走向胜利提供重要保证》,《人民日报》2018年7月1日,第1版。

领导，党是最高政治领导力量"①，坚持和完善党的领导是政治方向的基本要求。整个新时代的全面深化改革都强调："坚持和加强党对全面深化改革的集中统一领导，提升党中央对全面深化改革的领导力和权威性"，"为全面深化改革提供根本政治保证"。②"这里面最核心的是坚持和改善党的领导、坚持和完善中国特色社会主义制度，偏离了这一条，那就南辕北辙了。"③ 新时代精神文明建设作为全面深化改革中的重要组成部分，自不例外。新时代精神文明建设强调所有的建设活动、建设内容、建设过程都要始终坚持党的领导，以习近平新时代中国特色社会主义思想为统领，牢记"四个意识"，坚持政治立场和政治原则，遵守政治纪律和政治规矩。比如新时代公民道德建设明确提出"要坚持和加强党的领导……确保公民道德建设的正确方向"④。高校思想政治工作也明确要求："必须坚持党的领导，牢牢掌握党对高校工作的领导权，使高校成为坚持党的领导的坚强阵地。党委要保证高校正确办学方向。"⑤

而且，还应自觉地把强化党的领导作为新时代精神文明建设的重要内在诉求来抓。如把弘扬中国精神、彰显中国价值、凝聚中国力量，进而巩固和深化中国道路作为新时代精神文明建设最基本的目标，进而深层次上深化党的领导；把教育、宣传党的指导思想、党的路线方针政策作为重要工作，深化社会认知和社会理解，进而巩固和完善党的领导；强调党的新闻舆论媒体的领导，"要体现党的意志、反映党的主张，维护党中央权威、维护党的团结，做到爱党、护党、为党"，"自觉向党中央看齐，自觉向党的理论和路线方针政策看齐，自觉向党中央决策部署看齐"⑥。

---

① 习近平：《决胜全面建成小康社会　夺取新时代中国特色社会主义伟大胜利——在中国共产党第十九次全国代表大会上的报告（2017年10月18日）》，人民出版社，2017，第20页。
② 《加强领导总结经验运用规律　站在更高起点谋划和推进改革》，《人民日报》2017年8月30日，第1版。
③ 中共中央文献研究室编《习近平关于全面深化改革论述摘编》，中央文献出版社，2014，第78页。
④ 《新时代公民道德建设实施纲要》，《人民日报》2019年10月28日，第6版。
⑤ 《把思想政治工作贯穿教育教学全过程　开创我国高等教育事业发展新局面》，《人民日报》2016年12月9日，第1版。
⑥ 中共中央文献研究室编《十八大以来重要文献选编》（下），中央文献出版社，2018，第212~213页。

其次，高举马克思主义、中国特色社会主义旗帜。新时代精神文明建设把高举马克思主义、中国特色社会主义旗帜作为重要使命，渗透和贯穿新时代精神文明建设的所有过程和环节。如对于宣传思想工作，强调其首要任务就是"举旗帜"，即"要高举马克思主义、中国特色社会主义的旗帜，坚持不懈用新时代中国特色社会主义思想武装全党、教育人民、推动工作，在学懂弄通做实上下功夫，推动当代中国马克思主义、21世纪马克思主义深入人心、落地生根"①；新时代文化建设要"高举中国特色社会主义伟大旗帜"，"坚持用马克思列宁主义、毛泽东思想、邓小平理论、'三个代表'重要思想、科学发展观和习近平总书记系列重要讲话精神武装全党、教育人民、推动实践，不断巩固马克思主义在意识形态领域的指导地位，增强广大干部群众中国特色社会主义道路自信、理论自信、制度自信、文化自信"②；新时代群众性精神文明创建活动要"高举中国特色社会主义伟大旗帜，坚持以马克思列宁主义、毛泽东思想、邓小平理论、'三个代表'重要思想、科学发展观为指导，深入贯彻习近平总书记系列重要讲话精神和治国理政新理念新思想新战略，增强政治意识、大局意识、核心意识、看齐意识"③。

第二，关于鲜明的价值取向。

坚定政治方向体现的是鲜明的价值取向，价值取向涉及党和国家治国理政的根本。新时代精神文明建设要自觉地彰显和践行其价值立场，表现出鲜明的价值取向。其中最为重要的是以下三点。

首先，高扬社会主义核心价值观。新时代精神文明建设强调："对一个民族、一个国家来说，最持久、最深层的力量是全社会共同认可的核心价值观。"④ 对于一个国家、民族来说，它是凝神聚气、凝魂聚力最重要的支点，因而是一个国家持续和有效进行各种建设的基本保障。新时代精神

---

① 《习近平谈治国理政》（第一卷），外文出版社，2018，第154页。
② 《国家"十三五"时期文化发展改革规划纲要》，《人民日报》2017年5月8日，第1、10、11版。
③ 《关于深化群众性精神文明创建活动的指导意见》，《人民日报》2017年4月6日，第9版。
④ 中共中央文献研究室编《十八大以来重要文献选编》（中），中央文献出版社，2016，第2页。

文明建设为此把培育和弘扬社会主义核心价值观视为根本任务，作为整个中国特色社会主义强基固本的基础工程来抓，强调："要在全社会大力弘扬和践行社会主义核心价值观，使之像空气一样无处不在、无时不有，成为全体人民的共同价值追求，成为我们生而为中国人的独特精神支柱，成为百姓日用而不觉的行为准则"①，"要切实把社会主义核心价值观贯穿于社会生活方方面面。要通过教育引导、舆论宣传、文化熏陶、实践养成、制度保障等，使社会主义核心价值观内化为人们的精神追求，外化为人们的自觉行动"②。因此要求把弘扬和践行社会主义核心价值观作为新时代精神文明建设过程的主线，渗透到如公民道德建设、文化和教育、宣传思想工作、文艺工作和社科工作、群众性精神文明创建活动等新时代精神文明建设的所有方面、所有环节，融入家庭、家教、家风建设中，使富强、民主、文明、和谐、自由、平等、公正、法治、爱国、敬业、诚信、友善成为新时代每个人的自觉追求、自我要求和集体诉求、共同吁求，成为日常生活的行为准则、日常工作的行动指南。

其次，高扬以人民为中心的价值观。2012年11月在第十八届中央委员会第一次全体会议上，习近平同志就庄严承诺："人民对美好生活的向往，就是我们的奋斗目标。"③ 在其他场合，他进一步指出："党的一切工作，必须以最广大人民根本利益为最高标准。检验我们一切工作的成效，最终都要看人民是否真正得到了实惠，人民生活是否真正得到了改善，人民权益是否真正得到了保障。"④ 习近平总书记为此还总结说："人民立场是中国共产党的根本政治立场，是马克思主义政党区别于其他政党的显著标志。"⑤

---

① 中共中央文献研究室编《十八大以来重要文献选编》（中），中央文献出版社，2016，第134页。
② 《把培育和弘扬社会主义核心价值观作为凝魂聚气强基固本的基础工程》，《人民日报》2014年2月26日，第1版。
③ 《习近平谈治国理政》（第一卷），外文出版社，2018，第424页。
④ 中共中央文献研究室编《十八大以来重要文献选编》（上），中央文献出版社，2014，第698页。
⑤ 中共中央文献研究室编《十八大以来重要文献选编》（下），中央文献出版社，2018，第352页。

人民立场同时也是价值立场，其核心就是以人民为中心，人民具有至高无上的价值地位。"坚持以人民为中心"，贯穿于党的十八大以来党中央治国理政的全部实践之中。新时代精神文明建设过程一方面为人民的美好生活提供精神指引和文化滋养，为美好生活筑牢精神家园；另一方面聚焦文艺精品创作、文化事业高质量发展，更好地满足人民群众精神文化生活新期待。习近平总书记为此强调："抓精神文明建设要办实事、讲实效，紧紧围绕促进人民福祉来进行，坚决反对形式主义、官僚主义，努力满足人民群众不断增长的精神文化需求。"① 以人民为中心价值立场的坚守、捍卫和彰显，构成新时代精神文明建设鲜明的价值取向和突出特征。

如针对宣传思想工作，习近平总书记强调："要树立以人民为中心的工作导向，把服务群众同教育引导群众结合起来，把满足需求同提高素养结合起来，多宣传报道人民群众的伟大奋斗和火热生活，多宣传报道人民群众中涌现出来的先进典型和感人事迹，丰富人民精神世界，增强人民精神力量，满足人民精神需求。"② 针对文艺工作，党中央强调："把满足人民精神文化需求作为文艺和文艺工作的出发点和落脚点，把人民作为文艺表现的主体，把人民作为文艺审美的鉴赏家和评判者，把为人民服务作为文艺工作者的天职。"③ 针对哲学社会科学工作，习近平总书记强调："我们的党是全心全意为人民服务的党，我们的国家是人民当家作主的国家，党和国家一切工作的出发点和落脚点是实现好、维护好、发展好最广大人民根本利益。我国哲学社会科学要有所作为，就必须坚持以人民为中心的研究导向。脱离了人民，哲学社会科学就不会有吸引力、感染力、影响力、生命力。我国广大哲学社会科学工作者要坚持人民是历史创造者的观点，树立为人民做学问的理想，尊重人民主体地位，聚焦人民实践创造，自觉把个人学术追求同国家和民族发展紧紧联系在一起，努力多出经得起

---

① 《习近平谈治国理政》（第二卷），外文出版社，2017，第324页。
② 《习近平谈治国理政》（第一卷），外文出版社，2018，第154页。
③ 中共中央文献研究室编《十八大以来重要文献选编》（中），中央文献出版社，2016，第127页。

实践、人民、历史检验的研究成果。"①

最后，大力弘扬爱国主义、集体主义和社会主义。对于新时代精神文明建设来说，"在社会主义核心价值观中，最深层、最根本、最永恒的是爱国主义"②。新时代爱国、爱党、爱社会主义是高度融合的，"对新时代中国青年来说，热爱祖国是立身之本、成才之基。当代中国，爱国主义的本质就是坚持爱国和爱党、爱社会主义高度统一"③。新时代精神文明建设强调："要大力弘扬爱国主义精神，把爱国主义教育作为永恒主题"，"要把爱国主义教育贯穿国民教育和精神文明建设全过程"，"充分利用我国改革发展的伟大成就、重大历史事件纪念活动、爱国主义教育基地、中华民族传统节庆、国家公祭仪式等来增强人民的爱国情怀和国家意识"，"让爱国主义成为每一个中国人的坚定信念和精神依靠"④。

爱国主义成为新时代精神文明建设鲜明的价值取向，不仅在社会主义核心价值观中具有核心地位，而且是具体的、现实的，与社会主义、集体主义价值交织渗透、密不可分，强调："在家尽孝、为国尽忠是中华民族的优良传统。……弘扬爱国主义、集体主义、社会主义精神，提倡爱家爱国相统一，让每个人、每个家庭都为中华民族大家庭作出贡献。"⑤《新时代爱国主义教育实施纲要》强调："广泛开展爱国主义、集体主义、社会主义教育，提高人们的思想觉悟、道德水准和文明素养。"⑥

第三，关于务实的问题导向。

习近平总书记明确指出："抓精神文明建设要办实事、讲实效……坚决反对形式主义、官僚主义"⑦，刘云山据此总结说："精神文明建设，建设的是理想信念，建设的是思想道德，建设的是文明风尚，最需要虚功实

---

① 习近平：《在哲学社会科学工作座谈会上的讲话》，《人民日报》2016年5月19日，第2~3版。
② 中共中央文献研究室编《十八大以来重要文献选编》（中），中央文献出版社，2016，第134页。
③ 《习近平谈治国理政》（第三卷），外文出版社，2020，第334页。
④ 《关于深化群众性精神文明创建活动的指导意见》，《人民日报》2017年4月6日，第9版。
⑤ 习近平：《在2019年春节团拜会上的讲话》，《人民日报》2019年2月4日，第1版。
⑥ 《新时代爱国主义教育实施纲要》，《人民日报》2019年11月13日，第6版。
⑦ 《习近平谈治国理政》（第二卷），外文出版社，2017，第324页。

做、最忌流于形式，要大兴求实、务实、落实之风。"①

而"问题是事物矛盾的表现形式，我们强调增强问题意识、坚持问题导向，就是承认矛盾的普遍性、客观性，就是要善于把认识和化解矛盾作为打开工作局面的突破口"②。问题不过是社会矛盾在现实中的生动表现，问题是最集中、最鲜活的现实，是各种现实因素的聚集，它既代表发展的现实困境、难处，同时也蕴含着发展的现实机遇、转折点或突破口，因此也是复杂的现实。

正如刘云山总结的，"党的十八大以来，习近平总书记发表系列重要讲话，深刻回答了新的历史条件下党和国家发展面临的一系列重大理论和现实问题，贯穿着强烈的问题意识、鲜明的问题导向，体现了共产党人求真务实的科学态度"③。而求真务实是中国共产党的基本特质，习近平总书记为此多次总结说："中国共产党人干革命、搞建设、抓改革，从来都是为了解决中国的现实问题。"④ 他还特别强调："全面深化改革，关键要有新的谋划、新的举措。要有强烈的问题意识，以重大问题为导向，抓住重大问题、关键问题进一步研究思考，找出答案，着力推动解决我国发展面临的一系列突出矛盾和问题。"⑤ 王沪宁在中央精神文明建设指导委员会第一次全体会议上指出，新时代精神文明建设，一定要强化问题导向，每年扎扎实实推动解决几件实事，让群众有更多获得感、幸福感、安全感。⑥

新时代精神文明建设过程，就是针对诸如理想信念存在迷失和精神存在缺"钙"；公民素养与社会发展有一定差距；文化自信和文化软实力不彰；物质文明和精神文明发展失衡；意识形态安全存在不小风险等重大问题而开启和不断深入的。实际上，新时代精神文明建设中具体规划、指导文件的出台都是针对具体问题，如《关于加强基层宣传思想文化工作的意

---

① 《人民有信仰民族有希望国家有力量　锲而不舍抓好社会主义精神文明建设》，《人民日报》2015年3月1日，第1版。
② 习近平：《辩证唯物主义是中国共产党人的世界观和方法论》，《求是》2019年第1期。
③ 刘云山：《增强问题意识　坚持问题导向》，《学习时报》2014年5月19日。
④ 中共中央文献研究室编《十八大以来重要文献选编》（上），中央文献出版社，2014，第497页。
⑤ 《中共中央召开党外人士座谈会》，《人民日报》2013年11月14日，第1版。
⑥ 《中央精神文明建设指导委员会召开第一次全体会议》，《人民日报》2018年2月6日，第1版。

见》《关于深化群众性精神文明创建活动的指导意见》，都详细介绍了其问题的针对性；具体举措的推出、具体要求的提出，也都是针对实践中出现的问题、难题，如高校思政课教学改革、学校思政课一体化建设，是针对思政课建设存在的效果不彰、上下缺乏有机衔接等问题提出的；强调文艺创作的社会效益改革，是针对文艺作品过于市场化提出的；等等。因此新时代精神文明建设过程具有务实的问题导向特点。

所以，新时代精神文明建设过程要把坚定的政治方向、鲜明的价值取向和务实的问题导向很好地统一起来，形成同向同行的统摄逻辑。其中坚定的政治方向和鲜明的价值取向在中国特色社会主义中本身就是内在统一的，坚定的政治方向就是从价值取向中生发的；而问题导向突出体现了中国特色社会主义的优势，问题导向就是为了更好、更有效、更及时地最大限度满足人民的需要、维护人民的利益，巩固和完善中国特色社会主义制度，实现"四个自信"而服务的，政治方向、价值取向内化于问题导向中，并构成问题导向源源不断的动力和驱力。

二 党的领导的必须性、政府主导的必需性和社会参与的必要性的共识逻辑

习近平总书记强调：中国特色社会主义建设、"中国梦"的实现，"需要全社会方方面面同心干，需要全国各族人民心往一处想、劲往一处使。如果一个社会没有共同理想，没有共同目标，没有共同价值观，整天乱哄哄的，那就什么事也办不成"[1]。中国的改革开放之所以能持续推进且不断深化，并取得举世瞩目的成就，很重要的一个原因就是能同心同德、上下一致，形成强大的改革共识。为此，习近平总书记说，党的十八大以来我们之所以还大力倡导解放思想，是因为"解放思想的过程就是统一思想的过程，解放思想的目的是为了更好统一思想。思想统一了，才能最大限度凝聚改革共识，形成改革合力"[2]。他在党的十八大召开不久就明确指出：

---

[1] 习近平：《在网络安全和信息化工作座谈会上的讲话》，《光明日报》2016年4月26日，第2版。
[2] 《中共中央召开党外人士座谈会》，《人民日报》2013年11月14日，第1版。

"我国改革已经进入攻坚期和深水区,进一步深化改革,必须更加注重改革的系统性、整体性、协同性,统筹推进重要领域和关键环节改革。这里,我想讲四句话,就是坚定信心,凝聚共识,统筹谋划,协同推进。"凝聚共识是全面深化改革的四个基本要求和基本着力点之一。为此他还特别呼吁:"凝聚共识,就是要形成推进改革开放的合力。人心齐,泰山移。没有广泛共识,改革难以顺利推进,推进了也难以取得全面成功。"现在"凝聚改革共识难度加大","这就更需要下功夫去凝聚共识","把最大公约数找出来,在改革开放上形成聚焦"。[1] 习近平总书记还多次强调:"人心是最大的政治,共识是奋进的动力","实现'两个一百年'奋斗目标、实现中华民族伟大复兴的中国梦,需要汇聚全民族的智慧和力量,需要广泛凝聚共识、不断增进团结"[2]。

新时代精神文明建设过程的开启和深化就是在诸多社会共识中进行的;而巩固已有的共识、凝聚新的共识,成为新时代文明建设过程的重要任务。共识逻辑构成新时代精神文明建设过程的开启和深化、不断取得进步且行稳致远的重要的内在原因。这些共识除了共同理想、共同目标、共同价值观等基本因素外,即政治方向、价值取向、基本内容上形成的共识外,还包括在"如何做"上形成了基本共识,那就是党的领导的必须性、政府主导的必需性和社会参与的必要性的统一,这构成了新时代精神文明建设共识逻辑的一个核心向度。

第一,关于党的领导的必须性。

习近平总书记在庆祝改革开放40周年大会上说:"改革开放40年的实践启示我们:中国共产党领导是中国特色社会主义最本质的特征,是中国特色社会主义制度的最大优势。党政军民学,东西南北中,党是领导一切的。正是因为始终坚持党的集中统一领导,我们才能实现伟大历史转折、开启改革开放新时期和中华民族伟大复兴新征程,才能成功应对一系列重大风险挑战、克服无数艰难险阻,才能有力应变局、平风波、战洪水、防

---

[1] 中共中央文献研究室编《习近平关于全面深化改革论述摘编》,中央文献出版社,2014,第30、31页。
[2] 《坚定文化自信把握时代脉搏聆听时代声音 坚持以精品奉献人民用明德引领风尚》,《人民日报》2019年3月5日,第1版。

第五章　新时代精神文明建设过程的逻辑和规律

非典、抗地震、化危机,才能既不走封闭僵化的老路也不走改旗易帜的邪路,而是坚定不移走中国特色社会主义道路。""必须坚持党对一切工作的领导,不断加强和改善党的领导",不仅是当代中国的基本经验和胜利保证,也是中国人民的集体认同和普遍共识。习近平总书记为此强调:"在坚持党的领导这个决定党和国家前途命运的重大原则问题上,全党全国必须保持高度的思想自觉、政治自觉、行动自觉,丝毫不能动摇。"①

新时代精神文明建设在这方面是有高度自觉的,它不但在所有重要方面,反复强调坚持党的领导,坚决执行党的战略决策、统一规划和部署,而且始终把巩固和强化党的领导作为自己的重要任务,使坚持和强化党的领导成为新时代精神文明建设的统摄力量、驱动力量。

比如,关于新时代的文艺事业,强调"党的领导是社会主义文艺发展的根本保证","各级党委要从建设社会主义文化强国的高度,增强文化自觉和文化自信,把文艺工作纳入重要议事日程,贯彻好党的文艺方针政策,把握文艺发展正确方向。要选好配强文艺单位领导班子,把那些德才兼备、能同文艺工作者打成一片的干部放到文艺工作领导岗位上来。……各级宣传文化部门要在党委领导下,切实加强对文艺工作的指导和扶持,加强对文艺工作者的引导和团结,为推动文艺繁荣发展作出积极贡献。文联、作协要充分发挥优势,加强行业服务、行业管理、行业自律,真正成为文艺工作者之家"②。关于新时代的宣传思想工作,强调"要加强党对宣传思想工作的全面领导,旗帜鲜明坚持党管宣传、党管意识形态。要以党的政治建设为统领,牢固树立'四个意识',坚决维护党中央权威和集中统一领导,牢牢把握正确政治方向"③。对于新时代学校教育和思想政治工作,强调:"办好我国高等教育,必须坚持党的领导,牢牢掌握党对高校工作的领导权,使高校成为坚持党的领导的坚强阵地。党委要保证高校正确办学方向,掌握高校思想政治工作主导权,保证高校始终成为培养社会

---

① 习近平:《在庆祝改革开放 40 周年大会上的讲话》,《人民日报》2018 年 12 月 19 日,第 1 版。
② 中共中央文献研究室编《十八大以来重要文献选编》(中),中央文献出版社,2016,第 137~138 页。
③ 《习近平谈治国理政》(第三卷),外文出版社,2020,第 314~315 页。

主义事业建设者和接班人的坚强阵地。各级党委要把高校思想政治工作摆在重要位置,加强领导和指导,形成党委统一领导、各部门各方面齐抓共管的工作格局。各地党委书记和有关部门党组书记要多到高校走走,多同师生接触,多次去高校作报告,回答师生关注的理论和现实问题。""高校党委对学校工作实行全面领导,承担管党治党、办学治校主体责任,把方向、管大局、作决策、保落实。要加强高校党的基层组织建设,创新体制机制,改进工作方式,提高党的基层组织做思想政治工作能力。要做好在高校教师和学生中发展党员工作,加强党员队伍教育管理,使每个师生党员都做到在党爱党、在党言党、在党为党。"①

关于新时代践行和培育社会主义核心价值观,强调:"各级党委和政府要充分认识培育和践行社会主义核心价值观的重要性,把这项任务摆上重要位置,把握方向,制定政策,营造环境,切实负起政治责任和领导责任。把社会主义核心价值观要求体现到经济建设、政治建设、文化建设、社会建设、生态文明建设和党的建设各领域,推动培育和践行社会主义核心价值观同实际工作融为一体、相互促进。""党员、干部要做培育和践行社会主义核心价值观的模范。党员、干部特别是领导干部要在培育和践行社会主义核心价值观方面带好头,以身作则、率先垂范,讲党性、重品行、作表率,为民、务实、清廉,以人格力量感召群众、引领风尚。"② 关于新时代群众性精神文明创建活动,强调:"强化党委主体责任。各级党委要切实承担起精神文明建设的主体责任,党委主要负责同志是第一责任人。要坚持'两手抓、两手都要硬'的战略方针,把精神文明建设纳入经济社会发展总体规划,列为各级领导班子和领导干部政绩考核的重要内容。""发挥基层党组织的战斗堡垒作用,加强对群众的教育引导,在服务群众中凝聚群众,勇于同各种歪风邪气作斗争。"③ 关于新时代文化建设,强调:"坚持和完善党委统一领导、党政齐抓共管、宣传部门组织协调、

---

① 《把思想政治工作贯穿教育教学全过程 开创我国高等教育事业发展新局面》,《人民日报》2016年12月9日,第1版。
② 中共中央文献研究室编《十八大以来重要文献选编》(上),中央文献出版社,2014,第586~587页。
③ 《关于深化群众性精神文明创建活动的指导意见》,《人民日报》2017年4月6日,第9版。

有关部门分工负责、社会力量积极参与的工作体制和工作格局，形成推动文化建设的强大合力。"① 关于新时代公民道德建设，强调："要坚持和加强党的领导，……确保公民道德建设的正确方向。各级党委和政府要担负起公民道德建设的领导责任，将其摆上重要议事日程，纳入全局工作谋划推进，有机融入经济社会发展各方面"，还具体要求"各级文明委和党委宣传部要切实履行指导、协调、组织职能，统筹力量、精心实施、加强督查，抓好工作任务落实"②。

第二，关于政府主导的必需性。

党的十九届四中全会总结了我国国家制度和国家治理体系的十三个显著优势，其中一个重大优势是"坚持全国一盘棋，调动各方面积极性，集中力量办大事的显著优势"，之所以能形成这样一个显著优势，有两个很重要的因素，一个是党的集中统一领导，另一个是党政密切配合、社会主义政府具有强大的组织能力和执行能力，"国家行政管理承担着按照党和国家决策部署推动经济社会发展、管理社会事务、服务人民群众的重大职责"③。因此，中华人民共和国成立以来，我们就高度重视政府在社会主义各项建设中的重要地位和作用。政府在建设中的主导地位和作用，同样既是我党成功的经验，也是我党的共识。

因此，党的十八大以来，强调全面深化改革，而经济体制改革是全面深化改革的重点，要求把市场在资源配置的"基础性作用"改为"决定性作用"，要求在完善社会主义市场经济体制上迈出新的步伐，同时强调："我国实行的是社会主义市场经济体制，我们仍然要坚持发挥我国社会主义制度的优越性、发挥党和政府的积极作用。市场在资源配置中起决定性作用，并不是起全部作用。""发展社会主义市场经济，既要发挥市场作用，也要发挥政府作用。"④

---

① 《国家"十三五"时期文化发展改革规划纲要》，《人民日报》2017年5月8日，第1、10、11版。
② 《新时代公民道德建设实施纲要》，《人民日报》2019年10月28日，第6版。
③ 《中共中央关于坚持和完善中国特色社会主义制度 推进国家治理体系和治理能力现代化若干重大问题的决定》，《人民日报》2019年11月6日，第1、5、6版。
④ 中共中央文献研究室编《十八大以来重要文献选编》（上），中央文献出版社，2014，第500页。

在经济体制以外的改革和建设领域，我们认为政府主导应具有必需性，着力凸显政府主导地位。比如，新时代的扶贫脱贫工作，强调"坚持以人民为中心的发展思想，大力实施精准扶贫、精准脱贫，发挥中国制度优势，坚持政府主导，深化东西部协作，动员全社会参与，把扶贫同扶志扶智相结合，开发式扶贫同保障性扶贫相统筹，确保到2020年消除绝对贫困"①。对于新时代乡村全面振兴战略中的农村公共基础设施建设，强调："要以推进城乡公共基础设施一体化管护为方向，坚持政府主导、市场运作，鼓励社会各类主体参与农村公共基础设施管护，按产权归属落实管护责任，科学制定管护标准和规范，合理选择管护模式。"②对于新时代医疗卫生事业建设，强调"要坚持基本医疗卫生事业的公益性，坚持政府主导，强化政府对卫生健康的领导责任、投入保障责任、管理责任、监督责任"③；对于其中的全科医生问题，强调"坚持政府主导，发挥市场机制作用，完善适应行业特点的全科医生培养制度，创新全科医生使用激励机制，加强贫困地区全科医生队伍建设。"④ 党的十八届五中全会提出："加强和创新社会治理。建设平安中国，完善党委领导、政府主导、社会协同、公众参与、法治保障的社会治理体制，推进社会治理精细化，构建全民共建共享的社会治理格局。"⑤ 党的十九大报告将政府主导改为更为中性的"政府负责"，十九届四中全会沿用了这个说法，但两者并没有实质性的差别。

新时代精神文明建设过程，作为既偏重于思想文化、行为观念的建设，又偏重于社会效益、社会福祉的建设，更为重视党委领导下的政府主导作用，更为坚持政府的主导地位。前述的如医疗卫生教育事业、扶贫脱

---

① 《习近平向改革开放与中国扶贫国际论坛致贺信》，《人民日报》2018年11月2日，第1版。
② 《紧密结合"不忘初心、牢记使命"主题教育 推动改革补短板强弱项激活力抓落实》，《人民日报》2019年7月25日，第1版。
③ 习近平：《在教育文化卫生体育领域专家代表座谈会上的讲话》，《人民日报》2020年9月23日，第2版。
④ 《全面贯彻党的十九大精神 坚定不移将改革推向深入》，《人民日报》2017年11月21日，第1版。
⑤ 中共中央文献研究室编《十八大以来重要文献选编》（中），中央文献出版社，2016，第819页。

贫工作，和精神文明建设是重合的，社会治理本身也含有很多精神文明建设的内容。

新时代精神文明建设中的很多内容自觉突出政府主导的必需性。如关于培育和践行社会主义核心价值观，关于"各级党委和政府"，要求它们共同"负起政治责任和领导责任"①；而公民道德建设，除了强调"各级党委和政府要担负起公民道德建设的领导责任"，还具体指出"纪检监察机关和组织、统战、政法、网信、经济、外交、教育、科技、卫生健康、交通运输、民政、文化和旅游、民族宗教、农业农村、自然资源、生态环境等党政部门，要紧密结合工作职能，积极履行公民道德建设责任"②。对于群众性精神文明创建活动，要求"进一步完善党委统一领导、党政齐抓共管、文明委组织协调、有关部门各负其责、全社会积极参与的领导体制和工作机制"③；对于爱国主义教育，要求"各级党委和政府要承担起主体责任。……进一步健全党委统一领导、党政齐抓共管、宣传部门统筹协调、有关部门各负其责的工作格局，建立爱国主义教育联席会议制度"④；对于文化建设，要求"坚持和完善党委统一领导、党政齐抓共管、宣传部门组织协调、有关部门分工负责、社会力量积极参与的工作体制和工作格局，形成推动文化建设的强大合力"⑤；明确地提出"要推动公共文化服务标准化、均等化，坚持政府主导、社会参与、重心下移、共建共享，完善公共文化服务体系，提高基本公共文化服务的覆盖面和适用性"⑥。

第三，关于社会参与的必要性。

我们是人民民主专政的社会主义国家，社会主义的实质是人民当家作主。党的十八届五中全会通过的《中共中央关于制定国民经济和社会发展第十三个五年规划的建议》指出："共享是中国特色社会主义的本质要求。

---

① 中共中央文献研究室编《十八大以来重要文献选编》（上），中央文献出版社，2014，第586页。
② 《新时代公民道德建设实施纲要》，《人民日报》2019年10月28日，第6版。
③ 《关于深化群众性精神文明创建活动的指导意见》，《人民日报》2017年4月6日，第9版。
④ 《新时代爱国主义教育实施纲要》，《人民日报》2019年11月13日，第6版。
⑤ 《国家"十三五"时期文化发展改革规划纲要》，《人民日报》2017年5月8日，第1、10、11版。
⑥ 《习近平谈治国理政》（第三卷），外文出版社，2020，第314页。

必须坚持发展为了人民、发展依靠人民、发展成果由人民共享，作出更有效的制度安排，使全体人民在共建共享发展中有更多获得感，增强发展动力，增进人民团结，朝着共同富裕方向稳步前进。"① 党的十九届四中全会提出："完善党委领导、政府负责、民主协商、社会协同、公众参与、法治保障、科技支撑的社会治理体系，建设人人有责、人人尽责、人人享有的社会治理共同体，确保人民安居乐业、社会安定有序，建设更高水平的平安中国。"② "民主协商、社会协同、公众参与"是人民民主的重要表现，"人人有责、人人尽责、人人享有"的实质是人民当家作主。

坚持党的领导、发挥政府主导作用、实现人民当家作主，是中华人民共和国成立以来新中国建设不断取得成功的基本原则，也是基本经验，并逐渐成为对中国特色社会主义的共识。中国特色社会主义新时代，一是提出以人民为中心的发展观，二是提出共享的发展理念，强调人人有责、人人尽责、人人享有，强调共建、共治、共享，而广泛发动社会参与则是共建、共治、共享的突出标志。

新时代精神文明建设高度重视社会参与的必要性。如前所述，群众性精神文明创建活动、公民道德建设、爱国主义教育、学校教育、文化建设等新时代精神文明建设的重点内容，都强调要建构新的工作体制、工作机制、工作格局，除了坚持党委统一领导、党政齐抓共管外，还要求社会积极参与，广泛动员各种社会组织和公众参与进来共建共治。新时代群众性精神文明创建活动还进一步详细指明："动员社会力量广泛参与。工会、共青团、妇联、残联、关工委和文联、作协、科协等人民团体，要发挥各自优势，组织动员所联系群众积极参与精神文明创建活动。发挥民主党派、工商联、无党派人士、社会公众人物的作用，发挥行业协会、社会团体、基金会等各种社会组织的作用，共同参与精神文明建设。"③ 而新时代爱国主义教育同样要求"调动广大人民群众的积极性、主动性。爱国主义

---

① 中共中央文献研究室编《十八大以来重要文献选编》（中），中央文献出版社，2016，第793页。
② 《中共中央关于坚持和完善中国特色社会主义制度 推进国家治理体系和治理能力现代化若干重大问题的决定》，《人民日报》2019年11月6日，第1、5、6版。
③ 《关于深化群众性精神文明创建活动的指导意见》，《人民日报》2017年4月6日，第9版。

教育是全民教育，必须突出教育的群众性。各级工会、共青团、妇联和文联、作协、科协、侨联、残联以及关工委等人民团体和群众组织，要发挥各自优势，面向所联系的领域和群体广泛开展爱国主义教育。组织动员老干部、老战士、老专家、老教师、老模范等到广大群众特别是青少年中讲述亲身经历，弘扬爱国传统"①。

第三节　新时代精神文明建设过程的演进逻辑

党的十八大以来，新时代精神文明建设过程不仅得以顺利开启，而且不断取得成绩，并不断地前进和深化，有一个很重要的原因，那就是它能够不断获得内在发展动力，形成自己的演进逻辑，推动自身不断发展，在行稳的基础上不断致远。

新时代精神文明建设的内在演进逻辑，包括两个主要向度，一是发展与问题互动形成的辩证驱动逻辑，其核心是问题与发展的辩证法，它偏向为新时代精神文明建设提供不竭的发展驱动力；二是自我革命和社会革命交互作用形成的改革创新逻辑，其核心是党的自我革命与社会革命之间的辩证法，为新时代精神文明建设提供创新源泉。发展与问题互动形成的辩证驱动逻辑、自我革命和社会革命交互作用形成的改革创新逻辑，同时保障了新时代中国特色社会主义建设、全面深化改革的不断深入。

一　发展与问题互动形成的辩证驱动逻辑

党的十八大以来，中国特色社会主义进入新时代，"面对新形势新任务，我们必须通过全面深化改革，着力解决我国发展面临的一系列突出矛盾和问题，不断推进中国特色社会主义制度自我完善和发展"。到底有哪些重要问题呢？比如：发展中不平衡、不协调、不可持续问题依然突出，科技创新能力不强，产业结构不合理，发展方式依然粗放，城乡区域发展差距和居民收入分配差距依然较大，社会矛盾明显增多，教育、就业、社会保障、医疗、住房、生态环境、食品药品安全、安全生产、社会治安、

---

① 《新时代爱国主义教育实施纲要》，《人民日报》2019年11月13日，第6版。

执法司法等关系群众切身利益的问题较多，部分群众生活困难，形式主义、官僚主义、享乐主义和奢靡之风问题突出，一些领域消极腐败现象易发多发，反腐败斗争形势依然严峻，等等。"解决这些问题，关键在于深化改革""必须更加注重改革的系统性、整体性、协调性"。全面深化改革就是要针对这些主要问题设计、规划和展开，也是在解决这些问题中不断推进和深化的。习近平总书记提出："围绕这些重大课题，我们强调，要有强烈的问题意识，以重大问题为导向，抓住关键问题进一步研究思考，着力推动解决我国发展面临的一系列突出矛盾和问题。我们中国共产党人干革命、搞建设、抓改革，从来都是为了解决中国的现实问题。可以说，改革是由问题倒逼而产生，又在不断解决问题中得以深化。"① 为此习近平总书记在党的十八届三中全会、十八届中央政治局第二十次集体学习会、庆祝改革开放40周年大会等会上的讲话，多次强调全面深化改革、新时代中国特色社会主义建设一定要有问题意识，加强问题导向。

从党的十八届三中全会提出全面深化改革以来，改革呈现"全面发力、多点突破、蹄疾步稳、纵深推进"的局面，推出一批又一批改革举措，取得了亮眼的成绩单。如成立中央全面深化改革领导小组，形成了集中统一的改革领导体制、务实高效的统筹决策机制、上下联动的协调推进机制、追责问效的督察落实机制；强化巡视监督和派驻监督，使全面从严治党双重责任制不断落实，党的纪律检查和国家监察体制改革进一步拓深；全面实施市场准入负面清单制度，立足于国有资本与民营资本相互融合、交叉持股来深化混合所有制改革，在推出乡村振兴战略的同时，实现承包地所有权、承包权、经营权"三权分置"，构建开放型经济新体制；在国家治理现代化理念下创新社会治理体制，"社会治理共同体"初具雏形，组织药品集中采购试点，改革疫苗管理体制，使公共安全体系不断向健全方向发展；推出实施文化惠民工程，推动文化企业跨地区、跨行业、跨所有制兼并重组，现代公共文化服务体系得以不断深化；实行最严格的生态环境保护制度，健全自然资源资产产权制度和用途管制制度、划定生态保

---

① 中共中央文献研究室编《十八大以来重要文献选编》（上），中央文献出版社，2014，第494~495、497、512页。

第五章　新时代精神文明建设过程的逻辑和规律

护红线、实行资源有偿使用制度和生态补偿制度；等等。到2019年，党的十八届三中全会提出的336项重大改革举措，已出台实施方案超过95%。[①]

在全面深化改革的征程中，在自觉践行问题意识和问题导向时，更为自觉地建构了问题和发展的辩证法，其核心就是促进问题与发展的良性互动，两者的良性互动，为全面深化改革、新时代中国特色社会主义建设提供了不竭的发展驱动力，新时代精神文明建设过程也是在问题导向下开启和深化的，两者的良性互动也为新时代精神文明建设不断持续、不断深入提供了不竭的驱动力。

这种内生于问题意识、问题导向，自觉建构的问题和发展的辩证法，核心内容如下。

第一，发展具有极为突出的重要性。

首先，发展具有多方面的重要性。习近平总书记多次在讲话中反复强调邓小平提出的"发展是硬道理"，江泽民提出的"发展是中国共产党执政兴国第一要务"，从几个方面具体说明发展的重要性。一是发展的基础性。习近平总书记提出："发展是基础，经济不发展，一切都无从谈起。"[②]二是发展的根本性。他在河南兰考视察工作时强调："发展仍然是我们党执政兴国的第一要务，仍然是带有基础性、根本性的工作。"[③] 三是发展的关键性。他在党的十八届二中全会第一次全体会议、十九大等重要场合，多次强调发展仍是解决我国所有问题的关键。其次，要从战略高度看待发展。习近平总书记一方面多次强调"坚持发展仍是解决我国所有问题的关键这个重大战略判断"[④]。另一方面又特意指出：发展是硬道理的战略思想要坚定不移。他曾说过："战略问题是一个政党、一个国家的根本性问题。战略上判断得准确，战略上谋划得科学，战略上赢得主动，党和人民事业

[①] 关锋：《全面深化改革与"问题和发展的辩证法"的构建》，《东南大学学报》（哲学社会科学版）2020年第3期。

[②] 中共中央文献研究室编《十八大以来重要文献选编》（中），中央文献出版社，2016，第828页。

[③] 中共中央文献研究室编《习近平关于社会主义社会建设论述摘编》，中央文献出版社，2017，第31页。

[④] 中共中央文献研究室编《十八大以来重要文献选编》（上），中央文献出版社，2014，第513页。

就大有希望。"① 把发展作为重大战略判断、战略思想来思考、来界定，是新时代问题和发展辩证法的突出要求。

第二，发现问题具有独特的重要性。

首先，"问题是时代的声音"。青年马克思曾经说过一段非常有名的话："一个时代所提出的问题，和任何在内容上是正当的因而也是合理的问题，有着共同的命运：主要的困难不是答案，而是问题。……问题就是公开的、无畏的、左右一切个人的时代声音。问题就是时代的口号。"② 每个时代都有自己特定的问题，这些问题往往以生动而又浓缩的形式表征和诉说着时代主题、时代潮流、时代趋势、时代任务和时代矛盾，也暗含着社会发展的突破点和关键环节。只有通过这些问题才能准确而又深入地把握时代，顺势而为。习近平总书记很早就针对和谐社会建设提出："我们国家发展的阶段性特征，决定了我们在和谐社会建设过程中面临着许多与别的时代、别的国家所不同的社会问题。特别是现阶段就业、社会保障、协调发展、收入分配、安全生产、社会治安等与群众切身利益关系比较密切的问题还比较突出。这些问题就是我们这个时代的口号，就是时代的声音，也就是我们构建和谐社会必须要逐步解决的问题。"③ 党的十八大以来，他反复强调问题是时代的声音，中国特色社会主义新时代一定要高度重视各种社会问题。

其次，"问题是事物矛盾的表现形式"。毛泽东对马克思主义活学活用，在《反对党八股》中提出："什么叫问题？问题就是事物的矛盾。哪里有没有解决的矛盾，哪里就有问题。"④ 习近平总书记结合当前中国的实际说："问题是事物矛盾的表现形式，我们强调增强问题意识、坚持问题导向，就是承认矛盾的普遍性、客观性，就是要善于把认识和化解矛盾作为打开工作局面的突破口。"⑤ 社会问题背后是社会矛盾，社会问题是社会

---

① 中共中央文献研究室编《十八大以来重要文献选编》（中），中央文献出版社，2016，第45~46页。
② 《马克思恩格斯全集》第40卷，人民出版社，1982，第289页。
③ 习近平：《之江新语》，浙江人民出版社，2007，第235页。
④ 《毛泽东选集》第3卷，人民出版社，1991，第839页。
⑤ 习近平：《辩证唯物主义是中国共产党人的世界观和方法论》，《求是》2019年第1期。

矛盾在现实中的生动表现、集中体现和多方面的展现。一是我们可以通过社会问题来更好地理解社会矛盾，特别是社会矛盾的变动。因为矛盾往往是深隐、内藏的，而问题则是外化、外显的，不关注问题，不观察问题，不思考问题，往往很难察觉到社会矛盾。二是解决或者缓和社会矛盾（特别是社会基本矛盾）才是解决问题的根本的出路，只就问题谈问题，很可能隔靴搔痒、不得要领、不触根本，或者最多头痛医头、脚痛医脚，大多是"治标不治本"，最后很可能使社会问题不断累积和加深。三是同样的道理，在中国特色社会主义征程中，解决或者缓和社会矛盾，合理和有效的途径或具体办法就是通过解决社会问题来实现。这也是反复强调要有问题意识，要以问题为导向的原因之所在。

最后，"问题是创新的起点，也是创新的动力源"。立足于21世纪，可以说："创新是一个民族进步的灵魂，是一个国家兴旺发达的不竭动力，也是中华民族最深沉的民族禀赋。在激烈的国际竞争中，惟创新者进，惟创新者强，惟创新者胜。"① 而且，"变革创新是推动人类社会向前发展的根本动力。谁排斥变革，谁拒绝创新，谁就会落后于时代，谁就会被历史淘汰"②。那么，如何才能创新呢？从治国理政这个角度说，之所以要创新，是因为"社会总是在发展的，新情况新问题总是层出不穷的，其中有一些可以凭老经验、用老办法来应对和解决，同时也有不少是老经验、老办法不能应对和解决的"。这就意味着，创新离不开对问题的关注。习近平总书记结合理论创新强调："理论创新只能从问题开始。从某种意义上说，理论创新的过程就是发现问题、筛选问题、研究问题、解决问题的过程。"更具体地说，"创造一种解决问题的办法也是创新"。实际上，不唯理论创新如此，实践创新、制度创新、科技创新等都是如此，一般都是在调研问题、探究问题、解决问题中实现创新的，是问题推动着人们不断寻找新的答案、新的办法、新的思路、新的工具，针对问题进行创新更容易聚焦也更有成效，所以"问题是创新的起点，也是创新的动力源"③。

---

① 习近平：《在欧美同学会成立一百周年庆祝大会上的讲话》，《人民日报》2013年10月22日，第2版。
② 习近平：《开放共创繁荣　创新引领未来》，《人民日报》2018年4月11日，第3版。
③ 习近平：《在哲学社会科学工作座谈会上的讲话》，《人民日报》2016年5月19日，第2版。

第三，问题和发展之间存在内在关联、良性互动的关系。

首先，问题和发展总是相伴相随的。脱离发展看问题，就会陷入片面的悲观主义、无为主义；脱离问题看发展，就会陷入简单的乐观主义、短视主义和空想主义。因为人类认识世界和改造世界、实现社会发展的过程，就是一个发现问题、解决问题的过程；实践永无止境，发展永无止境，问题不会穷尽，旧的问题解决了，又会产生新的问题。只要有发展，就不可能没有问题。习近平总书记说："我们的事业越前进、越发展，新情况新问题就会越多，面临的风险和挑战就会越多，面对的不可预料的事情就会越多。"① 他还明确指出，当前"中国经济面临一定的下行压力和不少困难"，不过"这些问题""都是前进中必然出现的阶段性现象"；所以，"有问题不可怕，可怕的是不敢直面问题，找不到解决问题的思路"。② 正因如此，"我们一定要以我国改革开放和现代化建设的实际问题、以我们正在做的事情为中心，着眼于马克思主义理论的运用，着眼于对实际问题的理论思考，着眼于新的实践和新的发展"③。

其次，必须针对问题思考发展。因为问题是最集中、最鲜活的现实，是各种现实因素的聚集，它既是发展的困境、难处，同时也蕴含着发展的机遇、转折点或突破口，甚至可能是发生根本性进步或跃迁的机会；问题是发展阻力、障碍的聚集和交汇，同时也可能集中地反映人民的呼求，在主观和客观上都会形成发展的压力，但亦可能转化为前进的动力，针对问题思考、谋划发展是最合理有效的发展路径。中国特色社会主义选择的就是这样一条道路。习近平总书记总结："我们中国共产党人干革命、搞建设、抓改革，从来都是为了解决中国的现实问题。"④ 所以，早在2012年12月，习近平总书记在广东调研时就强调："不回避矛盾，不掩盖问题，从坏处准备，争取最好的结果"，这样才能在发展问题上"牢牢把握

---

① 中共中央文献研究室编《十八大以来重要文献选编》（上），中央文献出版社，2014，第114~115页。
② 习近平：《共担时代责任，共促全球发展》，《人民日报》2017年1月18日，第3版。
③ 《习近平谈治国理政》（第一卷），外文出版社，2018，第9页。
④ 中共中央文献研究室编《十八大以来重要文献选编》（上），中央文献出版社，2014，第497页。

主动权"①。

再次，必须通过发展解决问题。问题的出现是事物发展中不可避免的自然现象，自然界中的问题会自生自灭，但社会发展中的问题，有些也许会随着时代变化不断消失，但大部分问题在一定时期内不会自然消失、自行解决，相反会不断积累、延伸下去。人们只有积极面对、主动发力，这些社会问题才能得以解决。其中，发展处于关键地位，因为只有发展，为认清和解决问题提供了基本和前提条件，为解决问题提供正确思路和对策，为解决问题提供有效资源和具体支撑。所以，我们在改革开放中前后提出发展是硬道理、是执政兴国第一要务，发展是解决中国所有问题的基础和关键。在全面深化改革中多次强调，对于中国这样一个发展中大国，发展是解决一切问题的"总钥匙"；多次呼吁"坚持用发展的办法解决前进中的问题"。

最后，通过解决问题促进发展、深化发展。用发展的办法解决发展中的问题不是目的，目的在于通过解决问题反哺发展，不断前进。问题往往是困难、阻力和转机、突破的交汇处，每一次对问题特别是重大基本问题的解决，都意味着发展时刻的到来。全面深化改革中的矛盾和问题都是发展中的问题，前进中暂时的阻碍、瓶颈。习近平总书记非常形象、生动地说问题都是"调整的阵痛、成长的烦恼"，"都是值得付出的代价"；对问题的解决，不但意味着获得了更多的成功经验、更大的发展能力、更高的处理智慧，同时也直接促进了社会发展。所以"彩虹往往出现在风雨之后。没有比人更高的山，没有比脚更长的路"，"不断解决好前进道路上面临的问题，是我们这一代人的责任"。② 他还强调："每个时代总有属于它自己的问题，只要科学地认识、准确地把握、正确地解决这些问题，就能够把我们的社会不断推向前进"，"解决特定的时代问题，才能推动这个时代的社会进步"。③

---

① 《坚定必胜信心 增强忧患意识 坚持稳中求进 推动经济持续健康发展》，《人民日报》2012年12月11日，第1版。
② 中共中央文献研究室编《习近平关于全面深化改革论述摘编》，中央文献出版社，2014，第39、141页。
③ 习近平：《之江新语》，浙江人民出版社，2007，第235页。

当然，问题有大有小，有轻有重，矛盾有深有浅，有主有次，它们的地位和作用、影响明显有异，当然不可等量齐观、一视同仁。问题是时代的声音，问题是时代的号角，这是从一般意义上讲的。实际上最能体现时代声音的，不是一般的社会问题，而是重大的、有较大影响力的社会问题。因此重大社会问题能使我们对当前的社会发展有最深刻的把握、最清醒的认知和最合理的判断，进而做出最有针对性、最具实效性的计划或规划。习近平总书记为此多次说过，以重大问题为导向，抓住重大问题来提出"新的谋划、新的举措"，推动全面深化改革和社会发展。这些重大社会问题之所以是社会发展必须优先重视的问题，除了它们最能集中反映时代要求、集中反映社会矛盾外……对社会发展产生举足轻重乃至决定性的影响。①

新时代精神文明建设过程的开启和深入，在很大程度上同样是问题促逼的。这里有两个维度，一是诸如理想信念存在迷失和精神存在缺钙，文化自信和文化软实力不彰，公民素养和社会主义现代化的要求有相当差距，物质文明和精神文明发展明显失衡，意识形态安全在全球化背景下面临的风险越来越大等，这些总体上的重大基本问题，推动了新时代精神文明建设过程的整体开启、多维展开；二是针对"一些地方、一些领域不同程度存在道德失范现象，拜金主义、享乐主义、极端个人主义仍然比较突出；一些社会成员道德观念模糊甚至缺失，是非、善恶、美丑不分，见利忘义、唯利是图，损人利己、损公肥私；造假欺诈、不讲信用的现象久治不绝，突破公序良俗底线、妨害人民幸福生活、伤害国家尊严和民族感情的事件时有发生"②等具体问题，我们及时推动新时代公民道德建设；针对"一些人包括少数党员干部信仰缺失、价值观扭曲，深受拜金主义、享乐主义、极端个人主义的侵蚀；一些领域和一些地方道德失范、诚信缺失，人际关系缺乏信任感，违背社会公德、职业道德、家庭美德、个人品德等现象时有发生；封建迷信、铺张浪费甚至黄赌毒等不良现象、不良风

---

① 关锋：《全面深化改革与"问题和发展的辩证法"的构建》，《东南大学学报》（哲学社会科学版）2020年第3期。
② 《新时代公民道德建设实施纲要》，《人民日报》2019年10月28日，第6版。

气、不良习俗还在一定范围禁而不绝;一些地方环境脏乱差,不遵守基本公共秩序、不遵守基本文明行为准则的现象还比较普遍"① 等具体问题,我们在新时代深化群众性精神文明创建活动。换言之,我国新时代很多具体的精神文明建设工程、举措、项目、活动等是针对具体问题而开启和不断深入的。

新时代精神文明建设过程是在两种良性互动中不断深化的,既针对上述难题开启,又通过发展来不断解决上述问题,如通过新时代学校思想政治工作、宣传思想和舆论工作、文艺工作和哲学社会科学工作、网络工作,建构各种新的工作格局和工作机制,堵住了各种漏洞,大大强化了意识形态安全;如通过大力发展文化基础设施和公共文化服务事业,不断补足一些明显短板,大大强化了新时代文化建设,使物质文明和精神文明发展不断向和谐和平衡状态趋近;并在解决这些问题中不断获得自身的新发展,党的十八大以来,新时代精神文明建设取得了多方面的成就和全方位的发展,总体上看,都是在解决问题中实现的。而且,新时代精神文明建设过程的很多具体向度、具体内容,会在发展中针对不断出现的新问题进行调整和创新,在问题和发展的辩证运动中获得更为丰富的推进。

二 自我革命和社会革命交互作用形成的改革创新逻辑

习近平总书记在党的十九大报告中指出:"勇于自我革命,从严管党治党,是我们党最鲜明的品格。"② 习近平总书记后来进一步指出:"勇于自我革命,是我们党最鲜明的品格,也是我们党最大的优势。中国共产党的伟大不在于不犯错误,而在于从不讳疾忌医,敢于直面问题,勇于自我革命,具有极强的自我修复能力",能够不断地"自我净化、自我完善、自我革新、自我提高"③。

首先,这种自我革命体现为实事求是,能够主动承认错误。比如改革

---

① 《关于深化群众性精神文明创建活动的指导意见》,《人民日报》2017年4月6日,第9版。
② 习近平:《决胜全面建成小康社会 夺取新时代中国特色社会主义伟大胜利——在中国共产党第十九次全国代表大会上的报告(2017年10月18日)》,人民出版社,2017,第26页。
③ 中共中央文献研究室编《十八大以来重要文献选编》(下),中央文献出版社,2018,第589、591页。

开放起始于对"文革"错误的主动反思和纠偏,以自我革新的勇气和胸怀,跳出条条框框限制,克服部门利益掣肘,解放思想;其次,这种自我革命还表现在严格要求自己,牢记船到中流浪更急、人到半山路更陡,始终以饱满的斗志、昂扬的精神、奋进的姿态时刻准备应对重大挑战、抵御重大风险、克服重大阻力、解决重大矛盾;最后,这种自我革命就是要求对自身的问题有清醒的认识,有刀刃向内的勇气,勇于革除自身不当利益,反对利益固化。

总之,这种自我革命,其核心是做到"四个坚持",坚持"自我净化",不断纯洁党的队伍,保证党的肌体健康;坚持"自我完善",补短板、强弱项、固根本,防源头、治苗头、打露头,堵塞制度漏洞,健全监督机制;坚持"自我革新",勇于推进理论创新、实践创新、制度创新、文化创新以及各方面创新,通过革故鼎新不断开辟未来;坚持"自我提高",自觉向书本学习、向实践学习、向人民群众学习,加强党性锻炼和政治历练,不断提升政治境界、思想境界、道德境界,全面增强执政本领。这种自我革命,始终牢记:功成名就时做到居安思危、保持创业初期那种励精图治的精神状态不容易;执掌政权后做到节俭内敛、敬终如始不容易;承平时期严以治吏、防腐戒奢不容易;重大变革关头顺乎潮流、顺应民心不容易。

勇于自我革命,不仅使中国共产党更加伟大、更加先进、更加成熟,而且使中国革命面貌焕然一新。中国特色社会主义最本质的特征是坚持中国共产党的领导。没有共产党,就没有新中国,就没有中国特色社会主义;没有党的自我革命,就无从谈及中国特色社会主义。

习近平总书记在十九届中共中央政治局常委同中外记者见面时说:"实践充分证明,中国共产党能够带领人民进行伟大的社会革命,也能够进行伟大的自我革命。"[①] 他在第十九届中央纪律检查委员会第三次全体会议上强调:"回顾改革开放40年的历程,我们可以清楚看到,在进行社会革命的同时不断进行自我革命,是我们党区别于其他政党最显著的标志,也是

---

① 中共中央党史和文献研究院编《十九大以来重要文献选编》(上),中央文献出版社,2019,第86~87页。

我们党不断从胜利走向新的胜利的关键所在。"① 社会革命实际上还会不断促进党的自我革命,"我们党只有在领导改革开放和社会主义现代化建设伟大社会革命的同时,坚定不移推进党的伟大自我革命",才能"使党不断自我净化、自我完善、自我革新、自我提高,不断增强党的政治领导力、思想引领力、群众组织力、社会号召力"②。

所谓社会革命,主要指当代中国在社会领域不断发生的革命性变化,它既指相对于旧社会的新社会建立,也指新社会不断发生的变革。中国共产党作为一个革命政党,从其诞生起,就立志于救亡图存、革故鼎新、践行理想,把革命志向、革命精神、革命毅力融会在革命实践中,致力于打碎旧世界、建设新世界、建立和发展新中国;为革命而生、为革命而在、为革命而新,始终保持革命底色,谱写了一曲曲壮丽的革命史诗,也使中国不断发生革命性变化,不断开启中国社会革命的新征程。中国共产党成立近百年的历史,既是中国共产党自我不断革命的历史,也是中国不断革故鼎新、除旧迎新不断进行社会革命的历史。

"改革是中国的第二次革命"正是在这个意义上提出的,正如党的十七大报告提出,改革开放是党在新的时代条件下带领人民进行的新的伟大革命。这场新的伟大革命,邓小平同志早在改革开放初期就已经给出了科学的阐述。他一方面说,革命是解放生产力,改革也是解放生产力。改革是社会主义基本制度确立以后,从根本上改变束缚生产力发展的各种体制,促进生产力大发展;革命是要搞阶级斗争,但革命不只是搞阶级斗争。生产力方面的革命也是革命,而且是很重要的革命,从历史的发展来讲是最根本的革命。另一方面说,以经济体制为核心的改革,固然是社会主义制度的自我完善、自我发展,但它不是缝缝补补、小打小闹,而是体制、机制的根本性变革,也同时给中国社会带来了革命性的变化。在这两种意义上,改革开放都是一场伟大革命。

当然,更重要的是,这场伟大革命,从以经济体制改革为主到全面深

---

① 《取得全面从严治党更大战略性成果 巩固发展反腐败斗争压倒性胜利》,《人民日报》2019年1月12日,第1版。
② 习近平:《在庆祝改革开放40周年大会上的讲话》,《人民日报》2018年12月19日,第1版。

化经济、政治、文化、社会、生态文明体制和党的建设制度改革,涉及党和国家机构改革、行政管理体制改革、依法治国体制改革、司法体制改革、外事体制改革、社会治理体制改革、生态环境督察体制改革、国家安全体制改革、国防和军队改革、党的领导和党的建设制度改革、纪检监察制度改革等一系列内容,给中国带来全方位、深层次、多领域的变革,极大地改变了中国的面貌、中华民族的面貌、中国人民的面貌、中国共产党的面貌。所以,它与以往夺取政权的政治革命、确立社会主义经济基础的社会主义革命不同,它是一场内容更为广泛、牵涉更为宽阔的社会革命。①

习近平总书记为此指出:"中国特色社会主义不是从天上掉下来的,而是在改革开放40年的伟大实践中得来的,是在中华人民共和国成立近70年的持续探索中得来的,是在我们党领导人民进行伟大社会革命97年的实践中得来的。"② 中国特色社会主义既是基本制度的不断定型,也是包括机制、体制等具体制度在内的不断革新,既是这场伟大社会革命的结晶和见证者,改革开放直接塑造和建构了中国特色社会主义;也是这场伟大社会革命的归宿和推动者,中国特色社会主义是改革开放以来党的全部理论和实践的主题,我们正是在建设中国特色社会主义中不断推动改革开放向纵深处迈进的。中国特色社会主义和这场新的伟大社会革命实则合二为一,本质上是一场新的伟大社会革命。

习近平总书记还强调:"新时代中国特色社会主义是我们党领导人民进行伟大社会革命的成果,也是我们党领导人民进行伟大社会革命的继续,必须一以贯之进行下去。历史和现实都告诉我们,一场社会革命要取得最终胜利,往往需要一个漫长的历史过程。""要把新时代坚持和发展中国特色社会主义这场伟大社会革命进行好,我们党必须勇于进行自我革命,把党建设得更加坚强有力。……在新时代,我们党必须以党的自我革命来推动党领导人民进行的伟大社会革命,把党建设成为始终走在时代前列、人民衷心拥护、勇于自我革命、经得起各种风浪考验、朝气蓬勃的马克思主义执政党,这既是我们党领导人民进行伟大社会革命的客观要求,

---

① 关锋:《中国特色社会主义的革命性特征》,《南方》2019年第18期。
② 《习近平谈治国理政》(第三卷),外文出版社,2020,第70页。

也是我们党作为马克思主义政党建设和发展的内在需要。"①

中国特色社会主义新时代,既是在为促进自我革命和社会革命的良性互动而展开的,又在两者互动所形成的合力驱动下不断深入进行。两者的良性互动,构成新时代最重要的创新动力。

现代广泛使用意义上的革命,其中心意指就是指具有重大意义的革故鼎新、除旧迎新、推陈出新,革命实质上是一种独特的重大创新。现代几次大的工业革命,都是由技术创新引起和推动的,它们典型地体现革命和创新的辩证统一关系。创新既是革命的基本要求、核心旨归,也是它的重要表现。这在改革开放以来的中国特色社会主义建设中表现得尤为明显。改革开放序幕一拉开,就上演了一出出创新的"大戏",谱写了一曲曲创新的史歌,举凡家庭联产承包责任制、以公有制为主体和多种经济成分并存的所有制结构、市场经济体制、小区自治等基层民主等,无不是重大创新。改革开放的过程就是创新的过程。正如习近平总书记在庆祝改革开放40周年大会上的重要讲话中指出的,40年来,我们始终坚持解放思想、实事求是、与时俱进、求真务实,勇敢推进理论创新、实践创新、制度创新、文化创新以及各方面创新,不断赋予中国特色社会主义鲜明的实践特色、理论特色、民族特色、时代特色,在实践创新和理论创新的同向而行、良性互动中不断推动中国特色社会主义健康发展。中国特色社会主义进入新时代,我们特别强调创新是引领发展的第一动力,是一个民族进步的灵魂,是一个国家兴旺发达的不竭动力,推出"双创"(大众创业、万众创新)工程,确立创新驱动发展战略,使创新的热潮成为当下中国特色社会主义的亮丽名片。②

可以说,创新是中国特色社会主义的基本底色,不断涌现革命性的重大创新是中国特色社会主义的亮色,始终坚持理论创新和实践创新良性互动、推进多方面的整体创新是中国特色社会主义保持成色的关键。中国特色社会主义也因为创新才使中国共产党实现自我革命和社会革命有机统一。

---

① 《习近平谈治国理政》(第三卷),外文出版社,2020,第69~71页。
② 关锋:《中国特色社会主义的革命性特征》,《南方》2019年第18期。

新时代精神文明建设过程就是在自我革命和社会革命良性互动所形成的创新逻辑中不断深化的。

首先,新时代精神文明建设过程把精神文明建设和全面从严治党紧密结合起来,如"紧密结合培育和践行社会主义核心价值观,大力倡导共产党人的世界观、人生观、价值观,坚守共产党人的精神家园"①;在全党全国中强化理想信念教育,"促进全体人民在理想信念、价值理念、道德观念上紧密团结在一起,在全民族牢固树立中国特色社会主义共同理想","引导人们不断增强道路自信、理论自信、制度自信、文化自信,把共产主义远大理想与中国特色社会主义共同理想统一起来"②;强化马克思主义理论宣传教育,"坚持用习近平新时代中国特色社会主义思想武装全党、教育人民","要紧密结合人们生产生活实际,推动习近平新时代中国特色社会主义思想进企业、进农村、进机关、进校园、进社区、进军营、进网络,真正使党的创新理论落地生根、开花结果。要在知行合一、学以致用上下功夫,引导干部群众坚持以习近平新时代中国特色社会主义思想为指导,展现新气象、激发新作为","弘扬革命精神,传承红色基因,结合新的时代特点赋予新的内涵,使之转化为激励人民群众进行伟大斗争的强大动力"③ 等,新时代精神文明建设既为党的自我革命营造更好的社会氛围,推动党的自我革命上新台阶,又促动党的自我带动社会革命,在两者互动中推动实践创新和理论创新的耦合,建构新时代精神文明建设过程自我发展的创新动力;同时,为了服务于党的自我革命和社会革命,也促使自身不断推陈出新、谋取新的突破和新的发展。比如寻找精神文明建设新的切入点,添加新的内容,建立新的渠道和阵地,采用新的形式和方法,等等。

其次,新时代精神文明建设重视党员的模范带头作用,来推动新时代精神文明建设过程的创新发展。强调"要充分发挥榜样的作用,领导干部、公众人物、先进模范都要为全社会做好表率、起好示范作用,引导和

---

① 《人民有信仰民族有希望国家有力量 锲而不舍抓好社会主义精神文明建设》,《人民日报》2015年3月1日,第1版。
② 《新时代公民道德建设实施纲要》,《人民日报》2019年10月28日,第6版。
③ 《新时代爱国主义教育实施纲要》,《人民日报》2019年11月13日,第6版。

推动全体人民树立文明观念、争当文明公民、展示文明形象"①。新时代精神文明建设在一些重要的维度，都特意强调党员干部的示范作用。如关于爱国主义教育，强调"广大党员干部要以身作则，牢记初心使命，勇于担当作为，发挥模范带头作用，做爱国主义的坚定弘扬者和实践者，同违背爱国主义的言行作坚决斗争"②；关于群众性精神文明创建，强调，"广大共产党员要在精神文明建设中发挥模范表率作用。党员干部尤其是高级干部必须带头践行社会主义核心价值观，继承和发扬党的优良传统和作风，弘扬中华民族传统美德，讲修养、讲道德、讲诚信、讲廉耻，自觉远离低级趣味，养成共产党员的高风亮节，形成良好的政治文化"③；关于培育和践行社会主义核心价值观，强调，"党员、干部要做培育和践行社会主义核心价值观的模范。党员、干部特别是领导干部要在培育和践行社会主义核心价值观方面带好头，以身作则、率先垂范，讲党性、重品行、作表率，为民、务实、清廉，以人格力量感召群众、引领风尚。……弘扬党的优良传统和作风，以优良党风促政风带民风"④。

第四节　新时代精神文明建设过程的基本规律

改革开放以来，我们深知"只有顺应历史潮流，积极应变，主动求变，才能与时代同行"⑤。正如习近平总书记总结的，"中国40年改革开放给人们提供了许多弥足珍贵的启示，其中最重要的一条就是，一个国家、一个民族要振兴，就必须在历史前进的逻辑中前进、在时代发展的潮流中发展"⑥。

所谓"历史前进的逻辑"，一般而言就是指历史发展有自己内在的逻

---

① 《人民有信仰民族有希望国家有力量　锲而不舍抓好社会主义精神文明建设》，《人民日报》2015年3月1日，第1版。
② 《新时代爱国主义教育实施纲要》，《人民日报》2019年11月13日，第6版。
③ 《关于深化群众性精神文明创建活动的指导意见》，《人民日报》2017年4月6日，第9版。
④ 中共中央文献研究室编《十八大以来重要文献选编》（上），中央文献出版社，2014，第587页。
⑤ 习近平：《在庆祝改革开放40周年大会上的讲话》，《人民日报》2018年12月19日，第1版。
⑥ 习近平：《开放共创繁荣　创新引领未来》，《人民日报》2018年4月11日，第3版。

辑、稳定的趋势和客观规律，所谓"时代发展的潮流"，一般而言，主要指时代发展有相对稳定的趋势。"在历史前进的逻辑中前进、在时代发展的潮流中发展"就是指尊重历史发展的普遍趋势和规律。不仅改革开放如此，新时代精神文明建设同样是在历史的逻辑中前进、在时代发展的潮流中发展，习近平总书记曾明确指出："宣传思想工作一定要把围绕中心、服务大局作为基本职责，胸怀大局、把握大势、着眼大事，找准工作切入点和着力点，做到因势而谋、应势而动、顺势而为。"①

不仅新时代宣传思想工作如此，而且整个精神文明建设过程都是如此，都要"因势而谋、应势而动、顺势而为"，也由之形成了独具特色的自身内在逻辑和基本规律。关于新时代精神文明建设的基本规律，有三个突出表现。一是符合律，即新时代精神文明建设过程是在符合社会发展趋势、切合时代需求、契合当下人民群众的呼求中不断发展和前行的；二是合力律，即新时代精神文明建设过程总是在建构合力中前行的，如政党、政府、社会组织、人民多元主体的合力或者党和国家上层机构与基层组织、普通民众之间上下联动的合力，精神、价值、思想、行为多种要素的合力；三是统筹兼顾律，新时代精神文明建设过程要兼顾各种要素，在兼顾中稳妥前行，如统筹兼顾科学与人文、理性与情感、普通群众与重点人群、先进性和意识形态特点，使精神文明建设既有一般性的一面，又有中国特色社会主义的一面，还有时代特色。

一　符合律

所谓符合律，其核心是新时代精神文明建设尊重客观实际，符合客观实际及其内在要求来规划、设计和运行。习近平总书记曾经说："我们党作出实行改革开放的历史性决策，是基于对党和国家前途命运的深刻把握，是基于对社会主义革命和建设实践的深刻总结，是基于对时代潮流的深刻洞察，是基于对人民群众期盼和需要的深刻体悟。"② 他在2018年博

---

① 《胸怀大局把握大势着眼大事　努力把宣传思想工作做得更好》，《人民日报》2013年8月21日，第1版。

② 习近平：《在庆祝改革开放40周年大会上的讲话》，《人民日报》2018年12月19日，第1版。

鳌亚洲论坛年会开幕式上总结说："中国进行改革开放，顺应了中国人民要发展、要创新、要美好生活的历史要求，契合了世界各国人民要发展、要合作、要和平生活的时代潮流。"①

习近平总书记还指出："社会存在决定社会意识。我们党现阶段提出和实施的理论和路线方针政策，之所以正确，就是因为它们都是以我国现时代的社会存在为基础的。党的十八届三中全会对我国全面深化改革作出了总体部署，是从我国现在的社会存在出发的，即从我国现在的社会物质条件的总和出发的，也就是从我国基本国情和发展要求出发的。"② 新时代精神文明建设过程作为全面深化改革的有机组成部分，它的符合律也主要体现在这些方面，即新时代精神文明建设过程是在符合社会发展趋势、切合时代需求、契合当下人民群众的吁求中不断发展和前行的，在自觉符合社会发展趋势、积极切合时代吁求、主动契合当下人民群众需求三个方面表现特别突出。符合律是贯穿新时代精神文明建设过程始终、新时代精神文明建设因之不断取得成就和健康前行的基本规律。

第一，自觉符合社会发展趋势。

我们知道，历史唯物主义告诉人们，人类社会总是由简单向复杂、由低级向高级不断发展变化的，新时代精神文明建设过程对此有清醒的自觉，它知道中国特色社会主义新时代，经过改革开放40多年的发展，物质文明已有了一定基础，两个文明协调发展、平衡发展已经成为进一步中国特色社会主义发展的内在必需；"五位一体"已成为更高水平建设的内在必需，所以新时代精神文明建设过程高度重视服务于"五位一体"的总体布局、"四个全面"的战略布局，大力发展科教文卫事业，发展社会主义先进文化和文化产业，广泛开展群众性精神文明创建活动，开展新时代公民道德建设。

当今世界，"和平合作的潮流滚滚向前。和平与发展是世界各国人民的共同心声……只有坚持和平发展、携手合作，才能真正实现共赢、多

---

① 习近平：《开放共创繁荣 创新引领未来》，《人民日报》2018年4月11日，第3版。
② 《推动全党学习和掌握历史唯物主义 更好认识规律更加能动地推进工作》，《人民日报》2013年12月5日，第1版。

赢""开放融通的潮流滚滚向前。……推进互联互通、加快融合发展成为促进共同繁荣发展的必然选择""变革创新的潮流滚滚向前。……变革创新是推动人类社会向前发展的根本动力"。① 这三个"潮流滚滚"就代表着当今社会发展趋势,围绕它们,新时代精神文明建设增加了新的建设向度。如把建构人类命运共同体作为重点任务来抓,在新时代公民道德建设中,强调要"培育健康理性的国民心态,引导人们在各种国际场合、涉外活动和交流交往中,树立自尊自信、开放包容、积极向上的良好形象","实施中国公民旅游文明素质行动计划……引导中国公民在境外旅游、求学、经商、探亲中,尊重当地法律法规和文化习俗,展现中华美德,维护国家荣誉和利益"②;新时代精神文明建设强调宣传舆论工作要把展示形象作为重要任务,要"推进国际传播能力建设,讲好中国故事、传播好中国声音,向世界展现真实、立体、全面的中国,提高国家文化软实力和中华文化影响力","完善国际传播工作格局,创新宣传理念、创新运行机制,汇聚更多资源力量"③。如把服务于创新驱动发展战略作为重要任务来抓,大力宣扬"双创"理念,倡导学校教育注重培养青少年的创新精神和实践能力,厚植创新的文化土壤。

社会发展趋势既包括总体性的趋势,也包括具体事物的发展规律。新时代精神文明建设重视按照具体事物发展规律办事,它强调"必须科学认识网络传播规律,提高用网治网水平,使互联网这个最大变量变成事业发展的最大增量"④,强调"要建立和完善网络行为规范,明确网络是非观念,培育符合互联网发展规律、体现社会主义精神文明建设要求的网络伦理、网络道德。倡导文明办网,推动互联网企业自觉履行主体责任、主动承担社会责任,依法依规经营"⑤。

第二,积极切合时代吁求。

习近平总书记明确指出:"每个时代总有属于它自己的问题,只要科

---

① 习近平:《开放共创繁荣 创新引领未来》,《人民日报》2018年4月11日,第3版。
② 《新时代公民道德建设实施纲要》,《人民日报》2019年10月28日,第6版。
③ 《习近平谈治国理政》(第三卷),外文出版社,2020,第312、314页。
④ 《习近平谈治国理政》(第三卷),外文出版社,2020,第311页。
⑤ 《新时代公民道德建设实施纲要》,《人民日报》2019年10月28日,第6版。

学地认识、准确地把握、正确地解决这些问题,就能够把我们的社会不断推向前进","解决特定的时代问题,才能推动这个时代的社会进步"。① 他还特意强调,只有站在时代前沿、引领风气之先,精神文明建设才能发挥更大威力。② 自觉把握时代、切合时代需求,实际上正是新时代精神文明建设过程始终一致的理性自觉。

首先,中国特色社会主义进入了新时代。"这个新时代,是承前启后、继往开来、在新的历史条件下继续夺取中国特色社会主义伟大胜利的时代,是决胜全面建成小康社会、进而全面建设社会主义现代化强国的时代,是全国各族人民团结奋斗、不断创造美好生活、逐步实现全体人民共同富裕的时代,是全体中华儿女勠力同心、奋力实现中华民族伟大复兴中国梦的时代,是我国日益走近世界舞台中央、不断为人类作出更大贡献的时代。"③ 因此,新时代是走向强国的时代,需要核心价值支撑和文化自信、需要文化软实力。"文化是一个国家、一个民族的灵魂。文化兴国运兴,文化强民族强。没有高度的文化自信,没有文化的繁荣兴盛,就没有中华民族伟大复兴。要坚持中国特色社会主义文化发展道路,激发全民族文化创新创造活力,建设社会主义文化强国。"④ 新时代精神文明建设过程为此把培育和践行社会主义核心价值观作为凝魂聚力的基础工程来抓;同时把"广泛开展理想信念教育,深化中国特色社会主义和中国梦宣传教育,弘扬民族精神和时代精神,加强爱国主义、集体主义、社会主义教育,引导人们树立正确的历史观、民族观、国家观、文化观"⑤ 的思想道

---

① 习近平:《之江新语》,浙江人民出版社,2007,第235页。
② 《人民有信仰民族有希望国家有力量 锲而不舍抓好社会主义精神文明建设》,《人民日报》2015年3月1日,第1版。
③ 习近平:《决胜全面建成小康社会 夺取新时代中国特色社会主义伟大胜利——在中国共产党第十九次全国代表大会上的报告(2017年10月18日)》,人民出版社,2017,第10~11页。
④ 习近平:《决胜全面建成小康社会 夺取新时代中国特色社会主义伟大胜利——在中国共产党第十九次全国代表大会上的报告(2017年10月18日)》,人民出版社,2017,第40~41页。
⑤ 习近平:《决胜全面建成小康社会 夺取新时代中国特色社会主义伟大胜利——在中国共产党第十九次全国代表大会上的报告(2017年10月18日)》,人民出版社,2017,第42~43页。

德建设作为重点工程来抓,并推出《新时代公民道德建设实施纲要》来推动新的公民道德建设工程;把发展社会主义先进文化、繁荣发展社会主义文艺和哲学社会科学进而巩固文化自信作为重要工程来抓;把展示形象即推进国际传播能力建设,讲好中国故事、传播好中国声音,向世界展现真实、立体、全面的中国,提高国家文化软实力和中华文化影响力作为重要任务来抓。

其次,习近平总书记指出:"我们所处的是一个风云变幻的时代……这个世界,和平、发展、合作、共赢成为时代潮流"①,为此我们强调新时代精神文明建设过程要为构建人类命运共同体积极贡献力量;"当今世界正处在大发展大变革大调整时期,我们要具备战略眼光,树立全球视野,既要有风险忧患意识,又要有历史机遇意识,努力在这场百年未有之大变局中把握航向。"② 由此,保持战略定力、维持安宁团结的社会秩序,为人类诸如生态保护等重大难题奉献中国智慧、中国方案是时代的呼求。为此,新时代精神文明建设要把"牢牢掌握意识形态工作领导权"作为头等大事,要求"推进马克思主义中国化时代化大众化","推动新时代中国特色社会主义思想深入人心","建设具有强大凝聚力和引领力的社会主义意识形态,使全体人民在理想信念、价值理念、道德观念上紧紧团结在一起"③。

第三,主动契合当下人民群众的需求。

习近平总书记指出:"中国特色社会主义进入新时代,我国社会主要矛盾已经转化为人民日益增长的美好生活需要和不平衡不充分的发展之间的矛盾",当下人民群众最突出的需求就是对美好生活的需要,"人民美好生活需要日益广泛,不仅对物质文化生活提出了更高要求,而且在民主、法治、公平、正义、安全、环境等方面的要求日益增长"④,它涉及经济、政治、文化、社会、生态等方方面面;习近平总书记还曾指出:"人民群

---

① 《习近平谈治国理政》(第一卷),外文出版社,2014,第272页。
② 《一带一路承载和平发展共同心愿》,《人民日报》2018年8月30日,第3版。
③ 习近平:《决胜全面建成小康社会 夺取新时代中国特色社会主义伟大胜利——在中国共产党第十九次全国代表大会上的报告(2017年10月18日)》,人民出版社,2017,第41页。
④ 习近平:《决胜全面建成小康社会 夺取新时代中国特色社会主义伟大胜利——在中国共产党第十九次全国代表大会上的报告(2017年10月18日)》,人民出版社,2017,第11页。

众最关心的就是教育、就业、收入、社保、医疗、养老、居住、环境等方面的事情"①;"人民群众最关心的事情"与"人民日益增长的美好生活需要"本质上是一致的,都是人民群众需求的表现。

新时代精神文明建设过程主动契合这种需求,一是通过培育和践行社会主义核心价值观,不断推进群众性精神文明创建活动,不断提升各种教育水平,努力满足人民群众对民主、法治、公平、正义等美好生活要素的需求;通过传播生态理念、培育生态生产和生活消费形式,促进生态文明建设,努力满足人民群众对美好生态生产和生活的需求;通过宣传普及总体国家安全观,通过强化"四个自信",为人民群众提供安宁有序的社会环境,满足人民群众对美好生活安全向度的需要。二是新时代精神文明建设要"优先发展教育事业",大力"推动城乡义务教育一体化发展,高度重视农村义务教育,办好学前教育、特殊教育和网络教育,普及高中阶段教育,努力让每个孩子都能享有公平而有质量的教育。完善职业教育和培训体系","实现高等教育内涵式发展","加强师德师风建设"②,不断满足人民群众对美好教育的需要。三是"满足人民过上美好生活的新期待,必须提供丰富的精神食粮",新时代精神文明建设过程为此大力"推动文化事业和文化产业发展","完善公共文化服务体系,深入实施文化惠民工程,丰富群众性文化活动。加强文物保护利用和文化遗产保护传承。健全现代文化产业体系和市场体系"③,来直接满足人民群众对美好精神文化生活的需要。

二 合力律

所谓合力律,主要指新时代精神文明建设过程始终重视把多种力量、多种要素有机整合起来,使它们之间产生共振效应、发生良性互动,进而形成

---

① 《国家主席习近平发表二〇一六年新年贺词》,《人民日报》2016年1月1日,第1版。
② 习近平:《决胜全面建成小康社会 夺取新时代中国特色社会主义伟大胜利——在中国共产党第十九次全国代表大会上的报告(2017年10月18日)》,人民出版社,2017,第45~46页。
③ 习近平:《决胜全面建成小康社会 夺取新时代中国特色社会主义伟大胜利——在中国共产党第十九次全国代表大会上的报告(2017年10月18日)》,人民出版社,2017,第43~44页。

合力，推动新时代精神文明建设过程不断前进、健康前行、行稳致远。

这种合力律主要表现为政党、政府、社会组织、人民多元主体不断形成建设合力，精神、价值、思想、行为多种要素不断形成发展合力，精神文明与物质文明、政治文明、生态文明、社会文明不断形成互动合力。

第一，政党、政府、社会组织、人民多元主体的合力。

党的十九届四中全会明确提出，我们要"完善党委领导、政府负责、民主协商、社会协同、公众参与、法治保障、科技支撑的社会治理体系"，打造"建设人人有责、人人尽责、人人享有的社会治理共同体"①。共建、共治、共享不仅是现代治理理念所推崇的，而且是社会主义的内在规定，新时代精神文明建设过程对此有清晰的自觉，努力建构人人有责、人人尽责、人人享有的精神文明建设共同体是其重要目标和特征，目的在于使政党、政府、社会组织、人民多元主体不断形成建设合力。所以新时代精神文明建设过程一是高度重视群众性精神文明创建活动，二是高度重视政党、政府、社会组织、人民在各有分工侧重的基础上，党的领导、政府主导、社会力量积极参与、人民群众主动进入，互相配合、彼此支撑形成建设合力。

这一点贯穿新时代精神文明建设始终，这在一些重要的建设工程和建设项目上表现尤为明显。比如，针对群众性精神文明创建活动强调"强化党委主体责任。各级党委要切实承担起精神文明建设的主体责任，党委主要负责同志是第一责任人。……进一步完善党委统一领导、党政齐抓共管、文明委组织协调、有关部门各负其责、全社会积极参与的领导体制和工作机制"，"社会力量广泛参与。工会、共青团、妇联、残联、关工委和文联、作协、科协等人民团体，要发挥各自优势……发挥民主党派、工商联、无党派人士、社会公众人物的作用，发挥行业协会、社会团体、基金会等各种社会组织的作用，共同参与精神文明建设"，"人民群众群策群力、共建共享"②；针对新时代文化建设，既强调"全面深化文化体制改

---

① 《中共中央关于坚持和完善中国特色社会主义制度　推进国家治理体系和治理能力现代化若干重大问题的决定》，《人民日报》2019年11月6日，第1、4、5、6版。
② 《关于深化群众性精神文明创建活动的指导意见》，《人民日报》2017年4月6日，第9版。

革。正确处理党委、政府、市场、社会之间的关系，建立健全党委领导、政府管理、行业自律、社会监督、企事业单位依法运营的文化体制机制"，又强调"坚持政府主导、社会参与、重心下移、共建共享……注重有用、适用、综合、配套，统筹建设、使用与管理，加快构建普惠性、保基本、均等化、可持续的现代公共文化服务体系"，形成"坚持和完善党委统一领导、党政齐抓共管、宣传部门组织协调、有关部门分工负责、社会力量积极参与的工作体制和工作格局，形成推动文化建设的强大合力"①；对于新时代公民道德建设，要求各级党委和政府切实负起政治责任和领导责任，"坚持全党动手、全社会参与，把培育和践行社会主义核心价值观同各领域的行政管理、行业管理和社会管理结合起来，形成齐抓共管的工作格局。党政各部门，工会、共青团、妇联等人民团体，要在党委统一领导下，加强沟通、密切配合"，"充分发挥工人、农民、知识分子的主力军作用，发挥党员、干部的模范带头作用，发挥青少年的生力军作用，发挥社会公众人物的示范作用，发挥非公有制经济组织和新社会组织从业人员的积极作用，形成人人践行社会主义核心价值观的生动景象"。②

为此，新时代精神文明建设和全面从严治党伟大工程结合起来，在巩固和完善党的领导中形成反哺精神文明建设的力量；和国家治理现代化紧密结合起来，在提高政府治理能力的基础上形成反哺精神文明建设的力量；和建构共建共治共享的社会治理共同体紧密结合起来，在深化社会和人民群众参与能力的基础上形成反哺精神文明建设的力量；最终形成反哺的合力。

第二，精神、价值、思想、行为多种要素的合力。

习近平总书记曾经说，宣传思想工作是做人的工作的，要把培养担当民族复兴大任的时代新人作为重要职责。③ 整个精神文明建设在一定意义上都是"做人的工作"，最终归结为培养人、改造人、升华人。

新时代精神文明建设特别重视把与知情意行密切相关的思想、价值、

---

① 《国家"十三五"时期文化发展改革规划纲要》，《人民日报》2017年5月8日，第1、10、11版。
② 《新时代公民道德建设实施纲要》，《人民日报》2019年10月28日，第6版。
③ 《习近平谈治国理政》（第三卷），外文出版社，2020，第313页。

精神和行为作为重要因素来抓，非常重视这些重要因素之间的内在联系和良性互动。关于思想，新时代精神文明建设既重视通过科学教育培育人民群众的正确思想、科学世界观，又重视通过宣传、教育和普及马克思主义理论，帮助人们形成正确的"三观"，还同时重视更为具体的政治思想、道德思想的养成和提升；关于价值，认识到，"核心价值观是文化软实力的灵魂、文化软实力建设的重点。这是决定文化性质和方向的最深层次要素。一个国家的文化软实力，从根本上说，取决于其核心价值观的生命力、凝聚力、感召力。培育和弘扬核心价值观，有效整合社会意识，是社会系统得以正常运转、社会秩序得以有效维护的重要途径，也是国家治理体系和治理能力的重要方面"①。新时代精神文明建设为此把培育、弘扬和践行社会主义核心价值观作为凝魂聚气、强基固本的基础工程来抓，要求重视和实现社会主义核心价值观对国民教育、精神文明创建、精神文化产品创作生产传播的引领地位和引领作用，融入"五位一体"的战略布局和社会发展各方面中去。构筑"中国价值"是新时代精神文明建设的基本任务。关于精神，我们秉持"人无精神则不立，国无精神则不强"的信条，新时代精神文明建设特别重视弘扬中国精神（"以爱国主义为核心的民族精神，以改革创新为核心的时代精神。这种精神是凝心聚力的兴国之魂、强国之魂"②），为此强调文艺作品一定要举精神之旗、立精神支柱、建精神家园，为中国特色社会主义建设提供强大精神动力、基本的精神指引和充足的精神食粮，构筑中国精神也是新时代精神文明建设过程的基本任务。

上述思想、价值和精神之间相互支撑、良性互动、有机统一。中国精神的核心就是社会主义核心价值观，文化自信离不开核心价值的引领和支撑，而理想信念教育既涉及精神、价值，又涉及思想、文化。党的十九大报告强调社会主义核心价值观是当代中国精神的集中体现，培育和践行社会主义核心价值观是文化自信不可或缺的路径，要把精神、价值、思想融

---

① 《把培育和弘扬社会主义核心价值观作为凝魂聚气强基固本的基础工程》，《人民日报》2014年2月26日，第1版。

② 中共中央文献研究室编《十八大以来重要文献选编》（上），中央文献出版社，2014，第235页。

入文艺工作、文化事业和文化产业中去。①

更重要的是,新时代精神文明建设将上述思想、价值和精神融入实践中,最终转化为人民群众的自觉行为,落地生根,实现"育新人"的目的,比如要求"把培育和践行社会主义核心价值观融入国民教育全过程","落实到经济发展实践和社会治理中","开展涵养社会主义核心价值观的实践活动",如道德实践活动、学雷锋志愿服务活动、群众性精神文明创建活动②,要把社会主义核心价值观"与人们日常生活紧密联系起来,在落细、落小、落实上下功夫。要按照社会主义核心价值观的基本要求,健全各行各业规章制度,完善市民公约、乡规民约、学生守则等行为准则,使社会主义核心价值观成为人们日常工作生活的基本遵循","要切实把社会主义核心价值观贯穿于社会生活方方面面。要通过教育引导、舆论宣传、文化熏陶、实践养成、制度保障等,使社会主义核心价值观内化为人们的精神追求,外化为人们的自觉行动"③。党的十九大报告明确强调:"要以培养担当民族复兴大任的时代新人为着眼点,强化教育引导、实践养成、制度保障,发挥社会主义核心价值观对国民教育、精神文明创建、精神文化产品创作生产传播的引领作用,把社会主义核心价值观融入社会发展各方面,转化为人们的情感认同和行为习惯。"④

第三,精神文明与"四个文明"良性互动的合力。

新时代精神文明建设很重视精神文明与物质文明、政治文明、生态文明、社会文明之间的互动。党的十八大报告提出:"建设中国特色社会主义,总依据是社会主义初级阶段,总布局是五位一体","必须更加自觉地把全面协调可持续作为深入贯彻落实科学发展观的基本要求,全面落实经

---

① 习近平:《决胜全面建成小康社会 夺取新时代中国特色社会主义伟大胜利——在中国共产党第十九次全国代表大会上的报告(2017年10月18日)》,人民出版社,2017,第42~44页。
② 中共中央文献研究室编《十八大以来重要文献选编》(上),中央文献出版社,2014,第580~586页。
③ 《把培育和弘扬社会主义核心价值观作为凝魂聚气强基固本的基础工程》,《人民日报》2014年2月26日,第1版。
④ 习近平:《决胜全面建成小康社会 夺取新时代中国特色社会主义伟大胜利——在中国共产党第十九次全国代表大会上的报告(2017年10月18日)》,人民出版社,2017,第42页。

济建设、政治建设、文化建设、社会建设、生态文明建设五位一体总体布局，促进现代化建设各方面相协调"①。可以说：新时代"五位一体"总体布局是一个有机整体，经济建设是根本，政治建设是保障，文化建设是灵魂，社会建设是条件，生态文明建设是基础，共同致力于全面提升我国物质文明、政治文明、精神文明、社会文明、生态文明，统一于把我国建成富强民主文明和谐美丽的社会主义现代化强国的新目标。② 新时代精神文明建设既为物质文明、政治文明、精神文明、社会文明、生态文明提供智力支撑、精神动力和道德滋养，又接受其他文明建设的基础支撑、制度保障、条件和环境优化支撑，它们共促共进、协调发展，在推进新时代中国特色社会主义建设中实现良性互动。

三　统筹兼顾律

如前述，新时代精神文明建设过程本身涵括多种要素、具有多种维度、表现为多项建设活动和工程，并且物质文明、政治文明、精神文明、社会文明、生态文明之间协调互动，因此，它在开启和运行中，必然要考虑到多方面因素，在统筹兼顾不同诉求中稳步前进。统筹兼顾也构成新时代精神文明建设过程一个突出的基本规律。它主要表现为统筹兼顾科学与人文、统筹兼顾理性与情感、统筹兼顾普通群众与重点人群、统筹兼顾先进性和意识形态特点等。

第一，统筹兼顾科学与人文。

《中华人民共和国国民经济和社会发展第十三个五年规划纲要》明确提出，新时代加强社会主义精神文明建设，重心在于"以社会主义核心价值观为引领，加强思想道德建设和社会诚信建设，弘扬中华传统美德和时代新风，倡导科学精神和人文精神，全面提高国民素质和社会文明程度"③。因

---

① 中共中央文献研究室编《十八大以来重要文献选编》（上），中央文献出版社，2014，第7、10页。
② 人民日报评论员：《统筹推进新时代"五位一体"总体布局》，《人民日报》2017年11月3日，第1版。
③ 《中华人民共和国国民经济和社会发展第十三个五年规划纲要》，《人民日报》2016年3月18日，第1、9、10~18版。

为科学精神和人文精神既是现代公民的基本素养,也是启蒙运动以来现代社会的基本标志。党的十九大明确要求:"弘扬科学精神,普及科学知识,开展移风易俗、弘扬时代新风行动,抵制腐朽落后文化侵蚀。"①

新时代精神文明建设除了通过学校教育这个主阵地逐级传授科学知识、培养学生科学素养、涵养科学精神外,还出台《中国公民科学素质基准》,特别重视在群众性精神文明创建活动中"提高全民科学素质。扎实推进全民科学素质行动计划……普及科学知识、弘扬科学精神、传播科学思想、倡导科学方法。着力提高青少年的科学兴趣、创新意识、学习实践能力,提高领导干部和公务员的科学意识和决策水平,提高城镇劳动者和广大农民的科学生产生活能力,以重点人群科学素质的提高带动全民科学素质整体水平跨越提升,推动形成崇尚科学的社会氛围和健康文明的生活方式。加强科技馆、科技活动中心、青少年科技活动站等阵地和设施建设,推动优质科普资源开发开放。开展科学世界观和无神论教育,反对封建迷信和邪教,抵制愚昧落后"②。

新时代精神文明建设同样重视人文涵养,一是表现为对人文精神的重视和弘扬,二是表现为对人的关注,特别是对人的发展和完善的高度重视,把科学和人文涵养有机统一起来。比如,新时代群众性精神文明创建活动同时把"人民思想道德素质、科学文化素质和健康素质明显提高,为实现人的全面发展创造更好条件"作为重要任务,并且强调"健康是促进人的全面发展的必然要求,是社会文明进步的基础。大力推进健康中国建设,加强全民健康教育,普及公共卫生知识和健康科学知识,提倡健康生活,优化健康服务,完善健康保障,建设健康环境,发展健康产业,着力提高人民群众健康水平。加强人文关怀和心理疏导"③。新时代公民道德建设也强调其核心任务就是"不断提升公民道德素质,促进人的全面发展,培养和造就担当民族复兴大任的时代新人"④。

---

① 习近平:《决胜全面建成小康社会 夺取新时代中国特色社会主义伟大胜利——在中国共产党第十九次全国代表大会上的报告(2017年10月18日)》,人民出版社,2017,第43页。
② 《关于深化群众性精神文明创建活动的指导意见》,《人民日报》2017年4月6日,第9版。
③ 《关于深化群众性精神文明创建活动的指导意见》,《人民日报》2017年4月6日,第9版。
④ 《新时代公民道德建设实施纲要》,《人民日报》2019年10月28日,第6版。

第二，统筹兼顾理性与情感。

人的精神既有理性部分，也有情感部分，精神文明建设要注重情感，更要注重理性。新时代精神文明建设特别重视兼顾理性和情感，实现二者的融合。党的十九大报告针对社会主义核心价值观，明确要求："发挥社会主义核心价值观对国民教育、精神文明创建、精神文化产品创作生产传播的引领作用，把社会主义核心价值观融入社会发展各方面，转化为人们的情感认同和行为习惯。"① 新时代的各级教育，都要求广大教师"加深对中国特色社会主义的思想认同、理论认同、情感认同"，"积极引导学生热爱祖国、热爱人民、热爱中国共产党"，但这种情感认同、热爱之情都应该与理性交融在一起，进而"不断增强道路自信、理论自信、制度自信"②。新时代公民道德建设既强调"充分发挥礼仪礼节的教化作用"，"强化仪式感、参与感、现代感，增强人们对党和国家、对组织集体的认同感和归属感。充分利用重要传统节日、重大节庆和纪念日，组织开展群众性主题实践活动，丰富道德体验、增进道德情感"，"广泛开展形式多样的网络公益、网络慈善活动，激发全社会热心公益、参与慈善的热情"；又强调要高度重视"培育健康理性的国民心态，引导人们在各种国际场合、涉外活动和交流交往中，树立自尊自信、开放包容、积极向上的良好形象"，"引导广大网民尊德守法、文明互动、理性表达，远离不良网站，防止网络沉迷，自觉维护良好网络秩序"③。新时代群众性精神文明创建活动，既要求"组织开展形式多样的纪念庆典活动，增强人们对国家和民族的认同感和归属感"，"持续深化社会公德、职业道德、家庭美德、个人品德建设，弘扬真善美，贬斥假恶丑，激发人们形成善良的道德意愿和道德情感"，又要求"培育正确的道德判断和道德责任，提高道德实践能力尤其是自觉践行能力"，"加强人文关怀和心理疏导，培育自尊自信、理性平和、积极向上的社会心态"④。

---

① 习近平：《决胜全面建成小康社会 夺取新时代中国特色社会主义伟大胜利——在中国共产党第十九次全国代表大会上的报告（2017年10月18日）》，人民出版社，2017，第42页。
② 习近平：《做党和人民满意的好老师》，《人民日报》2014年9月10日，第2版。
③ 《新时代公民道德建设实施纲要》，《人民日报》2019年10月28日，第6版。
④ 《关于深化群众性精神文明创建活动的指导意见》，《人民日报》2017年4月6日，第9版。

第三，统筹兼顾普通群众与重点人群。

习近平总书记曾经强调：要坚持"两手抓、两手都要硬"，以辩证的、全面的、平衡的观点正确处理物质文明和精神文明的关系，把精神文明建设贯穿改革开放和现代化全过程、渗透社会生活各方面；"要充分发挥榜样的作用，领导干部、公众人物、先进模范都要为全社会做好表率、起好示范作用，引导和推动全体人民树立文明观念、争当文明公民、展示文明形象"①。这段话比较精练地表达了贯穿新时代精神文明建设过程的一个基本规律，即统筹兼顾普通群众与重点人群。

当然，这种统筹兼顾有两种意义，一是作为建设的主体，二是作为建设的受益者如宣传教育的对象、发展完善的对象，两者兼顾了全民性和重点性。比如，新时代精神文明建设非常推崇的新时代群众性精神文明创建活动，特别强调"动员人人参与，实现共建共享"，全民都是建设主体；又提出"提高全民科学素质"，全民的科学文化水平都得到提高而受益，新时代精神文明建设为此要完善全民终身学习推进机制，构建更高水平的全民健身公共服务体系。同时，新时代群众性精神文明创建活动还要求："发挥先进典型的示范引领作用。榜样的力量是无穷的。重视发挥先进典型对践行核心价值观、弘扬时代新风尚的示范引领作用。……营造崇德向善、见贤思齐、德行天下的浓厚氛围"，"领导干部特别是高级干部要发挥示范引领作用，坚守真理、坚守正道、坚守原则、坚守规矩，明大德、严公德、守私德，重品行、正操守、养心性，做到以信念、人格、实干立身，以实际行动让党员和群众感受到理想信念的强大力量"。② 领导干部既是重点的建设主体，也是重要的受益者，通过严格要求实现自我完善、自我发展。

新时代公民道德建设对于这一点，要求更为具体和明确。明确指出："公民道德建设既要面向全体社会成员开展，也要聚焦重点、抓住关键。"重点和关键具体包括：一是"党员干部的道德操守直接影响着全社会道德风尚，要落实全面从严治党要求，加强理想信念教育，补足精神之钙；……正

---

① 《人民有信仰民族有希望国家有力量　锲而不舍抓好社会主义精神文明建设》，《人民日报》2015年3月1日，第1版。
② 《关于深化群众性精神文明创建活动的指导意见》，《人民日报》2017年4月6日，第9版。

心修身、慎独慎微、严以律己、廉洁齐家，在道德建设中为全社会作出表率"。二是"青少年是国家的希望、民族的未来，要坚持从娃娃抓起，引导青少年把正确的道德认知、自觉的道德养成、积极的道德实践紧密结合起来"，"全社会都要关心帮助支持青少年成长发展，完善家庭、学校、政府、社会相结合的思想道德教育体系，引导青少年树立远大志向，热爱党、热爱祖国、热爱人民，形成好思想、好品行、好习惯"。其三，"社会公众人物知名度高、影响力大，要加强思想政治引领，引导他们承担社会责任，加强道德修养，注重道德自律，自觉接受社会和舆论监督，树立良好社会形象"。《新时代公民道德建设实施纲要》为此单列一目，名为"抓好重点群体的教育引导"①。

第四，统筹兼顾先进性和意识形态特点。

习近平总书记指出："四十年来，我们始终坚持发展社会主义先进文化，加强社会主义精神文明建设，培育和践行社会主义核心价值观，传承和弘扬中华优秀传统文化，坚持以科学理论引路指向，以正确舆论凝心聚力，以先进文化塑造灵魂，以优秀作品鼓舞斗志。"② 新时代精神文明建设一直把活动的先进性作为重要诉求来看待。首先，这种先进性表现为紧跟时代发展的步伐，因时而异、因势而易，主动"站在时代前沿，引领风气之先"，针对"社会上思想活跃、观念碰撞，互联网等新技术新媒介日新月异"的时代境况，"审时度势、因势利导，创新内容和载体，改进方式和方法，使精神文明建设始终充满生机活力"③。其次，必须为不断吸取先进因素创新发展，比如在文艺创作上，强调"坚持不忘本来、吸收外来、面向未来，在继承中转化，在学习中超越，创作更多体现中华文化精髓、反映中国人审美追求、传播当代中国价值观念、又符合世界进步潮流的优秀作品，让我国文艺以鲜明的中国特色、中国风格、中国气派屹立于

---

① 《新时代公民道德建设实施纲要》，《人民日报》2019年10月28日，第6版。
② 习近平：《在庆祝改革开放40周年大会上的讲话》，《人民日报》2018年12月19日，第1版。
③ 《人民有信仰民族有希望国家有力量 锲而不舍抓好社会主义精神文明建设》，《人民日报》2015年3月1日，第1版。

世"①；针对文化建设，强调"传承中华文化，绝不是简单复古，也不是盲目排外，而是古为今用、洋为中用、辩证取舍、推陈出新，摒弃消极因素，继承积极思想，'以古人之规矩，开自己之生面'，实现中华文化的创造性转化和创新性发展"，"认真学习借鉴世界各国人民创造的优秀文艺。……坚持洋为中用、开拓创新，做到中西合璧、融会贯通"②。

同时，正如党的十九大报告指出的，"必须坚持马克思主义，牢固树立共产主义远大理想和中国特色社会主义共同理想，培育和践行社会主义核心价值观，不断增强意识形态领域主导权和话语权，推动中华优秀传统文化创造性转化、创新性发展，继承革命文化，发展社会主义先进文化"③。新时代精神文明建设始终注意把先进性和意识形态属性有机统一起来，不断巩固党对意识形态工作的领导权。比如，特别重视马克思主义理论特别是习近平新时代中国特色社会主义思想的武装头脑地位和作用，党的十九届四中全会提出把坚持马克思主义在意识形态领域的指导地位确立为国家的一项根本制度；突出社会主义核心价值观在精神文明建设中的统领地位；强化理论宣传、新闻舆论的党性原则，强调马克思主义理论为指导构建中国特色的哲学社会科学，强调办好中国特色社会主义教育；等等。新时代的文化建设同样如此。在推进文化体制改革、推动文化事业全面繁荣和文化产业快速发展、建设社会主义文化强国的过程中，"把握好意识形态属性和产业属性、社会效益和经济效益的关系，始终坚持社会主义先进文化前进方向，始终把社会效益放在首位。无论改什么、怎么改，导向不能改，阵地不能丢"④。

---

① 《习近平谈治国理政》（第二卷），外文出版社，2017，第352页。
② 中共中央文献研究室编《十八大以来重要文献选编》（中），中央文献出版社，2016，第136页。
③ 习近平：《决胜全面建成小康社会　夺取新时代中国特色社会主义伟大胜利——在中国共产党第十九次全国代表大会上的报告（2017年10月18日）》，人民出版社，2017，第23页。
④ 中共中央文献研究室编《习近平关于全面深化改革论述摘编》，中央文献出版社，2014，第85页。

第六章　新时代精神文明建设过程的深化优化

新时代精神文明建设取得了众多成就，社会主义核心价值观深入人心，中国精神、中国价值构筑了凝心聚力的精神家园，"四个自信"不断构筑共同的思想道德基础；新闻舆论理论宣传工作、哲学社会和文艺创作工作，不断获得进展，有力支撑党对意识形态工作的领导权；教育事业蓬勃发展，思想政治教育效果不断提升，社会主义先进文化建设多个方面都有重大推进，文化基础设施建设和文化公共服务体系日益规范和完善；公民道德建设和爱国主义教育不断深入，群众性精神文明创建活动如火如荼、创新不断，各地志愿服务蓬勃发展、红红火火，先进道德模范、文明标兵不断涌现；人民群众在精神文化生活、文明生活环境方面拥有更多获得感、幸福感和满足感；公民形象、政党形象、国家形象得到优化。

新时代精神文明建设在整个新时代中国特色社会主义事业中，占有极为突出的地位，习近平总书记在深圳经济特区建立40周年庆祝大会上讲话的最后部分，这样提出要求："中国特色社会主义是物质文明和精神文明全面发展的社会主义。经济特区要坚持'两手抓、两手都要硬'，在物质文明建设和精神文明建设上都要交出优异答卷。要加强理想信念教育，培育和践行社会主义核心价值观，深化中国特色社会主义和中国梦宣传教育，教育引导广大干部群众特别是青少年坚定中国特色社会主义道路自信、理论自信、制度自信、文化自信。要弘扬以爱国主义为核心的民族精神和以改革创新为核心的时代精神，继续发扬敢闯敢试、敢为人先、埋头苦干的特区精神，激励干部群众勇当新时代的'拓荒牛'。要深入开展群众性精神文明创建活动，广泛开展社会公德、职业道德、家庭美德、个人品德教育，不断提升人民文明素养和社会文明程度。要加强公共文化设施建设，推动文化产业高质量发展，更好满足人民精神文化生活新期待。"① 另外，新时代精神文明建设过程还非常复杂，内容涉及面多、社会牵涉面广，还关注国际因素，它的发展，需要一定的前瞻性和规划性。新时代精神文明建设的重要性和复杂性，同样意味着重视新时代精神文明建设过程的前进和深化既是必要的，也是重要的。

探索新时代精神文明建设的发展，主要有两个维度，一是更具原则性和相对抽象的基本理路维度，二是相对具体的基本思路维度。

第一节 新时代精神文明建设过程深化、优化的基本理路

探索新时代精神文明建设深化、优化的基本理路，既要考虑到中国特色社会主义精神文明建设的基本经验、基本原则，又要考虑到新时代中国特色社会主义精神文明建设的基本特质、主要特色，更要兼顾新时代的基本走向、主要去向和发展方向，因此，新时代精神文明建设过程深化和优化的基本理路主要有强化党的统一领导，充分发挥制度优势；坚持德法并举，推进精神文明建设法制化；充分激发群众首创精神和基层探索精神；重视大格局，深化上下联动和左右协同整合。

一 强化党的统一领导，充分发挥制度优势

习近平总书记在庆祝中国共产党成立95周年大会上说："中国产生了共产党，这是开天辟地的大事变。这一开天辟地的大事变，深刻改变了近代以后中华民族发展的方向和进程，深刻改变了中国人民和中华民族的前途和命运，深刻改变了世界发展的趋势和格局。""使具有五千多年文明历史的中华民族全面迈向现代化，让中华文明在现代化进程中焕发出新的蓬勃生机；使具有五百年历史的社会主义主张在世界上人口最多的国家成功

---

① 习近平：《在深圳经济特区建立40周年庆祝大会上的讲话》，《人民日报》2020年10月15日，第2版。

开辟出具有高度现实性和可行性的正确道路，让科学社会主义在二十一世纪焕发出新的蓬勃生机；使具有六十多年历史的新中国建设取得举世瞩目的成就，中国这个世界上最大的发展中国家在短短三十多年里摆脱贫困并跃升为世界第二大经济体，彻底摆脱被开除球籍的危险，创造了人类社会发展史上惊天动地的发展奇迹，使中华民族焕发出新的蓬勃生机。"所以，"办好中国的事情，关键在党。中国特色社会主义最本质的特征是中国共产党领导，中国特色社会主义制度的最大优势是中国共产党领导。坚持和完善党的领导，是党和国家的根本所在、命脉所在，是全国各族人民的利益所在、幸福所在"①。

习近平总书记在党的十九届四中全会上进一步指出："中国共产党领导是中国特色社会主义最本质的特征，是中国特色社会主义制度的最大优势，党是最高政治领导力量。必须坚持党政军民学、东西南北中，党是领导一切的，坚决维护党中央权威，健全总揽全局、协调各方的党的领导制度体系，把党的领导落实到国家治理各领域各方面各环节。"党的十九届四中全会系统梳理了中国特色社会主义国家制度和国家治理体系的显著优势，概述为13个方面。其中第七个优势是"坚持共同的理想信念、价值理念、道德观念，弘扬中华优秀传统文化、革命文化、社会主义先进文化，促进全体人民在思想上精神上紧紧团结在一起的显著优势"②，这个优势实际上就是不断发扬精神文明建设的优势。

这个优势的形成和发挥或是以其他优势为基础的，比如"坚持全国一盘棋，调动各方面积极性，集中力量办大事的显著优势"，精神文明建设涉及面广，内容很多，过程复杂，事关不同部门、不同单位、不同的考核要求，而它又是中国特色社会主义不可或缺的基本建设之一，内在地需要全国一盘棋，统筹规划、合理安排、协同推进，调动各方面积极性，集中力量共同实施。这也是中国特色社会主义精神文明建设不断取得成功的重要原因。其他优势相互支撑、不断互动包括"坚持德才兼备、选贤任能，

---

① 中共中央文献研究室编《十八大以来重要文献选编》（下），中央文献出版社，2018，第342、343、355页。
② 《中共中央关于坚持和完善中国特色社会主义制度　推进国家治理体系和治理能力现代化若干重大问题的决定》，《人民日报》2019年11月6日，第1、5、6版。

聚天下英才而用之，培养造就更多更优秀人才的显著优势"。中国特色社会主义精神文明建设之所以能够不断深化前进，很重要一点就是广纳贤才，形成了一支精干人才队伍，既敢闯敢干又真抓实干，使精神文明建设的各种规划、方案不断得以落地生根，而精神文明建设本身的一个重要目的就是培养德才兼备、又红又专的人才；比如"坚持人民当家作主，发展人民民主，密切联系群众，紧紧依靠人民推动国家发展的显著优势"，人民群众的广泛支持、广泛参与，群策群力，既是我国精神文明建设的一个重要特征，又是我国精神文明建设不断走向成功的一个重要原因，而中国特色社会主义精神文明建设的一个重要目的，就是普遍性地提高人民群众的文明素质，普惠性地改善人民群众的精神生活环境，两者总是互促共进的。再比如"坚持各民族一律平等，铸牢中华民族共同体意识，实现共同团结奋斗、共同繁荣发展的显著优势"，说明中国特色社会主义精神文明建设重要的任务就是不断凝魂聚力，不断建构和完善改革开放和社会主义建设的最大公约数、集体共识，保障社会安宁有序、促进民族平等团结，实现中华民族伟大复兴。它又是在社会稳定、民族团结、共同奋斗的良好社会氛围中不断前进和深化的，两者也构成一种相互支撑、相互助益的辩证关系。

其中，一个更深层、最根本的优势是"坚持党的集中统一领导，坚持党的科学理论，保持政治稳定，确保国家始终沿着社会主义方向前进的显著优势"，其他12个优势都是在这个基础上形成的，所以经常强调"中国共产党领导是中国特色社会主义最本质的特征，是中国特色社会主义制度的最大优势"。

新时代中国特色社会主义精神文明建设总是在不断创新中前行的，我们还有一个重要优势就是"坚持改革创新、与时俱进，善于自我完善、自我发展，使社会始终充满生机活力的显著优势"①。新时代中国特色社会主义精神文明建设的不断创新，就是这个优势在精神文明建设领域的彰显和具体化。

正如习近平总书记在十九届中央纪律检查委员会第三次全体会议上指出的，"回顾改革开放40年的历程，我们可以清楚看到，在进行社会革命

---

① 《中共中央关于坚持和完善中国特色社会主义制度 推进国家治理体系和治理能力现代化若干重大问题的决定》，《人民日报》2019年11月6日，第1、5、6版。

的同时不断进行自我革命,是我们党区别于其他政党最显著的标志,也是我们党不断从胜利走向新的胜利的关键所在"①。社会革命实际上还会反哺自我革命,不断促进党的自我革命,"我们党只有在领导改革开放和社会主义现代化建设伟大社会革命的同时,坚定不移推进党的伟大自我革命",才能"使党不断自我净化、自我完善、自我革新、自我提高,不断增强党的政治领导力、思想引领力、群众组织力、社会号召力"②。中国特色社会主义善于改革创新、与时俱进,使社会始终充满生机活力,这是在党的自我革命推动社会革命的伟大进程中不断形成和发展起来的,在这个意义上,这是党的领导这个最大优势的生动体现和鲜活实践。

因此,新时代精神文明建设始终坚持党的全过程、全方位、全维度领导,在如新时代教育、宣传舆论工作、公民道德建设、群众性精神文明创建和文化建设中,都特别强调要建立党委统一领导、党政齐抓共管、有关部门各负其责、社会积极参与的工作机制或工作格局,形成宣传、教育、普及党的指导思想、党的理论成果、党的实践经验、党的路线方针政策、党的伟大历史等的最大合力,弘扬中国精神、彰显中国价值、凝聚中国力量,来巩固和强化道路自信、理论自信、制度自信、文化自信;与新时代"全面从严治党"伟大工程紧密结合起来,把党员干部的政德、政风、家风建设融入精神文明建设中,要求党员干部在政治、思想、政风等方面起模范带头和表率作用,推动社会道德建设、文化建设、风气好转,推进新时代精神文明建设不断深化。

着眼于未来的深化和优化,新时代精神文明建设过程,一是要不断结合时代的变化,新情况、新问题的出现,审时度势、因势利导,创新内容和载体,改进方式和方法,不断拓展精神文明建设阵地、不断丰富实践载体,强化和深化对党的指导思想、党的理论成果、党的实践经验、党的路线方针政策、党的伟大历史的宣传,巩固坚持党的统一领导的社会共识,强化"四个意识";利用自己的独特优势、独特方式强化、完善党的领导。

---

① 《取得全面从严治党更大战略性成果 巩固发展反腐败斗争压倒性胜利》,《人民日报》2019年1月12日,第1版。
② 习近平:《在庆祝改革开放40周年大会上的讲话》,《人民日报》2018年12月19日,第2、3版。

二是要和全面从严治党伟大工程实现更有效的对接、更有机的融合,全面融入党的政治建设、思想建设、组织建设、作风建设、纪律建设和制度建设中,助力党员干部政治素质、理论素养、道德品质、思想修养的全方位提升,进而为新时代精神文明建设过程提供更好的模范带头作用和示范效应。三是进一步巩固"坚持共同的理想信念、价值理念、道德观念,弘扬中华优秀传统文化、革命文化、社会主义先进文化,促进全体人民在思想上精神上紧紧团结在一起的显著优势",助推其他中国特色社会主义国家制度和国家治理体系显著优势的巩固和发挥,最终深化党的集中统一领导这个显著优势,使三类优势即党的集中统一领导、精神文明建设和其他优势形成良性互动,进而使新时代精神文明建设获得坚强的支撑。

二 坚持德法并举,推进精神文明建设法制化

习近平总书记指出:"法治是人类文明的重要成果之一,法治的精髓和要旨对于各国国家治理和社会治理具有普遍意义"[1],"依法治国,是坚持和发展中国特色社会主义的本质要求和重要保障,是实现国家治理体系和治理能力现代化的必然要求",我们要"实现经济发展、政治清明、文化昌盛、社会公正、生态良好,实现我国和平发展的战略目标,必须更好发挥法治引领和规范作用"[2]。所以,"法律是治国之重器,法治是国家治理体系和治理能力的重要依托。全面推进依法治国,是解决党和国家事业发展面临的一系列重大问题,解放和增强社会活力、促进社会公平正义、维护社会和谐稳定、确保党和国家长治久安的根本要求。要推动我国经济社会持续健康发展,不断开拓中国特色社会主义事业更加广阔的发展前景,就必须全面推进社会主义法治国家建设,从法治上为解决这些问题提供制度化方案"[3]。因此,习近平总书记指出,全面建成小康社会、全面深

---

[1] 中共中央文献研究室编《十八大以来重要文献选编》(中),中央文献出版社,2016,第186~187页。
[2] 中共中央文献研究室编《十八大以来重要文献选编》(中),中央文献出版社,2016,第155、156页。
[3] 中共中央文献研究室编《十八大以来重要文献选编》(中),中央文献出版社,2016,第141页。

化改革、全面依法治国、全面从严治党这个战略布局,既有战略目标,也有战略举措,每一个"全面"都具有重大战略意义。全面建成小康社会是我们的战略目标,全面深化改革、全面依法治国、全面从严治党是三大战略举措。要把全面依法治国放在"四个全面"的战略布局中来把握,深刻认识全面依法治国同其他三个"全面"的关系,努力做到"四个全面"相辅相成、相互促进、相得益彰。①

习近平总书记还特意强调,依法治国很重要,但必须坚持依法治国和以德治国相结合,法律是成文的道德,道德是内心的法律,法律和道德都具有规范社会行为、维护社会秩序的作用。治理国家、治理社会必须一手抓法治、一手抓德治,既重视发挥法律的规范作用,又重视发挥道德的教化作用,实现法律和道德相辅相成、法治和德治相得益彰;发挥好法律的规范作用,必须以法治体现道德理念、强化法律对道德建设的促进作用,要注意把一些基本道德规范转化为法律规范,使法律法规更多体现道德理念和人文关怀,通过法律的强制力来强化道德作用、确保道德底线,推动全社会道德素质提升;发挥好道德的教化作用,必须以道德滋养法治精神、强化道德对法治文化的支撑作用。没有道德滋养,法治文化就缺乏源头活水,法律实施就缺乏坚实社会基础。在推进依法治国过程中,必须大力弘扬社会主义核心价值观,弘扬中华传统美德,培育社会公德、职业道德、家庭美德、个人品德,提高全民族思想道德水平,为依法治国创造良好人文环境。② 中国特色社会主义新时代,建设社会主义法治国家,需要精神文明建设的道德滋养、精神支撑和价值引领、智力支持。一言以蔽之,离开社会主义精神文明建设支撑的法治国家,是不可想象的。

社会主义核心价值观的一个重要内容就是法治,而社会主义核心价值观在整个新时代精神文明建设中起着价值引领的重要作用,在这个意义上,法治建设和新时代精神文明建设同样密不可分;新时代精神文明建设过程必须致力于建设社会主义法治国家这个大目标。因此,要把精神文明

---

① 《领导干部要做尊法学法守法用法的模范 带动全党全国共同全面推进依法治国》,《人民日报》2015年2月3日,第1版。
② 中共中央文献研究室编《十八大以来重要文献选编》(中),中央文献出版社,2016,第185~186页。

建设和法治建设结合起来，用法治思维、法治方式推进新时代精神文明建设。比如，《关于进一步把社会主义核心价值观融入法治建设的指导意见》明确要求坚持依法治国和以德治国相结合，把社会主义核心价值观融入法治国家、法治政府、法治社会建设全过程，融入科学立法、严格执法、公正司法、全民守法各环节，以法治体现道德理念、强化法律对道德建设的促进作用，推动社会主义核心价值观更加深入人心；加强重点领域立法，如保障和改善民生、推进社会治理体系创新方面的立法，注重把基本道德规范转化为法律规范，推动文明行为、社会诚信、见义勇为、尊崇英雄、志愿服务、勤劳节俭、孝亲敬老等方面的立法工作；深入开展道德领域突出问题专项教育和治理，依法惩处公德失范、诚信缺失的违法行为，大力整治突破道德底线、丧失道德良知的现象；用司法公正引领社会公正；建设社会主义法治文化，推动全社会树立法治意识、增强法治观念，形成守法光荣、违法可耻的社会氛围。① 对于群众性精神文明创建活动，强调用法治思维和法治方式推进精神文明创建。把精神文明建设要求融入法律法规、政策制度和社会治理、行业管理之中，把社会主义核心价值观贯穿立法司法执法各个环节，发挥法律法规对维护良好社会秩序、树立文明社会风尚、培育和谐人际关系的保障作用；把那些符合实际、成效明显、群众认可并被实践证明的规律性做法上升为法律法规；建立法律法规和重大公共政策的道德风险评估机制，防止具体法规政策与社会主义核心价值观相背离；发挥法治在解决道德领域突出问题中的作用，依法惩处严重突破道德底线的失德失信行为和社会丑恶现象，避免极端个别事件对社会公序良俗带来负面冲击。② 对于新时代的公民道德建设，我们强调要发挥法治对道德建设的保障和促进作用，把道德导向贯穿法治建设全过程，立法、执法、司法、守法各环节都要体现社会主义道德要求；坚持公正司法，发挥司法裁判定分止争、惩恶扬善功能；引导人们增强法治意识、坚守道德底线。③ 新时代的爱国主义教育强调在全社会深入学习宣传宪法、英雄烈士

---

① 《中办国办印发〈关于进一步把社会主义核心价值观融入法治建设的指导意见〉》，《人民日报》2016年12月26日，第1、5版。
② 《关于深化群众性精神文明创建活动的指导意见》，《人民日报》2017年4月6日，第9版。
③ 《新时代公民道德建设实施纲要》，《人民日报》2019年10月28日，第6版。

保护法、文物保护法等，广泛开展法治文化活动，使普法过程成为爱国主义教育过程；严格执法司法、推进依法治理，综合运用行政、法律等手段，对不尊重国歌、国旗、国徽等国家象征与标志，对侵害英雄烈士姓名、肖像、名誉、荣誉等行为，对破坏污损爱国主义教育场所设施，对宣扬、美化侵略战争和侵略行为等，依法依规进行严肃处理①，进而促进爱国主义精神的深入人心。

面向未来，新时代精神文明建设务必在和法治相结合上继续下功夫，在助推实现社会主义法治国家建设目标的过程中，以法治化的形式和力量反哺自身，既以法治的力量和形式惩恶扬善，弘扬社会主义核心价值观，又以法治的力量和形式巩固意识形态领导权地位，巩固"四个自信"，推进社会主义先进文化建设。这是新时代精神文明建设过程不断深化发展的一个基本理路。

2014年2月在省部级主要领导干部学习贯彻党的十八届三中全会精神全面深化改革专题研讨班开班讲话中，习近平总书记就明确指出："今天，摆在我们面前的一项重大历史任务，就是推动中国特色社会主义制度更加成熟更加定型……为党和国家事业发展、为人民幸福安康、为社会和谐稳定、为国家长治久安提供一整套更完备、更稳定、更管用的制度体系。"②习近平总书记还说："相比过去，新时代改革开放具有许多新的内涵和特点，其中很重要的一点就是制度建设分量更重，改革更多面对的是深层次体制机制问题，对改革顶层设计的要求更高，对改革的系统性、整体性、协同性要求更强，相应地建章立制、构建体系的任务更重。新时代谋划全面深化改革，必须以坚持和完善中国特色社会主义制度、推进国家治理体系和治理能力现代化为主轴，深刻把握我国发展要求和时代潮流，把制度建设和治理能力建设摆到更加突出的位置，继续深化各领域各方面体制机制改革，推动各方面制度更加成熟更加定型，推进国家治理体系和治理能力现代化。"③所以，中国特色社会主义新时代也因之被人们界定为"制度

---

① 《新时代爱国主义教育实施纲要》，《人民日报》2019年11月13日，第6版。
② 《习近平谈治国理政》（第一卷），外文出版社，2018，第104~105页。
③ 习近平：《关于〈中共中央关于坚持和完善中国特色社会主义制度 推进国家治理体系和治理能力现代化若干重大问题的决定〉的说明》，《人民日报》2019年11月6日，第4版。

定型"的时代。

新时代精神文明建设既要注重推动中国特色社会主义事业的发展,又要通过制度化来推动自身不断深入发展,这也是新时代精神文明建设过程特别重视与法治结合的重要原因,因为法治化包括法制化,以法律的形式立章建制。所以,新时代精神文明建设特别强调"把践行社会主义核心价值观作为社会治理的重要内容,融入制度建设和治理工作中,形成科学有效的诉求表达机制、利益协调机制、矛盾调处机制、权益保障机制,最大限度增进社会和谐","强化规章制度实施力度"①;新时代爱国主义教育在强调法治化的同时要求"把爱国主义精神融入相关法律法规和政策制度,体现到市民公约、村规民约、学生守则、行业规范、团体章程等的制定完善中"②,立章建制弘扬爱国主义精神;新时代公民道德建设强调"发挥制度保障作用","要按照社会主义核心价值观的基本要求,健全各行各业规章制度"③,要建立健全组织领导实施制度。

因此,面向未来,新时代精神文明建设的深化发展,一是继续助力于中国特色社会主义事业的发展,特别是要积极为坚持和完善党的领导制度体系、人民当家作主制度体系、中国特色社会主义法治体系、中国特色社会主义行政体制和政府治理体系、社会主义基本经济制度、统筹城乡的民生保障制度、共建共治共享的社会治理制度、生态文明制度体系、"一国两制"制度体系、党和国家监督体系等提供助力支撑,进而获得这些不断成熟和定型的根本制度、基本制度和重要制度的反作用力即制度支撑。二是不断推进上述新时代精神文明建设过程正在努力进行的各种具体的制度化,如新时代爱国主义教育实施制度、全民教育制度体系、诚信制度、新时代公民道德教育制度等,最终促进"繁荣发展社会主义先进文化的制度"的健全和完善,不断完善坚持马克思主义在意识形态领域指导地位的根本制度;坚持以社会主义核心价值观引领文化建设制度,推动理想信念教育常态化、制度化;完善文化产品创作生产传播的引导激励机制、完善

---

① 中共中央文献研究室编《十八大以来重要文献选编》(上),中央文献出版社,2014,第582页。
② 《新时代爱国主义教育实施纲要》,《人民日报》2019年11月13日,第6版。
③ 《新时代公民道德建设实施纲要》,《人民日报》2019年10月28日,第6版。

城乡公共文化服务体系，健全人民文化权益保障制度；完善坚持正确导向的舆论引导工作机制；建立健全把社会效益放在首位、社会效益和经济效益相统一的文化创作生产体制机制，以及在构建服务全民终身学习的教育体系①等方面狠下功夫，既在构建这些制度、机制中提升自身建设水平，也通过这些制度、机制的巩固和完善来反作用于自身并不断深化。

三 充分激发群众首创精神和重视基层探索

早在改革开放之初，邓小平就强调："在实现四个现代化的进程中，必然会出现许多我们不熟悉的、预想不到的新情况和新问题。……只要我们信任群众，走群众路线，把情况和问题向群众讲明白，任何问题都可以解决，任何障碍都可以排除。"②由改革开放开启的中国特色社会主义，始终认为群众路线"本质上体现的是马克思主义关于人民群众是历史的创造者这一基本原理"③，"是把马克思列宁主义关于人民群众是历史创造者的原理，系统地运用在党的全部活动中形成的党的根本工作路线"④；始终坚持群众路线的重要性。邓小平强调群众路线是"我们的传家宝"，江泽民强调是我们党"最大的政治优势"，胡锦涛强调是"党的生命线"和"永葆青春活力和战斗力的重要传家宝"。

世纪之交，随着改革开放的深入，依据"人类社会的发展，就是先进生产力不断取代落后生产力的历史进程"，江泽民同志强调"人民群众是先进生产力和先进文化的创造主体，也是实现自身利益的根本力量"⑤。到20世纪初，中国特色社会主义取得了很大成功，"科学发展"被提上日程，强调"人民群众是推动科学发展的主体。科学发展取得了多大成效、是否真正实现了，人民群众感受最真切、判断最准确。推动科学发展，必须紧紧依靠人民群众，做到谋划发展思路向人民群众问计，查找发展中的问题

---

① 《中共中央关于坚持和完善中国特色社会主义制度 推进国家治理体系和治理能力现代化若干重大问题的决定》，《人民日报》2019年11月6日，第1、5、6版。
② 《邓小平文选》第2卷，人民出版社，1994，第152页。
③ 中共中央文献研究室编《十八大以来重要文献选编》（上），中央文献出版社，2014，第697页。
④ 《江泽民文选》第1卷，人民出版社，2006，第344页。
⑤ 《江泽民文选》第3卷，人民出版社，2006，第274、281页。

第六章 新时代精神文明建设过程的深化优化

听人民群众意见,改进发展措施向人民群众请教,落实发展任务靠人民群众努力,衡量发展成效由人民群众评判"①。改革开放以来,党始终坚持人民群众的历史主体地位,但又特别注意结合实践,不断赋予新的内涵。②

中国特色社会主义进入新时代,习近平总书记在十八届中央政治局常委第一次中外记者见面会上就强调:"人民是历史的创造者,群众是真正的英雄。人民群众是我们力量的源泉。……我们一定要始终与人民心心相印、与人民同甘共苦、与人民团结奋斗,夙夜在公,勤勉工作,努力向历史、向人民交出一份合格的答卷。"③ 新时代改革开放不断向纵深处推进,党一方面强调"人民是历史的创造者,群众是真正的英雄"④,另一方面强调"改革开放是人民的要求和党的主张的统一,人民群众是历史的创造者和改革开放事业的实践主体。所以,必须坚持人民主体地位和党的领导的统一,紧紧依靠人民推进改革开放。改革开放在认识和实践上的每一次突破和发展,改革开放中每一个新生事物的产生和发展,改革开放每一个方面经验的创造和积累,无不来自亿万人民的实践和智慧"⑤。

坚持群众路线和人民群众的主体地位,突出要求就是尊重人民首创精神。2012年12月底习近平总书记在中央政治局第二次集体学习会上指出:"改革开放是亿万人民自己的事业,必须坚持尊重人民首创精神"⑥,在2013年11月党的十八届三中全会第二次全体会议上,他同样强调:"紧紧依靠人民推动改革。人民是历史的创造者,是我们的力量源泉。改革开放之所以得到广大人民群众衷心拥护和积极参与,最根本的原因在于我们一开始就使改革开放事业深深扎根于人民群众之中。全会决定归纳了改革开放积累的宝贵经验,其中很重要的一条就是强调必须坚持以人为本,尊重

---

① 中共中央文献研究室编《十七大以来重要文献选编》(上),中央文献出版社,2009,第579页。
② 关锋、王晓放:《中国特色社会主义与历史唯物主义三大基本原理的"守正出新"》,《当代世界与社会主义》2019年第3期。
③ 《习近平谈治国理政》(第一卷),外文出版社,2018,第5页。
④ 中共中央文献研究室编《十八大以来重要文献选编》(上),中央文献出版社,2014,第70页。
⑤ 中共中央文献研究室编《习近平关于全面深化改革论述摘编》,中央文献出版社,2014,第138页。
⑥ 《习近平谈治国理政》(第一卷),外文出版社,2018,第68页。

人民主体地位,发挥群众首创精神,紧紧依靠人民推动改革。"①

充分发挥群众首创精神一个主要表现就是高度重视基层探索的重要性。邓小平曾经指出:"农村搞家庭联产承包,这个发明权是农民的。农村改革中的好多东西,都是基层创造出来,我们把它拿来加工提高作为全国的指导。"②改革开放中许多举措是学习借鉴人民群众创造性实践形成的,如基层民主中的"海选模式"、小区自治,等等。习近平总书记在中央全面深化改革领导小组第七次会议上强调:改革开放在认识和实践上的每一次突破和发展,无不来自人民群众的实践和智慧。要鼓励地方、基层、群众解放思想、积极探索,鼓励不同区域进行差别化试点,善于从群众关注的焦点、百姓生活的难点中寻找改革切入点,推动顶层设计和基层探索良性互动、有机结合③;在中央全面深化改革领导小组第十七次会议上习近平总书记再次强调:中央通过的改革方案落地生根,必须鼓励和允许不同地方进行差别化探索。全面深化改革任务越重,越要重视基层探索实践。要把鼓励基层改革创新、大胆探索作为抓改革落地的重要方法,把改革落准落细落实,使改革更加精准地对接发展所需、基层所盼、民心所向,更好造福群众。④"改革开放是前无古人的崭新事业,必须坚持正确的方法论,在不断实践探索中推进。摸着石头过河,是富有中国特色、符合中国国情的改革方法。""摸着石头过河和加强顶层设计是辩证统一的,推进局部的阶段性改革开放要在加强顶层设计的前提下进行,加强顶层设计要在推进局部的阶段性改革开放的基础上来谋划。"⑤

为此,新时代精神文明建设特别重视人民群众的首创精神和基层探索的重要性。比如,在培育和践行社会主义核心价值观方面,强调"城乡基层是培育和践行社会主流价值的重要依托","坚持改进创新,善于运用群众喜闻乐见的方式,搭建群众便于参与的平台,开辟群众乐于参与的渠

---

① 《习近平谈治国理政》(第一卷),外文出版社,2018,第97页。
② 《邓小平文选》第3卷,人民出版社,1993,第382页。
③ 《鼓励基层群众解放思想积极探索 推动改革顶层设计和基层探索互动》,《人民日报》2014年12月3日,第1版。
④ 《鼓励基层改革创新大胆探索 推动改革落地生根造福群众》,《人民日报》2015年10月14日,第1版。
⑤ 《习近平谈治国理政》(第一卷),外文出版社,2018,第67~68页。

第六章　新时代精神文明建设过程的深化优化

道，积极推进理念创新、手段创新和基层工作创新，增强工作的吸引力感染力"①；在群众性精神文明创建活动方面，强调"加强对群众性精神文明创建活动的理论研究和实践总结，积极借鉴人类文明有益成果，深化对工作特点和规律的认识，尊重人民群众的主体地位和首创精神，推动内容形式、方法手段、渠道载体、体制机制创新，防止和克服形式主义，更好地体现时代性、把握规律性、富于创造性，不断增强群众性精神文明创建活动的针对性有效性和吸引力感染力"②；在宣传思想工作方面，强调"宣传思想工作创新，重点要抓好理念创新、手段创新、基层工作创新，努力以思想认识新飞跃打开工作新局面，积极探索有利于破解工作难题的新举措新办法，把创新的重心放在基层一线"③。

新时代精神文明建设的深化和优化，必须进一步强化对人民群众首创精神的尊重和基层探索的重视。主要有以下几个着力点。一是高度重视新时代人民对精神文化生活的新需求，以及为了满足这些新需求进行的思想文化创新和创造，如网民对某一思想文化领域普遍关注的社会热点问题、比较集中的网络话题和民间热议，以及基层普遍关注的文化思想问题、精神文明建设问题，等等，及时将其转化为新时代精神文明建设关注的议题和内容。二是高度重视人民群众和基层在培育和践行社会主义核心价值观、加强思想道德建设、弘扬中华优秀传统文化和传统美德、弘扬革命文化和社会主义先进文化等方面不断创新形式、载体、渠道的成就和经验，比如巧妙运用新媒体或"民间艺术"的形式传播社会主义核心价值观或社会主义先进文化，用"接地气"的方式宣介、塑造身边的榜样、楷模；结合基层独特条件或优势进行创造性落实或推动，如一些基层开展的"村德村史馆"、宗族文化教育、"农家书屋"、"科普e站"等创建和宣传活动，制作群众喜闻乐见的"微电影""微视频"；如有的地方（西安）推出的充分体现人民群众的首创精神的"8+N"志愿服务队伍，即融理论宣讲、文化教育、体育健身、科技科普、卫生健康、文明交通、生态文明、平安

---

① 中共中央文献研究室编《十八大以来重要文献选编》（上），中央文献出版社，2014，第588、579页。
② 《关于深化群众性精神文明创建活动的指导意见》，《人民日报》2017年4月6日，第9版。
③ 《习近平谈治国理政》（第一卷），外文出版社，2018，第155页。

地方为一体的8个志愿服务大队和若干个功能多样、体现区域特色的志愿服务队活动，如福建龙岩推出的"客家家训馆"，主动吸收、汲取和借鉴，将其中可复制、可推广的经验，及时进行推广，为之建章立制。三是"群众性精神文明创建活动是人民群众群策群力、共建共享、改造社会、建设美好生活的创举，是提升国民素质和社会文明程度的有效途径，是把社会主义精神文明建设的任务要求落实到城乡基层的重要载体和有力抓手"，也是发挥人民群众首创精神和基层探索作用的重要途径，进一步深入开展创建文明城市、文明村镇、文明单位、文明家庭、文明校园活动，深化学雷锋志愿服务活动，推进文明社会风尚行动，开展城乡精神文明共建活动，以"推动群众性精神文明创建活动向纵深发展"① 是新时代精神文明建设深化和优化不可或缺的路径。四是大力加强基层宣传文化、思想政治教育等精神文明活动的人才队伍建设，如"打造专兼结合的基层工作队伍，扶持民间文艺社团、业余队伍，培养乡土文化能人、民族民间文化传承人和各类文化活动骨干。强化职业院校文化艺术类专业建设，鼓励民间艺人、技艺大师到职业院校兼职任教。深入推进服务农民、服务基层文化建设先进集体创建活动。加强西部及边疆地区基层文化人才队伍建设。大力发展文化志愿者队伍，鼓励社会各方面人士提供公共文化服务、参与基层文化活动"②，不断推动基层创新探索从自发状态走向自觉状态，进而使人民群众的首创精神得到更好发挥。

四 重视大格局，深化上下联动和左右协同整合

2012年底在广东考察时，习近平总书记就明确指出："我国改革已经进入攻坚期和深水区，进一步深化改革，必须更加注重改革的系统性、整体性、协同性，统筹推进重要领域和关键环节改革。"对改革，一定要"坚定信心，凝聚共识，统筹谋划，协同推进"。所谓统筹谋划，"就是要提高改革决策的科学性。不谋全局者，不足谋一域。……这就要求我们注

---

① 《关于深化群众性精神文明创建活动的指导意见》，《人民日报》2017年4月6日，第9版。
② 《国家"十三五"时期文化发展改革规划纲要》，《人民日报》2017年5月8日，第1、10、11版。

第六章　新时代精神文明建设过程的深化优化

重改革的顶层设计和总体规划,找准改革的战略目标、战略重点、优先顺序、主攻方向等,提出改革的总体方案、路线图、时间表"。所谓协同推进,就是要增强改革措施的协调性,"对涉及面广泛的改革,要同时推进配套改革,聚合各项相关改革协调推进的正能量"①。在 2014 年 1 月的中央全面深化改革领导小组第一次会议上,习近平总书记进一步指出:"全面深化改革,我们具备有利条件,具备实践基础,具备理论准备,也具备良好氛围,要把握大局、审时度势、统筹兼顾、科学实施,充分调动各方面积极性,坚定不移朝着全面深化改革目标前进。"② 新时代的改革开放,一定要有整体观、大局观,这也是新时代对中国特色社会主义建设的基本要求。所谓统筹谋划,协调推进,都是服务于大局,实现整合优化和整体效益。这意味着在很多领域、很多部门、很多方面的工作中,构建具有大局观、力求实现整合效益的工作大格局,是新时代中国特色社会主义建设的内在吁求。

习近平总书记在 2014 年 11 月的亚太经合组织工商领导人峰会上,明确提出大时代需要大格局,大格局需要大智慧。③ 这虽然是针对经济全球化、世界交往而言,但他抓住了时代的本质特征和核心要求,这同样适合于中国特色社会主义建设的各项工作。所谓大格局,其核心就是要有大局观和更宽广的视野,把相关联的各种要素、各种力量串联起来、联动起来,使其相互促进,实现优化组合、有机整合,达到效益最大化。习近平总书记在一次讲话中明确地指出要"统筹制度改革和制度运行,处理好顶层设计和分层对接的关系,搞好上下左右、方方面面的配套,注重各项改革协调推进,使各项改革相得益彰,发生'化学反应',把制度优势转化为治理效能"④。

新时代精神文明建设在实践中认识到这一点的重要性,在许多方面已

---

① 中共中央文献研究室编《习近平关于全面深化改革论述摘编》,中央文献出版社,2014,第 30、32~33 页。
② 《把握大局审时度势统筹兼顾科学实施　坚定不移朝着全面深化改革目标前进》,《人民日报》2014 年 1 月 23 日,第 1 版。
③ 习近平:《谋求持久发展　共筑亚太梦想》,《人民日报》2014 年 11 月 10 日,第 2 版。
④ 习近平:《加强改革系统集成协同高效》,《人民日报(海外版)》2019 年 9 月 10 日,第 1 版。

经高度重视构建工作大格局，既重视党委的统一领导，又重视不同工作部门的分工协调、互相配合、协同前进，同时又安排专门的工作部门负责统筹协调、密切合作有效执行，形成计划、规划、谋划执行的合力，实现新时代精神文明建设的整体优化。比如，新时代公民道德建设一方面要求"各级党委和政府要担负起公民道德建设的领导责任"，"纪检监察机关和组织、统战、政法、网信、经济、外交、教育、科技、卫生健康、交通运输、民政、文化和旅游、民族宗教、农业农村、自然资源、生态环境等党政部门，要紧密结合工作职能，积极履行公民道德建设责任"；另一方面又要求"各级文明委和党委宣传部要切实履行指导、协调、组织职能，统筹力量、精心实施、加强督查，抓好工作任务落实"①。新时代爱国主义教育一方面要求"进一步健全党委统一领导、党政齐抓共管、宣传部门统筹协调、有关部门各负其责的工作格局"；另一方面特别要求"建立爱国主义教育联席会议制度，加强工作指导和沟通协调，及时研究解决工作中的重要事项和存在问题"②。新时代群众性精神文明创建活动要求构建党委统一领导、党政齐抓共管、全社会积极参与而文明委负责组织协调的工作大格局，新时代社会主义核心价值观的培育和践行，既要求"党政各部门，工会、共青团、妇联等人民团体，要在党委统一领导下，加强沟通、密切配合，形成共同推进社会主义核心价值观培育和践行的良好局面"，又要求"党委宣传部门要切实担负起组织指导、协调推进的重要职责，积极会同有关部门采取有力措施，推动各项任务落到实处"③。

此外，新时代精神文明建设过程中的许多具体事项非常重视大格局构建。如针对宣传思想工作，习近平总书记早在2013年8月的全国宣传思想工作会议上就强调："要树立大宣传的工作理念，动员各条战线各个部门一起来做，把宣传思想工作同各个领域的行政管理、行业管理、社会管理更加紧密地结合起来。"④ "大宣传"的核心就是构建宣传工作的大格局。

---

① 《新时代公民道德建设实施纲要》，《人民日报》2019年10月28日，第6版。
② 《新时代爱国主义教育实施纲要》，《人民日报》2019年11月13日，第6版。
③ 中共中央文献研究室编《十八大以来重要文献选编》（上），中央文献出版社，2014，第587~588页。
④ 《习近平谈治国理政》（第一卷），外文出版社，2018，第156页。

大格局在对外宣传方面表现较为突出。中国特色社会主义新时代，除国务院新闻办作为主要宏观统筹部门外，还设置了众多具体实施机构，明显具有官方性的有教育部国际合作与交流司、国家汉办和孔子学院、文化部对外文化联络局等；具有半官方性的有中国人民对外友好协会、中国国际文化交流中心、中国对外文化交流协会等。一个宽领域、多层次、全方位的"大外宣"格局正在逐渐形成。① 针对学校思想政治课，既要用好课堂教学这个主渠道，又要使各类课程与思想政治理论课同向同行，形成协同效应②；把思政小课堂同社会大课堂结合起来，要坚持统一性和多样性相统一，落实教学目标、课程设置、教材使用、教学管理等方面的统一要求。要把统筹推进大、中、小学思政课一体化建设作为一项重要工程，推动思政课建设内涵式发展。要完善课程体系，解决好各类课程和思政课相互配合的问题。③ 学界一般称此为"大思政格局"，实质就是构建思想政治课的大格局。

新时代精神文明建设过程的优化和深化，仍然必须遵循大格局建设的思路，不断建立健全实现各种不同力量、不同要素、不同部门有机整合，产生"化学反应"的精神文明建设"工作大格局"。其中，有四项重要工作尤需高度重视。一是坚持和完善党委集中统一领导制度。我们知道，"大格局"诉求的是"系统治理、依法治理、综合治理、源头治理"，而这依赖于"构建系统完备、科学规范、运行有效的制度体系"，更依赖于一个强有力的总设计者、总策动者、总监督者、总组织者，即总领导力量，实际上上述制度体系的建立也依赖于领导力量，"中国共产党领导是中国特色社会主义最本质的特征，是中国特色社会主义制度的最大优势，党是最高政治领导力量。必须坚持党政军民学、东西南北中，党是领导一切的，坚决维护党中央权威，健全总揽全局、协调各方的党的领导制度体系，把党的领导落实到国家治理各领域各方面各环节"④，而对于覆盖面

---

① 关锋：《新中国成立以来我国国家形象建构》，《北京行政学院学报》2020年第2期。
② 《把思想政治工作贯穿教育教学全过程　开创我国高等教育事业发展新局面》，《人民日报》2016年12月9日，第1版。
③ 《习近平谈治国理政》（第三卷），外文出版社，2020，第332页。
④ 《中共中央关于坚持和完善中国特色社会主义制度　推进国家治理体系和治理能力现代化若干重大问题的决定》，《人民日报》2019年11月6日，第1、5、6版。

大、牵涉面广、涉及点多、关涉因素杂的新时代精神文明建设过程，尤其需要统揽全局的力量和组织，在这个意义上，新时代精神文明建设的深化和优化，更加需要与全面从严治党深度融合、相互促进；与此同时，要进一步强化各级、各部门党委对于新时代精神文明建设优化和深化的责任意识。二是强调要依据党的十四届六中全会的决议，即《中共中央关于加强社会主义精神文明建设若干重要问题的决议》，成立中央精神文明建设指导委员会，其重要职责就是协调解决精神文明建设主要是思想道德和文化建设方面的有关问题，下设办公室，由中央宣传部代管，负责处理日常工作，主要职责是做好组织协调、督促落实工作。显然，新时代精神文明建设工作大格局的构建，需要强化各级文明委、文明办的指导地位和组织协调作用，国家需要在人员编制、财权事权上给予必要的政策倾斜。与此同时，要加大、加强新时代精神文明建设不同主管部门、负责单位，如宣传部门、教育部门、文化部门等之间的沟通、协调、配合，搭建更多的沟通协调平台如联席会议制度、网络定期交流会制度等，促进各司其职、各尽其力又协同配合、统筹互动、齐抓共管工作大格局的形成和深化。三是大力发展和深化群众性精神文明创建活动。群众性精神文明创建活动不仅充分体现了人民群众群策群力、共建共享，而且内容、形式和载体都具有综合性，比如在内容上，它涉及培育和践行社会主义核心价值观、理想信念教育、爱国主义教育、公民道德建设、弘扬中华优秀传统文化、诚信建设、社会主义法治文化建设、先进典型和学雷锋志愿服务教育、科学文化教育等，在形式和载体上，涉及文明城市、文明村镇、文明单位、文明家庭、文明校园活动，提倡城乡共建、区域共建、军民共建和文明单位结对帮扶，内在地需要统筹组织、互相支持、协调统一，是不断构建新时代精神文明建设大格局重要的实践推动力量。四是想方设法促进新时代文明实践中心建设。2018年7月6日中央全面深化改革委员会第三次会议审议通过《关于建设新时代文明实践中心试点工作的指导意见》，要求各地建设新时代文明实践中心，其核心在于调动各方力量，整合各种资源，创新方式方法，用中国特色社会主义文化、社会主义思想道德牢牢占领农村思想文化阵地，动员和激励广大农村群众积极投身社会主义现代化建设。显然，新时代文明实践中心是基层精神文明建设的综合平台，最重要的任务就是"调动各方力量,整合各种资源",不断建构新时代基层精神文明建设工作的大格局。

第二节 新时代精神文明建设过程深化、优化的具体思路

相对于较具抽象的原则性、宏观指导性,深化和优化基本理路,还必须分析和阐释更有具体实操性、现实问题针对性的新时代精神文明建设深化、优化的具体思路,两者的相互映照、彼此支撑,才能使新时代精神文明建设过程深化、优化不断地顺利进行下去。这种具体思路最好兼具针对性和可行性。鉴于此,我们认为新时代精神文明建设过程深化和优化的具体思路主要有构建融组织、实施、监督、考评和奖惩为一体的统筹协调机制;推进学校教育、文艺社科、传播媒体、党群组织形成的联合战线;构建互联网、自媒体同向同行的网络共同体;鼓励探索创新,搭建更多的综合实践创新平台。

一 构建融组织、实施、监督、考评和奖惩为一体的统筹协调机制

中国特色社会主义新时代,全面深化改革必须更加注重改革的系统性、整体性、协同性,高度重视统筹推进;因此也非常强调"系统治理、依法治理、综合治理、源头治理",其背后是系统性、协调性,注重统筹协调。对于覆盖面大、牵涉面广、涉及点多、关涉因素杂的新时代精神文明建设过程,尤其需要统筹协调。这种统筹协调,对于新时代精神文明建设的深化和优化,同样是不可或缺的;这种统筹协调,除了前面已经分析的要构建不同部门、不同单位、不同主体、不同内容之间的统筹协调、良性互动而形成精神文明建设工作"大格局"外,更需要立足于整个精神文明建设过程来追求协调统一,具体说就是立足于精神文明建设具有内在逻辑的不同环节(主要有组织、实施、考评和奖惩)统筹协调,将这些不同环节有机串联和整合起来,实现最大效应和最佳合力。前述"大格局"的构建在很大程度上就是以这些环节及其背后权力运作的统筹协调为基础的,因此,构建融组织、实施、监督、考评和奖惩为一体的统筹协调机

制，不仅是新时代精神文明建设过程深化、优化的基础，而且是更具体性的思路。

新时代精神文明建设过程在这方面已经进行了一些可贵的探索。有些基层精神文明建设特别强调在搞好组织规划、实施落实的同时，要加强督促检查，强化跟踪问效，严肃追责问责，弘扬务实作风，推动精神文明建设工作落到实处；有的基层精神文明建设重视充分发挥文明委统筹协调的工作优势，让它统一负责工作指导、联络沟通、督促考核，甚至细化到资源整合、场馆调配、监督事项、考核要点等方面。新时代一些重要的精神文明建设事项和活动，都明确强调不同环节和权力运作之间的有效衔接和统筹协调。

如关于文化建设，明确强调："中央网信办、文化部、新闻出版广电总局要根据本规划纲要，抓紧制定本领域的专项规划，报中央文化体制改革和发展工作领导小组批准后实施。国家发展改革委、财政部、国土资源部、商务部、税务总局等要按照职责分工，切实落实有关政策，做好各项重点工程的实施和保障。中央文史馆、国务院参事室等相关部门要积极发挥作用。"而"各地要结合实际，编制好本地区文化发展改革规划。各地区各有关部门要加强对本规划纲要实施情况的跟踪分析和监督检查，推动各项任务措施落到实处"①。关于践行和培育社会主义核心价值观，强调"建立健全培育和践行社会主义核心价值观的领导体制和工作机制，加强统筹协调，加强组织实施，加强督促落实，提高工作科学化水平"②。关于深化群众性精神文明创建活动，强调"进一步完善党委统一领导、党政齐抓共管、文明委组织协调、有关部门各负其责、全社会积极参与的领导体制和工作机制。发挥文明委及其办事机构的重要作用，加强对精神文明建设和群众性创建活动、学雷锋志愿服务活动的规划指导、协调督促"③。关于新时代公民道德建设，强调："各级文明委和党委宣传部要切实履行指

---

① 《国家"十三五"时期文化发展改革规划纲要》，《人民日报》2017年5月8日，第1、10、11版。
② 中共中央文献研究室编《十八大以来重要文献选编》（上），中央文献出版社，2014，第587页。
③ 《关于深化群众性精神文明创建活动的指导意见》，《人民日报》2017年4月6日，第9版。

导、协调、组织职能，统筹力量、精心实施、加强督查，抓好工作任务落实。"① 新时代的思想政治课建设，为此提出了"全员育人、全程育人、全方位育人"的理念。

不过，新时代精神文明建设过程中或多或少仍然存在重建设、轻成效，重形式、轻内容，重权力、轻责任，重实施、轻考核等现象和问题，影响了新时代精神文明建设最大效应的实现。由此，一是把组织、实施、监督、考评和奖惩等每一重要环节内部融通和系统化，如关于监督，要想方设法把自上而下的组织监督、自下而上的民主监督与同级监督、对党员干部的个人日常监督统筹协调起来；如关于考核，正如习近平总书记强调的，要改革完善干部考核评价制度，建立系统完备、科学规范、有效管用、简便易行的干部综合考核评价体系，把重点工作考核、常规工作考核、党风廉政建设考核统筹起来，把领导评价、单位互评、服务对象满意度考评、职工民主测评统筹起来。二是在此基础上把组织、实施、监督、考评和奖惩统筹协调起来，成为新时代精神文明建设深化和优化的重要工作。

2019年8月31日中共中央印发的《中国共产党宣传工作条例》就做了很好的示范，该条例规定了党委宣传部主管意识形态方面工作的16项职责，其核心诉求就是将组织、实施、监督、考评有效地统合起来，形成宣传思想工作的合力。所以，除第一项工作即贯彻落实党对宣传工作的方针政策和决策部署，拟订宣传工作重要政策和事业发展规划，第十三项工作，即负责宣传工作的内容建设和口径管理，以及第十四项、第十五项、第十六项属于内部队伍建设和系统交流外，其余都属于统筹、协调工作。如第二项工作职责是统筹协调意识形态工作，组织协调意识形态工作责任制落实情况日常监督检查，结合巡视巡察工作开展专项检查；第三项工作职责是指导协调理论研究、学习、宣传工作；第四项工作职责是指导协调新闻单位工作和协调开展新闻发布工作；第五项工作职责是统筹指导广播电视工作和组织指导"扫黄打非"工作；第六项工作职责是统筹指导社会主义核心价值观建设和组织指导思想道德建设和思想政治工作等；第七项工作职责是统筹协调精神文化产品创作和生产、协调组织中华优秀传统文

---

① 《新时代公民道德建设实施纲要》，《人民日报》2019年10月28日，第6版。

化传承发展的有关工作和指导协调推动群众文化建设；第八项工作职责是指导协调文化体制改革和文化事业、文化产业以及旅游业发展和指导协调国有文化资产监管工作；第九项工作职责是统筹协调新媒体建设与管理；第十项工作职责是统筹开展对外宣传工作和协调推动中华文化"走出去"工作；第十一项工作职责是协调推进宣传领域法治建设工作；第十二项工作职责是统筹指导舆情信息工作。①

很明显，《中国共产党宣传工作条例》的出台，就是要把宣传工作的各个环节、各个流程及其背后的权力运作统筹协调起来，有效整合。党的十九届四中全会从宏观和总体层面上，一方面提出，"以推进国家机构职能优化协同高效为着力点，优化行政决策、行政执行、行政组织、行政监督体制。健全部门协调配合机制，防止政出多门、政策效应相互抵消"。另一方面提出，"完善政府经济调节、市场监管、社会管理、公共服务、生态环境保护等职能，实行政府权责清单制度"，"严格市场监管、质量监管、安全监管，加强违法惩戒"②，力图通过制度化建设来构建融组织、实施、监督、考评和奖惩为一体的统筹协调机制。以上两点，对新时代精神文明建设过程的深化和优化都很具指导意义。

二 推进学校教育、文艺社科、传播媒体、党群组织形成新"统一战线"

中国特色社会主义新时代明确强调："统一战线是中国共产党凝聚人心、汇聚力量的政治优势和战略方针，是夺取革命、建设、改革事业胜利的重要法宝，是增强党的阶级基础、扩大党的群众基础、巩固党的执政地位的重要法宝，是全面建成小康社会、加快推进社会主义现代化、实现中华民族伟大复兴中国梦的重要法宝。"③ 习近平总书记更为深刻地指出：

---

① 《全面提升新时代宣传工作的科学化规范化制度化水平——中央宣传部负责人就〈中国共产党宣传工作条例〉答记者问》，新华网，2019年8月31日，http://www.xinhuanet.com/politics/2019-08/31/c_1124945754.htm。
② 《中共中央关于坚持和完善中国特色社会主义制度 推进国家治理体系和治理能力现代化若干重大问题的决定》，《人民日报》2019年11月6日，第1、5、6版。
③ 中共中央文献研究室编《十八大以来重要文献选编》（中），中央文献出版社，2016，第539页。

第六章 新时代精神文明建设过程的深化优化

"人心向背、力量对比是决定党和人民事业成败的关键,是最大的政治。统战工作的本质要求是大团结大联合,解决的就是人心和力量问题。这是我们党治国理政必须花大心思、下大气力解决好的重大战略问题。"① 我们之所以高度重视统战工作,是因为它能促使我们党想方设法凝聚各种人心和力量,实现"大团结大联合",使各种社会主体齐心协力谋划和实现各种奋斗目标。

中国特色社会主义新时代的各项建设,更为需要凝心聚力、汇聚共识。新时代精神文明建设的一个主要目的就是围绕中心、服务大局,团结人民、鼓舞士气,来成风化人、凝聚人心,来振奋精神、强基固本。但这有一个前提,即新时代精神文明建设过程本身也需要全国全社会上下同心、齐心协力,否则,效果就会大打折扣,过程就会大失水准,特别是在新时代,精神文明建设过程不但内容广、任务重、事项多、牵涉杂,涉及的利益和矛盾往往会触及深层次的问题,对这种需要就更为迫切。因此,新时代精神文明建设过程更需要立足于精神文明建设不同的内容,借鉴中国共产党构建统一战线的方式,构建新时代精神文明建设的"统一战线",形成新时代精神文明建设的不同主体、不同力量之间的共振和合力。就是借鉴中国共产党构建统一战线的方式,推进学校教育、文艺社科、传播媒体、党群组织形成精神文明建设新"统一战线",让相关的不同主体因为"统一战线"而团结和凝聚起来,共同出力、一起用功、同向同行,是新时代精神文明建设深化和优化具体思路不可或缺的选项。

这种"统一战线"的构建有两条相辅相成的路径。第一,每个领域、每项内容自身,不同的工作主体、活动主体、实践主体之间建构次一级的"统一战线"。新时代精神文明建设正在努力推进,有三方面典型表现。

一是新时代的学校思想政治课。明确提出一方面"要用好课堂教学这个主渠道,思想政治理论课要坚持在改进中加强,提升思想政治教育亲和力和针对性",另一方面强调"其他各门课都要守好一段渠、种好责任田,使各类课程与思想政治理论课同向同行,形成协同效应";还要求"更加

---

① 中共中央文献研究室编《十八大以来重要文献选编》(中),中央文献出版社,2016,第556页。

注重以文化人以文育人，广泛开展文明校园创建，开展形式多样、健康向上、格调高雅的校园文化活动，广泛开展各类社会实践。要运用新媒体新技术使工作活起来，推动思想政治工作传统优势同信息技术高度融合，增强时代感和吸引力"①。其背后就是"要坚持显性教育和隐性教育相统一，挖掘其他课程和教学方式中蕴含的思想政治教育资源，实现全员全程全方位育人"，为此还"要把统筹推进大中小学思政课一体化建设作为一项重要工程，推动思政课建设内涵式发展"②，进而使得思想政治课在大、中、小学循序渐进、螺旋上升地开设。习近平总书记在2016年全国高校思想政治工作会议、2018年全国教育大会和2019年学校思想政治理论课教师座谈会上，都再三强调"三全育人"（全员育人、全过程育人、全方位育人）的重要性，就是希望构建学校思想政治课的"统一战线"，使得学校思想政治课相关人员紧密团结起来，齐心协力搞好大中小学生的思想政治教育。

二是新时代的宣传思想工作，涉及面大，工作复杂。习近平总书记一方面特别强调，做好宣传思想工作必须全党动手，各级党委要负起政治责任和领导责任，加强对宣传思想领域重大问题的分析研判和重大战略性任务的统筹指导，不断提高领导宣传思想工作能力和水平。③还为此提出："媒体竞争关键是人才竞争，媒体优势核心是人才优势。要加快培养造就一支政治坚定、业务精湛、作风优良、党和人民放心的新闻舆论工作队伍。"④ 另一方面明确提出"大宣传"的工作理念，要求构建大宣传工作格局，强调动员各条战线、各个部门一起来做，把宣传思想工作同各个领域的行政管理、行业管理、社会管理更加紧密地结合起来⑤；让各行各业、

---

① 《把思想政治工作贯穿教育教学全过程　开创我国高等教育事业发展新局面》，《人民日报》2016年12月9日，第1版。
② 《习近平谈治国理政》（第三卷），外文出版社，2020，第331~332页。
③ 《胸怀大局把握大势着眼大事　努力把宣传思想工作做得更好》，《人民日报》2013年8月21日，第1版。
④ 《坚持正确方向创新方法手段　提高新闻舆论传播力引导力》，《人民日报》2016年2月20日，第1版。
⑤ 《胸怀大局把握大势着眼大事　努力把宣传思想工作做得更好》，《人民日报》2013年8月21日，第1版。

各条战线、各个部门、各个领域的相关人员团结起来，形成思想宣传工作宣传正能量的合力，形成举旗帜、聚民心、育新人、兴文化、展形象的合力。

三是新时代的文艺工作。强调：文艺是铸造灵魂的工程，文艺工作者是灵魂的工程师。好的文艺作品就应该像蓝天上的阳光、春季里的清风一样，能够启迪思想、温润心灵、陶冶人生，能够扫除颓废萎靡之风；所以，新时代各级宣传文化部门要在党委领导下，切实加强对文艺工作的指导和扶持，加强对文艺工作者的引导和团结，为推动文艺繁荣发展作出积极贡献。① 其中的核心工作，就是强化文联、作协的工作，要求它们向基层倾斜，加强联络，延伸工作手臂，加强对新文艺组织、新文艺群体的团结引导，把千千万万文艺从业者、爱好者凝聚起来，不断增强组织吸引力，把文艺战线的力量发动起来，把人民群众中蕴藏的创作能量激发出来②，形成传颂主旋律、传播正能量的大合唱。为此，习近平总书记还专门指出："互联网技术和新媒体改变了文艺形态，催生了一大批新的文艺类型，也带来文艺观念和文艺实践的深刻变化。由于文字数码化、书籍图像化、阅读网络化等发展，文艺乃至社会文化面临着重大变革。要适应形势发展，抓好网络文艺创作生产，加强正面引导力度。近些年来，民营文化工作室、民营文化经纪机构、网络文艺社群等新的文艺组织大量涌现，网络作家、签约作家、自由撰稿人、独立制片人、独立演员歌手、自由美术工作者等新的文艺群体十分活跃。这些人中很有可能产生文艺名家，古今中外很多文艺名家都是从社会和人民中产生的。我们要扩大工作覆盖面，延伸联系手臂，用全新的眼光看待他们，用全新的政策和方法团结、吸引他们，引导他们成为繁荣社会主义文艺的有生力量。"③

以上这三方面，大多要和知识分子打交道。这就意味着，构建新时代

---

① 中共中央文献研究室编《十八大以来重要文献选编》（中），中央文献出版社，2016，第134、138页。

② 习近平：《在中国文联十大、中国作协九大开幕式上的讲话》，《人民日报》2016年12月1日，第2版。

③ 中共中央文献研究室编《十八大以来重要文献选编》（中），中央文献出版社，2016，第126页。

精神文明建设过程的新"统一战线",必须高度重视知识分子的工作。对此,同样要有所准备,强调知识分子工作是党的一项十分重要的工作。各级党委和政府要切实尊重知识、尊重人才,充分信任知识分子,努力为广大知识分子工作学习生活创造更好条件;要善于运用沟通、协商、谈心等方式做好知识分子思想工作,多了解他们工作学习生活中的困难,多同他们共同探讨一些问题,多鼓励他们取得的成绩和进步。① 实际上,新时代我们的哲学社会科学工作也在努力做这方面的工作,力图构建以马克思主义为指导、凸显马克思主义基本地位的中国特色哲学社会科学学科体系、教材体系、话语体系。

第二,努力构建把学校教育、文艺社科、传播媒体、党群组织有机连接起来的"大统一战线"。这项工作之所以重要,是因为它不仅涉及新时代精神文明建设过程的不同方面、不同内容、不同领域,而且涉及组织实施、监督考核等主要流程环节,还涉及不同的实践主体。应该说,在这方面也要有清醒的自觉认识和实践自觉。比如,对于群众性精神文明创建活动,明确强调:动员社会力量广泛参与。工会、共青团、妇联、残联、关工委和文联、作协、科协等人民团体,要发挥各自优势,组织动员群众积极参与精神文明创建活动。发挥民主党派、工商联、无党派人士、社会公众人物的作用,发挥行业协会、社会团体、基金会等各种社会组织的作用,共同参与精神文明建设。② 对于新时代爱国主义教育,强调:调动广大人民群众的积极性主动性。爱国主义教育是全民教育,必须突出教育的群众性。各级工会、共青团、妇联、文联、作协、科协、侨联、残联以及关工委等人民团体和群众组织,要发挥各自优势,面向所联系的领域和群体广泛开展爱国主义教育。组织动员老干部、老战士、老专家、老教师、老模范等到广大群众特别是青少年中讲述亲身经历,弘扬爱国传统。③ 为此,还特别重视党的群团组织的纽带作用、桥梁地位,提出"必须加强和改进党的群团工作,更好组织动员群众、教育引导群众、联系服务群众、

---

① 习近平:《在知识分子、劳动模范、青年代表座谈会上的讲话》,人民出版社,2016,第6~7页。
② 《关于深化群众性精神文明创建活动的指导意见》,《人民日报》2017年4月6日,第9版。
③ 《新时代爱国主义教育实施纲要》,《人民日报》2019年11月13日,第6版。

实现共赢。① 显然，以互联网为代表的信息技术既带来了发展的大机遇、大动力，但同时也带来了大挑战和风险。因此除了存在多头管理、职能交叉、权责不一、效率不高等现行管理体制的明显弊端外，更重要的是，随着互联网媒体属性越来越强，网上媒体管理和产业管理远远跟不上形势发展变化。特别是面对传播快、影响大、覆盖广、社会动员能力强的微博、微信等社交网络和即时通信工具用户的快速增长，如何加强网络法制建设和舆论引导，确保网络信息传播秩序和国家安全、社会稳定，已经成为摆在我们面前的现实突出问题②，这也是新时代精神文明建设过程面临的突出问题。

对此，习近平总书记反复强调："过不了互联网这一关，就过不了长期执政这一关"，提出建设"网络强国"的战略，并从人才、技术和党的领导三个方面提出了具体要求。强调建设网络强国，要把人才资源汇聚起来，建设一支政治强、业务精、作风好的强大队伍。"千军易得，一将难求"，要培养造就世界水平的科学家、网络科技领军人才、卓越工程师、高水平创新团队③；强调核心技术是国之重器。要下定决心、保持恒心、找准重心，加速推动信息领域核心技术突破。要抓产业体系建设，在技术、产业、政策上共同发力；强调各级领导干部特别是高级干部要主动适应信息化要求、强化互联网思维，不断提高对互联网规律的把握能力、对网络舆论的引导能力、对信息化发展的驾驭能力、对网络安全的保障能力。各级党政机关和领导干部要提高通过互联网组织群众、宣传群众、引导群众、服务群众的本领。④

因此，要高度重视互联网对新时代精神文明建设过程带来的挑战和机遇，积极应对，力求使互联网这个最大变量变成新时代精神文明建设发展

---

① 《共同构建和平、安全、开放、合作的网络空间　建立多边、民主、透明的国际互联网治理体系》，《人民日报》2014年11月20日，第1版。
② 中共中央文献研究室编《十八大以来重要文献选编》（上），中央文献出版社，2014，第506页。
③ 《总体布局统筹各方创新发展努力把我国建设成为网络强国》，《人民日报》2014年2月28日，第1版。
④ 《敏锐抓住信息化发展历史机遇　自主创新推进网络强国建设》，《人民日报》2018年4月22日，第1版。

维护群众合法权益,充分激发蕴藏在人民群众中的巨大创造力,凝聚起实现'两个一百年'奋斗目标和中国梦的磅礴力量",要通过党的群团组织"推动文学艺术、新闻宣传、法律、教育、社会公益等领域工作者积极发挥作用,引领全社会崇德向善、敬业诚信、遵纪守法、互助友爱、文明和谐"①。所有这些努力,都是为了打造新时代精神文明建设群策群力、共襄盛举、齐心协力、团结战斗的"大统一战线"。

当然,以上两点还有许多需要深化和改进的地方。比如,在第一方面,怎么实现不同媒体的融合,加强各种媒体从业人员、工作人员之间的内在联系,形成国有媒体、社会媒体、商业媒体、现代自媒体等不同传播媒体宣传人员的"统一战线",仍然是有待"写好"的"大文章";在第二方面需要做的工作更多,目前只是做了一些局部的整合串联,在整体上把学校教育、文艺社科、传播媒体、党群组织等结合实际采用新的方法、新的形式有机整合起来,还需要下大力气去做。这也正是新时代精神文明建设过程优化和深化不断努力的方向。

三 创建互联网主流网站、自媒体同向同行的网络共同体

当今世界,信息技术革命日新月异,对国际政治、经济、文化、社会、军事等领域发展产生了深刻影响。信息化和经济全球化相互促进,互联网已经融入社会生活方方面面,深刻改变了人们的生产和生活方式。我国正处在这个大潮之中,受到的影响越来越深。我国互联网和信息化工作取得了显著发展,网络走入千家万户,网民数量世界第一,我国已成为网络大国;②当今时代,以信息技术为核心的新一轮科技革命正在孕育兴起,互联网日益成为创新驱动发展的先导力量,深刻改变着人们的生产生活,有力推动着社会发展。互联网让世界变成了地球村,让国际社会越来越成为你中有我、我中有你的命运共同体。同时,互联网发展对国家主权、安全、发展利益提出了新的挑战,迫切需要国际社会认真应对、谋求共治、

---

① 中共中央文献研究室编《十八大以来重要文献选编》(中),中央文献出版社,2016,第305、311页。
② 《总体布局统筹各方创新发展努力把我国建设成为网络强国》,《人民日报》2014年2月28日,第1版。

的最大增量。我们新时代精神文明建设过程的各项工作,都必须重视网络信息技术和平台的运用,必须把各项工作和互联网紧密结合起来。比如,针对网络意识形态安全和网上舆论宣传工作,我们明确强调,做好网上舆论工作是一项长期任务,要创新改进网上宣传工作方式,运用网络传播规律,弘扬主旋律,激发正能量,大力培育和践行社会主义核心价值观,把握好网上舆论引导的时、度、效,使网络空间清朗起来[1];还进一步具体要求,随着形势发展,党的新闻舆论工作必须创新理念、内容、体裁、形式、方法、手段、业态、体制、机制,增强针对性和实效性。要适应分众化、差异化传播趋势,加快构建舆论引导新格局。要推动融合发展,主动借助新媒体传播优势。阵地是意识形态工作的基本依托。人在哪里,新闻舆论阵地就应该在哪里。对新媒体,我们不能停留在管控上,必须参与进去、深入进去、运用起来[2]。针对新时代爱国主义教育,强调,要唱响互联网爱国主义主旋律。加强爱国主义网络内容建设,广泛开展网上主题教育活动,制作推介体现爱国主义内容、适合网络传播的音频、短视频、网络文章、纪录片、微电影等,让爱国主义充盈网络空间。实施爱国主义数字建设工程,推动爱国主义教育基地、红色旅游与网络传播有机结合。创新传播载体手段,积极运用社交媒体、视频网站、手机客户端等传播平台,运用虚拟现实、增强现实、混合现实等新技术、新产品,生动活泼开展网上爱国主义教育。充分发挥"学习强国"学习平台在爱国主义宣传教育中的作用。加强网上舆论引导,依法依规进行综合治理,引导网民自觉抵制损害国家荣誉、否定中华优秀传统文化的错误言行,汇聚网上正能量。[3] 针对新时代群众性精神文明创建活动,强调,要加强网上精神文明建设。一方面,加强网络内容建设,做强网上正面宣传,发展积极向上的网络文化。实施网德工程,深入开展争做中国好网民活动,倡导文明办网、文明上网,强化网络运营主体的社会责任,引导人们提升网络文明素

---

[1] 《总体布局统筹各方创新发展努力把我国建设成为网络强国》,《人民日报》2014年2月28日,第1版。
[2] 《坚持正确方向创新方法手段 提高新闻舆论传播力引导力》,《人民日报》2016年2月20日,第1版。
[3] 《新时代爱国主义教育实施纲要》,《人民日报》2019年11月13日,第6版。

养,净化网络环境,积极运用微博、微信、手机客户端等新媒体传播文明理念、推进实际工作。开展网络公益活动,让公益精神弥漫网络空间。另一方面,要加快公共数字文化建设,用互联网等新技术手段满足基层文化需要和群众文化需求。① 针对新时代公民道德教育,提出"抓好网络空间道德建设",一是加强网络内容建设,深入实施网络内容建设工程,弘扬主旋律,激发正能量,让科学理论、正确舆论、优秀文化充盈网络空间。发展积极向上的网络文化,加强网上热点话题和突发事件的正确引导、有效引导。二是培养文明自律网络行为,建立和完善网络行为规范,明确网络是非观念,培育符合互联网发展规律、体现社会主义精神文明建设要求的网络伦理、网络道德,倡导文明上网,广泛开展争做中国好网民活动,推进网民网络素养教育。三是丰富网上道德实践,积极培育和引导互联网公益力量,壮大网络公益队伍,拓展"互联网+公益""互联网+慈善"模式,加强网络公益规范化运行和管理。四是营造良好网络道德环境,加强互联网领域立法执法,强化网络综合治理,加强网络社交平台、各类公众账号等管理,重视个人信息安全,建立完善新技术新应用道德评估制度,维护网络道德秩序。②

这里关键点有两个。一是精神文明建设传统内容、形式和网络信息技术的有效融合。新时代公民道德建设中"形成线上线下踊跃参与公益事业的生动局面";新时代爱国主义教育实施爱国主义数字建设工程,推动爱国主义教育基地、红色旅游与网络传播有机结合;更显要的是媒体传播方面,强调推动传统媒体和新兴媒体融合发展,坚持传统媒体和新兴媒体优势互补、一体发展,坚持以先进技术为支撑、以内容建设为根本,推动传统媒体和新兴媒体在内容、渠道、平台、经营、管理等方面的深度融合,形成立体多样、融合发展的现代传播体系。③ 其实质就是"构建网上网下同心圆"④。二是新时代精神文明建设要大力构建"网上同心圆"。在重视

---

① 《关于深化群众性精神文明创建活动的指导意见》,《人民日报》2017年4月6日,第9版。
② 《新时代公民道德建设实施纲要》,《人民日报》2019年10月28日,第6版。
③ 《共同为改革想招 一起为改革发力》,《人民日报》2014年8月19日,第1版。
④ 《敏锐抓住信息化发展历史机遇 自主创新推进网络强国建设》,《人民日报》2018年4月22日,第1版。

着力打造一批形态多样、手段先进、具有竞争力的新型主流媒体,建成几家具有强大实力和传播力、公信力、影响力的新型主流媒体集团的同时,要高度重视由传播快、影响大、覆盖广、社会动员能力强的视频网站,微博、微信等社交网络以及手机客户端等即时通信工具用户等形成的"网络自媒体",它们在今天影响越来越大,适应力、更新力强大,而且特别复杂和多元,要加强主流网络新型媒体和网络自媒体之间的互动、融合。习近平总书记在文艺座谈会上特别指出,对于网络作家、签约作家、自由撰稿人、独立制片人、独立演员歌手、自由美术工作者等新的文艺群体,"我们要扩大工作覆盖面,延伸联系手臂,用全新的眼光看待他们,用全新的政策和方法团结、吸引他们,引导他们成为繁荣社会主义文艺的有生力量"①。这些人中,不少人同时是网络自媒体的主要参加者、活跃群体。这实际上也是在提醒要搞好网络主流媒体和自媒体之间的融合。

正如习近平总书记分析的,近几年,新闻媒体在融合发展方面做了大量工作,取得了令人可喜的成绩。但是,从总体上看,发展还很不平衡,有的是"+互联网",而不是"互联网+",只是将传统媒体和新媒体作简单嫁接,"左手一只鸡,右手一只鸭",没有实现融合。融合发展关键在融为一体、合而为一。要尽快从相"加"阶段迈向相"融"阶段,从"你是你、我是我"变成"你中有我、我中有你",进而变成"你就是我、我就是你",着力打造一批新型主流媒体。② 实际上,不仅构建新型主流媒体还有很多工作要做,把网络主流媒体和网络自媒体融合起来的工作,更是处于起步阶段。这意味着,以"线上线下同心圆""线上同心圆"为基础的互联网主流网站、自媒体同向同行的网络共同体还没有很好地形成,这正是新时代精神文明建设必须做好的工作。

四 鼓励探索创新,搭建更多的综合实践创新平台

习近平总书记立于时代潮头,代表党和人民明确强调:创新是一个

---

① 中共中央文献研究室编《十八大以来重要文献选编》(中),中央文献出版社,2016,第126页。
② 《坚持正确方向创新方法手段 提高新闻舆论传播力引导力》,《人民日报》2016年2月20日,第1版。

民族进步的灵魂,是一个国家兴旺发达的不竭动力,也是中华民族最深沉的民族禀赋。在激烈的国际竞争中,惟创新者进,惟创新者强,惟创新者胜①;创新是长远发展的动力②。党的十八届五中全会提出:"把创新摆在国家发展全局的核心位置,不断推进理论创新、制度创新、科技创新、文化创新等各方面创新,让创新贯穿党和国家一切工作,让创新在全社会蔚然成风。"③习近平总书记还多次强调放手支持群众大胆实践,大胆探索,大胆创新。中国特色社会主义新时代,"要着力实施创新驱动发展战略",强调抓创新就是抓发展,谋创新就是谋未来,创新是引领发展党的第一动力,把创新摆在第一位;把发展基点放在创新上,通过创新培育发展新动力、塑造更多发挥先发优势的引领型发展。④党的十九届五中全会进一步提出,要坚持创新在我国现代化建设全局中的核心地位,把科技自立自强作为国家发展的战略支撑。

关于新时代精神文明建设,习近平总书记早就强调,只有站在时代前沿、引领风气之先,精神文明建设才能发挥更大威力。当前,社会上思想活跃、观念碰撞,互联网等新技术新媒介日新月异,我们要审时度势、因势利导,创新内容和载体,改进方式和方法,使精神文明建设始终充满生机活力。⑤也正因此,新时代精神文明建设过程的不同维度、不同活动、不同项目,都纷纷提出了具体的创新要求。如关于新时代社会主义文化建设,强调对传统文化实现创造性转化和创新性发展。对于新时代的思想政治课建设,强调推动思想政治理论课改革创新,要不断增强思政课的思想性、理论性和亲和力、针对性。⑥关于社会主义核心价值观建设,融入法治建设要坚持改革创新,按照贯穿结合融入、落细落小落实的要求,积极

---

① 《在欧美同学会成立100周年庆祝大会上的讲话》,《人民日报》2013年10月22日,第2版。
② 《习近平出席二十国集团领导人第十次峰会并发表重要讲话》,《人民日报》2015年11月16日,第1版。
③ 中共中央文献研究室编《十八大以来重要文献选编》(中),中央文献出版社,2016,第825页。
④ 中共中央文献研究室编《十八大以来重要文献选编》(下),中央文献出版社,2018,第157、159页。
⑤ 《人民有信仰民族有希望国家有力量 锲而不舍抓好社会主义精神文明建设》,《人民日报》2015年3月1日,第1版。
⑥ 《习近平谈治国理政》(第三卷),外文出版社,2020,第330页。

第六章 新时代精神文明建设过程的深化优化

探索有效途径和办法,使社会主义核心价值观和社会主义法治建设相互促进、相得益彰;注重总结推广新创造、新经验,不断提高工作针对性实效性,依靠教育引导、实践养成和良法善治,开创社会主义核心价值观建设新局面。① 对于新时代群众性精神文明创建活动,强调尊重人民群众的主体地位和首创精神,推动内容形式、方法手段、渠道载体、体制机制创新,更好地体现时代性、把握规律性、富于创造性,不断增强群众性精神文明创建活动的针对性、有效性和吸引力、感染力。② 对于新时代公民道德建设,在道德实践载体进行不断开拓,强调社会礼仪、服装服饰、文明用语规范等的重要作用,强调家教家风的重要养成作用;注重诚信一体化建设,把个人诚信、政务诚信、商务诚信、社会诚信、科研诚信和司法公信建设整合起来;注重倡导践行绿色生产生活方式,建构现代生态理念和生态文明;等等,都是重要的时代创新。关于党的新闻舆论工作,强调必须创新理念、内容、体裁、形式、方法、手段、业态、体制、机制,增强针对性和实效性③。

应该说,新时代精神文明建设过程非常重视创新的重要性,创新的类型也是多种多样的。综合上述,主要如下:一是内容的创新,一方面增加很多新内容,如社会主义核心价值观、习近平新时代中国特色社会主义思想、生态文明建设等;另一方面增加了许多新要求,如公民道德建设、教育塑造时代新人,把举旗帜、聚民心、育新人、兴文化、展形象统一起来,等等。二是和网络信息技术的融合创新。比如传统媒体和新兴媒体在内容、渠道、平台、经营、管理等方面的深度融合创新,对微信、微博和公众号的广泛使用等。三是渠道、途径的创新开拓。比如对礼仪礼节、纪念日等功能的挖掘,对各种教育阵地的培育和文化设施的建设,对丰富群众文化生活载体的不断拓新,等等。四是制度创新。除了构建党委领导、政府主导、部门各负其责,推进外在保障制度不断创新外,还不断推进内

---

① 《中办国办印发〈关于进一步把社会主义核心价值观融入法治建设的指导意见〉》,《人民日报》2016 年 12 月 26 日,第 1、5 版。
② 《关于深化群众性精神文明创建活动的指导意见》,《人民日报》2017 年 4 月 6 日,第 9 版。
③ 《坚持正确方向创新方法手段 提高新闻舆论传播力引导力》,《人民日报》2016 年 2 月 20 日,第 1 版。

在建设制度创新，比如健全守信联合激励和失信联合惩戒机制，建立法律法规和重大公共政策的道德风险评估机制，等等。五是实践行为创新。最典型的是新时代公民道德建设中，倡导广泛开展文明出行、文明交通、文明旅游、文明就餐、文明观赛等活动，把对文明的要求渗透到当今时代越来越常见的行为实践中。

还有一种创新对新时代精神文明建设十分重要。那就是侧重于基层的综合实践创新平台。之所以重要，一是因为综合性，这里有两个优点，首先能实现不同创新之间的良性互动，从而使各种不同的创新不断走向深入；其次最终能实现整体性的创新合力。二是因为侧重于基层性，能使新时代精神文明建设所吁求的创新最终落实落细，或者说，上述各种创新的实现和成效，最终有赖于基层综合实践创新平台的不断搭建和完善。这也是高度重视新时代文明实践中心建设的重要因由，因为这代表着建构基层综合实践创新平台的努力。

2018年7月6日中央全面深化改革委员会第三次会议通过了《关于建设新时代文明实践中心试点工作的指导意见》，该意见提出：为推动习近平新时代中国特色社会主义思想更加深入人心，进一步加强改进农村基层宣传思想文化工作和精神文明建设，打通宣传群众、教育群众、关心群众、服务群众的"最后一公里"，拟在全国县一级建设新时代文明实践中心。它要着眼凝聚群众、引导群众，以文化人、成风化俗，调动各方力量，整合各种资源，创新方式方法，用中国特色社会主义文化、社会主义思想道德牢牢占领农村思想文化阵地；以志愿服务为基本形式，打通城乡公共文化服务体系的运行机制、文化科技卫生"三下乡"的工作机制、群众性精神文明创建活动的引导机制，整合人员队伍、资金资源、平台载体、项目活动；整合现有基层公共服务阵地资源，打造理论宣讲平台、教育服务平台、文化服务平台、科技与科普服务平台、健身体育服务平台，统筹联动，协同运行。① 基层性和综合性是新时代文明实践中心最重要的两个特点；而基层性则要求大胆探索，发挥人民群众首创精神，积极创

---

① 《关于建设新时代文明实践中心试点工作的指导意见》，http://wenming.enorth.com.cn/system/2019/12/09/037845392.shtml。

新，综合性则希望不同创新之间形成合力。

《新时代公民道德建设实施纲要》明确提出，要加强新时代文明实践中心建设，大力推进媒体融合发展，抓好县级融媒体中心建设，推动基层广泛开展中国特色社会主义文化、社会主义思想道德学习教育实践，引导人们提高思想觉悟、道德水准、文明素养。[①] 经过短短几年的建设，很多地方的新时代文明实践中心正成为群众学习理论政策的学校、丰富文化生活的舞台、倡导移风易俗和开展志愿服务的平台，受到广泛欢迎。[②] 显然，在不断盘活资源（如实现基层党校、党员电教中心和活动室、村级组织活动场所和综合服务中心打通整合；实现普通中学、职业学校、小学、青少年宫、青少年校外活动场所、儿童活动中心、乡村学校少年教育资源共享，等等）、建立队伍（如整合乡土文化人才、科技能人、科技特派员、律师、"五老"人员、退休文化工作者、先进人物、文艺志愿者、大学生志愿者、创业返乡人员等）、加强保障，建设好新时代文明实践中心，以及下属的乡镇新时代文明实践所、行政村新时代文明实践站建设的基础上，不断开拓创新，推出更多的综合实践创新平台，助力新时代精神文明建设不断创新，是新时代精神文明建设过程不断深化和优化的务实选择。

---

① 《新时代公民道德建设实施纲要》，《人民日报》2019年10月28日，第6版。
② 《用文明标注进步（文明的力量）》，《人民日报》2020年11月10日，第1版。

结　语

2019年10月28日至31日在北京召开的党的十九届四中全会，是一次具有开创性、里程碑意义的重要会议，其中很重要的一点是它系统梳理了我国国家制度和国家治理体系的显著优势，列举并简要概述为十三个方面。明确强调这些优势"是我们坚定中国特色社会主义道路自信、理论自信、制度自信、文化自信的基本依据"。其中第一大优势是"坚持党的集中统一领导，坚持党的科学理论，保持政治稳定，确保国家始终沿着社会主义方向前进的显著优势"，而真正做到"坚持党的科学理论"，离不开社会主义精神文明建设；第五大优势是"坚持各民族一律平等，铸牢中华民族共同体意识，实现共同团结奋斗、共同繁荣发展的显著优势"，铸牢中华民族共同体意识是新时代精神文明建设的重要任务和核心诉求之一；第七大优势是"坚持共同的理想信念、价值理念、道德观念，弘扬中华优秀传统文化、革命文化、社会主义先进文化，促进全体人民在思想上精神上紧紧团结在一起的显著优势"，这种优势就是社会主义精神文明建设的优势。这三大优势直接与精神文明建设相关，或者说没有精神文明建设就难有这些优势的形成。另外，其他优势的形成或多或少与社会主义精神文明建设相关，如依法治国的优势、坚持以人民为中心的发展优势、德才兼备的选人用人优势与精神文明建设的相关性都很明显。

党的十九届四中全会还强调，为了巩固和更好地发挥这些制度优势，有必要做到以下两点：一是建立"不忘初心、牢记使命"的制度，其核心就是坚持用共产主义远大理想和中国特色社会主义共同理想凝聚全党、团结人民，用习近平新时代中国特色社会主义思想武装全党、教育人民、指导工作，夯实党执政的思想基础。而这正是新时代精神文明建设的重要内容。二是坚持和完善繁荣发展社会主义先进文化的制度，巩固全体人民团结奋斗的共同思想基础。其核心就是发展社会主义先进文化，广泛凝聚人民精神力量，激发全民族文化创造活力，更好构筑中国精神、中国价值、中国力量。为此，首先要坚持马克思主义在意识形态领域指导地位的根本制度，其次要坚持以社会主义核心价值观引领文化建设制度，再次要健全人民文化权益保障制度，复次要完善坚持正确导向的舆论引导工作机制，最后要建立健全把社会效益放在首位、社会效益和经济效益相统一的文化创作生产体制机制。这五点无疑就是新时代精神文明建设过程制度化特征的重要表现，也是其重要内容。

中国特色社会主义制度显著优势的形成和深化、巩固和完善，都离不开社会主义精神文明建设的支撑和引领，而这些制度优势不仅是"四个自信"的基本依据，而且是中国特色社会主义健康前行、不断深化的基本依据，这意味着无论从哪一个角度而言，新时代精神文明建设过程，必须进一步加大力度，进一步做实做细，进一步深化拓展。

2020年10月底召开的党的十九届五中全会，审议通过了《中共中央关于制定国民经济和社会发展第十四个五年规划和二〇三五年远景目标的建议》，明确提出，中国特色社会主义即将进入"十四五"时期，这是我国全面建成小康社会、实现第一个百年奋斗目标之后，乘势而上开启全面建设社会主义现代化国家新征程、向第二个百年奋斗目标进军的第一个五年。这意味着，中国特色社会主义踏上了"全面建设社会主义现代化国家的新征程"。

会议强调，到2035年基本实现社会主义现代化远景目标，这也是党的十九大"第一个十五年"的战略目标，"建成文化强国、教育强国、人才强国、体育强国、健康中国，国民素质和社会文明程度达到新高度，国家文化软实力显著增强"就是这个远景目标的基本内容之一。会议把提高社会文明程度确定为"十四五"时期经济社会发展主要目标之一，具体要求：社会主义核心价值观深入人心，人民思想道德素质、科学文化素质和身心健康素质明显提高，公共文化服务体系和文化产业体系更加健全，人民精神文化生活日益丰富，中华文化影响力进一步提升，中华民族凝聚力进一步增强。会议把"繁荣发展文化事业和文化产业，提高国家文化软实力"作为"十四五"时期和2035年基本实现社会主义现代化远景目标共同的重要任务、重要工作，强调务必"坚持马克思主义在意识形态领域的指导地位，坚定文化自信，坚持以社会主义核心价值观引领文化建设，加强社会主义精神文明建设，围绕举旗帜、聚民心、育新人、兴文化、展形象的使命任务，促进满足人民文化需求和增强人民精神力量相统一，推进社会主义文化强国建设"，并就"加强社会主义精神文明建设"提出了具体要求，如"推动形成适应新时代要求的思想观念、精神面貌、文明风尚、行为规范"，"深入开展习近平新时代中国特色社会主义思想学习教育，推进马克思主义理论研究和建设工程"，"推动理想信念教育常态化制度化"，"推进公民道德建设，实施文明创建工程，拓展新时代文明实践中心建设"，"健全志愿服务体系"，"弘扬诚信文化，推进诚信建设"，"加强网络文明建设，发展积极健康的网络文化"，等等。此外，还就如何"提升公共文化服务水平""健全现代文化产业体系"作了具体部署。

党的十九届五中全会，是中国特色社会主义"十三五"和"十四五"两个"五年计划"交替之际、建党百年到建国百年"两个百年"交接之际这个特殊时间点召开的大会，将因开启"全面建设社会主义现代化国家的新征程"在党的历史上留下浓墨重彩的一笔。这次会议，不仅同样高度重视社会主义精神文明建设，而且将新时代精神文明建设过程既视为"全面建设社会主义现代化国家新征程"得以开启的基础，又将其视为"全面建设社会主义现代化国家新征程"顺利进行并取得成功的内生力量。这次会议也为新时代精神文明建设的持续进行、不断深化指明了方向、提出了具体要求。

2021年11月8日至11日召开的党的十九届六中全会，同样是党的历史上非常重要的一次会议，出台了《中共中央关于党的百年奋斗重大成就和历史经验的决议》，系统总结党的百年奋斗重大成就、历史意义和历史经验，提出"十个坚持"。其间，把"开创中国特色社会主义新时代"作为百年历程的第四个大阶段，并特意指出，中国特色社会主义新时代，我党着力解决意识形态领域党的领导弱化问题，确立和坚持马克思主义在意识形态领域指导地位的根本制度；从正本清源入手加强宣传思想工作，就一系列根本性问题阐明原则立场，推动用党的创新理论武装全党、教育人民、指导实践:我们党坚持以社会主义核心价值观引领文化建设,深化群众性精神文明创建,推进文化事业和文化产业全面发展,为人民提供了更多更好的精神食粮;实施中华优秀传统文化传承发展工程,推动中华优秀传统文化创造性转化、创新性发展,加快国际传播能力建设,等等。也正因如此,党的十八大以来,我国意识形态领域形势发生全局性、根本性转变,全党全国各族人民文化自信明显增强,全社会凝聚力和向心力极大提升,为新时代开创党和国家事业新局面提供了坚强思想保证和强大精神力量。这实际上就是对新时代我国精神文明建设的凝练概括,也高度评价新时代精神文明建设过程展开取得的成就。《中共中央关于党的百年奋斗重大成就和历史经验的决议》还特别强调,今天,我们比历史上任何时期都更接近、更有信心和能力实现中华民族伟大复兴的目标。同时,全党必须清醒认识到,中华民族伟大复兴绝不是轻轻松松、敲锣打鼓就能实现的,前进道路上仍然存在可以预料和难以预料的各种风险挑战。在这背景下,新时代精神文明建设过程只能强化和深化、优化,绝不能虚化、淡化和弱化。

党的十九大之后的这三次重要会议,是在十九大深入分析中国特色社会主义面临的客观环境、立体把握新时代中国特色社会主义建设的核心诉求和主要内容、全面规划新时代中国特色社会主义建设的重要议程和重大事项的基础上,凸显了中国特色社会主义两个要素,一是中国特色社会主义内生的制度优势,二是中国特色社会主义现代化远景目标基本实现的主要路径。四次会议都非常重视新时代精神文明建设的持续和深化。因此,新时代精神文明建设的优化和深化,除了本书分析的,这是有方向、有原则、有步骤的,坚持问题导向和目标导向的统一,继续彰显其显著特征,巩固其内在基质,依据基本理路和具体进路稳步前行之外,这四次重要会议分别提出了四点要求。

一是党的十九大报告强调的,必须坚持马克思主义,牢固树立共产主义远大理想和中国特色社会主义共同理想,培育和践行社会主义核心价值观,不断增强意识形态领域主导权和话语权,推动中华优秀传统文化创造性转化、创新性发展,继承革命文化,发展社会主义先进文化,不忘本来、吸收外来、面向未来,更好构筑中国精神、中国价值、中国力量,为人民提供精神指引。实际上,"不忘本来、吸收外来、面向未来"不仅是发展社会主义先进文化应该坚持的,而且是新时代精神文明建设过程始终注意遵循的。

二是党的十九届五中全会强调的,全党要统筹中华民族伟大复兴战略全局和世界百年未有之大变局,深刻认识我国社会主要矛盾变化带来的新特征、新要求,深刻认识错综复杂的国际环境带来的新矛盾、新挑战,增强机遇意识和风险意识,立足社会主义初级阶段基本国情,保持战略定力,办好自己的事,认识和把握发展规律,发扬斗争精神,树立底线思维,准确识变、科学应变、主动求变,善于在危机中育先机、于变局中开新局,抓住机遇,应对挑战,趋利避害,奋勇前进。整个新时代中国特色社会主义建设、全面建设社会主义现代化国家都应该坚持这一点,才不会犯重大错误,才会行稳致远。这同样是新时代精神文明建设过程要始终注意的。

三是党的十九届四中全会强调的,必须坚持以马克思列宁主义、毛泽东思想、邓小平理论、"三个代表"重要思想、科学发展观、习近平新时代中国特色社会主义思想为指导,增强"四个意识",坚定"四个自信",做到"两个维护",坚持党的领导、人民当家作主、依法治国有机统一,坚持解放思想、实事求是,坚持改革创新,突出坚持和完善支撑中国特色社会主义制度的根本制度、基本制度、重要制度,着力固根基、扬优势、补短板、强弱项,构建系统完备、科学规范、运行有效的制度体系,加强系统治理、依法治理、综合治理、源头治理,把我国制度优势更好地转化为国家治理效能,为实现"两个一百年"奋斗目标、实现中华民族伟大复兴的中国梦提供有力保证。新时代精神文明建设过程已经成为全面建设社会主义现代化国家新征程的重要组成部分,一是其本身将更为重视制度化建设的重要性,推出更多行之有效的新时代精神文明建设制度设计、制度创新;二是其将更为积极地融入中国特色社会主义制度体系的建设中去,为更多制度优势的形成、制度优势的发挥做出更多更大的贡献,为全面建设社会主义现代化国家新征程提供更有力的支撑。

四是党的十九届六中全会强调的,面对我们比历史上任何时期都更接近、更有信心和能力实现中华民族伟大复兴的目标的战略机遇期,新时代精神文明建设要强化全党全国人民用马克思主义的立场、观点、方法观察时代、把握时代、引领时代的能力，不断深化对共产党执政规律、社会主义建设规律、人类社会发展规律的认识；与此同时，推进全党在把握历史发展大势的基础上，进一步坚定理想信念，牢记初心使命，决不在根本性问题上出现颠覆性错误，以咬定青山不放松的执着奋力实现既定目标，以行百里者半九十的清醒不懈推进中华民族伟大复兴；新时代精神文明建设要更好地服务于抓好后继有人这个根本大计，坚持用习近平新时代中国特色社会主义思想教育人，用党的理想信念凝聚人，用社会主义核心价值观培育人，用中华民族伟大复兴历史使命激励人，培养造就大批堪当时代重任的接班人。

参考文献

[1]《马克思恩格斯文集》第1卷，人民出版社，2009。
[2]《马克思恩格斯文集》第2卷，人民出版社，2009。
[3]《马克思恩格斯文集》第3卷，人民出版社，2009。
[4]《马克思恩格斯文集》第4卷，人民出版社，2009。
[5]《马克思恩格斯文集》第8卷，人民出版社，2009。
[6]《马克思恩格斯文集》第9卷，人民出版社，2009。
[7]《马克思恩格斯全集》第5卷，人民出版社，1958。
[8]《马克思恩格斯全集》第10卷，人民出版社，1960。
[9]《马克思恩格斯全集》第23卷，人民出版社，1972。
[10]《马克思恩格斯全集》第30卷，人民出版社，1995。
[11]《马克思恩格斯全集》第40卷，人民出版社，1982。
[12]《马克思恩格斯选集》第1卷，人民出版社，2012。
[13]《马克思恩格斯选集》第3卷，人民出版社，2012。
[14]《列宁全集》第38卷，人民出版社，2017。
[15]《列宁全集》第55卷，人民出版社，2017。
[16]《列宁专题文集：论辩证唯物主义和历史唯物主义》，人民出版社，2009。
[17]《毛泽东文集》第5卷，人民出版社，1996。
[18]《毛泽东文集》第7卷，人民出版社，1999。
[19]《毛泽东选集》第1卷，人民出版社，1991。
[20]《毛泽东选集》第2卷，人民出版社，1991。
[21]《毛泽东选集》第3卷，人民出版社，1991。

[22]《毛泽东选集》第4卷,人民出版社,1991。

[23]《邓小平文选》第1卷,人民出版社,1994。

[24]《邓小平文选》第2卷,人民出版社,1994。

[25]《邓小平文选》第3卷,人民出版社,1993。

[26]《江泽民文选》第1卷,人民出版社,2006。

[27]《江泽民文选》第3卷,人民出版社,2006。

[28] 江泽民:《论党的建设》,中央文献出版社,2001。

[29]《胡锦涛文选》第2卷,人民出版社,2016。

[30]《胡锦涛文选》第3卷,人民出版社,2016。

[31] 胡锦涛:《高举中国特色社会主义伟大旗帜 为夺取全面建设小康社会新胜利而奋斗——在中国共产党第十七次全国代表大会上的报告》,人民出版社,2007。

[32] 胡锦涛:《坚定不移沿着中国特色社会主义道路前进 为全面建成小康社会而奋斗——在中国共产党第十八次全国代表大会上的报告》,《人民日报》2012年11月18日,第1版。

[33]《习近平谈治国理政》(第一卷),外文出版社,2018。

[34]《习近平谈治国理政》(第二卷),外文出版社,2017。

[35]《习近平谈治国理政》(第三卷),外文出版社,2020。

[36] 习近平:《决胜全面建成小康社会 夺取新时代中国特色社会主义伟大胜利——在中国共产党第十九次全国代表大会上的报告(2017年10月18日)》,人民出版社,2017。

[37] 习近平:《之江新语》,浙江人民出版社,2007。

[38] 习近平:《在文艺工作座谈会上的讲话》,人民出版社,2015。

[39] 习近平:《在中国文联十大、中国作协九大开幕式上的讲话》,人民出版社,2016。

[40] 习近平:《摆脱贫困》,福建人民出版社,1992。

[41] 习近平:《在知识分子、劳动模范、青年代表座谈会上的讲话》,人民出版社,2016。

[42] 习近平:《辩证唯物主义是中国共产党人的世界观和方法论》,《求是》2019年第1期。

[43] 习近平:《在敦煌研究院座谈时的讲话》,《求是》2020 年第 3 期。

[44] 习近平:《在奋力实现中华民族伟大复兴的历史进程中共享幸福和荣光!》,《求是》2020 年第 10 期。

[45] 习近平:《学习马克思主义基本理论是共产党人的必修课》,《求是》2019 年第 22 期。

[46] 习近平:《在第十八届中央纪律检查委员会第六次全体会议上的讲话》,《人民日报》2016 年 5 月 3 日,第 2 版。

[47] 习近平:《在哲学社会科学工作座谈会上的讲话》,《人民日报》2016 年 5 月 19 日,第 2 版。

[48] 习近平:《在网络安全和信息化工作座谈会上的讲话》,《人民日报》2016 年 4 月 26 日,第 2 版。

[49] 习近平:《在知识分子、劳动模范、青年代表座谈会上的讲话》,《人民日报》2016 年 4 月 30 日,第 2 版。

[50] 习近平:《共同构建人类命运共同体》,《人民日报》2017 年 1 月 20 日,第 2 版。

[51] 习近平:《共担时代责任,共促全球发展》,《人民日报》2017 年 1 月 18 日,第 3 版。

[52] 习近平:《高举中国特色社会主义伟大旗帜 为决胜全面小康社会实现中国梦而奋斗》,《人民日报》2017 年 7 月 28 日,第 1 版。

[53] 习近平:《在纪念马克思诞辰 200 周年大会上的讲话》,《人民日报》2018 年 5 月 5 日,第 2 版。

[54] 习近平:《开放共创繁荣 创新引领未来》,《人民日报》2018 年 4 月 11 日,第 3 版。

[55] 习近平:《在庆祝改革开放 40 周年大会上的讲话》,《人民日报》2018 年 12 月 19 日,第 2 版。

[56] 习近平:《在 2019 年春节团拜会上的讲话》,《人民日报》2019 年 2 月 4 日,第 1 版。

[57] 习近平:《加强改革系统集成协同高效》,《人民日报(海外版)》2019 年 9 月 10 日。

[58] 习近平:《在纪念五四运动 100 周年大会上的讲话》,《人民日报》

2019年5月1日,第2版。

[59] 习近平:《深化文明交流互鉴　共建亚洲命运共同体》,《人民日报》2019年5月16日,第2版。

[60] 习近平:《在北京大学师生座谈会上的讲话》,《人民日报》2018年5月3日,第2版。

[61] 习近平:《在"不忘初心、牢记使命"主题教育总结大会上的讲话》,《人民日报》2020年1月9日,第2版。

[62] 习近平:《在教育文化卫生体育领域专家代表座谈会上的讲话》,《人民日报》2020年9月23日,第2版。

[63] 习近平:《在同各界优秀青年代表座谈时的讲话》,《人民日报》2013年5月5日,第2版。

[64] 习近平:《在中国文联十大、中国作协九大开幕式上的讲话》,《人民日报》2016年12月1日,第2版。

[65] 习近平:《在欧美同学会成立一百周年庆祝大会上的讲话》,《人民日报》2013年10月22日,第2版。

[66] 习近平:《在第十二届全国人民代表大会第一次会议上的讲话》,《人民日报》2013年3月18日,第1、3版。

[67] 习近平:《在纪念孔子诞辰2565周年国际学术研讨会暨国际儒学联合会第五届会员大会开幕会上的讲话》,《人民日报》2014年9月25日,第2版。

[68] 习近平:《做党和人民满意的好老师》,《人民日报》2014年9月10日,第2版。

[69] 习近平:《在联合国教科文组织总部的演讲》,《人民日报》2014年3月28日,第3版。

[70] 习近平:《谋求持久发展　共筑亚太梦想》,《人民日报》2014年11月10日。

[71] 《总体布局统筹各方创新发展　努力把我国建设成为网络强国》,《人民日报》2014年2月28日,第1版。

[72] 中共中央文献研究室编《十一届三中全会以来重要文献选读》(上),人民出版社,1987。

[73] 中共中央文献研究室编《十二大以来重要文献选编》（上），人民出版社，1986。

[74] 中共中央文献研究室编《十二大以来重要文献选编》（下），中央文献出版社，2011。

[75] 中共中央文献研究室编《十四大以来重要文献选编》（上），中央文献出版社，1995。

[76] 中共中央文献研究室编《十四大以来重要文献选编》（下），人民出版社，1999。

[77] 中共中央文献研究室编《十六大以来重要文献选编》（上），中央文献出版社，2004。

[78] 中共中央文献研究室编《十七大以来重要文献选编》（上），中央文献出版社，2009。

[79] 中共中央文献研究室编《十八大以来重要文献选编》（上），中央文献出版社，2014。

[80] 中共中央文献研究室编《十八大以来重要文献选编》（中），中央文献出版社，2016。

[81] 中共中央文献研究室编《十八大以来重要文献选编》（下），中央文献出版社，2018。

[82] 中共中央党史和文献研究院编《十九大以来重要文献选编》（上），中央文献出版社，2019。

[83] 中共中央文献研究室编《中共中央关于加强社会主义精神文明建设若干重要问题的决议》，人民出版社，1996。

[84] 中共中央党史和文献研究院、中央"不忘初心、牢记使命"主题教育领导小组办公室：《习近平关于"不忘初心、牢记使命"重要论述摘编》，中央文献出版社、党建读物出版社，2019。

[85] 中共中央文献研究室编《习近平关于社会主义社会建设论述摘编》，中央文献出版社，2017。

[86] 中共中央文献研究室编《社会主义精神文明建设文献选编》，中央文献出版社，1996。

[87] 中共中央文献研究室编《习近平关于实现中华民族伟大复兴的中国

梦论述摘编》，中央文献出版社，2013。

[88] 中共中央文献研究室编《习近平关于全面深化改革论述摘编》，中央文献出版社，2014。

[89] 刘云山：《紧紧围绕"四个全面"战略布局 锲而不舍推进精神文明建设》，《党建》2015年第4期。

[90] 刘奇葆：《建设崇德向善、文化厚重、和谐宜居的文明城市》，《党建》2017年第7期。

[91] 〔美〕塞缪尔·亨廷顿：《文明的冲突与世界秩序的重建》，周琪、刘绯、张立平、王圆译，新华出版社，2010。

[92] 〔美〕约瑟夫·奈：《软力量——世界政坛成功之道》，吴晓辉、钱程译，东方出版社，2005。

[93] 〔美〕凡勃伦：《有闲阶级论》，蔡受百译，商务印书馆，1964。

[94] 〔美〕道格拉斯·C. 诺斯：《制度、制度变迁与经济绩效》，刘守英译，上海三联书店，1994。

[95] 〔美〕塞缪尔·P. 亨廷顿：《变化社会中的政治秩序》，王冠华、刘为等译，上海人民出版社，2015。

[96] 〔英〕T. H. 马歇尔、安东尼·吉登斯：《公民身份与社会阶级》，郭忠华、刘训练译，江苏人民出版社，2008。

[97] 〔美〕阿尔文·托夫勒：《权力的转移》，吴迎春译，中信出版社，2006。

[98] Joseph S. Nye, *Bound to Lead: The Changing Nature of American Power*, New York: Basic Books, 1990.

[99] 俞可平主编《治理与善治》，社会科学文献出版社，2000。

[100] 国家统计局国民经济综合统计司编《新中国六十年统计资料汇编》，中国统计出版社，2010。

[101] 何杰平：《中国财政年鉴2013》，中国财政杂志社，2013。

[102] 黄枬森：《马克思主义哲学体系的当代构建》（下册），人民出版社，2011。

[103] 中国网络空间研究院：《中国互联网20年发展报告》，人民出版社，2017。

[104]《中华人民共和国网络安全法》，人民出版社，2016。

[105]张蔚萍、张俊南、吉勇夫：《思想政治工作知识辞典》，河北人民出版社，1990。

[106]《钱伯海文集》（第三卷），中国经济出版社，2002。

[107]吴鲁平、刘涵慧、王静等：《后现代化理论视野下的青年价值观研究》，社会科学文献出版社，2013。

[108]本书编委会：《2017 中华人民共和国食品药品法律法规全书 含相关政策及典型案例》，中国法制出版社，2017。

[109]赵侣青等：《小学公民课本》（第四册），中华书局，1934。

[110]蓝进：《道德经导论》，中国海洋大学出版社，2015。

[111]龙昭雄：《论语与现代生活》，广西人民出版社，2009。

[112]王玉樑：《当代中国价值哲学》，人民出版社，2004。

[113]沈壮海：《更好构筑中国精神、中国价值、中国力量》，《求是》2018 年第 2 期。

[114]刘大椿：《论科学精神》，《求是》2019 年第 9 期。

[115]黄坤明：《深刻理解"四个全面"的重要意义》，《求是》2015 年第 13 期。

[116]石书臣：《提高全社会文明程度与实现民族复兴》，《中国特色社会主义研究》2018 年第 4 期。

[117]王沪宁：《作为国家实力的文化：软权力》，《复旦学报》（社会科学版）1993 年第 3 期。

[118]云杉：《文化自觉 文化自信 文化自强——对繁荣发展中国特色社会主义文化的思考（上）》，《红旗文稿》2010 年第 15 期。

[119]王绍光：《"公民社会"：新自由主义编造的粗糙神话》，《人民论坛》2013 年第 22 期。

[120]中国社会科学评价研究院课题组：《文明城市的全要素发展模式研究——以 Z 市 CIVILIZED 经验为例》，《行政管理改革》2020 年第 5 期。

[121]关锋、陈文静：《全面深化改革与共同体四种维度的自觉建构》，《华南师范大学学报》（社会科学版）2020 年第 2 期。

[122] 关锋:《"国家治理现代化"对历史唯物主义国家观的推进》,《教学与研究》2016年第11期。

[123] 关锋:《近年来历史虚无主义思潮的新特点及其批判》,《山东社会科学》2019年第3期。

[124] 关锋:《新中国成立以来我国国家形象建构》,《北京行政学院学报》2020年第2期。

[125] 关锋:《发生、驱动和统摄:全面深化改革的三大逻辑解读》,《湖湘论坛》2020年第3期。

[126] 关锋:《全面深化改革与"问题和发展的辩证法"的构建》,《东南大学学报》(哲学社会科学版)2020年第3期。

[127] 关锋:《中国特色社会主义的革命性特征》,《南方》2019年第18期。

[128] 关锋、王晓放:《中国特色社会主义与历史唯物主义三大基本原理的"守正出新"》,《当代世界与社会主义》2019年第3期。

[129] 韩庆祥:《论伟大改革开放精神》,《学习时报》2019年1月7日。

[130] 刘云山:《增强问题意识 坚持问题导向》,《学习时报》2014年5月19日。

[131] 叶剑英:《在庆祝中华人民共和国成立三十周年大会上的讲话》,《人民日报》1979年9月30日,第1~4版。

[132]《中共中央关于社会主义精神文明建设指导方针的决议》,《人民日报》1986年9月29日,第1版。

[133]《中共中央关于制定国民经济和社会发展"九五"计划和2010年远景目标的建议》,《人民日报》1995年10月5日,第1版。

[134]《公民道德建设实施纲要》,《人民日报》2001年10月25日,第1版。

[135]《中华人民共和国国民经济和社会发展第十个五年计划纲要》,《人民日报》2001年3月18日,第1版。

[136]《中共中央关于深化文化体制改革 推动社会主义文化大发展大繁荣若干重大问题的决定》,《人民日报》2011年10月26日,第6版。

[137] 胡锦涛:《在庆祝中国共产党成立90周年大会上的讲话》,《人民日报》2011年7月2日,第2版。

[138]《中华人民共和国国民经济和社会发展第十二个五年规划纲要》，《人民日报》2011年3月17日，第1版。

[139] 吴兢：《为不同国家、不同肤色的人们提供交流、互鉴、合作新平台——孔子学院：中国文化拥抱世界》，《人民日报》2012年8月10日，第1版。

[140]《紧紧围绕坚持和发展中国特色社会主义 深入学习宣传贯彻党的十八大精神》，《人民日报》2012年11月19日，第1版。

[141]《坚定必胜信心 增强忧患意识 坚持稳中求进 推动经济持续健康发展》，《人民日报》2012年12月11日，第1版。

[142]《以更大的政治勇气和智慧深化改革 朝着十八大指引的改革开放方向前进》，《人民日报》2013年1月2日，第1版。

[143]《2012年中国人权事业的进展》，《人民日报》2013年5月15日，第19版。

[144]《义务植树累计139亿人次》，《人民日报》2013年3月23日，第9版。

[145]《认真贯彻党的十八届三中全会精神 汇聚起全面深化改革的强大正能量》，《人民日报》2013年11月29日，第1版。

[146]《胸怀大局把握大势着眼大事 努力把宣传思想工作做得更好》，《人民日报》2013年8月21日，第1版。

[147]《在对历史的深入思考中更好走向未来 交出发展中国特色社会主义合格答卷》，《人民日报》2013年6月27日，第1版。

[148]《中共中央召开党外人士座谈会》，《人民日报》2013年11月14日，第1版。

[149]《建设社会主义文化强国 着力提高国家文化软实力》，《人民日报》2014年1月1日。

[150]《把握大局审时度势统筹兼顾科学实施 坚定不移朝着全面深化改革目标前进》，《人民日报》2014年1月23日。

[151]《总体布局统筹各方创新发展努力把我国建设成为网络强国》，《人民日报》2014年2月28日，第1版。

[152]《主动把握和积极适应经济发展新常态 推动改革开放和现代化建

设迈上新台阶》,《人民日报》2014年12月15日。

[153]《鼓励基层群众解放思想积极探索　推动改革顶层设计和基层探索互动》,《人民日报》2014年12月3日,第1版。

[154]《"改革的集结号已经吹响"——习近平总书记同人大代表、政协委员共商国是纪实》,《人民日报》2014年3月13日。

[155]《共同为改革想招　一起为改革发力》,《人民日报》2014年8月19日。

[156]《牢记历史经验历史教训历史警示　为国家治理能力现代化提供有益借鉴》,《人民日报》2014年10月14日,第1版。

[157]《共同构建和平、安全、开放、合作的网络空间　建立多边、民主、透明的国际互联网治理体系》,《人民日报》2014年11月20日。

[158] 习近平:《把培育和弘扬社会主义核心价值观作为凝魂聚气强基固本的基础工程》,《人民日报》2014年2月26日,第1版。

[159]《习近平接受俄罗斯电视台专访》,《人民日报》2014年2月9日,第3版。

[160]《让社会主义核心价值观的种子在少年儿童心中生根发芽》,《人民日报》2014年5月31日。

[161]《习近平春节前夕赴内蒙古调研看望慰问各族干部群众》,《人民日报》2014年1月30日,第1版。

[162]《作风建设要经常抓深入抓持久抓　不断巩固扩大教育实践活动成果》,《人民日报》2014年5月10日,第1版。

[163]《领导干部要做尊法学法守法用法的模范　带动全党全国共同全面推进依法治国》,《人民日报》2015年2月3日。

[164]《更好构筑中国精神、中国价值、中国力量　为中国特色社会主义事业提供精神动力和道德滋养》,《人民日报》2015年10月14日,第1版。

[165]《鼓励基层改革创新大胆探索　推动改革落地生根造福群众》,《人民日报》2015年10月14日。

[166]《习近平出席二十国集团领导人第十次峰会并发表重要讲话》,《人民日报》2015年11月16日。

[167]《人民有信仰民族有希望国家有力量　锲而不舍抓好社会主义精神文明建设》,《人民日报》2015年3月1日,第1版。

[168]《坚持运用辩证唯物主义世界观方法论　提高解决我国改革发展基本问题本领》,《人民日报》2015年1月25日,第1版。

[169]《用海外乐于接受方式易于理解语言　努力做增信释疑凝心聚力桥梁纽带》,《人民日报》2015年5月22日,第1版。

[170]《切实保持和增强政治性先进性群众性　开创新形势下党的群团工作新局面》,《人民日报》2015年7月8日。

[171]《国家主席习近平发表二〇一六年新年贺词》,《人民日报》2016年1月1日,第1版。

[172]《坚持正确方向创新方法手段　提高新闻舆论传播力引导力》,《人民日报》2016年2月20日。

[173]《动员社会各界广泛参与家庭文明建设　推动形成社会主义家庭文明新风尚》,《人民日报》2016年12月13日。

[174]《深入扎实抓好改革落实工作　盯着抓反复抓直到抓出成效》,《人民日报》2016年2月24日,第1版。

[175]《坚持依法治国和以德治国相结合　推进国家治理体系和治理能力现代化》,《人民日报》2016年12月11日,第1版。

[176]《中华人民共和国国民经济和社会发展第十三个五年规划纲要》,《人民日报》2016年3月18日,第1、9、10~18版。

[177]《中共中央　国务院关于落实发展新理念加快农业现代化实现全面小康目标的若干意见》,《人民日报》2016年1月28日,第1、10~11版。

[178]《把思想政治工作贯穿教育教学全过程　开创我国高等教育事业发展新局面》,《人民日报》2016年12月9日,第1版。

[179]《中办国办印发〈关于进一步把社会主义核心价值观融入法治建设的指导意见〉》,《人民日报》2016年12月26日。

[180]《铭记光辉历史　传承红色基因　为把人民军队建设成为世界一流军队而不懈奋斗》,《人民日报》2017年7月22日,第1版。

[181]《加强领导总结经验运用规律　站在更高起点谋划和推进改革》,

《人民日报》2017年8月30日，第1版。

[182]《坚持以人民为中心创作导向　坚定人民信心振奋人民精神》，《人民日报》2017年9月28日，第1版。

[183]《扎实推动经济社会持续健康发展　以优异成绩迎接党的十九大胜利召开》，《人民日报》2017年4月22日，第1版。

[184]《关于深化群众性精神文明创建活动的指导意见》，《人民日报》2017年4月6日，第9版。

[185]《扎扎实实做好改革发展稳定各项工作　为党的十九大胜利召开营造良好环境》，《人民日报》2017年6月24日，第1版。

[186]《推进"两学一做"学习教育常态化制度化》，《人民日报》2017年3月29日，第1版。

[187]《国家"十三五"时期文化发展改革规划纲要》，《人民日报》2017年5月8日，第1、10、11版。

[188]《关于表彰第五届全国文明城市、文明村镇、文明单位和第一届全国文明校园的决定》，《人民日报》2017年11月18日，第2版。

[189]《国家"十三五"时期文化发展改革规划纲要》，《人民日报》2017年5月8日，第1、10、11版。

[190]《习近平会见全国精神文明建设表彰大会代表》，《人民日报》2017年11月18日，第1版。

[191]《全面贯彻党的十九大精神　坚定不移将改革推向深入》，《人民日报》2017年11月21日，第1版。

[192]《统筹推进新时代"五位一体"总体布局——六论学习贯彻党的十九大精神》，《人民日报》2017年11月3日。

[193]《抓好各项改革协同发挥改革整体效应　朝着全面深化改革总目标聚焦发力》，《人民日报》2017年6月27日，第1版。

[194]《习近平向改革开放与中国扶贫国际论坛致贺信》，《人民日报》2018年11月2日，第1版。

[195]《敏锐抓住信息化发展历史机遇　自主创新推进网络强国建设》，《人民日报》2018年4月22日。

[196]《举旗帜聚民心育新人兴文化展形象　更好完成新形势下宣传思想

工作使命任务》,《人民日报》2018年8月23日,第1版。

[197]《中央精神文明建设指导委员会召开第一次全体会议》,《人民日报》2018年2月6日,第1版。

[198]《把党的政治建设作为党的根本性建设　为党不断从胜利走向胜利提供重要保证》,《人民日报》2018年7月1日,第1版。

[199]《关于2017年国民经济和社会发展计划执行情况与2018年国民经济和社会发展计划草案的报告》,《人民日报》2018年3月24日,第5版。

[200]《习近平李克强栗战书赵乐际分别参加全国人大会议一些代表团审议》,《人民日报》2018年3月11日,第1版。

[201]《坚持中国特色社会主义教育发展道路　培养德智体美劳全面发展的社会主义建设者和接班人》,《人民日报》2018年9月11日,第1版。

[202]《一带一路承载和平发展共同心愿》,《人民日报》2018年8月30日,第3版。

[203]《全面深入做好新时代政法各项工作　促进社会公平正义保障人民安居乐业》,《人民日报》2019年1月17日。

[204]《取得全面从严治党更大战略性成果巩固发展反腐败斗争压倒性胜利》,《人民日报》2019年1月12日,第1版。

[205]《中国遭受的网络攻击主要来自美国》,《人民日报》2019年6月11日,第1版。

[206]《新时代公民道德建设实施纲要》,《人民日报》2019年10月28日,第6版。

[207]《深化群众性精神文明创建活动　着力培养担当民族复兴大任的时代新人》,《人民日报》2019年9月6日,第1版。

[208]《中共中央关于坚持和完善中国特色社会主义制度　推进国家治理体系和治理能力现代化若干重大问题的决定》,《人民日报》2019年11月6日,第1、5、6版。

[209]《新时代爱国主义教育实施纲要》,《人民日报》2019年11月13日,第6版。

[210]《习近平出席亚洲文明对话大会开幕式并发表主旨演讲》,《人民日报》2019年5月16日。

[211]《用新时代中国特色社会主义思想铸魂育人 贯彻党的教育方针落实立德树人根本任务》,《人民日报》2019年3月19日。

[212]《坚定文化自信把握时代脉搏聆听时代声音 坚持以精品奉献人民用明德引领风尚》,《人民日报》2019年3月5日,第1版。

[213]《全面提升新时代宣传工作的科学化规范化制度化水平》,《人民日报》2019年9月1日,第2版。

[214]《谱写立德铸魂的奋进篇章——全国高校思想政治工作会议以来学校思想政治理论课建设综述》,《人民日报》2019年3月18日。

[215]《紧密结合"不忘初心、牢记使命"主题教育 推动改革补短板强弱项激活力抓落实》,《人民日报》2019年7月25日,第1版。

[216]《中共十九届四中全会在京举行》,《人民日报》2019年11月1日,第1版。

[217]《中共中央印发〈中国共产党共有企业基层组织工作条例（试行）〉》,《人民日报》2020年1月6日,第1版。

[218]《人均1万美元,了不起》,《人民日报》2020年1月18日,第4版。

[219]《中共中央 国务院关于新时代加快完善社会主义市场经济体制的意见》,《人民日报》2020年5月19日,第1版。

[220]《关于2019年国民经济和社会发展计划执行情况与2020年国民经济和社会发展计划草案的报告》,《人民日报》2020年5月31日,第2版。

[221]《用文明标注进步（文明的力量）》,《人民日报》2020年11月10日。

[222]第46次《中国互联网络发展状况统计报告》(2020年9月29日发布),http://www.cac.gov.cn/2020-09/29/c_1602939918747816.htm。

[223]《2019年中国共产党党内统计公报》,新华网,2020年6月30日,http://www.xinhuanet.com/politics/2020-06/30/c_1126178928.htm。

[224]中华人民共和国文化和旅游部门户网站:《中华人民共和国文化和旅游部2019年文化和旅游发展统计公报》,https://www.mct.gov.cn/whzx/ggtz/202006/t20200620_872735.htm。

［225］中华人民共和国政府网：《抗击新冠肺炎疫情的中国行动》，http：∥www.gov.cn/zhengce/2020－06/07/content_5517737.htm。

［226］中华人民共和国政府网：《2018年全国文化及相关产业增加值占GDP比重为4.48%》，http：∥www.gov.cn/xinwen/2020－01/21/content_5471196.htm。

［227］《关于建设新时代文明实践中心试点工作的指导意见》，http：∥wenming.enorth.com.cn/system/2019/12/09/037845392.shtml。

［228］《全面提升新时代宣传工作的科学化规范化制度化水平——中央宣传部负责人就〈中国共产党宣传工作条例〉答记者问》，新华网，2019年8月31日，http：∥www.xinhuanet.com/politics/2019－08/31/c_1124945754.htm。

后 记

中国特色社会主义步入了新时代，社会主义精神建设迈上了新台阶、踏上了新征程。中国的马克思主义研究者、理论工作者就有了新的理论任务，也应该有这样的理论自觉，那就是立足于新时代社会主义精神文明建设展开的方方面面，抓住其实质和核心内容、本质特征、关键要素等，进行全方位、多角度、立体化的系统性、专门性研究。

广州市社会科学界联合会本着这样的政治自觉、理论自觉，策划出版"新时代精神文明建设研究丛书"，给予专门资助。《新时代精神文明建设过程论》有幸入选，特此致谢。

本书由关锋负责拟定写作提纲和框架，博士后马希（现为广西师范大学马克思主义学院教师）、在职博士生李朗（现为广州民航学院教师）参与撰写第一章、第三章内容，其中李朗撰写内容总字数达5万多字。关锋负责统稿、修改完善。感谢外审专家提出的宝贵意见。

关　锋
2021年7月于广州

图书在版编目(CIP)数据

新时代精神文明建设过程论 / 关锋著. -- 北京：社会科学文献出版社, 2022.7 (2023.9 重印)
（新时代精神文明建设研究丛书）
ISBN 978 - 7 - 5228 - 0312 - 8

Ⅰ.①新… Ⅱ.①关… Ⅲ.①社会主义精神文明建设－研究－中国 Ⅳ.①D648

中国版本图书馆 CIP 数据核字（2022）第 109765 号

新时代精神文明建设研究丛书
新时代精神文明建设过程论

著　　者 / 关　锋
出 版 人 / 冀祥德
责任编辑 / 王　绯
文稿编辑 / 孙燕生
责任印制 / 王京美

出　　版 / 社会科学文献出版社·政法传媒分社（010）59367126
　　　　　　地址：北京市北三环中路甲29号院华龙大厦　邮编：100029
　　　　　　网址：www.ssap.com.cn
发　　行 / 社会科学文献出版社（010）59367028
印　　装 / 三河市龙林印务有限公司

规　　格 / 开　本：787mm × 1092mm　1/16
　　　　　　印　张：23.75　字　数：376千字
版　　次 / 2022年7月第1版　2023年9月第4次印刷
书　　号 / ISBN 978 - 7 - 5228 - 0312 - 8
定　　价 / 129.00元

读者服务电话：4008918866

版权所有 翻印必究